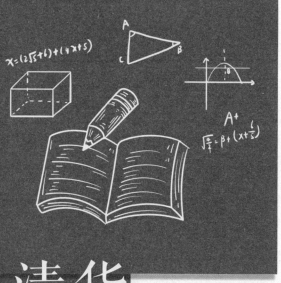

清华
北大学霸日记

QINGHUA BEIDA
XUEBA RIJI

学科锦囊

梁岩涛 〈〈〈〈〈〈

主编

XUEKE JINNANG

北京时代华文书局

图书在版编目（CIP）数据

清华北大学霸日记. 学科锦囊 / 梁岩涛主编. — 北京：北京时代华文书局，2020.8（2020.12重印）
ISBN 978-7-5699-3827-2

Ⅰ. ①清⋯ Ⅱ. ①梁⋯ Ⅲ. ①高中生—学习方法②高考—经验 Ⅳ. ①G632.46②G632.474

中国版本图书馆CIP数据核字（2020）第133956号

清华北大学霸日记：学科锦囊

QINGHUA BEIDA XUEBA RIJI XUEKE JINNANG

主　　编 | 梁岩涛

出 版 人 | 陈　涛
责任编辑 | 张彦翔
装帧设计 | 尚世视觉
责任印制 | 刘　银

出版发行 | 北京时代华文书局 http://www.bjsdsj.com.cn
　　　　　北京市东城区安定门外大街136号皇城国际大厦A座8楼
　　　　　邮编：100011　　电话：010-64267955　64267677
印　　刷 | 德富泰（唐山）印务有限公司　022-58708299
　　　　　（如发现印装质量问题，请与印刷厂联系调换）
开　　本 | 710mm×1000mm　1/16　印　张 | 52　字　数 | 708千字
版　　次 | 2020年9月第1版　　印　次 | 2020年12月第2次印刷
书　　号 | ISBN 978-7-5699-3827-2
定　　价 | 198.00元（全4册）

目录
CONTENTS

Part 1 /
学霸档案

姓　　名：董明志

毕业学校：中央民族大学附属中学

高考成绩：总分678　语文136　数学134　英语136

　　　　　文综262　加分10

院　　系：北京大学经济学院

Part 2 /
学霸格言

当我们在学习或者做任何一件事情时，我们要考虑到自己想要达到的目标，不仅仅是可以量化的而且更重要的是精神上的。之后便去培养自己精神上的品质，比如学好英语，我们一定要有耐心、好奇心以及积累的精神。

觅寻幽香

——英语学习经验技巧

写在前面：我从小没有接受过专业的英语训练。在上高中前，我主要通过简单的背诵来学习。但是，上了高中后，我明显感觉到自己在英语上与别人的差距。从高一的昏昏欲睡到高三的热情满怀，我慢慢推开了英语的大门。

学 霸 秘 籍

起舞弄弦

也许一开始我对英语没有那么浓厚的兴趣，刚上高一的时候，便没有花很多精力在上面，并且希望能够借助以前的背诵方式来得到一个还算不错的分数。然而，事与愿违，我渐渐地发现，我的英语实际水平并没有提高，而且越来越大的阅读量让我在英语考试过程中越来越感觉时间不够用。

首先我从自身来分析英语学习中的问题。第一，对基础知识的掌握不扎实。知识的输入，我主要依赖于课文，我往往只是为了应付老师而去背诵课文，并不是有选择、有重点地去吸收。第二，听力练得太少，平时集体听力训练的时候不认真。第三，课外知识的输入太少。**由于学习时没有目的和计划，我平时在英语上投入的时间过多，因而也没有很大的兴趣扩展课外知识。**

然后我便"审视"周围的同学。许多同学都有比较雄厚的英文基础，并且他们对课外知识都有很大的兴趣，还有一些同学会经常听一些英文广播。

了解了自身的问题和别人的长处后，我便开始寻找策略来提高我的英语成绩。记得在高一下学期的第三次月考中，我的英语成绩跌到了谷底。那次考试还没有完成阅读题便到了交卷时间，满分 120 分的试卷仅得了 80 多分。因而，之后提高英语成绩的过程也显得格外艰辛。

探寻小径

现在再来回顾，渐渐发现，英语成绩并不只与积累有关，如果高中阶段继续努力，寻找方法，那么英语成绩也会得到很大的提高。

**　而我提高英语成绩的关键有两个：第一，大量英文信息的输入；第二，有效的选择性记忆。**

英文信息的输入我主要依靠三个途径。

第一是课本。我现在背诵一篇课文并不是依靠单纯反复性朗读来达到，而是首先选出自己感兴趣的词组和句子，记在本上。之后，以这些词组和句子为重点，将整篇课文串联起来。

第二是平时的卷子和听力练习，再加上词典。在高一下学期的第三次月考之前我在做完题或听完听力之后，便把书本扔到一边，没有想过去总结。但是自那时起，我便把每次做过的卷子及平时训练的听力中不会的、感兴趣的词组以及单词记录下来，并且查词典，尽可能多地将词典上的短语以及意思抄在本子上。这些意思并不需要完全背诵，在看本子的时候，我会大致浏览一下这些词的意思，心中有一个印象。这样多看几遍，有助于以较简单的方式在脑海中形成记忆。

第三是新概念英语以及其他相关的非教材英语书籍。这些书本不但能增加我们学习的兴趣，而且还可以让我们学会一些地道的英语表达方式。学习这些书籍与学习课本的方法类似，将自己感兴趣的表达记下来并运用到作文中，这是英语作文得到高分的关键。

因而，在做完以上积累之后，我们便会形成一个记载英语短语和句子的本子。对于书本上的知识，我们一定要努力去背诵。对于第二、三部分的积累，我们可以先大概形成一个印象，然后在做题过程中碰见比较熟悉的词时，就拿出这个本子来回忆一下这个词的所有用法。日积月累，相信积累量能够有很大的提高。

如何将自己的积累量反映到试卷上？这也是我当时反复思考的问题。每次英语考试的时候，我总是感觉时间不太够。

主要问题在于，我平时的训练量太少，不太适应考试时的大量题目。于是，我便开始了英语的适应性训练。

首先，我借鉴了上一届师兄师姐的建议。采取"32323"的方法来做英语阅读训练，即周一、三、五做三篇阅读，周二、四做两篇阅读，剩下的时间用来整理阅读材料，同时每天再做一篇完形填空。尽管题目训练量上去了，但是我感觉考试时间依然有点紧张，并且在很长一段时间中，我还是找不到问题的所在。直至到了高二，英语老师开始让我们每天做一套题。刚开始的时候，我依然感觉很吃力，因为我在每一道题上花的时间都太多了。但是，随着对一套套试卷题目量的习惯，我慢慢地能够在规定时间内做完一套题。

试卷中除了阅读和完形两大块，还有一个不容忽视的部分便是作文。我的作文一开始就没有什么突出的地方，因而，英语的总体分数也不高。看着同桌优异的作文成绩，我便忍不住向她请教了一下经验。我才发现写好作文要有两个条件：第一，有大量的常用固定结构和句型的积累，这个可以通过积累本做到；第二，有较为充裕的作文时间。据说一篇好的作文，得花上 60 分钟左右的时间来完成，但是，我当时每次仅留 35 分钟左右的时间来完成作文。因而，我建议如果想在英语上拿高分，作文就必须花较多的时间来斟酌。

尽管我在高二时便得出了这个经验，但是直至高三上学期，我才真正有这么多的时间来写作文。而老师的训练便是我能得到这些时间的关键。

高三开始时，老师要求我们训练试卷时除了作文和听力，其他的部分要在 45 分钟之内完成。这对当时的我来说，几乎是不可能做到的。最后根据老师对阅读回答技巧的讲解，即扫读一遍文章，大致得出每一段的中心意思，然后再读题，看看每一段具体问的是什么内容，之后便在具体的段落中去寻找问题的答案，等等。这些方法为我节省了大量的时间，让我有时间去细细雕琢作文。

关于听力，由于条件有限，我的听力训练仅是跟着班级一起做，并没有增加额外的训练。但是在每次听力训练前，我都会进行积极的心理暗示。比如，把这次听力训练想成是某次考试，然后让自己集中注意力，就这样把每次训练都当成考试来看待，最后思索为什么当时会做错。在这种方法的激励下，我的听力水平也突飞猛进地提高了。

在朋友的帮助和老师的指引下，我的英语成绩迅速地从 100 分左右稳步上升到 135 分左右。这一切，都要感谢我的师友，是他们帮我开辟出一条小径来敲开英语的大门。

繁花之韵

高考总复习的时候，我还是坚持着英语做题的"32323"计划。一切都没有因高考临近而改变，英语学习变成了一个有计划、稳定性的工作。

我想，这正是由语言学习的特性决定的，即把学习看为常态，通过日积月累来达到自己的目标。

高考总复习和平时的英语学习在节奏上并没有很大的差别，因而，我三次模拟考试的成绩也相对比较稳定，一切都风平浪静。但是在高考英语考试前，却出现了一些状况。

因为英语考试是高考中的最后一场考试，我在上午紧张的文综考试后，便有些放松，同时由这个放松带来了焦虑。这种内心的纠葛导致我中午没有睡着，并且赶赴考场前一喝咖啡就吐。当时我的脑袋也是昏昏沉沉的，内心也非常紧张。

但是，我马上意识到，这种高度紧张和自责的心态不利于我参加考试。我尽量让自己沉静下来，并且不和家长或同学抱怨没睡午觉的事情，在车上闭目养神。到了考场之后，拿到卷子，我便暗示自己这不是高考，仅是一次平时的小练习，不用紧张。之后，我尽量按照平时的训练节奏来完成这份试卷。尽管在阅读上花了比较多的时间，但是我在考试结束铃响的刹那放下了笔，在比较疲倦的情况下完成了高考的答卷。

到这个时候，我才发现平时练习时留出时间的富余量是多么重要。因此，我感谢平时的训练，那些训练让我能够在高考中完成英语答卷，让我能够有机会去实现自己的梦想。

从不到 100 分到最高的 140 多分，我从一个看花的少年变成一个走进英语的寻花人。敲开英语那扇门，这不仅仅指我在高考中得到的不错的分数，还有这门语言学科所教会我的东西。

在整个学习过程中，我发现了一条学习语言的规律，即阅读和挑选。阅读理解题目以及课本和各类参考书，这些能让我们广泛地接触这门语言。之后，我们便依靠自己的、师兄师姐的以及周围同学的经验去挑选自己感兴趣的或者重要的表达，去反复记忆。最后，再通过做题去了解题型，完成知识点和题目的对接即可。

因而，在我看来，不论是学习一门科目还是达到任何一个目标，最重要的是，形成目标导向型的思维方式。

当我们在学习或者做任何一件事情时，我们要考虑到自己想要达到的目标，不仅仅是可以量化的而且更重要的是精神上的。之后便去培养自己精神上的品质，比如学好英语，我们一定要有耐心、好奇心以及积累的精神。你要相信，当有了这些精神品质之后，无论再发生什么状况，如失眠，你都会更加游刃有余地去面对和解决。即便最后达不到目标，我们也不会因此而失望，因为我们的精神得到了提高，得到了满足。

"路漫漫其修远兮，吾将上下而求索。"愿各位学弟学妹秉承着对某个科目的追求，去愉悦地学习。无论结果如何，记得我们曾经努力过，记得我们现在要努力，记得我们将来也要继续奋斗。愿共勉！

学科锦囊阅读笔记

见贤思齐焉

关键词	笔记内容
学科特点	
备考方案	
重点难点	

总结: _____

_____

_____

Part 1 /
学霸档案

姓　　名：罗杨智

....

毕业学校：广西柳州市铁一中

高考成绩：总分634　语文116　数学126　英语118

文综244　少数民族加分5

院　　系：北京大学哲学系

Part 2 /
学霸格言

别人的经验只是别人的，你膜拜也好不屑也罢，都不重要。重要的是自己去探索，去尝试。不少情况下，膜拜者看似积极实则焦虑：用简单的搜集代替艰难的学习，从中得到短暂的正能量与虚假的知识富足感；不屑者看似不屑，实则恐惧：不尝试便永远不会失败，不失败才能继续维持自我的美好假象，这种自我欺骗非常普遍，也曾很多次成为我在困难面前望而却步的帮凶。

历史学习三部曲
——我的学习经验小谈

历史的学习说难不难，说易不易。觉得难，可能是因为对历史这一学科不喜欢、学习习惯不好、做题考试没有把握好方法……成绩好的原因是相似的，成绩糟的原因却数不胜数。作为一个对历史学习小有心得的人，我主要针对历史这一具体学科的学习及考试方法与大家分享经验。

学霸秘籍

第一步：爱上历史

或许你会觉得这应该一笔带过或是略去不提，但我不这样认为。多少英雄豪杰不过是历史中的朵朵浪花，速生速灭；多少阴谋阳谋掀起历史中的惊天波澜，反复重演。心怀敬畏，感受历史的磅礴、滑稽、可爱、悲壮；心怀温情，把自己带入历史之中，体验历史人物的喜怒哀乐、悲欢沉浮……如果说学习历史有"心法"，这心法便是对历史的敬畏与温情。学习历史要走正道，对历史产生感情是第一步。只把历史当作一门考试科目其实也可以，但历史如此博大精深，这样学难免会造成浪费。而很多人可能会说，历史书实在无聊，哪里能学到"高级"的东西。

其实，想要对历史有感觉也未必那么难。想想电视剧、小说、游戏、动漫……大部分文化娱乐活动中都或多或少地包含着历史的元素，而从小被包围在其中的我们，早在潜移默化中受到历史的熏陶。课本或许是苍白的，但课本中的历史人物是有血有肉的，历史中的故事同样精彩绝伦，不输于小说电视。我们可以发挥想象，将自己当成历史人物，去感受历史的一呼一吸；还可以将进行文化娱乐活动时培养的对历史的感情转移到学习中来，破除对历史课本的成见：挑某个轻松愉悦的时刻，拿出桌子角落里的历史书，想象自己是在某个阳光明媚的午后，从图书馆的书架上随便抽出了一本薄薄的读物。翻开书页，你知道了它是与历史相关的，并且语言风格简练清爽。开始读了，你在目录上流连，捕捉到一个吸引你的词，如开元盛世；翻到相应的章节，看到唐玄宗为了富民强国而颁布的种种措施，你仿佛看到了千古一帝治理天下的雄心壮志，为大好河山设计出种种前景；你仿佛聆听到了朝堂之上君臣的精彩讨论，或亲临京都街巷见证政策带来的种种变化……一旦充分调动你的各种感官，读史其实是一种享受。

第二步：记住历史

记忆对历史而言恐怕比对其他学科更为重要。倘若我们不能记住课本中林林总总的史实，做题应试便会处处受阻；任你悟性多高文采多好，也无法将高分收入囊中。

记忆方法大家肯定听过很多，其中有趣或高效的肯定不少。这里我向大家推荐的方法看上去或许不那么巧妙，但我觉得它们更实用。不仅能帮你更好地记忆，还能协助你把知识系统化、理解深层化、结构清晰化。

1. 归纳法

对史实的分类记忆绝对是重中之重，尤其是在学完课本上古今中外浩如烟海的史实后。史实的分类标准是多种多样的，你可以打破课本对史实的划分格局，将它们填入你能想出的各种门类，比如国别史、科技史、战争史；会议类、法律类、运动类；名人录、条约录、文物录；等等。这些门类是交叉连接的，比如将科技史与国别史结合，或是运动中涉及条约。需要注意的是，既然设定了某一门类，就要对那些交叉相关的史实进行筛选，使门类中的内容清晰。并且门类宜精不宜多，不要因追求奇巧全面而颠倒主次，耗时耗力徒增记忆负担。

2. 对比法

对比法是归纳法的补充。很多史实是需要对比的，可以是同类事件的对比，比如中国古代的历次农民起义，这时对比的是史实的具体细节；可以是相反事件的对比，比如中国历史上著名的失败或成功的变法；可以是中外史实的对比，比如某年某月中外各发生了什么大事件……通过对比，既能强化记忆，还能加深理解，提高辨析能力。

3. 关键词法

一些具有特殊意义的史实是历史考试的一个重要考查部分。这类史实通常与"首次""最重要""标志着"等字眼相连。很多人只是在记忆单个史实时附带记忆这些特殊意义，而我们可以将这些史实通过关键词分类，不仅便于记忆，还能将重要史实联系起来，使我们把握某一阶段或种类历史大的发展方向，据此窥见历史主观题可能考查的重点史实；在平时练习或考试中答主观题可以运用发散思维，避免笔下无物。

4. 知识树法

知识树法是记忆史实、把握结构的一个好方法，可以用来记忆时间、事件等具体而繁杂的课本内容。以时间为例，首先，可以将一些较为重要的时间标注在课本正文旁的空白边栏。这样做除了方便我们选取知识树的内容，还有另外的作用：复习时边浏览边栏中的时间，边回忆相对应的史实，记不起来的话可以随时回归课本填补记忆漏洞；或是先做标记，等浏览完全部对象后再统一处理。接着，粗略地画出知识树的结构，然后把时间填入相应的枝丫。可以把月放在粗枝干上，把日放在月的分支上；也可以把一系列事件中关键事件的时间放在粗枝干上，把其他时间放在分支上。还可以借助分支表现前后关系、因果关系等。

5. 口诀法

首先我要劝大家谨慎使用口诀法。今天我们能搜索到的历史口诀已经多如牛毛，似乎一条即搞定大部分史实的捷径已经展现在眼前。但要注意，语言粗糙、逻辑牵强、史实选取不科学的口诀也随处可见，这不仅不利于我们高效记忆，更会阻碍我们对知识形成合理精练的串联。此外，通过口诀记忆史实的话，我们在做题时就必须先回忆起某套口诀，再检索出我们需要的信息，这就比直接记忆多了一个程序，而这样的过渡会破坏做题的速度与思维的流畅性。

第三步：备考历史

历史备考需要注意的细节很多，首先当然是复习。时间充裕时，可以温习课本和习题；时间紧张时，可以浏览课本目录把握结构、做考试真题练手。

至于具体的考试，最重要的便是把握以下三个步骤：把握题型、培养做题习惯、按模板答题。

1. 把握题型

把握了出题类型，才能明确试题要考查什么知识点与应试能力，主观题还涉及选择什么模板进行答题，而不是拿到一套题就开始做，想到什么写什么，被题目的表面文字牵着走，不知不觉就掉进陷阱或是找不着答题方向。

客观题的题型五花八门，但也有规律可循。每个人都可以按自己的喜好设计分类，但设计要尽量有概括性与普遍性，比如先按所考查的能力分为记忆类、辨析类、感悟类、常识类、混合类，再在各大类中按内容或逻辑分为时间类、意义类、因果类等。每次做题时，先将试题划归相应的类别，便把握了正确的思考方向。比如你在做某道题时，记不太清史实细节，假如你判断出它要考查的是对一类事件的意义辨析，你就不会先去纠结出题者故意安插在各选项中的时间数据，而是注意考查选项中对事件意义的描述语言。而假如你碰到的那道题中插入了很多拗口难解的文字材料，你也能感觉出应该从哪个方向去思考或是哪个选项明显与出题方向无关，而不至于盲目地做出选择。主观题的分类原理与此类似，这里就不举例了。

2. 做题习惯

做题要有好习惯。看到一道客观题，先把题目中的时间、人物等关键词标出来，判断选项时一一对应，避免瞬时记忆出错或缺漏，也有利于检查。一定要仔细看题目的设问，有些题会特意针对同学们"游遍题海"的特点"旧瓶装新酒"，把你引入陷阱。做题中想不起史实时，不是特殊情况不要拖延，因为纠结往往只是浪费时间，还影响做题节奏和心态。而对于历史主观题，读题也很重要。可以先看问题再看材料，看材料的同时顺着设题点勾画重点，一定要仔细读题，挖掘材料信息。就我个人的应试经验而言，答主观题并不需要绞尽脑汁地发散思维：考查课本重点知识的，课本中已经提供了系统论述，可以据此提炼回答；考查"野生"知识的，一般可以从材料中挖掘出主要答案，再回忆课本中相似知识进行补充渲染。

3. 答题模板

这是专门针对主观题而言的。有的同学不喜欢套路，觉得这会束缚住思维，但我们应该认识到，从花样繁多的题海中归纳出某些模板较之天马行空率性作答是一种更高级的能力，而考试考查的正是这种能力。从考试策略的角度看，模板可以弥补其他能力的欠缺。记不得史实、找不到答题方向是每个人都可能遇到的问题。适当运用模板，不仅有利于抓住得分点，还能给阅卷老师留下很专业的印象，考虑到流水阅卷的高速度，很可能捞到"好感分"或是"错眼分"。由于不同考区不同教材有着不同的模板风格，在此不具体举例，同学们可通过老师传授的经验，并结合自己研读规范考题的心得，总结出相应的模板。

第四步：大胆尝试

读了这么多年书，大家早就见惯各种各样的经验介绍了。面对各种学习方法，有的人浅尝辄止，永远走在搜集各路秘籍的路上；有的人干脆无动于衷，任你妙语连珠我自岿然不动。我想说的是，别人的经验只是别人的，你膜拜也好不屑也罢，都不重要。重要的是自己去探索，去尝试。不少情况下，膜拜者看似积极实则焦虑：用简单的搜集代替艰难的学习，从中得到短暂的正能量与虚假的知识富足感；不屑者看似不屑，实则恐惧：不尝试便永远不会失败，不失败才能继续维持自我的美好假象，这种自我欺骗非常普遍，也曾很多次成为我在困难面前望而却步的帮凶。所以我特地在文章的最后提及，希望大家在学习历史的过程中注意摒弃那些自我欺骗的伎俩，清醒而勇敢地踏上尝试之旅！

学科锦囊阅读笔记

见贤思齐焉

关键词	笔记内容
学科特点	
备考方案	
重点难点	

总结: _____

_____

_____

_____

Part 1 /
学霸档案

姓　　名：杨翼菡

⋯⋯⋯⋯⋯⋯⋯⋯⋯⋯⋯⋯⋯⋯⋯⋯⋯⋯⋯⋯⋯⋯⋯⋯⋯⋯⋯⋯⋯⋯

毕业学校：四川省南充高级中学
高考成绩：总分652　语文112　数学137　英语134
　　　　　文综239　自主招生加分20　省优干加分10
院　　系：北京大学哲学系

Part 2 /
学霸格言

　　高中地理介于文科和理科之间，需要用理性思维理解一些
东西，但不过于复杂，剩下的工作就是用偏感性的思维去分析
和表达。

浅谈高中地理学习方法

作为文科生，身边的很多同学总是把数学和地理视作两个仇敌，而这两科又偏偏是我觉得最简单的两科，其中最简单的又莫过于地理。因为高中地理介于文科和理科之间，需要用理性思维理解一些东西，但不过于复杂，剩下的工作就是用偏感性的思维去分析和表达。且比起文综的另外两个科目——历史和政治，地理显得最为客观实在，不带有一点阶级色彩，又与实际结合得相对紧密（比如农业和工业的区位分析），所以事实上是实用性最强的一个学科了，因此深得我的喜爱。

学霸秘籍

第一部分　学习地理的思想准备

对地理的喜好对于我的地理成绩一直稳定地保持领先地位起了重要作用。地理中的主观题改卷是比较固定的，不像政治和历史那样有很强的主观随意性，所以高考中地理依然没有让我失望，在今年四川文综改卷主观题偏严的情况下拿到了与平时差不多的分数 87 分（估分 92）。

因此，同学们学习地理的心理准备就是要消除对地理的偏见，尽

量喜欢上这门学科。

即使实在没有兴趣，只要不讨厌和逃避它，因为高中学习的知识的深浅程度根本不要求到浓厚的兴趣和热爱这个层面，只需要一些务实的方法和技巧，以及踏踏实实地听课和完成作业，就能得到一个非常不错的成绩。

第二部分　理解是关键

这句话好像是废话，可是却往往被忽视。总是看到有同学拿来一本地理参考书就开始做，10 道题有 9 道题不会，就开始骂："这什么东西啊！地理是人学的吗？"然后沮丧地把资料书一扔，安慰自己说："大家都觉得地理难，学不好也正常。"这个时候应该问问自己：你真的理解了地理教材上的那些知识了吗？你在抱怨地球地图部分题太难的时候，真的能闭着眼睛在脑海中模拟出地球运动时的状态吗？你能想象晨昏线是如何运动的吗？你能准确说出正午太阳高度和子夜太阳高度的公式并理解它们是如何得出的吗？再比如，水的循环运动和岩石的循环运动，你是否能清楚地在脑中像放电影一样模拟出它们的变化过程，然后在纸上一口气画出一幅流程图？而这些理解过程恰恰是解题的基础和关键，你没把地基打好就妄图直接开始建大厦，做题遇到困难是必然的。

我也没有厉害到在听完老师的讲义之后就能做到熟练掌握上述内容。通常的办法是：认认真真地看教材，做到对课本上的知识完全理解，同时结合参考资料书上的一些重点知识讲解。

在完成这一步之后，我会试着在草稿纸上回忆，如果是像岩石的变化过程这样具有时间顺序的知识点，我会试图画一幅流程图；如果是雨的类型、锋面、气旋这样的知识点，我就画一个表格来做性质对比。但是有时候我还是不能完全写出来，这个时候我不会抱怨自己愚笨，而是再看一看资料书上的总结，思考一下，再合上资料书添加上那些内容。所以关键在于，你所总结的或表格或结构图都是你合上书自己画出来的，而不是对着资料书抄一遍。这个工作对于掌握课本知识极其重要。那么如何检验这个工作做得是否到位呢？实践是检验真理的唯一标准。当你拿到任何一个基础题或中档题时，能马上清晰地回忆起相关知识而不再有似是而非的感觉，那你这项工作就做到位了。

第三部分　刷题是王道

刷题之所以是王道，是因为刷题的数量在一定程度上决定了你的水平高低。高中考试的特点就是把一个知识点变换成很多花样来考我们，所以多见见题型是大有裨益的。

其实掌握知识和刷题是相辅相成的过程：刷题可以帮助掌握知识，而掌握知识的目的也就是解题。如果硬性地要求自己必须要把知识都掌握得清清楚楚才开始做题，未必可行。我很能理解，当老师布置的作业的 deadline 接踵而至，我们很容易失去复习基础知识的耐性，而是直接开始做题，可是长此以往，做作业就完全成了一种疲于奔命的应付。所以，聪明的学生懂得让做题帮助自己更好地理解基础知识，关键就在于即使作业再多，也不要成为作业的奴隶。必须抽出时间进行第二部分的掌握基础知识的步骤，这样做题的过程就是一个巩固的过程，做的题越多，每一个知识点在你的脑子里也就越来越清晰，越做越有成就感，从而形成一个良性循环。

在高三的复习中，有一段时间我很认真地按时按量完成老师布置的作业，结果反而不好，那段时间的考试结果一直不理想。后来经过反思，我才发现，原来自己一直沉浸在题海中，变成了作业的奴隶。自那以后，我就警醒自己，一定要让所有我做过的题为我服务。也就是说，我要知道我做过的每一道题的价值所在。比如我做了十道关于太阳高度的选择题，我就得明白这十道题让我重温了公式并加深了认识，要能保证即使从现在到高考前都不再做类似的题，到了高考考场上再做这一类型的题依然不会出问题。此外，做题的过程中容易发现自己薄弱的地方，如我发现对几种岩石的转化过程的相关知识还不太清楚，就马上翻教材、笔记、资料书，记一遍之后，再找出几道关于这个知识点的题来做，直到全部做对。因此，我又要提出刷题的另一个关键点：平时的学习和高三复习的开始阶段，最好每一次都集中地做关于一个知识点的题。一个很好的方法是在一本高考卷中挑题做，每一次都把一本卷子中考查某个知识点的题选出来一口气做完，这样不仅加深了对这个知识点的掌握，还能对比同一个知识点的不同考法，摸索出题老师的意图。

第四部分　总结才是王道中的王道

做完题，如果没有总结这个步骤，那么做的题有90%都等于徒劳，简直是对时间和精力的浪费。

但是不喜欢总结这种现象在同学们中又很普遍，很多同学都只是做了题对完答案就把题扔一边，继续做下面的题，如此反复，最后发现虽然做了很多题却几乎没有成效，又来抱怨说自己付出了却没有收获。如果这一点说中了，那你就真的应该好好改变这个坏习惯，否则不管是地理还是其他学科都不可能取得什么大的进步。

在地理学习中，如果说选择题还能靠简单大量的刷题来勉强提高，那么主观题也使用这一招就是事倍功半了。总结答题模板才是提高地理主观题得分率最简单、最有效的途径。

在高三的地理复习中，我做的最重要的一件事就是总结。我总结的参考文本以近五年的全国地理高考题为主，以平时做的模拟题和考试题为辅。

首先说说总结的小头——选择题。对于我认为有价值的错题，我会摘抄或剪贴在错题本上，有时候嫌工作量太大，就直接把错误题肢抄下来。除了我做错了的题，我发现还有一些题是凭运气蒙对的，比如我选择了一个我能够肯定正确的选项 B，但是选项 D 的说法我不那么确定，如果放在另一道题里面我就可能错。我发现这个问题是因为有好几次自己以前做对了的题这次却做错了，而这些题并不在错题的范围内，也不在掌握了的题的范围内，容易变成复习中的死角。从那以后，我做完选择题对完答案后，会再参照答案从头到尾看一遍，然后回忆当时做每道题的时候是如何破题、如何排除每一个错误选项的。通过这个方法，我发现了以前被我忽略的"宝藏"：一份详尽的答案里蕴含了很多很多宝贵的知识，有些是很细小的容易被忽略的知识点，有些则反映出自己思维的漏洞。在此，强烈建议同学们要更加重视对选择题答案的研究。时间紧迫的时候，我就直接看答案，因为答案上有我画过的重点，而且能够提醒我在哪些地方容易出错。

其次谈谈总结的大头——主观题。地理的主观题无非就是这几种类型：农业区位、工业区位、城市聚落、交通、产业转移、自然整体性、气候类型、水文条件比较等等。总结起来并不复杂，这里分步骤谈谈我的总结方法：

（1）总结主观题类型。找出一个本子作为地理主观题答题模板总结本，然后尽量全面地列出主观题类型。方法是在近五年的全国高考试题里挖掘，把出现频率最高的题型放在本子的前面几页，比如农业区位和工业区位分析题显然应该列在最前面。

（2）全面地总结各类型的答题点。还是拿农业区位来举例，把五年高考题中的所有农业区位题圈出来，然后分析它们的答案，把具有共性的要点列出来，比如气候、水文、土地、交通等，把不是共性的东西放在后面，并用括号注明在什么情况下使用。

（3）总结精细化。经过第二步的总结，答题模板还是太过粗糙。比如，有时候题目只考分析气候条件，这时候就不能泛泛而谈，而必须在气候这一个小区位条件里详细地做文章。气候包括气温和降水两大部分，气温包括昼夜温差大、冬季气温低易发生冻害、冬季气温低病虫害少等要点，降水又包括生长季节降水量大、收获季节降水量小方便采摘等这样十分小的要点，这些细小的要点都要认真整理。精细化的含义不仅在于做到大范围的题目的答题要点要齐全，也在于全面地整理各种小范围题目的要点。

（4）总结之后的工作。第一个最重要的工作就是要反复看自己整理的模板，我相信经过你辛勤的整理，看那些东西比从资料书上看到的答题模板要印象深刻得多。没事的时候就反复看，必要的时候可以把一些十分重要的知识点编成口诀，比如每次分析自然整体性时就念"水汽土地生"代表水文、气候、土地类型、地形地貌、生物植被。第二个工作是持续完善。在以后的做题过程中遇到从来没有见过的要点，或是容易忽略的要点，继续往自己的答题模板上添加。慢慢地，你的答题模板就成了一个任何资料书都比不上的最完善的"答题神器"，主观题分数也就慢慢地提上去了。

第五部分　应试技巧

如果你通过了刷题和总结这两关，地理成绩在理论上来说应该是在一个非常不错的位置了。然后我们再讨论一下考场上的实际操作技巧，以尽量发挥出你平时积累的全部知识储备。

考场上做地理选择题，第一要义就是"稳"，不要过于激动以至于审不清题。

一定要仔细看题干的要求和给出的材料，拿不准的时候，不要急着做出选择，而是要重新读题，也许是第一次遗漏了要点，也许是你没有意识到题干的指向性。平时做题的时候除了选出正确答案，还要多思考一下出题老师的意图，慢慢地，你会发现自己看到一道题就知道老师到底想考你什么，甚至在拿不准答案的时候，也能通过这样的逆向思维分析出老师想考的知识点，从而大大提高猜题的正确率。这种题感和英语语感类似，建立在平时的大量练习之上。

关于主观题，首先考场上一定要习惯勾画题干重点。第一个重点是限定范围，提示词有"根据自然整体性原理""根据图一和表二、三"；第二个重点是答题指向，这个最容易被忽略，提示词有"分析""说明""简述""列举"等，这几个词要求的答案详尽程度大概是依次递减的，比如在一个分析工业区位的题中，如果题目要求是"简述"，回答"交通便利"就基本上没问题了。但如果是"分析"，这个回答就得不了分，必须根据题中给的地图或者是常识说明交通到底怎么便利了，比如说"地处铁路干线附近，铁路运输便利，靠近河流，水运便利"。至于这个度到底怎么把握，也是要通过总结高考题的标准答案才知道的，有时候为了保险起见，可以比正常的要求回答得更详尽一点。其次要注意答案要点化，重要的和有把握的务必放在前面。

最后，我想告诉同学们的是，我已经在高中尝试过各种地理学习方法，最后发现不管什么方法，从根本上遵循的就是本文中我列出的这几个最基本的步骤，这些方法最朴实，也最有效。其实地理学起来并不难，只要按这些最朴实的方法按部就班地学下去，你一定会收获一个理想的地理成绩单。

Part 1 /
学霸档案

姓　　名：孔令毓

....

毕业学校：山西省高平一中

高考成绩：总分603　语文107　数学140　英语122

　　　　　文综214　自主招生加分20

院　　系：北京大学哲学系

Part 2 /
学霸格言

　　兴趣是可以培养出来的，通常做某件事成功了，会带来喜悦感，然后会心甘情愿地继续做，兴趣也就逐渐产生了，这也可以解释为什么有些高三的高手会那样兴奋。

高中地理学习经验漫谈

学霸经验谈

对于大部分文科同学来说，地理是相当头疼的一门课，尤其是偏向理科的自然地理，更让一些同学感到无奈。那么，该如何学好高中的地理呢？接下来我就与大家分享一些经验。

学习地理，首先要熟悉地图，我在高中时地理的优势其实主要源于对地图的熟悉。当然了，这是由于我对地理有很深的兴趣，从小学开始就热衷于看各种地图。因而在高中时遇到有地图的题时，首先就会想到地图上的地方是哪里，做题就顺利了很多。有的同学可能会问，如果没有兴趣呢？其实，兴趣是可以培养出来的，通常做某件事成功了，会带来喜悦感，然后会心甘情愿地继续做，兴趣也就逐渐产生了，这也可以解释为什么有些高三的高手会那样兴奋。识图，甚至是学习地理也需要成功的喜悦和对自己的激励。另外，大家还可以每天抽出一些时间看图，甚至是边听音乐边看也可以，坚持一个月，就会发现自己的读图水平会提升很多。

高中地理分为自然地理和人文地理，有些省份可能还加入了区域地理，然后是选修部分。自然地理整体偏向理科，人文地理则是真正的文科内容，学习方法上也应该不同。

学 | 霸 | 秘 | 籍

自然地理的学习方法

自然地理是偏向理科的一块内容，学习自然地理当然不能单纯地靠记忆。其中，地球运动、大气运动是相对难一些的部分，更需要理解和练习。

但值得注意的是，地球运动这块内容在考试中占的分量很小而且在逐渐减小，有些省份的大纲里就没有地球运动，但不能因此就放弃它，因为它是整个自然地理的基础。因此对地球运动的识记，要尽力而为但不勉强。地球运动有些内容是比较枯燥和抽象的，比如说自转运动和公转运动，练习的时候一定要坚持。学习这一块内容要参照理科生学数学和物理的方法，要么掌握它的精髓，要么就采用题海战术多做题；地球运动的题目，图形类的占绝大多数，对这种题，一个非常好用的办法就是图形转化，将各种图形转化为自己熟悉的侧视图或者正视图，有些题目就迎刃而解了。当然了，没有学过立体几何的话，空间想象能力可能还会有欠缺，这个不必担心，在学过立体几何，并有了足够的训练后，转换图形的能力就会得到提升。

大气运动和气候既是难点，又是考试的重点，尤其是气候和各种天气系统。学习气候的时候，各种气候的成因、理论分布位置、实际分布状况、气候的特点等都需要熟知，但是这些也不需要死记硬背，只要掌握了原理，知道各种气候之间的递变关系，就能够将他们的成因和气候特点以及分布记下来。而实际的分布位置则要多看图了，至于形成原因，则分为一般性的原因和特殊性的原因，二者要分开，做题的时候也应该看清楚题目。比如，如果题目问的是热带雨林气候的形成原因，则回答：位于低纬地区，终年受赤道低气压带控制。但是如果题目问的是马达加斯加东部热带雨林气候的形成原因，则应该回答：东南信风从海上来，带有较多的水汽，该地位于东南信风的迎风坡，地形雨丰富；受沿岸暖流的影响。

自然地理中的其他部分就相对容易一些，下面简单地介绍一下。洋流这一块内容，最大的问题就是名称比较难记，但是如果看了足够多的图，这个问题也就迎刃而解了。自然地理是个整体，只要在高一或者高三复习时按部就班，一步一步踏实地学，后半部分就很容易。

人文地理的学习方法

人文地理相对来说更接近文科，因而记忆就很重要了。

人文地理的主要内容有城市、农业、工业、商业、交通线，其中大部分内容都有其套路，记忆的时候可以记框架，比如说农业中，某地形成某种农业地域类型的原因，就可以靠下面这个体系来记忆。

如果觉得框架也不容易记下来，则可以记下书上的模板，做题时套着用，比如分析长江中下游的季风水田农业的形成原因。

当然了，这只能保证得到大部分分数，剩下的一部分就是当地的特殊性，这就不能一概而论了。正如在分析长江中下游的季风水田农业的形成原因时，千万不能写市场，因为这里的农业是自给自足的，不需要出售；也不能写科技，因为传统的农业不需要太先进的科技。

选修课本则容易很多，花费在上面的时间也应该少一些，但是选修课本也应该认真地学，而且要尽量多学一些，不能只专注于一本，以免考试时没有选择的余地。当然了，大家可以依据自己的兴趣，选择几本感兴趣的选修课本读。

　　对于区域地理，读图的重要性就更重要了。之前读图不够的同学也可以趁着学区域地理的时候多读些图。学习区域地理是为了加强对各地的了解，学习过程中注意结合自然地理和人文地理的相关知识，这样就做到了温故而知新，相当于在不断复习着前两部分内容。学习区域地理，不仅要全方面地了解各地，从气候、地形一直到农业、工业，而且要与自己所知晓的一些名人名地相结合，而且要特别注意一些时事热点发生的地方，以应对考试。当然了，学习地理不只是为了应考，而且是提升自身素质的需要。所谓"上知天文，下知地理"，足见学习地理对于提升一个人谈吐水平的重要意义。

　　另外，学习地理也需要丰富的课外知识，平时可以多读一些相关的书籍。我在高中时就经常读《中国国家地理》一类的书籍，里面很多知识都曾被我用来答题。当然了，读书的目的并不只是为了考试，增加一些分数只是多读书的一个好处。

　　接下来，我将分享一些应考地理时的技巧，考试时的通用法则我就不再赘述了。做选择题的时候最好将能够保证正确的题目与存有疑惑的题目作以不同的记号分开，以提高检查时的效率，而且要注意控制选择题的时间，以免不能完成问答题，两分钟做不出来的题目（特别是选择题里的压轴题）就应该暂时放弃，放到最后再考虑。另外，地理题中的图很多，一定要仔细地看，比如有些图需要找到指向标、经纬度，以确定方向（特别是考查河流流向的题目）；有些题目则要看清比例尺，尤其注意有些降水的柱状图和气温的折线图都要看清楚数值而不能只看形状。对于问答题，也可以先选最有把握的题目写。问答题里需要注意的就是最先做的题，千万不要犹豫，总是想答得更好，但在摇摆不定很长时间后甚至还不如原来所想的答案，而且后面的题目也没做完。地理的问答题答案往往是很简洁的，所以我们写问答题答案的时候，一定要简洁而不能长篇大论。问答题大致可以分为两类，一类是有一定套路的题目，比如说问气候的形成原因，问农业、工业的地域分布，这类题是很容易的。而另一种题目则具有一定自由发挥的因素，这种题就像辩论一样，每句话都一定要支撑自己的观点。比如说，题目中问选择 A 还是选择 B 来建一个港口，如果选了A，只要说 A 建港口的有利条件就可以了，切忌一直讲 B 的不利条件。最后，一些地方的试卷里还有选修题，其难度一般比较低，应该控制在较短时间内完成，而且要尽量选择一道自己最有把握的题目，如果担心没有时间逐道分析，那就在试卷刚发下来的时候先看选修题，大概确定一道。做选择前准备充分，做选择的时候果断迅速，切忌犹豫。对于单科考试地理的同学，不需要为其他科目留时间，相对来说更为轻松一些，但是仍然需要合理安排时间，其他需要注意的事项与之前所说的大致相似。总之答地理题时要冷静应对，合理分配时间，审题要慢，做题要快。

当然了，再多应考技巧都应该以扎实的知识为基础，这些技巧的作用是让你将能得到的分尽量都得到，而你的成绩与你的知识基础的关系更为紧密。因此，学习地理，重在平时的积累。

最后，祝大家愉快地完成高中的地理学习，取得满意的成绩！

Part 1 /
学霸档案

姓　　名：邓君蕊

....

毕业学校：中央民族大学附属中学

高考成绩：总分629　语文129　数学132　英语130

　　　　　文综238　少数民族加分10

院　　系：北京大学国际关系学院

Part 2 /
学霸格言

　　我没有放弃过，没有因为刚刚分科时候的不适应和暂时的落后就丧失了信心。所以，我跟老师说："我需要一个摸索的过程，相信我，我一定会实现自己的北大梦。眼底未名水，胸中黄河月。"

天道酬勤
——误打误撞的文科生如何学好文综

大概很多最终选择了文科的同学都曾经有过和我类似的纠结和不甘心。

从初中开始，我最喜欢的科目就是物理、化学、生物三门理科课程，在文综三门和理综三门同时闭卷考试并计入中考成绩的情况下（我想说的是文综的三门和理综的三门需要同等严肃对待），我的理科成绩要远远好于文科成绩。在我们初升高的自主招生考试中，是我出众的理科成绩把我送进了这所高中的大门，而不是其他。上了高中之后，在高一整整一年的学习中，因为不想学文科，所以对文科三门的学习一直是消极怠工，每次考试都临时抱佛脚，平时连课也懒得听。

可是，当高一年级结束，要分文理科时，我却因为数学和理科综合的成绩不够理想、排名不够高而不得不放弃自己中意的理科，根据自己的潜力水准，为了自己的前途，选择了并没有好好学习过的文科，当上了一个不甘心的文科生。

凭借总成绩排名，我进入了文科重点班，我在班级里的排名不高，一想到自己几乎从未认真学习过文科，现在却要开始一心一意地去对待，不觉有种无所适从之感。

初中的时候，对于文科学习，我习惯性地背重点，总觉得书那么厚，重要的东西却只有那么一点，考试也不会考得那么详细。多做题，然后把答案背下来，总会碰见一样的题目——这便是我初中的学习方法。

高中的时候，我发现以前的方法不好使了。几次考试下来，我的成绩都不是很理想。我开始想，是不是因为同学们一早就决定要学习文科，所以都已经摸索出适合自己的学习方法了，而我，还需要这么一个过程。但是我没有放弃过，没有因为刚刚分科时的不适应和暂时的落后就丧失了信心。所以，我跟老师说："我需要一个摸索的过程，相信我，我一定会实现自己的北大梦。眼底未名水，胸中黄河月。"

希望我这个误打误撞的文科生"历经千辛万苦"终于摸索出来的一些文综备考应考的方法能够帮助到你们。

学|霸|秘|籍

定好目标

分科之后，离梦想更近，当然也说明离高考更近，于是我们开始了身经百战的过程。

考试的过程，总是有人欢喜有人忧，谁都不可能是常胜将军，时常因为受到挫折，我们的学习热情会大不如前，学习效率也会大大下降。这个时候，我们需要一个明确的、合理的目标。

在我没有进入年级优异者行列，只是第一次考进年级前十的时候，我的目标是争取每次考试保持在年级前十。这个目标实现之后，我又在成绩一直比我优秀的同学中找了一个榜样，争取每次考试都能缩短与她的差距。

这就像一段马拉松，每个距离适中的里程目标让我在漫长的征程中举重若轻，成绩斐然。

制订可行的计划

良好可行性的计划能够规划我们每天、每周、每个学期的学习内容，加速我们的学习效率。

我个人就有制订计划的习惯。从每天到考试前两周再到最终的高考，从未间断过。

每天的计划，有时由于一些不可抗拒的原因（如数学老师突然布置了一大堆作业、东城区的模拟试卷发下来了明天就要讲等），是不能保证全部完成的。不过没关系，你会发现，计划已经帮你规划了学习步骤，再也不会觉得"总有什么事情要做，可又不知道做什么"。

每次月考之前两个星期，我都会制订一个复习计划，以求在不断添加新内容的课堂外，能够比较高效地复习。月考复习计划例如：

政治——做《5年高考3年模拟》、背诵课文、笔记本

历史——做《5年高考3年模拟》、背诵课文、笔记本

地理——做《5年高考3年模拟》、复习资料、图册

另外，还可以按照日期列出每天的复习内容，我比较倾向于每天每科都复习到。

不要把计划安排得过于紧密，每个人都不可能做到完全的不懈怠，要留出机动的时间。相信坚持执行你的计划，能让你焕然一新。

具体每科的学习技巧

政治

解答一切政治题目的基础都是你脑子里牢固的课本内容，但是我们往往背过了却在答题的时候想不起来。怎么办呢？我的办法是自己做知识结构图。虽然很多参考资料上都有结构图，但是亲自动手做的感觉却与单纯补充参考资料上的结构图完全不一样，有了自己建立的知识结构，答题的时候会轻松很多。除此之外，还要多做题，保持题感。选择题尤其要细心细心再细心，一定要抠字眼，避免遗憾的失分。

历史

第一还是要靠背，第二还是要靠总结，可以通过写年表的方式将古今中外事件串联起来，对历史事件的掌握要透彻，它的时间、背景、条件、经过、人物、目的、原因、评价、影响等都要了然于心。第三还是要抠字眼，选择题中是"根本原因"还是"直接原因"，"正确"还是"错误"，大题中是"根据材料"还是"根据材料并结合所学"都要搞清楚。

地理

第一还是要靠对课本的掌握，这也可以通过自己列结构图来帮助记忆。第二还是要靠分类总结，一般来说，老师都会把分类总结做得比较好。我们学生要做的，就是根据老师的知识总结归类，充分理解记忆，并且应用。地理大题有很多答题套路，需要向老师请教或者自己总结。

进入"高原期"后

一模之后，我开始进入赫赫有名的"高原期"。具体表现为：再也学不进去新东西，背书的时候，感觉背了就忘，心情烦躁，不想听课，但是也不想自习。

事实上，虽然不是每个同学都会经历"高原期"，但当你出现上述"病症"的时候，就需要警惕了。我们应该如何应对呢？

"再迷惘，也继续，每个呼吸都有意义。"不想听课怎么办？听，硬撑着也要耐心听完老师的课，那是老师多少个小时的备课凝结成的40分钟的精华啊！不想自习怎么办？坚持。一定要自习，做题、背书，竭力像以前那样做进去题，看进去书，想想自己不想自习的时候别人都在马不停蹄地前进。感觉背了就忘怎么办？那只是我们的感觉而已，在做题的时候你就会发现，那些概念你都牢牢地记着呢，所以不必恐慌。

生活作息的调整

高二的时候，为了奋勇向前，我一度每天熬夜到凌晨1点半，早上6点起床，起床第一件事情就是泡浓茶（不推荐咖啡，对身体不好）以对抗"睡魔"。

这种近乎自虐的学习方式当然取得了令人惊讶的成果。可是到高考冲刺前夕，我知道自己必须调整生活作息了，否则身体吃不消。

　　时间上，我每晚 11 点半停止一切学习活动，准时睡觉；早上 6 点半起床。在保证了充分的睡眠后，我觉得每天精力更加充沛，情绪也更加稳定。

　　饮食上，我的父母的举动做得比较夸张。高考备考前夕，各种美味佳肴轮番上阵，以至于我现在回想起来还十分想再读一次高三。可事实上，家长们并不需要在这段时期对饮食做出特殊的改变，保证营养全面就够了。

　　高考冲刺前夕的种种，无论是喜怒哀乐，还是跌宕起伏，以后都将成为我们最珍贵的财富。不管我们在分科之前是否真心地对文科感兴趣，我们都不要忘记最初的梦想，奋勇向前！

学科锦囊阅读笔记

见贤思齐焉

关键词	笔记内容
学科特点	
备考方案	
重点难点	

总结: _____

_____

_____

Part 1 /
学霸档案

姓　　名：方田野

· ·

毕业学校：安徽省阜阳市太和中学

高考成绩：总分651　语文119　数学142　英语143

　　　　　文综247

院　　系：北京大学社会学系

Part 2 /
学霸格言

　　高中时，最令我感到骄傲的学科就是数学。学习数学不仅锻炼了我的思维，给我带来了无穷的乐趣，而且也让我的成绩一直处于前列。当然，它也曾带给我沉重的失败和深深的打击。

那些年，我们一起学过的数学

　　数学，是大多数学子的"梦魇"，却一直是我的骄傲。高中时，最令我感到骄傲的学科就是数学。学习数学不仅锻炼了我的思维，给我带来了无穷的乐趣，而且也让我的成绩一直处于前列。当然，它也曾带给我沉重的失败和深深的打击。可以这么说，曾经一张低于130分的数学试卷带给我的挫败感，远胜于100分的语文试卷。所以，数学带给我无尽的苦与甜，而这恰恰也让我不仅获得了成功的经验，还有失败的教训。

　　我对自己的数学一直满怀信心，从未怀疑过自己的实力。第一次高考我发挥失常，但是数学仍然很好。第一次高考，我是全校第十名，而数学则是第二名。这也让我在复读时对数学没有太多的担心。所以，我想说，学习数学，最重要的心态就是自信，这样才有可能去征服它。

　　关于数学学习，我有很多心得，又因为复读的原因，我对于数学的复习备考以及应对数学考试感触更深，所以我想着重谈谈这两点，希望能对后来人有所帮助。

学霸秘籍

百日冲刺时的数学复习

　　这时候，数学大致已经进入了二轮复习，也就是专题复习。而我在高四的百日冲刺时，为数学制订了详细的规划，这也是我成功的重要因素。在这里与大家分享。

一、知识点巩固

一轮复习主要是对基础知识的回顾，而我的数学基础较好，因而这方面没有太大问题，所以可以全身心准备二轮复习。我们的二轮复习是按照考试范围来进行的，主要有六大部分，对应考试的六大板块：三角函数、概率与统计、立体几何、数列、圆锥曲线、导数。我当时也是分板块强化的。

首先，花较少时间扫一遍基础知识，主干知识点一定要牢固掌握。而冷僻的知识点，我都汇集了起来，如三角函数中的初相、概率中的相关性、立体几何中的投影等知识点。虽然不常出现，但是也很重要。

其次，将知识点串联起来。数学是一环扣一环的，从最基础的部分开始，很容易将知识点连起来。我当时就是把各板块的知识点串联成知识体系，大致是从例子到定义到定理再到推理，把课本的知识和老师补充的知识以及教辅资料上的很多引申知识点归纳在一起。例如，从三角函数的定义（正余弦，正余切）、几何意义到基本的公式到倍角半角公式，再到引申的和差化积公式。通过这样的归纳，往往可以很全面地复习和掌握某一板块的知识点。

二、解题能力的提升

数学是一门对逻辑思维要求很高的学科，对于文科生来说更是如此。也正因如此，很多人把学不好数学归咎于自己逻辑能力不行。

实际上，思维是可以通过锻炼和摸索来提升的，研究解题方法是

提升数学思维的重要途径。我平时爱钻研解题方法，所以才能在考试时不至于思路阻塞。

以下是几点建议：

1. 研究课本

课本上的推导过程是最经典、最正统的。我们平时解题所用的基本公式、定理在课本里都可以找到推导过程，同时，课本例题也为我们提供了最为规范的解题指南。所以，从课本的例题中汲取营养对解题很有帮助。

2. 求助于老师

我高中的数学老师都很优秀，无论是自身的数学能力还是传道授业的能力都值得称道，所以我很愿意求助于他们。他们做过的题很多，教过的学生也很多，所以对于如何解题、学生常犯哪些错误，他们都很清楚。我经常跟老师探讨解题方法，无论课上课下，而老师们也都乐于倾听并提出意见。但是有两点要注意：一是态度，不能冒失也不能太低微，既要有礼貌又不能太拘束，要学会与老师交流、讨论甚至争辩，自己真正投入进去才能有所获益，不然只是简单的听讲，收获也有限；二是求教的内容，最好是一些值得探讨的内容，这就要求我们在平时学习时不能过分依赖老师。发现问题，自己必须要先思考，实在解决不了的再求助老师。

3. 研究典型例题，探索规律

我很喜欢研究数学题，主要是典型例题（高考题及高质量的模拟题）、难题。典型的题目不一定难，但是必然具有普适性，研究这类题目有"做一题，会一类"的作用。高考题当然很典型，一些模拟题也很不错。对于这类题，我一般都会先认真做一遍，之后再变换条件，重新做。几次变换之后，大致可以归纳一下这类题的一般性解法和特殊情况下的解答思路。比如数列的几大递推公式，都有其各自的解答方法，如果自己不研究典型例题，那么很容易混淆。再比如，圆锥曲线的设问，解答的一般过程是：设方程联立，求解，代换，代入，然后根据条件进行接下来的操作。典型题目往往可以体现一类题目的设问规律，仔细研究有利于找出相对应的解题规律。

而对于难题，我也很喜欢，因为我喜欢挑战。平时我经常研究理科的题目，因为理科题目对思维的要求很高，文科试卷上的难题经常是理科试卷中题目的下移。研究难题有两点好处：第一，锻炼自己克服困难的能力，让自己在巨大困难下寻找解决之法，这对我们整体的学习也是有好处的。第二，锻炼思维。难题之难在于其思维烦琐、怪异或者步骤之间跳跃性大，通过研究难题来调动自己的知识储备，有利于数学思维的提升，即使最终做不出来也是有收获的。

所以，我的建议是：抽出固定的时间做一些典型题和难题，并且深入地分析、归纳、总结、反思，不用做太多就能找出解题的规律。

三、训练——重中之重

数学对训练的要求超过其他任何科目，我的数学之所以长期优秀，也与科学的训练密不可分。以下是我关于训练的几点建议：

1. 训练内容、训练量及题目的选择

与平时做题相比，数学训练的内容更广泛一些，除了知识点的熟练，解题技巧的运用、速度和准确率的提升、审题能力、解题规范性都是重要内容。

关于训练量，在百日冲刺阶段，每周至少应保证 4 张试卷的训练量（是训练量，不是总的做题量），其中包括至少两次整卷训练和两次专项训练——选

择、填空训练和部分板块的训练（这是自己安排的，不包括学校安排的训练和考试）。题目选择上，高考题和具有较高信誉度的模拟题优先。此外，一些著名教辅的题目也不错。我比较推崇的有《试题调研》《金考卷》《精编45·套》，这些加在一起足够凑出训练的题目。

2. 训练要求

（1）必须是整块的时间。整卷训练应该至少100分钟，保证能完整地做完试卷，但是又必须限制时间，平时做题速度必须快于考试时间的要求。

（2）模拟考试环境。整理书桌，腾出空间；一口气做完，中间不能随意走动；选择自习时间，避免周围的干扰。

（3）心态上：严肃对待，全神贯注，最好有适度的紧张，不能过于放松。

（4）答题时：速率与准确率兼顾，步骤齐全，解题规范。平时力求在100分钟内完成，因为考试时情绪紧张，大部分学生很难以正常速度答题，所以平时就应该注意训练速度。我经过平时的训练，平均下来完成一张数学试卷需要75分钟，考试时大概需95分钟。

（5）目标要求：我的底线是单选、填空错一个，后面大题错一问。目标永远是150分。

3. 练后反思、总结

这是必不可少的环节，不反思的话，训练成果很难内化为自己的东西。反思的内容是解题规律与自己的易错点。在头脑中再现自己出错的思路，找出出错的原因，主要有思维性错误和知识性错误，并且分别进行记录。

以上就是我在百日冲刺时的一些操作技巧，接下来是备考与临场发挥方面的心得。

应试技巧与临场发挥

数学学科具有特殊性，考前复习时回顾知识的作用不大，主要还是在解题和心态上。

一、考试前

数学的复习不用提前太长时间，考试前四五天就行。首先是浏览一下主干知识点（六大板块的）；其次是回顾一下纠错本（看看自己的易错点——知识性的）；然后，选取适量的题目热身即可。

二、进场前

物品准备：中性笔（至少两支）、尺子、铅笔、橡皮、相关证件。

心态调整：数学是最容易让人紧张的一科，因为数学的难度不确定性大，不易把握。而且，题目少、分值大，容易拉分，也容易发挥失常。但是，只要平时足够努力，考试也不会让你太失望。你应该这样想，题目容易的话，我只要足够细心，绝对是高分甚至是满分；题目难的话，尤其是在高考中，大家都会难以适应，超常发挥难于登天，我只要正常发挥就足以拉开与别人的差距。事实上，高考的成功，不是一飞冲天，而是顺其自然，展示出自己的真实水平就足够了。

三、开考前

试卷发下来前，安静地坐在座位上，放松自己。可以深呼吸，但我更崇尚冥想，也就是闭上眼睛什么都不想。摒除杂念，抚平内心。让自己心静如水，自然地迎接考试。

四、考试中

拿到试卷时：这时距离开始答题还有 5 分钟左右的时间，按照考试规定，这段时间是不允许答题的。可以先浏览一遍试卷，大致看看题型有没有变化。我会看看后面的大题考什么，怎么考的。这是因为我有绝对的自信，即使发现有什么大的变化和新题型也不会慌张。如果你的心理素质不是太好，可以只是浏览，不要仔细看。或者先解决相对简单的选择题的前几题（这些通常不用动笔计算）来稳定一下自己的情绪。

确定答题时间：浏览完卷子后，已经对卷子的难度有了较为清晰的了解，并大致确定了答题策略。无论怎样，选择题跟填空题的时间都不能超过 25 分钟。大题大概留 1 个小时，检查时间一般留 30 分钟。简单题目一定要"快、准、狠"，为做难题争取时间。我个人注重检查，所以会在检查上留较多的时间。

做题时：心无旁骛，全神贯注，大脑高速运转。选择题前几题要谨慎、稳妥地解出来，为后面奠定一个稳当的基调。到选择和填空靠后的题目必须做好迎难而上的准备，通常难题就分布在这里。大题前几题一般比较简单，可以适当快一些。到了压轴题就要稳步计算。

规范解答：第一，规范审题——数学题目往往有很多条件和隐含的信息，审题时要把有用的信息都采集在头脑中，同时对设问的要求、作答的方向也必须做到心中有数。规范的审题就是全面、细致、清晰地了解条件与设问。

第二，规范运算——草稿纸上不要乱画，尽量把算式清晰地写出，别怕耽误时间。否则，运算不仔细，导致答案错误，就会得不偿失。此外，思路一定要清晰，回想相关的解题策略，不要慌张，按照自己的思路一步步地推导。

第三，规范作答——步骤齐全，不跳步，不缺步。关键步骤必须由关键点突出，采分点明确，书写规范，字迹工整，排列合理，答题卷上行列对照匀齐。

作图先用铅笔，确定之后再用中性笔描画。

认真检查。人在紧张的情况下难免犯错，尤其是在高考这种号称可以决定命运的考试中。所以，做完题后的检查十分必要，尤其是对于易出错的数学来说。主要是检查由运算错误导致的答案数值错误，步骤不全或者解法错误。如果检查出来也不要慌张，认真地改过来即可，不要出现情绪上的波动。检查之后还剩时间的话，再看看自己的姓名、考号是否写对，答案开头的"解"字是不是都写了。

考完即忘，不要再去回忆考试中的细节，大多数时候回忆的结果不是为自己某道题做对而高兴，而是为某个小失误而出现情绪波动，影响后面的考试。不去想，就什么事都没有了。

以上就是我关于数学学习的一些建议，希望能对仍然遭受数学折磨的广大学弟学妹们有一点启发。祝你们早日征服数学，为高考增辉加彩！

学科锦囊阅读笔记

见贤思齐焉

关键词	笔记内容
学科特点	
备考方案	
重点难点	

总结: _____
_____
_____
_____

Part 1 /
学霸档案

姓　　名：高赫聪

....

毕业学校：吉林省柳河县第一中学

高考成绩：总分642　语文128　数学127　英语127

文综260

院　　系：北京大学法学院

Part 2 /
学霸格言

　　我认为，文综是一种态度。只要你具备了端正的态度并付诸行动，文综总不会在成绩上亏待你。

文综，是一种态度

文科综合是高考科目中内容最多、最杂、分值最高的一门科目。很多老师在强调它的重要性时说"成也综合，败也综合"，这句话单从文综满分 300 分、每个选择题 4 分的分值上就得到了充分的印证。我认为，文综是一种态度。只要你具备了端正的态度并付诸行动，文综总不会在成绩上亏待你。下面我就从态度方面分学科来跟大家分享一下我的经验。

学霸秘籍

政治

我认为，政治是文综三门课程里相对最好学的一门，背诵在政治学习中占有很大的成分。学习政治一定不要害怕麻烦，这是最关键的一种态度。

首先，政治包含的内容不只是书本内容，时政也是考试的重要内容。这就需要我们在熟悉课本的同时也熟悉时政内容。如果你使用手机比较多，可以关注每天的手机报；如果你上网比较多，可以多看一些凤凰网或是网易的时评；如果你喜欢看报刊，《半月谈》《中国日报》是你手边必不可少的；如果你喜欢看电视，有条件的话，可以看每天的新闻联播。如果没有这么多时间，可以关注每周的新闻周刊和世界周刊。在看这些新闻的时候，不要泛泛地了解，多想一下这些新闻可以和书本上的哪些知识点联系起来，想一下新闻中的现象或者问题用课本上的什么知识可以解释。有了这个提前了解和思考的过程，你会发现在考试过程中不知不觉就省了不少工夫。如果没有这个必要的过程，没有必要的积淀，在考试当中你即使头脑再敏捷也不可能写出所有的要点。

第二，在平时的学习中不能怕麻烦。有些同学把老师发的记录课本知识点的小册子作为真经，在平常和考试前都抱着小册子不停地背，把小册子背得滚瓜烂熟，但是在考试中却得不到一个理想的分数。很多同学对这种现象百思不得其解，其实原因很简单，就是因为平时的投机取巧让你漏掉了很多东西。尽管四本必修和一本选修书的容量比小册子要厚得多，但是五本书的准备肯定比几个小册子要靠谱得多。按照考试大纲要求的内容，去课本上找对应的区间，把这个知识点的来龙去脉全面地掌握，把相关的概念和语句熟记于心，对于解释和说明这个问题的其他内容也一并浏览作为了解，这才是全面掌握知识的一种最好办法。我在高一、高二的时候，虽然在政治上很用功，但是成绩总是没法提升。在高三时，我对课本进行了全面梳理和掌握，发现自己平时在考试时遇到的一些障碍在课本上都能找到明确的依据，只是在小册子里和复习提纲上老师作为解释说明的部分将其省略掉了。我恍然大悟，又对每一个部分都用同样的办法进行了复习，发现一些以前搞不懂的答题要点也是课本上的原话。政治要想拿高分，在课本知识掌握方面一定不能怕麻烦，这样的一种复习方式看似浪费时间，但是它省去了考试中纠结和考后查书的时间，实际上是大大省出了时间。

第三，在思考上同样不能怕麻烦。对于选择题，有时候你看着几个答案都是正确的，有时又觉得没有正确答案。这就需要你在不断看课本和不断训练中对不同的答案进行仔细的甄别和筛选，进行全方位的比较，把类似的题目放在一起进行反思和吸收。通过这样的反复推敲，对哪种题目应该选择哪个答案，你会有一个相对明确的概念。在大题上，政治的答题要点绝不止一两个。对于这么多的答题要点：一是要求你在平时的学习中逐渐建立起自己的知识框架，把所有的知识要点囊括在内，使自己对知识有一个全面的把握；二是要在考试当中认真阅读材料和问题，在答题范围之内对相应的知识要点进行筛选，尽可能全面细致。如果题目的设问比较宽泛，如让你从经济生活的角度去分析一个问题的意义，你就要从个人（作为消费者和劳动者）、社会、企业、国家、社会主义市场经济由小到大的角度去进行全面剖析。在答题之前，建议你先在草稿纸上拟出一个答题框架，切勿因某一点答得过多而忽视了其他的答题要点。

地理

在我看来，地理是这三门当中开始学最难而到考试时却是最好拿分的一门。这是一个普遍的现象。

在选择题中，必修一中的自转和公转、洋流、大气环流等是出题的重点，这些题目是偏理科的内容，答题和数学题一样有相对固定的套路和突破口，只要掌握了这些内容，做对就没有太大的困难。

如果大家觉得这方面有困难，可以看下《五年高考三年模拟》中这一部分近年来的高考试题，多见识一下，对出题题型做一个相对全面细致的把握。在地理学习中，我特别强调的是区域地理这个内容。地理无图不成题，而每一个图往往与一个固定的地域联系在一起，所以区位判读和解读能力就显得尤为重要。对此，我希望大家都能够有一个全球的意识。我从小最喜欢做的一件事就是看中国地图和世界地图。以前在地理方面就有所积累，上了高中之后，我再看地图时就有了一个更需要注重的因素——经纬度。每当我看到一个地区的时候，先看它的经纬度。久而久之，当在试卷上看到陌生的地点时也就不再感到那么突然，更不会出现定位错误的悲剧。只要地理基本功足够扎实，看到陌生的地点也不用慌张，根据经纬度特有的地理特征，结合海陆特点，从自然、人文方面展开分析，正确率绝不至于太低。我觉得地理上最应该具备的一个态度就是用心。看地图，看经纬度，认真答题，绝对是地理考试的制胜法宝。当然，当你遇到一个陌生的区位时，千万不要忘记把答题要点整理下来，当再次遇到时，可以用同样的答题要点去解释说明。我在高三时整理了整整两本地理笔记，上面记录的是在平时练习和考试中遇到的不同区域的地理问题，每次考试前我都会翻看一遍，根据图中的有效信息再做一遍定位判断，看过五六遍之后，笔记本上的东西基本上就能熟练掌握，在考试中也能够熟练运用。这不仅是运用平时整理中学到的知识，还有在平时潜移默化地训练出的答题套路和分析方法。在地理上，一定要用心、要仔细，留心平时就是为考试抢分。尽管地理书上的内容看起来很少，也很简单，但那些只是答题的框架和问题分析的方法。要想在考试当中得到一个漂亮的分数，还是需要见多识广，在海量的区域分析中总结答题规律和方法。

历史

　　历史的得分相对来说是最难的，也是我在考试时感觉最难攻克的一个科目。到了临近高考的时候，我不断总结自己在历史学习上的失误和错误，终于发现了自己存在的问题。

　　历史很讲究学科特征，细节相对于阶段特征来说重要性相对较弱。所以，无论做选择题还是非选择题，一定要把握历史阶段性，像

"发展""较低"这类在哪个历史阶段都适用的术语一定慎用，"陷入困境""萌芽""科学与技术的结合度空前上升"等才是富有阶段性特征的语句，需要你在答题时熟练运用，也最有可能成为最佳答案。

　　在历史的学习上，一定要把握住不同事件、不同时间段与众不同的点，这样会使你答案的命中率显著提高。相比较而言，历史题答案在各省考试中的答案中往往是篇幅最短的，也是最难回答出来的。当你的历史基础知识掌握到一定水平之后，多看一些这类题目和答案，比较总结一下答案是由哪些部分组成的，用了哪些词语，这些词语的来源是什么。别以为历史不需要背，历史最难得分，分析过答案，你会发现很多词语其实就来自书上，很多词语和语句都是材料中的原话，这些有可能都是你在平时做题和看书的时候忽略掉的。把这些地方抓住，你的历史成绩自然会上升一个档次。但是说起来容易做起来却不易。要想把书上的只言片语在考场上及时提取出来，至少你要背过书上相应的语句和篇章。要想在考场中利用好材料中的语句，你需要不断地读材料和问题，寻找其中有用的部分。说到这里你或许会发现，历史是比较难的，它对你的态度要求会更高。历史，要求你耐得住寂寞，耐得住性子，持续不断地努力，持续不断地总结和提升。

　　文综是我高中时学得最认真的科目，我在文综上的思考也是最多的。上面这些话尽管不多，但都是我在高中三年的学习中总结出的最精华的部分。刚学文科的时候，文综是我最拿不出手的一门课，但在高考科目中，文综是我考得相对最好的科目。文综是文科生分数的关键，一点也不夸张。但不要忘记，文综是一种态度。端正态度，付诸行动，成绩绝对不会亏待你！

Part 1 /
学霸档案

姓　　名：何李霸

毕业学校：广东省深圳中学

高考成绩：总分680　语文123　数学138　英语143
　　　　　理综276

院　　系：北京大学社会学系

Part 2 /
学霸格言

　　我认为，最好的方法和技巧往往是从自身学习实践中总结出来的，所以我希望广大学弟学妹们做个学习的有心人，学会在日常的英语学习中总结规律和经验。

那些年，我们一起学过的英语

　　高考成绩下来时，我考得最好的一科，不是平时最让我风光的数学，而是英语——143分，一个平时从来没考过的分数。但是我并不感到意外。因为我知道自己的英语一定不会让自己失望，这信心来自平时科学的学习方法和稳定的成绩，还有不断累积的经验。特别是在英语的百日冲刺复习、提分的技术性操作、应试技巧等方面有着较丰富的经验和比较深的感触。在这里，我主要想就百日冲刺的复习、英语的分项提高以及应试技巧方面谈谈感悟。

学霸秘籍

平时学习的一些经验

　　这个不是本文的重点，但是很有必要说说。我平时学习英语的经验很简单，但是很有效。

1. 多读

　　我语法很烂，所以我选择多读的方式来弥补。我把平时的考试题、历年高考题、典型模拟题里的阅读材料、范文、美文及课文都拿来读，因而形成了很好的语感。

大多数语法题，我能做对，但是说不出为什么。因为那些语言现象在我的脑子里留下了深刻印象，考试时凭借这种印象和自己的推断，大多数题目就能迎刃而解。读的技巧在于用心，读的时候必须要全神贯注，力求把所读内容刻到脑子里，同时尽力联想自己在考试中常见的知识点和考题，建立两者的联系，这样考试时才更容易回忆起自己读的内容。

2. 顺藤摸瓜，举一反三

这是巩固知识的好方法。平时尽力这样做，就会事半功倍地记住很多单词和短语。语法现象也是如此，考到某个语法，就可以顺带着回顾与此类似的，或是对考到的知识点进行变换，探究变换后的答案。这一招很有效，建议使用。

3. 多看书报，积累素材

与看电影和听英语歌曲相比，我偏爱看英语报刊与书籍，因为可以积累丰富素材。读报刊可以了解热点，而热点经常是考试的话题，高考也如此。平时多看，可以积累一些常用句式，也有利于自己更好地就话题进行思考、立意，而且还会对单选有帮助，因为好多单选题都是从报刊上选取的素材。读英语书籍，可以提高自己的阅读能力，对完形填空和阅读理解帮助很大。同时，也可以积累表达，我有一个本子，专门用来收集看书看报时碰到的典型句型与高级表达，长期积累下来，我的作文、单选和完形填空都受益很大。同学们不妨也试试找一个这样的本子，开始积累吧。

以上是我平时学习的几点建议，简要说说，下面才是我要讲的重点。

百日冲刺的复习策略和分项提高

到了百日冲刺的时候，要有明确的复习策略。我的策略主要是如下几点。

1. 纠错本的整理

这时，纠错本的内容已经很多，可能以前回顾过，但是此时必须从头到尾整理一遍。先重新做一遍，这次又做错的题应该格外注意，汇总在一起，着重分析再错的原因。剩下的题再按出错原因进行分类，主要是"一时大意""知识不足""审题错误"等几类，挑选典型题目写在一个本子上，经常翻看。这对自己是很好的提醒，尤其是在考试前。

2. 强化训练

此时，该记住的知识点差不多都记住了。接下来就是强化训练了，这是我很重视的一点。

（1）选题上：谨慎选择，精题当先。

我们会有数不尽的试卷，强化训练不是把它们一股脑做完，而是从中挑选精题，我买了《金考卷》系列卷和《45套卷》（这个因省而异，很不错）。老师发的试卷好多并不符合我的做题节奏，所以我跟老师协商，只选择其中有价值的题做。总之，我选的题一般是历年高考题、本省历年重要模拟考试试题、各省市高信誉度的模考试题，这些都很有价值。

（2）训练量上：比以前适度加大。

此时的训练量应该稍大于一轮复习时，但是要随着高考的临近逐渐降低，训练目的应由强化到保持感觉。我百日冲刺时，大概每周做2～3套整卷，外加3～4次专项训练（主要是针对完形、阅读、书面表达），这其中有学校和老师安排的训练，我会根据他们的安排调整自己的训练量。一般是最少3套整卷，6次听力练习，6篇完形（两次做完），18篇阅读理解（三次做完），4篇书面表达读写（两次做完），2篇作文（两次做完）。算起来还是不少的，但是随着考试的临近，我逐渐减少了量，到最后一个月时，每周的训练量加在一起也就是3套整卷左右。

（3）训练时间上：分布均匀，争取整块的时间。

训练不能集中在一起，连续大量的训练效果不好。因而训练时间要均匀分开，我会把英语的训练分成每周4～5次，争取每天都练一些。大致是晚自习做一套试卷加一个专项，周末做 1~2 套试卷加两个专项，其他时间主要是专项训练，比如完形或阅读的强化训练。整卷训练严格按照考试的要求进行，清理书桌，放下其他与考试无关的事，专心于训练，认真规范。专项训练要求同样，速度与准确率要兼顾。这两种训练，时间都应该比真正的考试要短，因为考试时做题的速度肯定比平时慢，所以平时要严格要求自己。我考英语时，一般在写作文前还会有一个小时，这样的速度跟平时的训练密不可分。平时训练时就要全神贯注，高度重视，提高自己在思维高速运转下解题的速率与准确率。我平时对自己做套卷的时间要求是：单选 4 分钟，完形 10 分钟，阅读 20 ～ 25 分钟，任务型读写 12 分钟。这个可以因人而异，但是必须比考试要求适当快一些，才能保证考试时正常发挥。

（4）训练后：重在总结

训练不是目的，通过训练扫除短板、强化能力才是目的。训练后的反思极其重要，我一般在进行英语的训练后，会及时核对答案，然后针对训练中暴露的问题进行总结反思。第一，总结答题规律。如完形做完后，有什么心得和技巧可以总结下来；第二，反思，主要是针对训练中犯的错误。比如，做单选时句子结构划分出现差错或者做完形填空时上下文没有联系起来等问题，都要反思。在头脑中重现一下自己做题时的错误思路是如何出现的，这个错误是不是经常犯，如何防止下次继续出错，等等。反思的成果要记录在案，汇总起来，在考试前拿出来看看很有帮助。

3. 分项提高

这里我主要是把考试题型分类，各个击破。

（1）听力

第一，坚持训练。力求每天都进行一次训练，让自己始终处在英语的语境中。第二，平时严格要求自己。简单说就是"障碍训练法"，我在平时训练中会有意给自己制造麻烦。比如，不看题目，直接听，听完再做题；平时训练听力，选择语速较快的或者听起来不是太清楚的，给自己制造难题。平时的这些障碍，考试中基本不会出现，如果自己在有障碍的情况下能够适应，考试时就会更加游刃有余。第三，听听力时全神贯注，才能保证考试时不遗漏重要信息，也能锻炼自己的意志力。第四，有条件的话，听听广播或是大学四六级的材料，这些听力材料肯定比高中考试的难，也是强化训练提高分数的好办法。

（2）单选

第一，回顾经典高考题和自己的错题集，重温语法的典型考法。第二，将考纲规定的知识点扫一遍，进一步加深印象。第三，做题时，一定要认真读完每一句话，不全凭感觉，认真分析句子的含义结构。不能还没读完题目，感觉和以前的某一题很像就直接去找答案，这样往往容易忽视句末的变化，失分是必然的。第四，请别人帮你组题，我当时就是把分项考查的专题卷交给同学，让他从每个专题里面选择几题给我组了很多套单选试题，同一专题的题目尽量分散。

（3）完形填空

第一，合理的训练。这一点在上面已经提到。每周进行3～4次的完形训练，每次2～3篇。第二，借鉴参考资料、老师以及他人的做题经验。完形是难点，自己摸索会很费力，高信誉度的教辅肯定会有讲解，老师会有丰富的经验，还有完形做得比较好的同学肯定有他们的绝招，认真借鉴肯定会有收获的。第三，总结自己的易错点。我为了提高完形分数，花了大力气研究，准备了一个本子，专门记录自己做完形时犯下的错误，基本上都是那几类：上挂下联没做好、词语意思不知道、没考虑语境、勾错答案或者涂错答案等等。时刻提醒自己，接下来做题时努力避免，这样以后的错误就会越来越少了。

（4）阅读理解

大致与完形类似，只不过，阅读的训练量应该更大一些，做题速度要更快一些。我通常是先看题目后读文章，这样更有利于抓住重点。其他的操作技巧参考完形。

（5）书面表达

第一，平时多积累一些素材和生动的表达，具体如何操作，上面已经提到，主要是读英语书籍、报刊，背诵范文等。第二，适度的实践，熟练运用。每周写2～3篇文章，随即选题，然后限时完成，尽力把自己积累的东西如高级句型、短语、语法现象等用上。第三，借鉴模板。模板很好找，关键是不能照搬，对模板的结构和固定的表达要做适当的调整，避免与他人撞车。第四，养成良好的写作习惯。打草稿、认真审题、认真誊写等。

应试技巧与临场发挥

这里主要谈的是考试之前和考场上的一些注意事项。

1. 考试之前

（1）复习准备

一般考试前一周，我们就要做复习准备了。一般来说，到了模考时，每次的复习内容大致是类似的。第一，回顾主干知识点，时间允许，巩固冷僻考点。第二，适当训练，英语的各项都稍微热热身。考试之前不必做太多题，这样考试答题时更有新鲜感。第三，看英语的纠错本。

快到高考时，大家也应该这样，不要刻意改变自己的习惯。保持流水线式的操作，让自己顺其自然地进入考试状态。

（2）临考试时

这里指的是考试前一天或者进考场前。这时候，做题的重要性已经不大，心态最重要。每次考试前，我都提醒自己，顺其自然就好，平时功夫做足，考试自然水到渠成，我只要想着"展现自己"，展示出自己的水平就行。此外，我还准备了一个提示板，上面写着自己在以往考试中常犯的错误（每一科都有），比如听听力时注意力不集中导致错过关键信息，做单选时题目没读完，感觉似曾相识就直接选择答案，等等。这个提示板让我考前保持警惕，从而在考试中尽力避免重复犯错。提前准备好考试物品，中性笔、铅笔、手表等，进入考场后迅速放好并检查，以免考试时出现意外。

2. 考场发挥

第一，放平心态。开始听听力前，我一般会闭目冥想一会儿，让自己平静下来，然后再去看听力题目。

第二，拿到试卷后，简单浏览，只为了做到心中有数。高考试卷基本不会出现缺页、少页或白页的情况，所以不用仔细查看，以免浪费时间。

第三，排除杂念。什么也不想，只想着完成笔下的题目，把全部精力放在解题上。

第四，大脑高速运转，聚精会神，保证解题的速度。考场上，速度很重要。前面说过，我每次考英语，除去作文外，其他各项大概 60 分钟做完，这是为写作文、检查试卷和认真涂卡留出时间。可能同学们的做题习惯不一样，但是务必要保证检查试卷和涂卡的时间。听力听完基本不用犹豫，单选若有疑问可以做完试卷回过来推敲，完形要多读几遍，阅读必须要抓住关键词，作文的关键主要是书写、构思以及表达，答题时这几点必须牢记心中。

第五，遇到难题时，通常的做法都是先跳过。尤其英语，题目较多，更加不能在某一题上耽搁太久。通常感觉难的题，要么是思路一时堵塞，做其他的题可以暂时缓冲一下；要么是自己知识不足，这种情况再纠结也没用。

第六，全卷做完后，先认真检查一遍，把确定正确的先涂卡，剩下的题目逐个推敲，确定了就涂上。考试的每一分钟都要珍惜，可以多检查几遍。第一遍很确定的不要过多想，重在推敲那些不确定的。同时，回想自己以前的易错点，常在哪里犯错，经常怎么犯错，然后对照此次考试的过程，去找寻自己可能会出错的地方。

　　第七，考完之后，即刻抛之脑后。这是地球人都知道的道理，原因不多说了。

　　以上就是我个人关于英语学习的一些经验，重点在百日冲刺和应试。当然这是我个人在长期的学习过程中得出的经验，可能不适合所有人。而且，我认为，最好的方法和技巧往往是从自身学习实践中总结出来的，所以我希望广大学弟学妹们做个学习的有心人，学会在日常的英语学习中总结规律和经验。

　　最后，祝学弟学妹们早日攻下英语这座大山，在高考中取得好成绩。

学科锦囊阅读笔记
见贤思齐焉

关键词	笔记内容
学科特点	
备考方案	
重点难点	

总结: _____

_____

_____

Part 1 /
学霸档案

姓　名：何　南

毕业学校：安徽省舒城中学

高考成绩：总分653　语文118　数学150　英语142

　　　　　文综243

院　系：北京大学法学院

Part 2 /
学霸格言

"每个人的潜能其实往往被过低的自我预期所压抑"，我们应该敢于梦想。希望学弟学妹们能够把握现在，好好学习，通过高考完成华丽的转变。我在美丽的燕园欢迎大家的到来！

"数学满分"是如何炼成的

众所周知，数学在高考中占据着十分重要的位置，而对于文科生来说，数学得分高低也是自己能否考入重点大学的关键之一。在2012年的高考中，我的数学得了满分，总结了一下平时学习数学的心得与体会，愿与学弟学妹们分享，希望对大家的学习有所帮助。

学霸秘籍

第一，对自己一定要有信心，坚信"天生我材必有用"，这是做好任何事情的关键。我们要学会暗示自己：我一定能够学好数学。当别人对你摇头时，不要太在意，应该鼓励自己。记得《基督山伯爵》中写道：开发人类智力的矿藏是少不了要由患难来促成的。每个人都有可能经历学习上的瓶颈期，这时更应该以平和的心态和积极的姿态去面对。记得自己在高三时，经历过几次数学考试的失败，当时自己也很沮丧，但我没有气馁，或许和自己天生乐观的性格有一定的关系吧，我默默地告诉自己不能放弃，我一定行。于是我在纸上写了"天道酬勤""一分耕耘，一分收获"贴在墙上，以此来激励自己。有时写作业时间长了，感到有些厌倦，抬头看看那几个醒目的字，顿时烦躁的心又平静了下来，接着写作业。我一直坚定地认为，只要努力地付出过，总会有回报。高三一年只要坚持下来，认真地度过每一天，最终总会有所收获。

　　第二，上课时要认真听讲，向课堂要效率；下课后要注意总结，对知识点查漏补缺。遇到不懂的问题，及时请教老师或同学。很多人不愿问老师，但学习过程中遇到问题是在所难免的，对于自己确实无能为力的题目耗太多时间不值得，这时候最好的选择就是去问老师。老师有丰富的经验，他们在帮你解答问题时，也许能发现你知识掌握得不够牢固的地方。如果你能及时地弥补，比独自埋头苦干要好得多。还有很多人碍于面子不愿问自己的同学，古语云"三人行，必有我师焉"，我们要敢于承认自己的不足，勇于学习他人的优点。同学之间从开始的互帮互助，到最后共同进步。

　　第三，进入高三后，学习任务很重，我们应全身心投入学习中，找到学习的乐趣，让自己有动力去学。我总是在听课时尽量领会各个知识点的内涵，课后再通过做一些有代表性的题目来加深理解。高三时的一轮复习很重要，老师会帮助我们再次梳理书本上的知识点，并讲解一些经典题目。在这一阶段，我们上课时要紧跟老师的步伐，力求扫除学习盲区。当然，及时总结也是很重要的。我平时做作业时，做完一道题，并不急着做下一道题，而是重新整理一下自己做这道题的思路，仔细想想我是怎么把这道题做出来的，我觉得这对理解书本上相应的知识点是很有用的。

　　第四，一定要有自己的错题本。每次考完试后，我总会抽出专门的时间，耐心地把错题、好题抄到错题本上，认真地改正，并在关键步骤旁注明所用方法，然后在解法的后面写上评析，总结错误的原因，并再次温习一下书本上相关的知识点。有时还会再主动做一些类似的题目，这样下次遇到同类型的题目就不会感到困难了。久而久之，就养成了习惯。从高一开始，每次数学考试完，我都会抽出一定的时间来订正错题，并一直坚持到高三。高考后整理书橱时，看到 5 本厚厚的数学错题本，再次翻阅时，很有成就感，我也更深刻地理解了"做一件事并不难，关键是如何坚持下来"的道理。

　　第五，数学只有多练才能达到见多识广的目的。但也不能盲目地做题，要精选题目，找出自己的薄弱环节，然后各个击破，节节提高，到最后胸有成竹。我觉得历年的高考真题具有很高的参考价值，值得我们好好研究。我在高二寒假时，买了一套2011年的各省数学高考真题，并认真地完成了每份试卷，订正自己做错的每一道题目，感觉收获很多。高三时，我针对每一个考点，都做了大量的高考真题，不但熟悉了高考题型，还增加了不少信心。所以，希望学弟学妹们在复习数学、备战高考的过程中，不要忽视了高考真题。

第六，适当娱乐，这对缓解压力很有帮助，但首先应该学会控制自己。当自己因受挫而心情不好时，可以听听励志的歌曲，给自己继续前进的勇气；也可以出去散散步，让自己浮躁的心安静下来；还可以找老师和父母，与他们谈谈心。高三的学习非常紧张，压力大，很容易使人感到烦躁，这也很正常，我们要学会鼓励自己，并找到让自己心情平静下来的方式，这对我们的学习是有帮助的。

以上是我学习数学的一些心得，接下来我想和大家说说数学考试的小技巧。每次数学考试时，我都是先快速地浏览试卷上的所有题目，做到胸有成竹，然后开始做题。一般选择题、填空题的最后一道难度相对较大，如果一时做不出来，不必过分纠结，要敢于跳过，倘若做不出来，还冲昏了头脑，就有点得不偿失了。等我们把后面的大题做得差不多时，再来研究那些一时没有答出来的题目，说不定灵感就来了。还有就是老生常谈了，大家在考试时，一定要细心，能得到的分一定要得到，否则追悔莫及。

最后，我想说的是"每个人的潜能其实往往被过低的自我预期所压抑"，我们应该敢于梦想。希望学弟学妹们能够把握现在，好好学习，通过高考完成华丽的转变。我在美丽的燕园欢迎大家的到来！

Part 1 /
学霸档案

姓　　名：金诗蕴

....

毕业学校：华东师范大学第二附属中学

高考成绩：总分576　语文117　数学146　英语143

　　　　　历史118　综合22　自主招生加分30

院　　系：北京大学历史系

Part 2 /
学霸格言

我一直认为高三时最会学习的人不是那些成绩最好的人，而是那些错过一次就绝不会第二次再犯同样错误的人，因为这样的人在相同的时间下有最高的学习效率，否则大量做题然后反复出错，这样低效率的重复劳动又有什么意义呢？

合理规划高中三年的英语学习

我是金诗蕴，在考入北京大学这所我梦寐以求的大学之前，我也和很多高中生一样，有过迷茫无助、成绩遭遇瓶颈的时期，但最后我还是克服了学习上的种种困难，稳稳地考入了北大。回顾这三年的学习时光，我有一些心得体会可以供学弟学妹们参考，下面主要谈谈我的优势学科——英语的学习经验。

学|霸|秘|籍

1. 功夫用在平时

很多人都会困惑为什么自己已经很用功了，但是英语成绩却一直上不去呢？其实我觉得这是由英语的学科特点决定的。英语和语文这样的学科，讲究的是厚积薄发，靠的是平时积累。所以在学习英语时心态是很重要的，千万不要以为你用功两三天、几个月就会有很大的改观，我们只能期待逐渐的进步，只要今天比昨天有进步，学到了一点新的东西，今天的英语学习就算是有收获了。

以上认识，至少告诉我们两点：一是如果你努力了但是一时还见不到成效，那么请不要放弃，坚持下去一定会有效的。二是英语学习

在刚刚进入高中的时候就要抓起，不能等到要高考了才开始背单词、记语法，这样你就比很多人晚了一步甚至几步了！

　　如果你是高一或高二的学生，那么恭喜你，你还有大把的时间改变你的英语现状，但是大把的时间不是用来浪费的。在你高一、高二时，应该还处在学习新课的阶段，每天尚没有大堆的高考模拟卷需要应对，这个时候你应该做些什么来准备高考呢？我的经验是背单词。单词是英语学习中最重要的工具，也是英语的基石。每天背诵半个小时的单词，如果你从高一开始坚持两年，那么你在高三总复习之前就足以把高考词汇手册背诵至少三遍了，即使记性再差的人，记住其中 80% 的单词也是没有困难的。天天都能接触英语很重要。不过别误会，我可不是让大家只学英语。每天 30 分钟比一周一次但一次持续 4 个小时要好得多。持续短时间但高频率地学习会帮助你的大脑永远为英语保鲜。我在中考结束之后就买了第一本高考词汇手册开始背诵，所以当我进入高中的时候，我早已经掌握了几乎所有高考的词汇和用法；当别人高三还在背高考词汇手册的时候，我已经开始看托福词汇了。这就决定了我的词汇量比一般高三学生大得多，即使模拟卷的阅读如何难，对我来说也不算什么。而我也大大获益于此，因为那一年上海英语高考的阅读理解 C 篇恰恰选自几年前的托福考试的阅读，事后很多同学抱怨英语阅读看不懂，但是如果你的词汇量超越了高考范围，那还怕什么呢？事实证明了扩大词汇量的重要性。

　　背单词不讲究方法，这也是大多数人对单词"过目即忘"的原因。背单词不比其他理科题目，背单词有很大的遗忘风险，5 分钟前背的，可能 5 分钟后就忘记了，这是非常正常的现象。那么我们应该如何解决这个问题呢？我建议你反复刺激记忆，所谓反复刺激就是单词要反复地背诵。背单词有两种方法，一是每天背诵 20 个，记住它们所有的用法，少而精；二是每天看 200 个单词，反复看。我个人实验的结果是第二种方法更有助于记忆，因为如果你要记 200

个单词，使用第一种方法你需要 10 天时间，而且到第十天时你可能早就忘记了第一天背诵的单词。但是如果使用第二种方法，那么你这 200 个单词可以在脑中过 10 遍，记性再差的人也应该记住了吧。

除了背单词，我还建议大家不要只学一套教材，如果有可能再多学一点，当然这要在你已经掌握了学校书本知识的基础上进行。学校使用的教材不管是人教版、牛津版或者全国教材，内容都是偏容易的，但高考的难度绝不仅仅是这个难度。多学一些教材是为了多背一些经典的课文，背课文是培养语感的最佳方式，而且课文应该背到熟练成诵，这样才有效果，如果每篇都只是半生不熟的程度，那么你最好还是不要浪费这个时间了，因为没有什么效果的。我在初中的时候，除了学校的牛津教材还学完了新概念 1 ~ 3 册和朗文 SBS 两套教材，其中大多数的课文我至今还能背诵。现在回想起来，初中的时候被父亲逼着背诵新概念课文，为我后来的英语学习打下了十分扎实的基础。我的语感基本形成于那个时候，而且我的英语的发音和语音语调也比大多数人标准得多，在这一点上不得不感激我父亲的深谋远虑。

2. 考前冲刺的高三学生

如果你是高三的学生，现在再要你背单词已经没有多大意义了。但是绝不是无药可救，即使离高考还有一百天，你还是可以做很多事情来改变你的英语成绩。高三的英语学习，我并不建议像大多数人说的那样听 VOA、BBC 或者看英语报纸来提高英语能力，因为那是你在高一、高二的时候应该做的事情，这需要花费大量的时间。高三的时间何其宝贵，再说你不止要考英语一门学科，不能为了一门而放弃其他的学科。

对于即将参加高考的高三同学来说，没有什么事情比提高分数更加迫切，所以在接下来的一年或者几个月里，你的所有任务都在于如何提高你的应试技巧。凡是一场举行多年的规范化考试，一定有

它成熟的命题方法和答题策略。

首先，当然还是不能放松你的基本功——单词，鉴于你在高一、高二两年没有背过高考词汇，你现在需要比其他人付出更多的时间和精力来尽量记住它们。

除了抓基本功，还要注意总结你的错题，因为人的错误会形成定式思维，你错了一次往往还会再错第二次、第三次。我在高中的时候准备过一本错题本，把我做错的题目全部整理在上面，经常翻看，这样错过一次的题目绝对不会再错第二次了。而且还有一个好处就是考前复习的时候只要看看错题本就可以了。很多人在考试的前夜往往不知如何复习，其实复习错题本就是不错的方法，因为以前你做对的表示你已经掌握了，反复复习也没多大意思，看看错题本就能避免很多错误再次发生。我一直认为高三时最会学习的人不是那些成绩最好的人，而是那些错过一次就绝不会再犯同样错误的人，因为这样的人在相同的时间下有最高的学习效率，否则大量做题，然后反复出错，这样低效率的重复劳动又有什么意义呢？

第三就是注意揣摩、总结命题老师的出题思路。一般老师出题都会有套路，比如，英语听力中的短文，一般出现的数字、日期就是考试的高频考点，问题中常常会考你有没有听清楚某些数字和日期，特别是短文中出现了多个数字的时候，让你辨析到底是哪一个，这时你在做听力时就要有意识地记下所有的数字和日期，在答题时会很有用。再比如，在完形填空中，让你选出一个单词，如果你实在不知道应该选什么的时候就只能靠猜了。但是英语考试猜答案也是有技巧的，不能随便猜，一般你应该看看哪个词是考查频率最高的高考重点词汇，答案十有八九就是那个，这样的猜测才是有技术含量的。以上两个例子是告诉高三的学生距离考试时间已经很短，你的英语能力已经不太可能有大幅度提高的时候，你应该怎么做来最大幅度地提高你的分数。当然这只是下下策，英语学习的关键还是平时注意积累。

3. 考场发挥

如果你按照上面的建议一步步地来做，相信你的英语水平或者应试技巧应该得到了提高，但是最后检验你英语水平的还是高考，高考成绩的好坏还与临场发挥有很大关系。

考场的紧张或者时间安排的不合理都会给考试带来负面影响，针对这些问题我提以下两点建议。

一是考试紧张的问题。我觉得紧张很大程度上来自准备得不充分，准备不充分带来了临场考试的不自信，这就是所说的考试紧张影响发挥。试想如果你准备充分了，在考场上无往不利，又怎么会紧张呢？所以解决考试紧张的问题首先还是要重视平时。其次就是多模拟考试场景，多做练习，只有经过多次练习，才能对考试的题型、考法了然于心，才能做到考试不怯场、不紧张。

二是时间安排的问题。英语考试不同于其他考试的地方在于英语考试有听力，所以英语考试会比其他的考试提前发考卷，进行听力试音的工作。千万不要小看这短短的几分钟，如果你这几分钟都是在做白日梦或者东张西望，那么你就是不会考试，浪费了宝贵的几分钟的先机。一般在拿到卷子之后，首先确认听力试音没问题，然后快速扫视一遍听力的选项答案，因为在听力考试中语速一般比较快，错过了就不能再反复听了。提前看过答案选项有助于了解提问者大概会问什么内容，在做听力的时候就能有针对性地去听，这样才能保证听力万无一失。其次，是在考试之前快速划分答题区域，每个区域大概应该用多少时间答完，在考试过程中如果某个区域的用时超出预计时间，那么就提醒你接下来要提高速度了，以免不能答完试卷。至于每个区域分配多少时间来答题，这是因人而异的，一般要在平时比较薄弱、失分比较多的环节留出充裕的答题时间。具体划分在平时不断的模拟考试中可以自行摸索，不断调整，在高考时才能形成自己的考试节奏。

　　以上就是我在学习英语过程中的一些经验，因为想要顾及高中各个年级，所以难免有疏漏和不周到之处，请各位同学包涵。也期待我的经验之谈能抛砖引玉，各位同学能够在此基础上找到适合自己的学习方法，养成优秀的学习习惯。要知道没有绝对正确的学习方法，适合你的才是最好的。最后，祝愿未来参加高考的每一位同学都能考出理想的成绩。

学科锦囊阅读笔记

见贤思齐焉

关键词	笔记内容
学科特点	
备考方案	
重点难点	

总结: _____

_____

_____

_____

Part 1 /
学霸档案

姓　　名：可黎明

....

毕业学校：河南省郑州一中

高考成绩：总分649　语文123　数学138　英语135

　　　　　文综253

院　　系：北京大学社会学系

Part 2 /
学霸格言

对高中生而言，文综之道无外乎学好、练好、考好。只有在平时下足功夫，认真学好、练好，才能考好。

我的文综学习之道

作为文科生，我们做过的分值最大的一张卷子就是文综试卷。它的满分是300，单从分数上看，它对我们的总成绩，对我们的高考意味着什么是不言而喻的，所以有句话说"得文综者得高考"。而且，文综虽然卷面分值高，但是想考高分也很难，在大多数省份，260分可以说都是绝响，240分也是一个大坎。大多数文科生，不是倒在数学上，就是倒在文综上，但是每年高考考生们数学的分数时高时低，但文综貌似一直很低，成为考取高分的最大障碍。所以说补强文综，势在必行。

我的文综一直很好，因为我就是因为历史、政治好，同时对地理也有兴趣才选择文科的。在高中的三年中，我的文综成绩一贯优异，保证了总成绩的突出，也是最终能考进北大的重要砝码。对于文综学习，我有许多心得体会，在这里就精选一些我认为成效较快、具有普适性的经验，介绍给正在高中奋斗的学弟学妹，希望能对你们有些许帮助。

学 霸 秘 籍

学好——打好知识基础，奠定成功之基

想考高分，没有扎实的基础是很难的。知识掌握牢固，才能不惧

题目的千变万化，从容应对。我认为，学好政史地的知识应从两方面入手：记住、领悟。

为此，要做好以下四点：

第一，课上多思考。有的同学习惯在课上边听讲边做笔记，殊不知，精神虽可嘉，但效果不一定好。在课上，我一般专注于听课并随老师讲解而同步思考，遇到重点，会拿笔记下来，记的都是关键词。一般来说，听到关键的知识点和老师对该知识点的着重讲解时，我会快速地记下关键词，然后立刻跟上老师的讲解思路，而非勉强自己努力去记住老师的每一句话。因为那样听课的效果不好，没有思考，听课的内容就难以理解深入。而如果课上的时候能紧跟老师的思路并及时思索，此时再辅以老师的讲解，往往能够加深理解，而课下的效率远不及课上，所以我建议同学们在课上时要专心致志地听讲，并且积极思考，活跃自己的思维，留心老师的问题，这样才能充分利用好课上时间。我上课时总是努力在脑海里思索某个问题，十分投入，因而不经常动笔，甚至让老师感觉我在神游，因此高中时偶尔会让老师误会，但后来解释清楚了，他们也就理解了。事实上，我在注意力高度集中的时候，思考效率很高，甚至可以一心二用，在听下一个问题的讲解时，仍可以回顾上一个问题。这么做的前提是注意力必须高度集中。我上课一般如此，所以，虽然不常动笔，一节课下来，还是很辛苦的，但是这么做的效率确实很高。

第二，背诵要科学。人们常说文综之道在于背，怎么背诵大有门道，一是方法，二是时间。我根据自身的情况总结了一套自己的背诵流程：首先，背前预览，在没开始背诵之前大概浏览一下，速度要快，然后在头脑中尽可能重现一下，大概有个印象就行，简单地梳理一下。然后开始读，读的时候把内容分好条理、层次。其次，抓住文段的关键词，通常一条知识点总结一个关键词。比如在背诵新航路开辟的意义时，我们可以把教材的那一段总结为几点，地理意义——地圆学说，经济——商业革命、价格革命，阶级——资（产阶级）升封（建地主）降，文明——打破孤立，连成一体。这样，记住这些关键词，就能记清新航路开辟的意义了。

第三，正倒序相结合。读过几遍开始回忆背诵的时候，可以先从前向后背，再从后往前背，再前后夹击。这样背的好处是通过正倒序结合可以很好地记清楚哪一点在前，哪一点在后，不致遗漏，而且顺序很清晰。其次，有规律地回顾，重复背诵。我一般在首次背诵的次日进行二次回顾，在大约一周之后再次背诵回顾，这样基本上就记得差不多了，考试前再复习一下。通过这套流程的操作，我就能把知识点记得很清楚。

第四，梳理知识体系。把相关的知识点梳理成体系，如历史上，把某一历史事件的背景、原因、过程、特点、结果、影响总结成一条主线；地理上，某一地理现象的发生发展过程、影响因素也可总结为体系。我一般在晚上回家后，把今天碰到的知识点总结好，或者在周末时，单独抽出时间，拿出笔记，认真地回顾整理。把知识点体系化这一工作虽然耗费时间，但是既有利于更好地记忆，也能加深理解。

练好——科学训练，提升解题能力

仅仅掌握知识是不够的，还要学会运用。训练是实现这一目标的必要途径，训练即做题，我个人十分重视文综的训练，在此，我想说说我在这方面的经验。

第一，选题。训练所选的题有三类，一类是历年高考真题，因为它们是题中的经典，多做几遍也很有必要；另一类是具有较高信誉度的高质量的模拟题（尤其是自己省内的重要模拟考试的题目）；还有一类是一些较权威的教辅机构出的预测题，比如《试题调研》。所选题目应该与自身的情况相符合，着重选择与自己未掌握好的知识点有关的题目。

第二，做题。如果想扎实地提高自己的应试水平，就必须认真对待平时的训练，做题时全神贯注，就像身处考场。可以适度地让自己紧张一下，限定时间来做，尽力调节出考试时的状态。训练时应避免外界的打扰，为此，训练最好找一个整块的自习时间来进行，两个半小时或稍短。训练的目的是强化解题能力，提升解题速度与效率。训练时，应尽力联想所学的政史地知识点及文综答题技巧，努力运用到解题过程中。

第三，总结。做题后应该像考试后一样，认真总结每套文综试题，训练中暴露出来的知识点不全、解题速度慢、准确率偏低、技巧不完善等问题都应该加以重视。为此，应该准备一个专门用来总结的本子，并将自己在训练中常犯的错误进行分类，仔细地分析总结，回顾自己当时的错误思路，找出犯错的思维与逻辑原因。如果是粗心大意，则应该着重强调，以后力求完善。总结可以巩固训练的成果，必须坚持执行。我个人因此获益良多，通过对文综训练的认真总结，我掌握了各类题型的一般性答题模式及特殊情况，在考试时不会出现答不出来的情况并且漏点很少。

考好——精心准备，力求正常发挥

前面的一切铺垫都是为了在考试中取得高分，因而考试技巧同样重要，我的主要经验如下。

考前回顾错题及解题模板。这能让自己想起常犯的错误，提高警惕，并且能温习一下解题方法。

总结过往积累的考试经验，浓缩在一张提示卡上。我自己制作了一张文综的考试提示卡（其他各科当然也有），主要是针对自己的情况所总结的一些考试提示，包括自我鼓励的话、答题策略、注意事项。考前看一下能增加自己的信心。

考试策略：心态上，静若止水，考前不要勉强自己去回顾知识点，保持平静最好。考试中，一样要平静，不因题目难易而情绪波动。时间分配上，先易后难，先做先得。能得的分务必先得到，不然，到最后，时间紧张时，可能本来会做的题都会做错或写错。有难度的题目，如果平时做题够多的话，应该一眼就看出能不能在短时间内做出来。感觉可以做出来的话就做，做不出就先跳过。文综的选择题尽量在25分钟内解决完，做完大题，力争留10分钟来检查。

注意事项：（1）做完选择题后先涂卡，防止最后由于时间紧张而将卡涂错。（2）解大题，审题为先。文综大题，设问极其重要，它指明了作答要求、方向，有时甚至就含有答案信息。因而，要认真审题，审清题目所包含的作答要求、角度、所需知识点。（3）大题答案必须要分点，一般从作答角度分，例如回答历史原因类题目，要从政治、经济、阶级、思想文化等角度回答。答案要排列整齐，上下对齐，书写工整，给人以条理清晰之感。（4）文综答案"重广不重深"（高考改卷老师说的），因而答案的要点要尽量多，关键词突出，略加分析即可。在这里强调下，作答必须有关键词，老师阅卷只看这个。言简意赅，关键词突出，自己答题省力，老师改卷轻松，自然给分高，何乐而不为呢？（5）交卷前，检查姓名、学号、考号等是否填写正确，选择题有没有涂卡错误。

对高中生而言，文综之道无外乎学好、练好、考好。只有在平时下足功夫，认真学好、练好，才能考好。当然，关于文综学习的方法很多，也因人而异，最好的方法莫过于自己经过长期的学习，总结而成。所以我建议各位学弟学妹，在平时学习中，认真总结各考点、知识点的规律，解题技巧规律，考试规律。总结好，应用好，才是真的好。我的方法只是想给大家一个指引或是提供一些思路，每个人的禀赋及习惯不一样，所以操作起来也未必要完全模仿。关键在于从别人的经验中合理吸收，形成自己的学习理论。

最后，祝愿各位学弟学妹都能在高考中勇创佳绩，金榜题名！

学科锦囊阅读笔记
见贤思齐焉

关键词	笔记内容
学科特点	
备考方案	
重点难点	

总结: _____

_____

_____

Part 1

学霸档案

姓　名：孔　嘉

....

毕业学校：浙江省诸暨中学

院　　系：北京大学数学科学学院

Part 2

学霸格言

> 　　有些同学一看题目就有思路、有感觉，还有一部分同学看到同样的题目，却百思不得其解，深感无从下手。这就是有没有形成数学思维、有没有数学感觉的区别，而这些思维和感觉的获得一方面依靠天赋，另一方面也需要后天的训练，很难一蹴而就。

高中数学的系统化学习：对比、分类、总结

学霸经验谈

　　寒假期间，一次和正在备战高考的表妹聊天，无意间聊起她关于各个科目的学习情况。表妹对数学吐槽最多："如果看到答案，我有信心每一步都能弄明白。考我公式、考我定理，我也完全没有问题。但是如果只把题和解答过程给我，问我为什么要这么设未知量，为什么要这么证明，为什么要这么换元。我完全不明白。因此每次拿到题，我完全不知道如何下手。好像猜谜语一样，一旦说出了答案就变得很没意思，但是在思考解答的过程中，却完全没有思路。"

　　相信在数学的学习上，这绝对不是仅仅发生在表妹身上的一例特殊情况。数学自有它独特的知识结构，有不同于其他学科的解题规律，因而它要求你要有特殊的数学思维习惯，这点掌握不好，就很难解好一道题，做好一张试卷。这也是在高考的科目中，数学往往会让人头疼的原因。有些同学一看题目就有思路、有感觉，而还有一部分同学看到同样的题目，却百思不得其解，深感无从下手。这就是有没有形成数学思维、有没有数学感觉的区别，而这些思维和感觉的获得一方面依靠天赋，另一方面也需要后天的训练，很难一蹴而就。

　　如果你还是刚刚升入高中的新生，在数学上遇到困难，或许老师会这样鼓励你："打起精神来，不要气馁。兴趣是最好的老师，只要你真正发现数学之美，对数学产生了兴趣，你就一定能把它学好。"然而，现在大家都已经步入了高三，正面临着最终的决战，"兴趣是最好的老师"，这话一点也不假，但是紧

急关头，你已经没有时间去和数学慢慢培养感情了。那么换一种思路，用一种不带任何感情的、机械的、流水线式的方式，是不是也一样能够在考试中取得高分呢？答案是肯定的。作为考试，高考固定的形式既是它的优势，也是它的弊端，这便使得机械系统化的学习应试方法成为可能。

注意观察、领会思想、反思总结，这样的话不知道说了多少遍。但接下来我要说的，是在学习中具体需要怎么做，你不妨一看。

学|霸|秘|籍

关于对比

1. 相似类比

记得我在高考备战期间总会看到网上或者高考报纸中缝打有关"母题"的参考资料的广告。广告描绘得出神入化："做了母题，第一次模拟考从班级中下变成了班级第一""做了母题以后，觉得所有的题都似曾相识，很快就能想到解法"……数学真的有母题吗？的确如此。题目千变万化，但是如果把复杂的条件一一简化，把大问题一一划分，把每部分的小问题一一转化，你就会发现，一大类题的"起源"是相同的，这个"起源"就是母题。在教参上或者课堂上，例题往往就是母题，用以启发思路。那么，母题真的有那么神奇吗？答案是否定的。例如均值不等式的应用问题可以通过数形结合的思想转化为几何的问题，如果仅仅做过母题，而不加以思考和类比的话，又怎么能够想到两个知识点的相似之处呢？因此，做完母题以后，思考和类比是非常重要的。再次遇到不会做的题，看了解答以后，也该仔细想一想：这道题的解法是不是在之前用到过？它们为什么是相似的？它们的不同点又在哪里？在做题中，注意转化和归类，利用旧知识的延展解决新问题，才是举一反三的根本所在。

2. 差异对比

虽说一类题会有一个起源，但是数学题往往是千变万化的。交换一下已知条件和所求条件，就会变成一道全新的题。而完全相同的题，稍微修改一下条件，比如扩大函数的定义域等，或许就不得不重新审视，重新考虑。你或许遇到过这样的情况，在考场上，看到一道眼熟的题目，便不假思索写出解答。最后发现，题目中小小条件的改动，竟然使得你做出的解答大部分都偏离正解，失分严重。数学是严谨的学科，不能因为条件相似就稀里糊涂地写答案。这就要求你在做题的时候认真对比差异，不仅仅是题设条件的差异，更是解题方法的差异。在对比找出条件差异以后，思考解题差异的成因才是最重要的。这种现象在排列组合的题目中出现得最多，而在函数题和解析几何题中，定义域或是动点范围的改变也使得问题的讨论情况很不一样。事实上，差异对比依赖的是你做题时的仔细程度，看清题设条件再加以相应的分析，才能防止掉到"相似"的陷阱中去。

关于分类

1. 方法分类

解题的时候，方法真的是如同作文的灵感一样蹦出来的吗？其实局限在高中数学的知识内，各种性质的题目会用到的方法不外乎以下几种：

（1）代数式处理时用到的换元法和待定系数法；

（2）证明题的数学归纳法、分析法、综合法、反证法；

（3）解析几何基本上都可以用死算来求解，只是设的变量不同会影响求解式的简易程度，但最终总能归结到代数式的处理；

（4）排列组合有分类法，还有特殊情况的挡板法、插空法、捆绑法；

（5）函数性质的相关问题用的很多都是分类讨论的思想；

（6）立体几何则依赖于个人的空间想象力和找到垂线、垂面的能力。

如果把相关知识点的题目所应用的方法分门别类摆放，解题时就像查表一样找到可用的方法，再有针对性地加以尝试和应用，就算达不到看到题目就知道解题方法的程度，但至少不会在解题时出现大脑长时间空白，难以下笔计算的情况。要相信，出题者总是会留下一条正确的道路，只要你掌握方法规律，并加以试探，一定能找到它。

2. 思想分类

如果你曾仔细研究过考纲，你会发现，数学思想也是需要掌握的考点之一。虽然这么说，对它的考查却很复杂，往往是融合在题目之内。我们同样能列出需要重点掌握的数学思想及其应用情况：

（1）分类讨论思想，应用非常广泛，尤其是在函数题中；

（2）数形结合思想，在解析几何和空间几何中尤其得到体现；

（3）变换转化思想，一般应用于代数式的处理中；

（4）动静转换思想，在解析几何和空间几何的动点问题上有所运用。

思想和具体方法结合运用，就会使你的解题速度和解题水平更上一层楼。

然而正如前面所说的，数学思想的运用一方面依靠的是天赋。比如科幻小说《三体》中描写过一位杰出的数学家，他看着形状的时候，脑海中会浮现出数字，而看着数字的时候就能想象出形体。但是在高中数学的应试上，更需要的是个人在实战中对自身数学思维的培养和提升。在大量的训练以后，你也许能够看到数据的形状呢。

3. 考点分类

当然了，看到题目，最直观所见的不可能是这道题考查了什么思想或者什么方法，而是这道题考查了哪个知识点。就如同之前所讲的，方法和思想总是和所考查的内容相结合的。自然，依据考查的知识点来划分思想和方法将是最有效的。将知识点分别挑出来，找到相对应的思想和方法，并进行记忆巩固。

相信这样做了以后，你就能牢牢掌握这一知识点的应用。自此，高中数学的知识点就可以系统化、条理化、专题化，就如同文科的知识分块那样。事实上，在高考前的几轮复习中，有经验的老师一定会采取专题化复习的方法。在专题复习时跟紧老师的思路，在后续复习时巩固记忆，才能保证在做综合题的时候不会顾此失彼，做到面面兼顾。

关于总结

1. 论纠错本的重要性

无论你的成绩处于哪一个档次，整理一本纠错本都是非常有利于提分的。

如果你的数学成绩在中上水平，或许你会说做纠错本太浪费时间，不但要抄题，还要从头到尾完整地写一遍解答。但是我觉得那还不够，你应该把错误点和错误原因也一并写上去，这至少比抄题重要。你做错的地方往往是你的思维薄弱点，常见的有分类时漏某个点、立体几何公式运用错误以及各种代数式的计算错误，等等。如果不加以重视，在下次遇到它们的时候，你依然会掉进陷阱里。完整地写一遍解答，有助于厘清思路、加深印象、提高熟练度，甚至有可能带给你新的发现。而对于抄题麻烦这样的问题，我向来的解决方法都是：剪下来。不要在意你的试卷"开了天窗"有多难看，做对了、做熟了的题又有多大的反思价值呢？丢掉就好。

如果你的数学成绩在中下水平，请务必整理一本纠错本！理由非常简单，如果不收集、整理错题的话，进一步的反思、总结、归纳又如何展开呢？

或许前期整理时会花费很多时间，并且在整张试卷处处被剪了洞的时候会令你感到羞愧和不舒服，但这往往能带给你更清醒的自我认识。请相信，你的错误率很快会下降，用来整理一张试卷错题的时间会减少，那不仅仅意味着分数的提升，更是自信心的增加。

2. 从考点出发来总结

历史有考点，政治有考点，数学也一样有考点。老师在讲课的时候或许会进行一些课外拓展，但你在做高考复习题的时候，请一定要对照考点抓重点。如果考试大纲没有明确要求考查万能公式和三倍角公式，在分秒必争的复习中，又何必在那上面花费工夫呢？就好像政治的考试，你能够明确地判断出此题考了"运动的相对性"又或是"我国的政治制度"这样的考点，对于数学也是如此。考查圆锥曲线第二定义的题，考查排列组合插空法的题，考查函数极值问题的题……如果你曾把它们分门别类来总结的话，你会发现同一类题的解题方法大多是类似的。这将有助于你举一反三，触类旁通。

当然，数学的知识结构有它的特殊之处，掌握基础知识是重中之重，是一切考点展开的根本。

关于练习

学数学并不能完全依赖于题海战术，但习题的类型和解法也不是仅仅看书本上的例题就能简简单单地掌握的。高考试题往往具有综合性，圆锥曲线可以和函数的单调性一起考，立体几何的知识也可以结合均值不等式来出题。如果把大题分成几个小部分，或许看起来很简单，但是如果不给任何阶梯性的小题做提示，又如何一下子跳到结论呢？要知道考试只有 150 分钟的时间，等不得你慢慢地尝试。因此，善加利用平时的时间，刷习题集提升熟练度就显得非常重要。一方面，你接触的题型更多了。一张"面熟"的考卷和一张"面生"的考卷，想来考生都是面对前者的时候更有底气一些吧！另一方面，你的计算能力和数学思维都得到了提升。有谁还会在高考的考场上列竖式计算 15×157，不要再犯 $10+20+30+40+3000=4000$ 的低级计算失误了。在考场上，一定要学会比别人更好地利用 150 分钟的考试时间，这样才能提高单位时间的得分率。同样，练习时的错题也需要被加入纠错本来整理归纳。一本"开了天窗"的习题集能大幅度提高你的得分能力。

其他的一些提示

（1）跟紧老师的思路，勤做笔记，以课堂内容为基础。

（2）参与同学讨论以加强记忆，拓宽思路。

（3）记忆小结论和小规律，加快解题速度。

（4）课外自学，反复巩固，避免前学后忘。

（5）课外思考，掌握知识结构，分析总结。

讲到这里，或许你大概明白在接下来的学习中该怎么做了。但是我想说明的是，或许这种归纳、分类、对照的一对一查表型解题应试方法能在考试中给你带来不少好处，但是它不会带给你真正的数学。而我认为，至少对大部分人来说，错过数学是一件非常可惜的事。

Part 1 /
学霸档案

姓　　名：李华雨

· ·

毕业学校：中央民族大学附属中学
高考成绩：总分649　语文134　数学126　英语130
　　　　　文综239　加分20
院　　系：北京大学中国语言文学系

Part 2 /
学霸格言

　　成功本无模式可循，也许重要的只是我们把大家知道而没有坚持下来的"成功准则"坚持了下来，面对大家没有勇气做的事情迈出了勇敢的一步。希望大家可以正确对待这些经验，取其所长，不盲从，找到可以令你热血沸腾的动力，探索适合自己的道路并坚持走下去，这也许就是意义所在。

十年一搏燕园梦

——浅谈高中语文学习方法

学霸经验谈

　　高考对于每个人来说，都是一段必须经过的荆棘路。现行的教育体制又是直接以高考作为唯一评判标准的，很多人或许抨击高考制度已经变质，成为应试的工具，甚至你也开始渐渐动摇。但是，我希望你首先要相信，这是目前最为公平的考试制度，而且这份小小的考卷是可以体现出一个人的知识水平和综合能力的，不要怀疑，不要抱怨。或许许多人手中都备有一本高考作文选，记住，虽然它们还仍显稚嫩，但这是你的同龄人所达到的写作水平，不要不屑一顾，因为或许你们之间真的有差距。仅仅从一张 800 字的作文纸中就可以看出一个人思维的广度和深度，何况整份卷子呢。

　　高中语文的学习渐渐被应试捆绑得失其初衷了，对一个人语文素养的考查，对汉字应用能力的考查，对阅读古书技能的考查，对现代文阅读理解的考查及对写作能力的考查，都是对一个中国人最基本的能力的考查。换句话说，我觉得高中语文涉猎的经典及培养的阅读与写作的能力并不只是三年的有效期，这些阅读和写作的能力会伴随你一生，并且让你一生受用。

学霸秘籍

　　语文可以说是令很多学生头痛的科目，除了一部分学生对语文有莫大的热爱，大部分学生对语文学习都处于无措状态，觉得努力了也不一定能提分，上课听讲也没有什么明显的效果，作文总处于一种无话可说或者没话找话的状态。

这些问题我想或许并不是个别现象。有的人可能觉得是自己做的题不够多，于是便又投身题海中苦苦挣扎，结果只能加深自己对语文的厌烦情绪，丧失了学习的乐趣。但我想原因并不在此。作为一门语言，一个人对它的掌握程度取决于对其输入的程度，只有胸中有物，方能下笔有神。这一点或许借用英语的学习更容易理解，我们常说要多听多读多写，给自己制造英语学习的环境，但是到了我们的母语身上，许多人却陷入了"习言不察"的怪圈，总认为汉语不就是每个人生活用到的语言，有什么好学的。

这是一个错误观念，其实语文这种能力是需要培养的，而不是因为是自己的母语就先天具备的。

或许你对自己本民族的语言文化并不十分了解，而没有对古今文化经典的深入研读，你便不了解中华文化的源流脉络，不了解自身行为的出处和民族性之本所在。

这里必须要指出，当下中国对语文学习的重视程度不足，甚至英语学习都被拔高到了一个超过语文学习的地位，我想这是不正常的，也是需要我们反思的。一个民族若是连自己的文化都不了解，毫无本民族文化的根基，这不是很容易就被他族文化同化侵蚀了吗？

所以我认为，高中语文的学习切忌直接以高考为最终目标，高考只是检验你前十几年文化素养积淀的形式，需要掌握一定的应试技巧而已。学习语文，第一要务便是正其心，诚其意。摆正自己对语文这一科的看法，不速成，不因高考而学，也不因高考而止，将所学内化为自己的气质，享受阅读与写作的乐趣。

重视阅读

这里先从培养阅读兴趣开始，这一部分比较适合高一、高二的同学来做，我不太建议高一、高二时将语文学习的重心放在苦战题海上，而且做题也并非一个学习语文的很好的方法。

"兴趣是最好的老师。"我想此话不假，回想你自己的学习状况，大抵亦是如此吧，自己喜爱的科目便愿意投入更多的时间和精力，并且享受由此带来的快乐与进步。或许许多人并不是十分喜欢读书，尤其是男生，他们会觉得文学都是无病呻吟。但我觉得，阅读方向决定于你的性格，选择什么样的书也会反过来影响你的性格，不要觉得所有的书都不合你的胃口，中华文化浩如烟海，总有一些人写你所想，抒你所感。

首先要从阅读一些简短的、有趣的书开始。这里不推荐网络小说，网络小说虽然也会有一些精品，但是毕竟没有经过时间沉淀。开始时，可以看一些易于激发兴趣的故事性或随笔性的文字，如金庸、古龙等的武侠小说，张爱玲、老舍等的小说，或者是毕淑敏、席慕蓉、龙应台等的随笔，或是科幻类的《三体》，或是阿加莎、东野圭吾等的推理小说。或许文章字数不是很长，但是可以起到激发兴趣的作用。

建立起基本的兴趣，也有了学习的感悟以后，便可以开始下一步深入的阅读了。首先我觉得一些通史类的读物是每个人必备的，这类书籍可以培养一个人对基本历史脉络的把握能力。我推荐《全球通史》和《中华上下五千年》，通史类的读物一定要在每天或每周都看一点，因其篇幅很长，容易使人懈怠，所以不建议一次看太多。而后如果对哪方面有兴趣，还可以继续深入读一些断代史或人物传记等。

儒家和道家的思想经典影响了中国人的传统价值观，其中有很多值得玩味思考的地方。故我觉得《论语》《孟子》《道德经》也是要尽量涉猎的篇目。高考作文中很多人喜欢引用儒家、道家的一些名句，但都缺乏深入的剖析，只是浅浅地罗列，故自己亲身读过方能有真正的体悟。

许多人对诗词有着浓厚的兴趣，化用诗词，以诗词点缀文章着实会使文章添彩不少。故背诵并掌握一些名家名篇确实很有必要，这也是体会古典文化韵味的好方式。同时不要认为诗词里都是一些绵软之语，其实壮志凌云、豪情满怀之篇亦不在少数。这里推荐《唐诗素描》和《宋词鉴赏辞典》，一些诗话词话也值得一读。读诗词一定要关注名家的赏析解读，这能使你增长知识，更加了解诗词的内涵。

对现代诗和戏剧等感兴趣的同学也可以挖掘自己喜爱的阅读书目。

高三阶段建议阅读一些对考试帮助较大的简短的文章，同时一定要养成关注新闻的习惯。《文化苦旅》等一些大家散文比较适合高三的同学，切记高三一定不要破坏阅读的习惯，只有保持输入才可以输出自如，而且阅读也是一种比较有益的放松方式。

说了这么多，许多人可能会认为看的都是闲书，对成绩提高没有丝毫的作用。但是我想有了一定的阅读量，直接提高的便是写作和阅读能力。

高效备考

下面我针对考试谈一些自己的看法。

针对第一部分的基础题型，我建议高三开始时便着手背一些字词成语，并每天给自己留出 15 分钟的时间背一篇古文或一首诗词。学习语文是个循序渐进的过程，不可一蹴而就，或者把希望寄于考前突击。高三开始时可以准备一本基础题的教辅资料，每天做五六道题，一是培养手感，二是查漏补缺。

第二部分的文言文和诗词鉴赏，我想有了之前的阅读积累，理解大意应该是没有问题的，剩下的便是如何将自己的理解和得分点结合起来。首先答题是有规范可循的，也就是套路，但套路是建立在内容基础上的，并不是悬空的空壳子。可以从网上找一些答题模板，看一下答题的顺序规范，但永远以理解文本内容为主，辅之以规范的框架。

有人觉得现代文阅读总是提分艰难，要考查的点总是答不全，我认为一个很好的方法便是归纳段意，如果实在想不出答案的话就从每段的段意中搜寻适合于题目的信息。对一些表明态度的词要在阅读时勾画出来，以提醒自己。同时注意总结做过的题型的一些套路，许多题型之间是有联系的，可以借鉴参考。

不要苦扎题海，做多不如做精，每次考试后针对自己的问题多加思考，总结类型题的特点和自己的弱项，并反复思考和复习，效果会比"贪多嚼不烂"好得多。

突破作文

最后谈谈作文，作文应该说是很多人的障碍。

首先要保证写作的时间，至少留一个小时写作文，这就需要在做前面的基础题部分时注意把握时间。自己可以定一个时间计划，并不断提高速度以达到要求。

首先我认为要在高一、高二的时候或者高三的早期形成自己的写作风格，就是自己乐于写并且有物可写。练习时可以借鉴得分较高的那些作文的风格，这些风格一般分为细腻感悟型和大气雄辩型，每种风格要鲜明，不要囿于排比开头、故事加论证、呼告式结尾这种大众式的思路。有人说高考作文是另一种文体，我想这确实是一种讽刺，许多人认为高考作文就应该如此写，风险低，但我想真正的好文章是有尊严的，跳出千百人的陈旧的框架，用自己的学识和视野来征服老师，不是更好吗？故不要落入窠臼，要使作文真正成为一篇有价值的文章。

广泛的阅读积累在这里就体现出了作用。比如说竞争，《红楼梦》里的人物错综关系算不算竞争，竞争还分大侠之争和小人之争，儒家、道家对竞争的看法又是什么，历史上哪些战争、哪些政治事件体现了竞争，现实中商家的恶性竞争带来了什么，历史上的军备竞争带来了哪些后果等等，这些都是思路。还有，《红楼梦》里有没有对时光的感叹，有没有折射出对家国兴衰的看法，有没有人性的剖析刻画，有没有黑白之道，有没有公正，有没有道德。不要再说写不出东西来，只是你没有一个很好的输入输出转化的过程。平时可以对照一些作文题目将自己看过的书、了解的新闻联系起来，再写具体的文章就显得简单多了。记住，将一个题目、一篇文章写精写活比一天写一篇空洞的作文要有效得多。

这里特别要指出，目前高考的趋势是希望学生有一种担当感和济世救民、悲天悯人的情怀。这需要着眼于社会现实，提出一些看法和解决措施，思路既要广，又要深，不只是泛泛而谈，要对一个事件有足够深入的探索，宁精不多。

成功本无模式可循，也许重要的只是我们把大家知道而没有坚持下来的"成功准则"坚持了下来，面对大家没有勇气做的事情迈出了勇敢的一步。希望大家可以正确对待这些经验，取其所长，不盲从，找到可以令你热血沸腾的动力，探索适合自己的道路并坚持走下去，这也许就是意义所在。

或许并不是每个人都可以实现自己的理想，人生或多或少都会有些遗憾，但我相信健全的人格、广泛的阅读涉猎、吃苦耐劳的精神和较高的综合素质会伴随人的一生。"书犹药也，读之可以医愚"，衷心希望大家能在学习中找到快乐，找到为之奋斗的兴奋点，找到值得用热血浇灌的青春！

学科锦囊阅读笔记

见贤思齐焉

关键词	笔记内容
学科特点	
备考方案	
重点难点	

总结: _____

_____

_____

_____

Part 1 /
学霸档案

姓　　名：李圣晓

毕业学校：山东省莱芜市第一中学

高考成绩：总分667（市状元）　　语文128　　数学126

　　　　　英语140　　文综200　　基本能力53

　　　　　省优秀学生加分20

院　　系：北京大学政府管理学院

Part 2 /
学霸格言

　　　对英语，一定要多下功夫，做长远打算。学习英语就是学习一种文化，学习一种不同于中文的交际方式和生活方式，它不但会让你有一个全新的看问题的视角，也会让你用一种更加开放、更加现代的眼光去看待你生活的世界。

把眼光放长远，为成功奠基
——英语学习经验

英语是我在高中学得最轻松，也是考试得分率最高的一门科目。我的客观题部分拿到了满分，主观题部分扣了10分。在临近高考的时候，我也是带着满满的信心走进英语考场的。但是正如我所料，进入北大，我的英语成绩是排在中下位置的。我深知高中时自己所在的小城市教育资源有限，同时相信通过自己的努力和拼搏在大学阶段也能拿到不错的英语成绩。在大学一年半的时间里，我都是以班里前几名的成绩通过英语考试的。下面，我就英语听、读、写几个方面给大家提供一点学习的经验和考试的技巧。

学|霸|秘|籍

首先来说听力。听力是英语试卷中出现的第一个分值较大的部分，也是很多学习成绩比较好的同学栽跟头的地方。不要以为你在听不出答案的时候可以通过选项来判断，所有这些技巧都是建立在一定听力基础之上的，平时要做的就是多听。不要管什么资源，只要能保证高效率地听就达到了训练的目的。在高中的时候，我们学校在英语教学上比较成功的一点就是在早上和晚上各放一套英语听力材料，让同学们集中精力做题，高效率地训练听的能力。单看高考题的难度，每天一个小时的听力训练，保证耳朵对英文不生疏足够了。

在速度上，不必太快，每分钟 120 个单词较为正常。如果觉得英语高考难度略小，想要尝试一些更为高级的英语内容，可以去听慢速的 VOA。

要记住，学习英语是一个长远的活，一定要用发展的眼光去看，不要局限于高考这个狭窄的时间范围内，而要想到英语在你未来的施展空间。只要你有时间和精力，就尽量把自己的训练难度向上提升和拔高，在高考阶段把自己的听力水平提高到四级听力的水准上是较为合适的。

我现在就为自己在高中时放松了对听力的要求而后悔，导致在暑假里很难将自己的英语稳定在较高的水平上，大学的分级考试中没有发挥出很好的水平。

对于听力技巧，我相信老师已经强调过各种方法，你在各种辅导书上肯定也接触过各种排除错误答案的方法，在这里我就不再赘述了。但是我要再强调两点：第一，一定要做到磨刀不误砍柴工，在听力开始之前读一遍题目，及时预测出听力语段的大体内容，给自己的耳朵充分的准备；第二，对于细节，一定要做好笔记。通过你平时的练习和总结，归纳出自己的一套速记方法，把原文中出现的各种具体信息都大体记录下来，听完之后即使不能留出足够的时间答题，也能通过自己的笔记选出正确的答案。这种方法对于提高听力测试的准确度有很大的好处。

再说一下阅读。阅读是英语里很实用的一部分，你的阅读能力很大程度是由你的英文词汇量决定的。

所以，在这里我首先强调词汇。高中阶段是记忆的好时期，不要给自己太多安逸的时光，要留出时间做更多有意义的事情。高中课本的词汇有的很简单，有的很难，不在同一个难度梯度上。无论是哪个难度梯度，你学到的都是不全面的。尽管你觉得高中学到了很多词汇，但或许在大学时你才发现你连四级的单词都有一大堆不认识。所以，在这里我建议大家在高中阶段首先掌握四级的所有单词，这样的一番努力会使你在阅读中扫清大部分的障碍。阅读英文原文是你要做的另一个重要工作。在英文文章里，有许多常用的词汇，只要你掌握了这一部分常用单词，对英文文章的阅读就没有大问题。我在高三的时候坚持每天读两到三篇英文文章，并且把其中的生词挑出来整理，每次考试之前都要翻阅一次，以丰富自己的单词库。经过一年的努力，每当做阅读的时候我都会觉得顺畅，几乎没有读不懂的文章。只要按这样的方法努力做一年，你会发现长难句、语义理解、词义辨析等对你来说都不是问题。阅读的问题就集中到了选项的筛选上，完形的阅读难度也会感觉一下子降低了，错误率也会有一个明显的下降。

　　有些同学总说一个题目会不止一个答案，觉得两个甚至三个选项都是正确的。有些老师会极力告诉你那些选项不正确的理由，你也许会觉得他们的解释牵强附会。我想说你的猜测是正确的，两三个答案对于这个题目来说就是正确的，只是有时候有的题目必须选一个选项而已。在这里给大家举个例子，比如说有一道推断题，问你哪个是正确的，原文中已经表示有个老人活到了一百零五岁，选项中提出这位老人活到了一百岁以上。对于一个高中生来说，这样很简单的题目并不算什么逻辑推断，这样的答案并不算正确，因为它不符合推理的要求。再举一个例子，选最佳答案的题大家可能会觉得比较难做，因为总是纠结选哪个好，其实在大量的练习之后，大家会发现答案选择的差异在文体。如果文章是一篇新闻或是说明文，答案应该简洁明确，直接点明文章的大意和主旨；如果文章是一篇记叙文或散文，答案就应该含蓄有深意，或可能是文中反复出现的一个事物载体，比如我们曾经学过的课文标题"背影""三颗枸杞豆"等。

　　最后说说写作。写作在英语考试中的地位相对来说不是太重要，很多老师也就不怎么强调。在这里我想特别强调这一部分，因为英文写作在大学里的重要性格外突出。想写好作文，你必须要有一定的词汇量。很多作文写得像小学生的水平，并不是因为句法不行，而是词汇量不够。所以扩充词汇量是你英文写作的第一步，也是我在阅读部分中格外强调的，至于阅读来源还是我强调的四六级词汇和平时的篇章阅读。其次，语法同样重要。别想着一篇漏洞百出的不通顺的文章能够得到一个很漂亮的分数，那种根据字迹得分的时代也早已经过去了。你所依靠的大部分是你的实力。语法实际上比词汇更加基础，因为语法是一篇文章的基本骨架。骨架不稳固，别期待血肉丰满能够弥补。语法是英语的基本功，在单项选择里也会进行特意的考查。再来说结构问题。英语作文同样讲究结构，结构的完整性尤为重要。比如一篇文章会给你几句话的简单要求，对于这些要求，一定要看仔细，看全面，全部写在你的文章里。整篇文章写完后，再做一次认真的检查，确保万无一失。每一个部分的残缺都会导致你文章档次的下降，因此一定要格外重视这个问题。在保证文章结构完整的基础上，要尽可能合理地安排文章的各个部分，让精彩的语段在合适的位置出现。

　　英语相对其他科目来说比较特殊。在高考几科中，英语是你在大学期间仍然不能摆脱的极其重要的一科。所以，你要用极其认真的态度和极其努力的状态去对待这样一门关乎你未来的科目。对待英语，就是要拿出百倍的热情和不懈的努力去征服。

　　下面我给大家介绍一些平常英语学习常用的资源：在听力方面，普特英语、新东方听力网、沪江英语都是可以利用的资源，只要学有余力，可以在上面找 VOA、BBC 等资源来进行扩展和提升；在阅读方面，如果是为了提高分数，可以找一本习题册坚持每天做两篇，分析错题的成因、总结阅读中出现的生词；如果你有一定的课余时间，可以阅读英语杂志或是报纸，《China Daily》是很多北大的学长学姐推荐的有助于高中生提高英语成绩的一份英文报纸。如果自己缺乏足够的自制力，参加新东方的辅导班是个不错的选择；如果以后想在英语方面有所突破，想尽快融入英语国家的节奏中，华尔街英语、美联英语、英孚英语是值得你在假期或闲暇时间考虑的几个英语教育机构。

　　总之，英语是影响人长远发展的一门学科。对英语，一定要多下功夫，做长远打算。学习英语就是学习一种文化，学习一种不同于中文的交际方式和生活方式，它不但会让你有一个全新的看问题的视角，也会让你用一种更加开放、更加现代的眼光去看待你生活的世界。所以，多学一点英语永远不是什么坏事。

Part 1 /
学霸档案

姓　　名：李思凡

....

毕业学校：四川省达州市第一中学

高考成绩：总分617　加分20

院　　系：北京大学经济学院

Part 2 /
学霸格言

其实，学好数学并没有那么困难，只要你先在心态上战胜它，那么它对于你来说不过就是只外强中干的"纸老虎"。数学并不是只有有天赋的人才能学好，对于大部分普普通通的文科生来说，只要掌握了方法技巧，勤学苦练，一样可以攻克这个难题。

纸上得来终觉浅，绝知此事要躬行

——数学学习经验

数学对于许多文科生来说一直都是一道难以跨越的障碍，似乎是因为数学的逻辑思维方式与文科生习惯的直接的、感性的、习得再运用的思维方式格格不入。其实不然，只要换个角度思考，你就会发现数学其实很简单，文科生也能找到一套独特的数学学习方法。

数学作为一切科学的科学，不得不承认它的灵活性、多变性、巧妙性，这恰恰是困扰文科生的难点所在。可是，放在高中时代来看，高中时我们接触、学习的数学属于初等数学的范畴，算是数学学科领域当中比较简单的部分；再看平常做的练习、考题，不难发现题目总是逃不出那几种类型——概率事件、三角函数、立体几何、解析几何、数列、二次函数，也就是说，我们学习数学时其实并不是"丈二和尚——摸不着头脑"，而是有捷径可走的。

学霸秘籍

我认为，文科生一贯的学习模式是"听课—背书—做题"，其实这个方法对数学是同样适用的。

首先是"听课"。听课十分重要，我一直认为课上十分钟能抵过课下一小时，所以认真听课是学好一切的前提。相比之下，数学课程比较枯燥，就更需要集中精力认真听课。首先是要理解每一条定理，这就像教小孩走路，首先得告诉他怎么走，从理论层面上来告诉他走路的方法；其次就是要认真咀嚼消化例题，不管是老师授课或者是课本、辅导资料上，都会出现不少例题，而弄懂例题是学好数学最关键的第一步。看懂例题就像是学走路的小孩迈出的第一条腿，平平稳稳完成之后，自己能做出例题就相当于成功地迈出了第二条腿，至此也就完成了这关键的第一步。第一步虽然不大，却是十分重要，因为你之后的步子，或快或慢，或跑或跳，都是对第一步的模仿、尝试和运用。也就是说只有理解了理论、消化了例题，你才可以举一反三，去解决更多的难题。

　　然后是"背书"。背书可谓是文科生的强项，不过很多人想不到数学也是需要背的，其实数学里的公理、定理、算法、规律、公式，都是需要背的。虽然这些东西似乎看一遍之后就已经留在了脑海里，但是如果"三天打鱼，两天晒网"，很容易记混、记错，等到要运用时更是感觉模棱两可。所以这些都属于需要背的范畴，只有通过多看、多写、多理解加深印象，运用时才能做到得心应手。比如说三角函数的特殊值和公式，几何学里的各种定理，二次函数的图形和性质等等，这些都是需要熟练掌握的。

　　最后是"做题"。做题的重要性是显而易见的，如果不做题、不练习，即使对理论知识烂熟于心也只是纸上谈兵，到实战中也会摔跟头。做题应该有方向、有针对地选择题型来练习，而且做题的目的并不是单纯地得出结果，而是要体会做题过程中理论方法的具体应用，找出哪些是不变的，哪些是在具体情况下有变化的，举一反三。你会发现，通过做题，一来可以练习在具体情况中如何运用所学知识解答问题，形成一定的题感，这样在考试时，看到题目就可以很快地想出解题方法，提高做题效率，节省答题时间；二来可以锻炼运算能力，减少出错率。数学考试中最怕出现的情况就是题目会做，但是结果算错了，这是相当令人懊恼的。而运算恰恰是"三天不练手生"，只有通过多做题，才能保持熟练、不易错的状态。

这就是我学习数学的基本套路。对我来说，用这样的方法来应对高中阶段的数学，可以说是绰绰有余了，当然这算比较"笨"的方法。这个方法概括地说，正是本文题目里那句"纸上得来终觉浅，绝知此事要躬行"，学习数学不仅要从"纸上得来"，还要在反复咀嚼之后发现"深浅"，然后再脚踏实地地"躬行"于题海中。对文科生来说，相比于培养逻辑思维能力，采用题海战术学习数学、提高数学成绩要可行得多，因此这个方法虽然"笨"，却是实用有效的。

除了学习方法，答题技巧也不失为一个提分的窍门。数学考试中也蕴含不少答题的妙招，下面我根据高考题型来分析一些实用的答题技巧。

选择题在整张试卷中占 60 分，比重相当大，而答选择题最重要的技巧就是要会"猜"。我说的"猜"当然不是碰运气、盲目胡乱地瞎猜，而是找出题干的规律，用排除法缩小选择范围，从而帮助我们找到正确答案。下面我以 2011 年四川卷文科数学选择题中某两题的题干为例，说明到底应该怎样去"猜"。第一道题的所求为某一个点的坐标，而四个选项依次为：A（ -2，-9 ），B（ 0，-5 ），C（ 2，-9 ），D（ 1，-6 ）。可以看出，A、C 所代表的两点是关于 Y 轴对称的，有相同的纵坐标，而 B、D 两点则显得无关，因此可以猜测，答案应该出自 A、C 之中，而正确答案就是 A。第二道题的所求为某个角的取值范围，四个选项依次为：A（0，π / 6]，B[7π / 6，π)，C（0，π / 3]，D[π / 3，π)。乍一看答案分布得似乎很有规律，难以排除错误选项，其实仔细观察可以发现，对于取值 π / 6，选项 A、B、C 包括的范围都可以取到，唯独 D 不能取到，因此先排除 D 项，而对于取值 7π / 3，唯独 A 项不能取到，同理可以排除 A 项，我们猜测答案应该是 B、C 中的一个，而正确答案正是 C 项。

　　有人可能会说，这种方法太冒险、太投机取巧了。确实，这样不能保证答案百分百地正确，我也并不是建议大家通过"猜"来做选择题。我认为，这种方法仅仅是在下面两种情况下比较适用：一是当你在某几个答案中摇摆不定的时候，用这个方法也许可以帮你排除一个错误选项；二是当你做题的时间不够时，通过这种方法可以很快得出一个答案，虽然不能保证完全正确，但至少会比盲目猜测得出的答案正确率更高。

　　接下来是四道填空题，填空题的做题技巧就是一定不要留空，也就是说，就算你不会做这道题，也要猜一个结果写上去，猜的时候既要注意根据题干信息来猜，不要随便写一个风马牛不相及的结果。也要注意填空题的答案一定是很简洁明了的，这是由填空题这种题型决定的。既然我们发现了填空题的这种规律，所以，如果当你自己算出的答案是一个很复杂的表述的话，十有八九是算错了，这时不妨再验算一下。最后一道填空题一般是让你选出所给命题中正确的或是不正确的，这道题比较难，因为给出的四五条命题都需要你去判断，多选、错选都是不得分的，但少选可以得一半的分。因此，除非你有很有把握的答案，否则一些模棱两可的判断最好不要写上去，宜少不宜多。

　　最后就是最让人头疼的解答题。我认为最难的应该是证明题，好在现在已经越来越少考到证明题了，而一般的解答题都不算特别难。就算你不会做，至少也能写出一两步简单的运算步骤或者是思路。可不要小看这一两步，只要是与题目相关且没有运算错误的话，就能得到一点步骤分，高考对于每个人来说都是"分秒必争"的，所以步骤分也千万不能放过。后面的解答题中，概率题一般都很简单，只是题干比较长，给出的信息需要仔细梳理，才能做到既不弄错也不遗漏，而考点一般是求某个事件的概率。我的建议是答题时最好不要只写光秃秃的算式，加上一点文字叙述，让阅卷老师看清你的思路和条理性会更好。三角函数的题也不算太难，至少第一个小题是比较简单的，就算你整道大题都不会做，至少也可以将题干中的三角函数的化简写出来。立体几何的题也比较容易得分，解题的关键一般是辅助线的画法，而如何画出正确的、有用的辅助线，需要的则是一定的空间想象能力。大家千万别认为空间想象能力是个很虚无、抓不到的东西，其实它是可以实实在在地通过培养、锻炼而提高的，具体方法是平常做立体几何题时，给出的图形都是平面的透视图，你要先学会在自己的脑海中形成一个立体的、三维的图，然后再去观察辅助线的画法，去体会画辅助线之前和之后整个图形有什么变化，这样就能积累出一定的辅助线画法的经验，在考试时也比较容易灵光一现。数列的知识比较难，但做题时却是万变不离其宗。毕竟我们所学的数列的知识有限，所以解题的方法必定与所学的通项公式和前 n 项和公式有关，不妨从这两个公式中寻找思路。函数题对于很多人来说应该比较难，不管是二次函数还是代数函数，解题可能都需要一些技巧。不少人望而却步，只留下一片空白，而我认为你至少可以写出一些简单的步骤，比如求一下二次曲线的顶点或者是代数函数的导数，这样不仅可以拿到一点步骤分，或许还可以在演算的过程中产生解题的灵感。

其实，学好数学并没有那么困难，只要你先在心态上战胜它，那么它对于你来说不过就是只外强中干的"纸老虎"。数学并不是只有有天赋的人才能学好，对于大部分普普通通的文科生来说，只要掌握了方法技巧，勤学苦练，一样可以攻克这个难题。加油吧！

Part 1 /
学霸档案

姓　　名：李玉珍

··

毕业学校：广西桂林市临桂中学

高考成绩：总分644　语文129　数学130　英语137

　　　　　文综248

院　　系：北京大学法学院

Part 2 /
学霸格言

　　地理的区位分析让你更好地了解社会各种事物的存在；历史则让你更清楚你的国家乃至全世界的过去和现在；政治帮助你理解经济生活和政治生活中的各种现象，让你学会从哲学的角度去看问题。所以，在文综的世界里，你的学习或许会很苦很累，但是你的收获还是很大的，没有理由不去学好它。

在文综的世界里

　　说到文科，文综是永远也避不开的话题。尤其到了高三，文综三科合卷考查的方式让无数文科生伤透了脑筋。在文综的世界里，浮浮沉沉便是我们的常态。经过高考之后，回头看看自己在文综世界里的挣扎，总结出了一些东西，仅供大家参考。

　　由于在我们这一届，我们区还在使用旧教材，学习的内容可能和大多数同学的不一样，故在此稍稍介绍一下我们的大纲内容。首先是政治，我们只学经济常识、哲学常识和政治常识，没有新教材中的文化生活的知识以及选修的内容。而历史学的知识，与新教材完全不同，我们的教材就是按照时间顺序编排内容的，具体知识有中国古代史、近现代史以及世界近现代史。据我所知，新教材是按照专题的形式编排的，还有选修内容。至于地理，我们也没有选修的内容，就是高中地理的自然地理和人文地理部分，以及初中的区域地理部分，包括中国地理和世界地理。

学霸秘籍

　　首先说一下政治，有人觉得这是一门纯记忆型的科目，但我觉得不是这样的，任何记忆性的知识都是以理解为基础，把该记的东西记下来之后，运用时还是需要根据题意和自己的理解进行发挥性作答。

　　对于背课本，我是很强调这一点的，对自己的要求也特别严格。所以，每学完一小节的内容后，我都会拿出课本在教室旁边的走廊上大声地读，把课本读得滚瓜烂熟。然后根据老师讲课时的提纲以及强调的重点知识，进行强化记忆，争取把它们全背下来。背完之后，还会再根据脑子里构建的知识体系复述一遍，把这些知识点梳理清楚。当然一次记忆是不可能完全记住永久不忘的，所以，自从文理科分班以来，我养成了每天早上起来背文综的习惯，总是把前一天学过的知识复习一遍。反复地记忆，不断地重复，最终知识就会变成自己的了。

　　然后是做题，这是对自己记忆成果的一次极好的检测。说说各类知识的作答方式吧，主要是大题。首先在对材料的解析上，要分清主体，在经济常识里有政府、企业以及个体，在哲学里这一点不明显。在政治常识里有国家、政治组织（一般是政党）和公民，如果是国际关系的话，则涉及本国政府、外国政府以及联合国等国际组织。还有这些主体做了哪些事，与课本上哪些知识有关。例如，经济常识中的政府行为一般会与宏观调控有关，从而联想到宏观调控的手段、目标等，再联系其他方面的内容，从材料中联想到更多的课本知识，进而在答题中加以运用。关于哲学常识的审题，找关键词很有必要，例如一看到"结构"二字，便立即联想到整体与部分的关系中的"当各部分以合理的结构构成整体时，整体就会具有全新的功能"。当然，一些重要哲学知识点的得出，主要还是根据材料的叙述，而非全部是找关键词就能应付的。在审题阶段找出各种需要的知识点之后，就可以开始答题了，答题时一般都是按照"观点＋材料"的模式，把观点写在前面，能够方便老师阅卷，因而会给老师留下思路清晰的好印象。材料的论述就是围绕你的观点再结合材料的内容展开论述，简明扼要即可，最好能把材料归纳概括一下。还要注意分点作答，厘清层次，书写整洁，分数就不会很低。

　　然后是历史，一门更让人理解为死记硬背的科目。同样，上述的记忆方法也适用于历史，但是，历史知识的记忆也有与众不同的一面。

正如此前所说的新旧教材内容编排的不同，历史知识的记忆也可以有两种方式，记史实可以按照历史发展顺序来记忆，还可以按照专题来记忆。

我认为，最好是先按照时间来记史实，把古今历史事件全部记下，以至于可以在脑海里把这些年的历史一点一滴地浮现出来。然后再按照专题的方式进行强化。例如经济这个专题，可以把中国古代、近现代的经济进行对比，看出经济是如何发展的，也可以把近现代中国和世界的经济进行比照，找出差距。这样的对比，可以加强记忆，也可以增强学习的兴趣。同样的知识竟然可以以完全不同的形式展示在自己面前，这是一件多么有趣的事。因此，在这方面又觉得我们的教材还是不错的，我们可以按照历史发展顺序把史实记过一遍之后，再按照专题进行归纳，通过自己的努力，把知识重组一遍，这样非常有利于自己的学习与记忆，毕竟对自己总结出来的东西更有感情，想要记住它的欲望更强。对于做题，历史选择题让人比较头疼，在此说一下自己不是很成熟的观点。当然，选择题也是很注重审题的，审时间、审人物，在不同的时代、不同的环境下会产生不同的观点或现象，这也是历史唯物主义的表现。尤其要审最后一句话，这句话一般就是问题的指向，而且历史题经常会出现由同一段材料得出不同的结论的现象，原因就是最后一句话问的问题不同。所以，即使遇到见过的材料，也不要粗心大意，要好好审题，不要被原来脑子里的印象牵着走，以致误入陷阱。可以用排除法对选项进行排除，有一些选项从史实角度看本就是错误的，有些则是结论与论述完全矛盾，或者与材料的观点矛盾，等等。在这些小技巧都使用之后，再根据你的理解排除，一般都会选对，但是这些技巧不是通用的，仅供参考。对于大题，仍要把好审题这一关，这可以让你获取很多有利于答题的信息。答题时也要注意分点作答，历史的答题更注重简要作答，只需要简短地概括内容即可，不必展开鸿篇大论。正如我们老师所说的"答题要广度不要深度"，应该从多方面思考问题，你的答案才会更全面，才会更符合考查者的要求。

接下来就是地理了，很多人认为它是"文科中的理科"，我认为这种说法不完全正确。

地理包括自然地理、人文地理和区域地理（或者后两者可以合二为一），在自然地理部分，尤其是地球运动这部分，需要计算的特别多，但是人文地理和区域地理还是以记忆和理解为主。

在计算这一部分，听课的时候也会觉得难以听懂，但是我想说的是努力去听吧，多听几遍就会好的。第一次学的时候你也许是处于懵懂状态，但是到后面的一轮、二轮甚至三轮复习的时候，重复的次数多了，你就会慢慢明白，然后又有数不清的试题让你练习，最终你会掌握这些知识。从这一点看，地理就特别像理科的内容。平时遇到不会的题目，必须多请教老师或者同学。或许你会觉得这是老生常谈，但是，我觉得对于这种自己根本不会做的题，你唯一的出路就是询问别人，在请教的过程中学会他人的解题思路并为自己所用，这就足够了。

说到人文地理和区域地理，不可避免的词语就是"区位"二字了，从农业区位到工业区位，从交通区位到旅游区位，各种区位让你眼花缭乱。我的对策是把平时上课、写作业或者考试遇到的有关这方面的区位因素累积在一起，然后整理出来，根据自己的理解梳理成能够让自己记下来的东西，接着按照这一思路把它记下来就行了。复习的时候，可以先拿一张白纸自己默写一下，查漏补缺。还可以在平时和同学互相提问，你问我答，这样不仅使学习更加有趣，还能检验自己对知识的掌握程度，一举两得。关于区域地理，还是要重视地图的作用。所以，在刚开始复习区域地理的时候，老师就建议我们要多看地图，最好是能自己画出大概轮廓，标注出经纬线和重要的地理事物，真正做到心中有图。毕竟我们平时考试给的图都只是那么一小块，只有经纬线和湖泊、河流等地理事物，这时候需要用你心中的地图进行定位，也只有正确定位才能做对下面的题目，毕竟不同地区的地理环境不可能是一样的。答题的时候，可以直接运用区位因素进行分点作答，多方面思考问题，但还要注意结合该区域的地理环境特点，不能把完全不符合该区域特点的区位因素也放到这里来答。当然，答区位类题目还有一个好处，就是区位因素本来就在你的脑海中。如果遇到一个不是很确定的区域，可以模糊作答，就把放之四海皆准的区位因素全部写上去，让老师找点给分。但前提是你的列点必须清晰有条理，不要混作一团，老师是没有耐心在一大段文字中找得分点的。这种做法只是在你实在没有把握的情况下才用的。

最后再说说文综试卷的答题吧，广西高考试卷的考查方式是35道选择题，其中11道地理题，12道政治和历史题，然后就是三科各一道大题，最后再加一道三科综合的大题。

做题时首先一定要稳住选择题，认认真真地做下来，不急不躁，把该拿的分都拿到。对于后面的大题，根据自己对各科的熟悉程度重新定一个顺序去答，所以在发下试卷的时候，一定要好好看一下这几道大题的难易程度，从而确定自己的答题顺序。

不过，在做完三科独立的大题之后，最好还是先做三科综合的大题，这一题一般是比较基础的题目，很容易拿分。如果按照顺序作答的话，速度太慢的同学就很可能没时间做这道综合题，会丢失很多分。具体每一科的答题技巧，前面已经说过，不再赘述。

其实，文综三科的学习是一件非常有趣的事，地理的区位分析让你能更好地了解社会各种事物的存在；历史则让你更清楚你的国家乃至全世界的过去和现在；政治帮助你理解经济生活和政治生活中的各种现象，让你学会从哲学的角度去看问题。所以，在文综的世界里，你的学习或许会很苦很累，但是你的收获还是很大的，没有理由不去学好它。

学科锦囊阅读笔记

见贤思齐焉

关键词	笔记内容
学科特点	
备考方案	
重点难点	

总结: _____

_____

_____

_____

Part 1 /
学霸档案

姓　　名：漆袁曼

···

毕业学校：浙江省长兴中学

高考成绩：总分690　语文121　数学146　英语141

文综234　自选模块48

院　　系：北京大学历史系

Part 2 /
学霸格言

　　高考检验的绝不仅仅是你的智商，更重要的是你的信心、耐力、毅力以及在艰难的时候绝不放弃的决心。无限风光在险滩，只有那些走到最后的人才能看到绝壁上的风景。学弟学妹们加油，我在北大等你们。

让数学从平凡到不凡

我是北京大学 2011 级的本科生漆袁曼，很幸运能够考入北大这样一所高等学府，也很希望自己学习方面的一些经验教训能够给即将面临高考的学弟学妹们一些启发。

在高中的诸多学科中，让刚刚升入高三的我感到最头痛的还是数学，但是在后来的高考中我的数学发挥得很稳定，甚至还不错。如果你的数学成绩并不突出，但是想在高三的时候实现数学成绩的大突破，那么或许我的一些建议会对你有所帮助。

学霸秘籍

首先心态是很重要的，摆正你心里的想法是我们开始高三复习的第一步。你要问自己一个问题：你要参加什么考试？答案是高考。这个问题很重要，因为你参加的是高考而不是其他数学竞赛。

高考作为一种体系成熟的全国范围的考试，有其固定的考试范围和题型，每年的命题，老师会兼顾大多数人的水平，所以出现偏题、怪题的可能性很小。在某种程度上，高考考查的是你对题目的熟练程度、做题的仔细程度，而不是你的数学水平或者解题技巧。

　　这就告诉我们两件事：第一，我们在复习时不要刻意追求会解复杂、花哨的习题（尤其是偏题、怪题），我们的复习应该是围绕着高考大纲、历年考题展开的对所有考点的地毯式排查。第二，不要被某些考试打击到信心，其实在高三阶段，学校出的某些模拟卷有偏难、偏怪的嫌疑，可能你身边的某些数学才子答这样的卷子得心应手，你却极难动笔，千万不要被这样的考试打击到！你要相信，高考时只要你够细心，其实可以比数学水平优于你的人考得更好，这是完全可以实现的！

　　树立了内心强大的信念，就不怕在这长长的一年复习时间里遇见瓶颈期。即使在瓶颈期里，知道应该怎么做，继续朝着这个方向努力下去就可以了。其次是学习数学需要具备的几个好习惯。第一个好习惯就是预习和复习。虽然听来有些老生常谈，但是我觉得这是在数学学习中帮助你实现事半功倍的好办法。我强调的预习和复习跟你平时听到的可能有些不同，预习除了要看过书上的所有概念、习题，更重要的是厘清书本的逻辑结构，形成所谓的知识体系，这样你在答题的时候就能一眼识破出题老师到底在考查什么知识点，应当如何作答。比如今天学习了解析几何中的椭圆，那么粗略地预习一遍课本后，你就大概明白书上讲了椭圆的概念、椭圆的解析式、椭圆的几种变换形式等。这么做的另一个好处就是在复习或者考试之前也可以由这些问题高屋建瓴地引领复习，你可以提问自己这几块有哪些知识点、各种不同题型有哪些解法，这样做既无遗漏，也能保证高效率。所谓复习，在学习新知识的时候是复习课本，在高三的总复习阶段就是复习每天做过尤其是那些做错的或者没有弄懂的题目。而且复习的时间点很重要，我的习惯是在每天开始做作业之前先复习，这样有助于你弄清楚自己没搞懂的部分，在做习题的时候既能节约时间也能提高正确率，最重要的是让你再次温习做错的题目，这样有助于你避免下次犯同样的错误。

　　第二个好习惯就是提问的习惯。我觉得没有问题的学生不是好学生，我们在高中三年中不可能每道题目都会做，大多数同学遇到问题会选择回避、无视，或者最多问问成绩比较好的同学。我觉得虽然问同学好过不发问，但是问老师才是最好的选择。大多数同学不愿问老师或许都出于一种害怕的心理：怕自己提出的问题太幼稚会让老师看不起等。其实，只要你不会的问题就可以提问，要有一种"打破砂锅问到底"的"厚脸皮"精神。其实我也经常会问一些粗浅的问题，明白之后哈哈一笑化解尴尬，然后向老师道声"谢谢"，比起我可能会花费大量的时间弄清楚它们，问老师的成本其实是很低的。在请教问题上，我主张向老师提问，因为老师的知识体系比同学更加全面，有时甚至会借着为你解答一道题目的时间，顺便介绍一系列相类似的题目，让你一下子有种豁然开朗的感觉。

第三个好习惯是总结的习惯，要总结的东西包括最近做错或者不会做的题目、最近学习的内容及它们的逻辑联系（参照预习时采用的方法），尤其是老师推导出的一些公式结论。

对于老师在课上推导出的一些公式和结论，我建议课上先抄下来，课后不管你是不是听懂都应该再推导一遍。有些内容认为自己课上听懂了，就忽视了对重要结论的记忆，这样在下次考试用到这些结论时就很有可能不记得或者记错。记错比不记得更加可怕，因为不记得公式起码还能重新推导一遍，而一旦记错就无法挽救了，但是考试的时候重新推导公式是一种很浪费时间的行为。

养成了以上几个好习惯之后，我觉得学习数学的关键其实还是多做题。在学习数学的时候，看得懂和会做永远是两个概念。大多数情况下我们在看例题的时候都会感到下面的解答没错，但是如果让我们不参考解答自己做一遍的时候，或者想不起来应该怎么做，或者在做的时候错误百出，或者在自己做的过程中突然灵光一闪地发现另一种做法好像也可以，等等。所以说自己动笔做一遍有助于我们想清楚一道题目处理的细节、比较两种解法的异同等。除了书上的例题需要亲自计算，其实我们每次学习新的知识点都应该辅以一定数量的习题，具体做多少还是因人而异的，在我看来题目数量还是多多益善的。但决不能满足于老师布置的那些题目，因为老师布置的作业是针对全班同学的，即使你全部都掌握，恐怕也只能达到中上的水平，想要脱颖而出，恐怕没有大量的练习还是不行的。你可能听过很多天才的故事，其实配得上"天才"称号的那些人都是在背后比常人付出更多汗水而已，没有一种学习方法可以让你不用做题就能取得很优异的成绩。

我在刚上高三的时候，面对突如其来的综合题型和全然陌生的模拟卷，我还是选择了做题这种老土却实用的方法。我对自己的要求是每天除了完成老师布置的作业，再做一张高考模拟卷。开始的时候，我做模拟卷很吃力，有很多题目都不会做，我就圈出不会的题目第二天问老师，由于我自己着手做模拟卷的时间远远早于老师，所以后来老师复习时给我们做的很多题目，我早已经掌握了。这样高三的时候我也就越学越轻松，越学越简单。随着我练习次数的增加，每次彻底搞懂一张模拟卷之后，下一次再完成一张模拟卷花费的时间也会越来越少。直到高考之前我做过的模拟卷已经摞成厚厚一沓，两个小时的高考数学卷子，我在一个半小时之内肯定能够答完。这也全是多做题后熟练的功效。

最后，我觉得克服高三学习的瓶颈期是很关键的。刚开始复习的时候，因为不懂的东西比较多，所以进步就显得比较快。但是随着高三复习的深入，你会感觉到再取得进步显得越来越困难，这样的情况一般会出现在高二、三的12月到来年的三四月的时候，这个时候又恰好是高三的中间阶段，人比较容易失去信心，体力也比较容易出现透支。总之，瓶颈期的诸多问题会集中表现出来，比如为什么明明很努力了成绩还是徘徊不定，或者感觉很累，会有想放弃的念头。这个时候适当的放松也是必需的，可以看看电影或小说，出去玩玩，稍稍娱乐一下。我觉得这个时候父母的关怀很重要，我在高三的时候每天跟爸爸妈妈聊聊天心里就感觉没那么烦躁了。重新投入复习时，心中应该有比较坚定的信念：这么做是没错的，只要坚持下去，不放弃，迟早会得到好的结果。

　　我身边那些考上北大、清华等高等学府的高中同学，无一不是人前风光、人后流汗的，即使考上大学之后依然如此。高考检验的绝不仅仅是你的智商，更重要的是你的信心、耐力、毅力以及在艰难的时候绝不放弃的决心。无限风光在险滩，只有那些走到最后的人才能看到绝壁上的风景。学弟学妹们加油，我在北大等你们。

Part 1 /
学霸档案

姓 名：杨 彤

毕业学校：中央民族大学附属中学
高考成绩：总分626 语文135 数学133 英语129
文综229
院 系：北京大学外国语学院西葡语系

Part 2 /
学霸格言

提升是一个积累的过程，当你不计得失地做好每一次作业，

解决好每一个问题，才会有质变和突然间的豁然开朗。

数学学习之道

数学可能对于许多文科生来说都是较难的科目，我一开始也这么认为。可是后来在老师和同学的帮助下，我渐渐摸索到了一点学数学的门道。刚开始的时候，似乎是无头苍蝇，总是不知道力气往哪儿使。但是，提升是一个积累的过程，当你不计得失地做好每一次作业，解决好每一个问题，才会有质变和突然间的豁然开朗。心态是学数学过程中一个很重要的方面，要懂得收获需要付出。付出不是简单地刷题，更关键的是做完一类题，要归纳总结，转化成自己的认识。这一点对学数学很重要，一定不能吝啬自己的脑细胞。

学霸秘籍

一、日常学习方法

每个人其实都有适合自己的学习方法，下面我所介绍的方法大家可以尝试一下，根据自身特点取舍。

1. 看目录和考纲

从目录里可以大概浏览知识的架构。我曾经忽略了知识架构的作用，但是做题往往需要联想，如果知识架构不够清晰，就很难把知识调动起来。

考纲是更精练的目录，它可以让你知道轻重之分，是考试的助手。

2. 联想

联想是一种模式识别，简单的题在于它的表述能直接让你定位知识点，从而快速解题。看到难题你会想"到底要用什么方法呢"，这时一定要根据题目的条件和问题联想到不同的知识点，弄清它想考的是什么。每一道题都有它的考点，而且往往是多个考点，目的在于考查你的综合能力。

有时一道题可以用三角函数，也可以用解析几何，也可以用均值不等式来解，平时多联想多尝试，了解各种方法的特点（如数的特点、题目表述的特点），到考试时就会得心应手了。

3. 笔记本

要有笔记本，但不要为了做笔记而做笔记。笔记要做到简洁，必须自己思考各种方法，再归纳总结。如果不亲自解题试验，抄得再多，也没有意义。

整理题目时，要从母题到变式题（变式题的条件与母题有不同）。整理解题方法时，要从一般解法到特殊解法。因为一般解法往往是考试时最先想到的，而特殊解法可能只出现在一定的条件下。这样思路会比较清晰。

4. 学会问问题

多与同学交流，这是一个非常有效的学习方法。记得有一次我解一道题解了很久，都没有找到有效方法，问了一位同学，很快就有了答案，而且简洁明了。更重要的是这个方法给我的启示很大，让我在解决类似的问题时多了一个思考方向，并在一次考试中帮了我很大的忙。况且不同的人对同一道题总会有各种想法，这些想法都很有价值，在交流后整理一下，你会逐渐归纳出解类似题的方法，在考试中就不会手忙脚乱。

平时遇到问题就记下来，有空就问同学或老师，对自己也是很有帮助的。疑问一点一点解决后，你会发现曾经觉得很难的题突然迎刃而解了，学习的进步就是量变到质变的过程，千万不能忽视任何一个小疑问的解决。

5. 粗心

"唉，我又粗心解错了，本来我能做对的！"我曾认为自己考不好都是粗心的错，但我发现数学很好的同学总是能保持较平稳的分数。后来老师跟我说，粗心其实是基础不扎实的表现，如果平时基础不牢，不细心，在考场上如此紧张的时间内，很容易出差错。

那时，我平时练习不太用心，不注意解题速度，认为到考场上多注意一些就好了。结果一到考场，突然不适应快节奏的解题，错误百出，分数自然不理想。后来，在老师的帮助下，我努力弥补基础上的漏洞，提高自己的解题速度，培养良好的解题习惯，争取做到一遍解对。一段时间过后，我发现考试时基本上答每道题都能得出肯定的答案，不再像以前那样对答案十分没信心了。而且由于解题速度提高了，一道题可以检查一到两遍，正确率也提高不少。

6. 课堂效率

我曾经不乐意听老师的课，总觉得自己找题做就能学得好。其实不然，老师上课讲的都是重点，他能告诉我们需要特别注意的地方，这样就大大提高了我们的学习效率。如果不听课，盲目钻研，就是力气没有用对地方，不但不利于提高，可能还会退步。

为了提高课堂效率，一定要保证充足的睡眠，这十分重要。我高中没有休息好的时候，数学课就变成了催眠曲，结果很悲剧，老师很忧伤。同学们一定要保证睡眠，这是高考复习的黄金宝典啊！上课要跟着老师的思路走，不要觉得老师讲的知识点不重要就不听。因为解题过程是连续的，单独来看都是简单的知识点，但难的是其中的思路，怎么由上一步联想到下一步是听课的重点，千万不要走神。

7. 解题策略

毕竟高考生面对的是考试，没有正确的解题策略，即使学得再好，也可能在考试中因为没有把握好而捡了芝麻丢了西瓜。

基础题一定要保证全对，这是高分的基石，如果为了争取难题的高分而马马虎虎做完基础题，那么很容易丢分，从而与其他人拉开差距。觉得基础题太简单就不重视，往往得不偿失。

基础题之后就是有梯度的题，这是为了拉开学生档次而设的。在平时的练习中，一定要尽力做好每道题，无论难题易题，都可以提升自己的能力。在考试中，保证会做的题全部做正确，不会做的尽力而为，能做多少做多少。总而言之，就是要少丢分，不丢冤枉分，这样才能拿高分。

除此之外，还要提升考场心理素质，不在一棵树上吊死，解不出的难题可以先跳过，或许回头再解这道题时就有灵感了。实在解不出就把时间花到检查上，用少丢分来弥补难题的损失。

数学其实蛮有趣，你可以享受成功解题的成就感，当这种成功习以为常，你就不会再害怕数学了。

8. 考前冲刺一百天

这一百天我觉得要先摆正心态，关键是查漏补缺。这时，老师一般会让做大量的习题，这些题都是经过精心挑选的，一定要仔细推敲认真完成。平时要注意老师在课上提到的关于高考的方向，根据这个来选题。老师也会根据大部分人的共同点来选择需要查漏补缺的地方，大家一定要多留意。这个阶段，要回顾自己做错的题，整理出其中的薄弱环节，尽快补上来。

有人可能想先抓紧时间玩，到冲刺阶段再发力，但缺乏扎实的基础就很难有质的飞跃。千万不能把打基础、练能力这种事情放到这一阶段来做，这些最基本的东西必须在前几个阶段逐步掌握，这样才能在冲刺阶段更好地查漏补缺和提高能力。

二、高考来了

很多人可能会焦虑，觉得自己好像还没准备好。这个时候，一定不要让自己想太多，踏踏实实地做自己该做的事。要尽量调整好状态，做好最后的应考准备。在高考前几天，不适宜大量攻克难题，这样会增加自己的心理负担。

要有这样的心态：题目是永远做不完的，只要掌握了原理和方法，万变不离其宗，长期培养出来的逻辑思维会帮助我们找到答案。

最好是把自己错得较多的典型题目看一看，找找感觉，但也不能不做题，要适当地做题来保持手感，保持解题速度。还有，最后的这个阶段要坚持早睡，调整好生物钟，保证考试时精力充沛。

三、走进高考考场

在进考场前，千万不要想"万一我不会怎么办？""啊，之前那道题好像不记得怎么做了！"……这些都是消极暗示，会影响考试状态。高考考试正常发挥就是超常发挥，抱着平常心态就好，不需要祈祷超常发挥。

考试的时候，按平时的节奏一步步把题做好，争取一步到位，把数算准（这个要靠平时多练），遇到不会的题一定不能慌。如果超出平时做题时间就先做下一题，解完再回头做上一题，事实证明这样能提高做题效率。千万不要死磕一道题而忽略其他题，也不要让暂时未解出的那道题干扰了自己。

考场上的未知因素很多，只有做好准备才能从容应对。考场上的两小时要靠平时一点一点打磨才能有出色发挥，做好了准备自然就能打赢高考这一仗。

四、结语

学习需要兴趣，而兴趣需要成功感的支持。在学数学的过程中，不要太依赖他人或参考书，努力让自己成功地解题，获取那种成功感。逐渐地，你会发现自己爱上了数学，并享受解"谜"的过程，数学成绩自然会有很大提高。

每个人都是一支潜力股，不断努力，你总会成为高考中的绩优股！

学科锦囊阅读笔记

见贤思齐焉

关键词	笔记内容
学科特点	
备考方案	
重点难点	

总结: _____

_____

_____

Part 1 /
学霸档案

姓　　名：杨紫涵

· ·

毕业学校：中央民族大学附属中学

高考成绩：总分663　语文136　数学131　英语146

　　　　　文综250

院　　系：北京大学经济学院

Part 2 /
学霸格言

　　语文的确是需要积累的，而积累需要用心和技巧。做一个有心之人，熟能生巧、精益求精，通过平时的打磨，我相信各位同学都可以充分发挥自己的潜能。祝各位学弟学妹取得一个好成绩，实现自己的梦想。我在美丽的燕园等你们！

语文的基石

引言：在语文的学习中，我们经常发现，成绩好的同学有时候并不是平时花时间最多的。其实不然，那些语文成绩好又花时间相对少的同学，往往都是因为兴趣读了比较多的书，有了相当的积累。这种积累往往都是由点点滴滴积聚而来的。因而，到了高中，积累相对薄弱的同学会发现提高语文成绩比较吃力。的确，我们重新开始通过一点一滴的积累来提高语文成绩，这显得时间很不够。但是，我们可以找准方法、有目的地去积累，在高中三年内会达到一个比较好的效果。

学霸秘籍

奠基之时——平时的时间安排

语文，顾名思义，强调语言的艺术，要想将自己的语言修养体现在一张张卷子中，那必须要有长久的积淀。

因而，这需要准备一个积累本，帮助你记住平时与语文相关的点滴。这个积累本的内容从何而来呢？

首先，做个学习中的有心人。要利用好课本、练习、试卷以及老师授课的语文基础。这些基础你可以直接获得，不需要再做额外的练习来总结，因而花费的时间也比较少，得到的内容也比较精。但是一定要保证实时完成这些积累，这样才不会把任务堆在一起，造成很大的负担。因而，正如我的老师所言："不在同一个地方跌倒两次，保证会而做对，那么你的成绩便会提高。"学习的技巧有很多，但是并不全部适合每一个人。在我看来，学习的要义在于不断总结、不断改正、优化自己，达到自己潜力的最高点。这应该是每一个学子奋斗的目标。

其次，要做到熟能生巧。在高一的时候，由于基础上的差异，大家的语文成绩可能会与平时的付出不成正比。比如语文基础、语文阅读都考查学生平时的积累。因而，要养成每天至少做一篇语文阅读的习惯。做阅读时，要思考三个问题：第一，将题目读懂。要知道出题人问的是什么，然后通过每天的阅读训练，总结出题人对同一问题的不同提问方式。之后再在文章中找出对应的段落。了解出题人的出题套路后，你就可以节省更多的时间。第二，扩充知识库。在答题过程中，如果并不知道一些诸如表达技巧的专业词汇，可以适当地翻阅已有的教参或者上网搜索。扩充知识库可以在学有余力的情况下进行，这可以帮助你在高一、高二的时候提高考试成绩。第三，整理答题思路。将题目读懂并了解了出题人的套路后，你就需要思考如何将自己的知识转化为答题点。此外，很多阅读材料都是大家的名作，你可以换个角度，由做题者变为真正的鉴赏者，将其中优美的句子和深刻的哲理记录下来，作为自己的积累。

最后，要扩展视野。在高一、高二时，最重要的是提高自己的语文素养。因而，我们平时应该多读一些自己感兴趣的书籍，培养自己的文学细胞，这有利于我们在高三时形成自己的语言风格。但是，我们不能仅仅一扫而过，应该将优美的句子记载在自己的积累本上。在作文练习中，我们可以有意去模仿作者的文风。由于现在高考越来越强调学生自己的思想，因此我们可以多看一些有哲理的书，记下自己有共鸣的观点，再看看作者是怎么去论述的，这样不仅可以提高文章的可读性，而且可以提高思想的深度。

磨砺之日——高考总复习时

高一、高二时，我的语文成绩并不是很好。总结起来，还是因为自己不用心，没有花太多的时间在语文上。因而，进入高三之后，我越发地感到在语文学习上吃力。但是通过高三一年的复习，我的语文成绩提高了差不多 15 分。

高考复习，最重要的是知识的整合，但是对于没有打好基础的我来说，高考复习还需要去提升积累才能提高复习效率。

总复习时，老师会将各种语文基础进行总结。但是因为这些知识点教参上都有，很多同学可能会忽视课堂上老师的讲授。其实在学习这些知识时，最重要的并不是死记硬背，而是要理解，思考这些知识点之间的联系以及怎么去应用。老师的课堂则是我们提高这些能力最好的平台。课后，我习惯于用活页本将老师讲授的知识点分类整理并且不断地补充，构成自己的思维树状图，以便在做题时系统地调出相应的知识点。

高三时，尽管我已经感觉到了自己知识的薄弱，但是没有足够的时间来一步步地积累。因此，我采取了"对症下药"的方法来积累。

首先，每天两篇阅读的训练量。之后，我将高考模式简单化，将所有的答题都分解成三个方面：读题、知识点、将知识点转变为得分点。然后再准备一个随身携带的小本，用于每次考试之后的总结，将这次考试出错的原因细化到读题、知识点掌握或者答题方法上。如果是读题错误或者答题方法错误，我就选择将去年的模拟题看一遍，首先将考查主旨或者修辞类题目的问法总结出来，然后比较考查同一知识点的问法的差异性，之后再找它们对应答案的区别。如果是知识点掌握的问题，那么不需要去死记硬背，将相应的知识点和例子再反复看一遍，再回想一下当初做题时的思维模式，总结出需要注意的地方，记录在总复习的那个活页本上。了解自己的错误，才可以尽可能地避免再一次犯错。

由于高三时间比较紧，我也没有大块的时间用来提升阅读量。因此，我选择一些短文，利用下课或者午休的时间来阅读。高三时期，没有太多的时间来抄写优美的段落。因此，我携带两本自己最喜欢的书，将感兴趣的地方画出来，并经常翻看，不再购买更多的书籍。同时，我还与周围同学交换书本，看看他人画的好词好句以及做的评论。这样可以减少在总结上花的时间，更加节省自己的精力。

作文是我的一个大软肋，我经常写跑题，得分很低。特别是在近模拟考时，这个问题越发严重，那时我特别焦虑，不知道如何去避免这个问题。我便拿着试卷去找语文老师分析，在老师帮我总结出问题后，不是等到下次考试再去规避这个问题，而是及时写出一篇文章，再去找老师分析。就这样，反反复复地改正，直到能将一篇作文写到较满意的程度。虽然这样做在短时间来看会花费很多的时间，但是对症下药、集中精力去解决一个问题，见效也很快。我将几次大考中的作文题都按这个方法练习了几次，基本上囊括了高考常考的几个题材，在这之后，跑题问题得到了很大的改善。在高考中，作文也得到了一个较为满意的成绩。

琢磨之力——高考前的练习

高考前，我的复习重点便集中在自己的两个知识点总结本、一个考试总结本和各套试题上面了。

我首先翻看了语文基础，然后将自己还不会的地方用彩色笔突出，以减少每次翻看知识点总结本的时间。整套的试题则被我用于回顾每次考试最容易出现问题的地方。考试总结本上记载我每次考试前后的心态以及考试后的总结，在每次考试前，我便翻看这个总结本，不仅写下自己的心态，还翻看之前的内容。看看在什么心态下，我的考试状态最好，便将心态调整到那个状态。

高考是心态和知识的较量。因而，在考试前，我们不仅要查漏补缺，而且需要不断调整自己的心态，以便在高考时发挥出自己的最优水平。

试金之石——高考之时

考试时，最重要的一个字是"稳"。坚信"人难我难，人易我易"。在做题过程中，不能大喜大悲。

高考前，我将自己置于这样一种心态。此时，我高考已经失误，是由于粗心等原因导致的，然后十分懊恼。但是这时如果还有重来的机会，那么我就应该规避这些问题，保证心态平稳，等等。利用这种心态，我常常能够冷静下来，以良好的心态去面对考试。

每年的高考都会在题型上有所创新。这时我们平常总结的题型和答题方式就要发挥作用了。首先我们将这些题型对应到做过的题目上；如果对应不上，便将这些题目对应到老师总结的知识点上；如果并不是考相应的知识点，我们便需要在这些题目中体现出自己的思想，而不是执意去对接高考某个知识点，真正将自己的思想体现在试卷上。

语文的确是需要积累的，而积累需要用心和技巧。做一个有心之人，熟能生巧、精益求精，通过平时的打磨，我相信各位同学都可以充分发挥自己的潜能。祝各位学弟学妹取得一个好成绩，实现自己的梦想。我在美丽的燕园等你们！

Part 1 /
学霸档案

姓　　名：义灿曼

毕业学校：中央民族大学附属中学
高考成绩：总分630　语文123　数学135　英语130
　　　　　文综242
院　　系：北京大学法学院

Part 2 /
学霸格言

　　学习，原本就不是一件痛苦的事情。因为喜爱，所以觉得一切付出都是值得的；也因为喜爱，所以就算高考英语有些失利也并没给我带来多大伤害。所以，我特别希望同学们能够真正培养起对英语的兴趣。毕竟，兴趣才是最好的老师。

因为喜爱

就如题目所说，英语是我最喜欢的一门科目。因为喜爱，所以专注；因为专注，所以精通。虽然用"精通"这个词显得有些大言不惭，因为跟很多优秀的同学相比，我的英语水平只是一般。但是相比我的其他几个科目，在英语方面我的确称得上"精通"。

学霸秘籍

一、日常生活中注意积累

平时，我很喜欢看电影、听歌，其中有不少都是英文的。这应该是学生中一个很普遍的爱好，但是有多少人能真正利用好这个爱好呢？在我看来，很多学生看英文电影，电影的情节是最重要的，是不是英文的无所谓，反正有字幕。听英文歌，只是听听音调而已，至于歌词在说什么也是毫不重要的。这本无可非议，但是对于英语学习者来说，电影与歌曲是一个无穷无尽的宝库，为身处中国的我们提供了直接接触西方文化的机会，而且不像直接阅读英文书籍那样艰深难懂，长的如电影不过两个小时，短的如歌曲，时间仅数分钟，娱乐性十足，信息量密集。

所以我看英文电影时，一般会在手边备一支笔和一个笔记本，看到或优美或生动的表达时，随时按下暂停键，进行记录。对于喜欢的英文歌曲，我会去查找它的歌词，学着自己唱。久而久之，就积累了很多地道的表达，不仅对写作有好处，还可以帮助理解阅读、完形，甚至对单选都有一定用处。我清晰地记得，在歌曲《Drift Away》中有两句歌词："So, my headphones were my constant companions. Around my neck they were constantly hanging."这两句歌词不仅告诉我"好朋友""长久的伴侣"可以用"constant companion"来表述，还告诉我"耳机挂在脖子上"可以用"hang around the neck"来表示。如果在单选中考了这个介词，也不至于错选。

其实一开始，我看电影做笔记、听歌记歌词只是无意识的行为，看到表达得生动地道的语句就会情不自禁地想记下来欣赏。而且不只是看电影、记歌词，坐地铁时看见门上的"请勿倚靠"就会控制不住地想看看英文是怎么说的，看见商品上标着"NET"也会不由自主地翻字典查看是什么意思。

如果同学们对英语并不是很喜爱，甚至是厌恶，不能自然地养成这个习惯，那可以"故意地"去做这件事。在生活中体验英语的趣味，不仅能丰富积累，提高英语的实际应用能力，还能培养你对英语的兴趣。

二、学习生活中把握方法

刚刚说了日常生活中如何加强积累，培养兴趣，现在就来说说学习生活中我是如何做的。

语法方面，虽然它很枯燥，但是非常重要，不仅体现在单项选择上，还能保证你在作文中写的句子不出错误，对完形、阅读也有一定的作用。每学完一课，一定要自己列一个框架，把每一个细小的知识点都串联起来，不至于遗忘。但我是一个很懒的人，不喜欢枯燥的东西，不愿意让这些无趣的事情削弱我对英语的喜爱，所以我基本上是三分靠语感，七分靠记忆。而语感这种看似虚无缥缈的东西又是从何而来的呢？一方面我是靠上文所说的日常中的积累，看电影或听歌。另一方面我会好好利用课文，因为英语课本中的每个单元都是设计好的，突出体现一种语法，所以背诵课文中的经典句子，能够帮助你记忆、理解。考试时若实在记不住那些条条框框的东西，来一个典型的句子可能比什么都管用。另外，对于你做错的单选题，一定要重视。做题时出现错误肯定是有原因的，把典型的错题搜集起来，整理分类，在考试前翻一翻，便捷有效。

单词、短语方面，其重要性在完形、阅读与作文方面体现得特别突出。词汇量不够大，完形和阅读可能看不懂，写作文的时候会表达单一、贫乏。单词、短语，重在积累，但从何处积累，又怎样积累呢？

对我来说，单词、短语有三个主要的来源。

第一个来源是课文。课文中优美经典的句子很多，而且老师很熟悉。如果同学们在写作中能够化用课文的好句子，使用其中生动的短语，会被判卷老师第一眼发现，觉得你能举一反三，增加印象分。

第二个来源是试卷。而且必须是比较经典的试卷，如各省市高考试题、北京各区的模考题、期中期末题。这些经典卷子的题目肯定是经过千挑万选的，想必同学们做过不止一遍，老师也讲解过不止一次。所以对于这些经典卷子上重复出现的、有关键性作用的词汇语句必须予以重视，踏踏实实地积累下来。这些词汇语句不仅对理解完形、阅读有极大帮助，若在作文中灵活运用，也能达到跟运用课文好句子相同的效果。

同学们须注意，课文、经典试卷中出现的很多单词、短语都不止一个意思，但是应用在作文中时，我们最好只使用原文中的那个意思。记得有一次，我们在课堂上学习了 account for 这个短语，它在课文中是"解释、说明"的意思。但我查了下字典，发现还有很多其他意思，其中有一个是"（数量上、比例上）占"。于是，我在一次图表作文中美滋滋地用来描述图表的分布"……

which accounts for 20％ of the students"，但是大概因为老师长期以来接触的account for 都是"解释、说明"的意思，所以一下子没反应过来，觉得我用错了，因此给了一个大红叉。我们运用这些好词好句的目的是为作文增添亮色，可不要弄巧成拙了。

第三个来源就是上文提到的日常生活中的积累。这些语句的词汇非常生动，具有生活气息，可以帮助你更好地理解西方文化。有的时候我们看不懂某篇阅读，觉得莫名其妙，不是因为我们词汇量不够大，而是因为对西方文化理解不够。但是一些日常积累下来的，特别是一些美剧、大片中的词汇、语句太口语化了，我们最好不要用到书面作文中去。

解决了从何处积累的问题，接下来就是如何积累。相信很多同学都有一个疑问，平时自己也积累了很多单词、短语，厚厚的本子记满了好几本，但一到考试就什么都想不起来了。积累这么多，有用吗？

出于实用主义观点，要解决这个问题，同学们一定要带着目的去积累单词、短语和句子，在积累之前就想好将来该如何用它。我一般分两个类型来积累：一种是明白意思即可的；另一种是须熟练运用的。

对于明白意思即可的单词、短语，我们的目的是在完形、阅读或者听力中遇见时能看懂其意思，扫除理解障碍。为了达到这个目的，每个单词、短语的多个意思我们要尽量记全，但每个意思该如何运用、例句是什么之类的都不用考虑。这些明白意思即可的单词、短语的特征是，在完形、阅读中出现的频率不是特别高。但出现一次就足以造成理解障碍，且在作文中用到的可能性比较小。例如形容词square，我们通常知道的意思是"打平的，平局的"，但它还有"两清的，结清账的"等很多意思，作文中基本用不到，但是有时会出现在阅读中，若不认识的话，就会造成理解障碍。

对于须熟练运用的单词、短语，我们只需重点记忆最常用的那一种意思，并配合例句进行积累，而其他的意思可以适当忽略。而且如上文所说，我们必须带着目的去积累，事先就想好应该怎样运用。如，我看到一个词组，"保守的思维模式"，即"a conservative mindset"，瞬间就想到这可能在以"创新"为主题的开放性作文中用到，于是马上记了下来。后来，在老师布置我们写2011年北京高考的开放性作文时，果然用到了这个词。

在词汇积累方面，我还必须提醒同学们要用好一本工具书——词典。很多同学的英语词典高中三年下来还是崭新的，因为他们一直把它束之高阁，几乎没怎么用过。而我的词典，高一时买的，高二的时候就已经破旧不堪了。因为只要是学习英语，我去哪儿都带着它，随时翻阅。特别是词典上提供的例句，大多都非常优美，让我非常着迷，闲的时候我都会又看又记。

总之，在词汇、短语的积累方面，有这么几个要素：三个来源、两种类型、一本词典。如果同学们能利用好，英语水平定能有大的提高。

三、考试时善用技巧

想要在考试中取得理想的分数，扎扎实实的功底是最主要的，但临场发挥也有不小的影响。若是能善用考试技巧，争取好的临场发挥，便能在原基础上更上一层楼。

考试前3个小时，我一般只重点复习两个本子：一个是上文提到过的单选错题本，另一个就是词句积累本。翻翻错题本，把自己经常做错的题目重点看看，提醒自己不要再犯错。看看词句积累本，加深对好词好句的印象，争取在作文中用上几个。

考试前5分钟，监考老师会开始发卷子。这个时候，大多数同学都会先花 20 秒时间通览全卷，看看作文题目是什么，之后便开始阅读听力部分的题目。而我通读完卷子后，不会急着看听力题，而是马上开始做单选，一直做到听力正式开始，我才开始看题，一般这个时候，我的单选已经做了将近 10 道了。而听力刚开始时，读题会花很长时间，足够我将第一大题看完。到第二大题时，题目比较简单而且会重复两遍，在保证听力正确率的情况下，我会利用空余时间填卡、做单选。所以 20 分钟的听力结束后，我的单选也完成了，而且答题卡都涂好了。

之后便是完形填空。完形填空主要考的是对文章整体内容的理解，所以我会先快速把文章通读一遍，尽量不做题，只把最简单的几个空填上。于是，读完第一遍后，大致掌握了全文的意思，做了三四道题。然后再开始细致地读第二遍，边读边做题，将有中等难度的题做上，那些高难度题思考一下，发现有困难时，先跳过。读完第二遍后，大概会剩下三四个空没填。然后再根据这三四个空的具体位置细致分析，实在不会的就连蒙带猜。这种两遍半的阅读法既节省时间，又能提高正确率，屡试不爽。

最后是作文部分。像我之前所说的，作文时，要尽量运用自己积累下来的好词好句。但是，若到了考场上由于紧张都忘了，怎么办？不用着急，眼前不就有大把的好词好句吗？是的，每篇卷子都会有完形填空、阅读理解，要是大脑实在一片空白，就把卷子往前翻，现学现卖，把完形、阅读中的词句化用在作文中，也是一个行之有效的急救方法。

说了这么多方法，看似有些教条，但是因为我心中充满了对英语的喜爱，所以每发现一个生词心中便会觉得惊喜万分，每积累一个句子心里也会为了它的优美而陶醉。学习，原本就不是一件痛苦的事情。因为喜爱，所以觉得一切付出都是值得的；也因为喜爱，所以就算高考英语有些失利也并没给我带来多大伤害。所以，我特别希望同学们能够真正培养起对英语的兴趣。毕竟，兴趣才是最好的老师。

学科锦囊阅读笔记

见贤思齐焉

关键词	笔记内容
学科特点	
备考方案	
重点难点	

总结: _____

_____

_____

_____

Part 1 /
学霸档案

姓　　名：张佳欣

··

毕业学校：陕西省西安市西北大学附属中学

高考成绩：总分647　语文126　数学142　英语144

文综235

院　　系：北京大学外国语学院

Part 2 /
学霸格言

　　　　命运是一只握在自己手里的股票，涨停板和跌破发行价都不算什么，重要的是你持有自己的命运就必须爱自己，无论发生什么都要对自己负责，不抛弃，不放弃。

我的成长我的梦
——记学习文综的心得体会

    刚上高中时我承受了很大的心理落差，也经历了很多次失败。不能说甘之如饴，但我想我的心态得到了很大改善，学习方法也改善不少，最终取得了满意的成绩，可以算是一只蜗牛。虽然没有鹰的羽翼，也一样看到了金字塔顶端的风景。对于高中三年的学习，我有以下心得，相信无论对学弟学妹还是将来的自己，都会有一定的借鉴意义。

学｜霸｜秘｜籍

    首先，正确的自我定位。即清楚自己的强项和弱项，清楚自己学习的能力和水平。正确定位不仅可以帮助我们在文理分科时做出正确选择，而且可以有的放矢地提高成绩和综合水平，将自己的精力和时间都最大化地利用起来。比如说，物理是我的弱项，同时我很清楚自己的逻辑思维明显不如形象思维，加之我的数学底子不错，所以文理分科时毫不犹豫地选择了文科。再比如分科之后我明显感觉到地理是自己学习中的薄弱环节，因此投入大量的精力和时间在地理学习上，预习提高自信，复习巩固基础，做大量习题熟练考试技巧，坚持了一个月，使地理从此变成了我的强项。

    我个人觉得这一点非常重要。我遇到过很多同学经常把"我不行""我不是学习的料"挂在嘴边。其实无形之中给自己带来了非常糟糕的心理暗示。如果你认为自己不可能优秀，试问，你如何优秀？自信是一个人对自我的积极肯定，是作为一个个体立足社会的基石。自信源于成功的历练，成功的历练源于不断尝试。尝试更多，付诸更多行动，成功的概率才会不断加大，自信心便自然地树立起来，就连困难面前的自己也会强大不少。

除了这两点，还要克服惰性，持之以恒。读过高中的人恐怕都有这样的经历：翻开习题册，没有做的欲望，不知不觉陷入呆滞状态，十分钟甚至是两个小时，习题册还在同一页，目光也停留在之前的几行字。这种情况再正常不过，惰性，人皆有之。为此，我的建议是让自己彻底抛开课本十分钟，或听歌或聊天，用任何一种可以让自己放松的方式来使自己的精神重新振奋。因为学习效率是很重要的，不想学习的时候勉强自己学只会增添厌学情绪。当然，不可以太频繁，要知道，这个世界上千千万万本励志书概括起来只有一句话，那就是："只要努力，就能成功。"

努力学习是一件颇枯燥的事，我们必须掌握驾驭枯燥的本领，在学习中找到油然而生的乐趣，这样才能持之以恒地走下去，给崭新的每一天一个大大的拥抱。

有一句话叫作"经得起诱惑，耐得住寂寞"。这一点是我在高三一年最大的感悟。这个世界如此纷繁多彩！我上高中的时候，世界杯赛场上的帅气球星在召唤我，开心农场希望我每天都来"偷菜"，彩印杂志上的模特穿着当下最潮的服饰向我微笑。要知道，这一切都和我们无关，因为我们要学习。学习是一件神圣的事，只有心无旁骛地进入状态，才能真正地领悟到知识海洋的无边魅力。没有人不断地和自己发短信打电话，辛苦时也只能偶尔翻翻《读者》和《培根文选》，深夜时自习室只剩下我一个人还在奋笔疾书。寂寞吗？一点也不。如果心里不浮躁，我不会觉得孤单，只会更加坚定地想要走好脚下的路，因为我知道自己最想要的是什么。

　　最后一点，从容淡定，心态端正。老实说，高一时我除了英语成绩拿得出手，其他成绩简直一塌糊涂。我有些焦躁也有些自卑，但一直坚持常常看一些笑话作为努力一天的奖励。我以未分班时倒数的成绩进了文科班。文科班的环境轻松很多，高二时我基本维持在前十名。我没有给自己太大的压力，但高二结束的暑假，一种危机感突然席卷而来。我没有害怕，只是默默地走进没有空调的自习室一天天地做习题。从高三的第一次模拟考试到高考，从偶尔的第一名到稳定在第一名再到后来拉开第二名很多分数，我的心态一直很端正。我不觉得第一就是尽头了，即便高考也一样不是尽头，只有不断地提升自己让自己更加优秀才是所谓的尽头，而"更加优秀"是没有止境的。所以高一考倒数和高三考第一对我来说都一样，我需要的都是坚持不懈，认真听好每一堂课，做好每一次笔记，认真对待每一道习题。

　　很多人都在批评中国的高考制度。但在我眼里，我很感谢高考制度。我们国家有这么庞大的人口数量，很多孩子可能都像我一样家庭条件不优越，缺乏所谓的背景和关系网，还有许多渴望走出大山的农村孩子。对于我们来说，高考再公平不过。

**　　高考考查的不只是做了多少习题、懂了多少知识，更重要的是考验了我们的毅力和心志，考验我们是否具备直面现实的勇气和内心对梦想渴望的纯度。**

　　我从小就渴望有一天可以背起行囊赶赴京城。在未名湖畔看书写字，这个画面一直在激励我要勇敢，无论多么辛苦多么难以坚持都要咬咬牙挺过去；无论离"革命成功"还有多远的距离，都要走一步，再走一步；无论面对的是失意还是高光时刻都要不卑不亢，勇敢地走下去。因为学习是我的信仰，考上最棒的大学是我的理想，信仰与理想是不容许我在困难、寂寞和诱惑面前低头的。我相信你们一定懂，当信念无比强大时，一定会少走很多弯路，脚下踩出的路一定会是一条通往彼岸的华美直线。

下面，我介绍一下各科学习的具体经验。

作为一名文科生，分值 300 分的文科综合卷自然是重头戏。

高二以后遇到的第一个障碍是地理。六位任课老师中只有地理老师是我不熟悉的，所以有些紧张。第一次地理课堂测验，全班有 20 多个同学是 85 分以上，而我是 84 分，心里当然有些失落，但是并不明显，因为觉得这只是一次小测验而已。然而，一下课，我就被老师叫到了办公室。我战战兢兢地站在地理老师面前，不知道该怎么解释。她问我的第一句话让我深感意外："听说，你每天 9 点半就睡了？"我一边急速地在大脑中搜索着会是谁这么介绍我，一边怯怯地回答说高二开始已经推迟到 10 点睡了。出乎我意料的是，老师并没有帮我分析试卷或者问我为什么没考好，而是安慰我说"不要紧"之类，还要我给她提意见，让我很是摸不着头脑。还好，后来的几次测验和考试中，我的地理成绩一直在提升，同时对地理的兴趣也越来越浓厚，每天都会在固定的时间捧着地图册看 15 分钟。当然后来有一段时间对人文地理不怎么感冒，选择题老是摸不清出题者的意图，以至于每次选择题都会错很多，到了高三第二学期才有了改观。

政治的学习和考试的挂钩程度并不高。有人说，一个好的政治老师可以让你在课堂上跟着老师的思维遨游，课下再看课本时所有的问题都能迎刃而解。高中政治课学习的内容其实并不难，关键是要有兴趣才不会觉得枯燥，才能够坚持下来。关于政治、法律、文化生活这些模块，只要扎扎实实地听讲、做作业，有额外精力的话再找一些题目来做，都不会有太大的问题。哲学模块难度比较大，在记忆的同时还需要有更深刻的思考和理解。有时候刚刚接触一个概念，理解起来难度很大，这就需要反复咀嚼，用潜意识去思考，不断地想，利用走路、吃饭和一些零碎的时间来思考，回过头来再看真的会容易很多。

历史是一门难度很大的学科。也许是在学习过程中有些"轻敌"，高考时历史选择题错了很多，总体成绩拉低了不少。历史这门学科对自身的积淀要求比较高。我本身因为历史知识并不深厚，只是偶尔读一些短小的历史故事，很多时候做历史题我也就当作读故事一样来做，也为学习历史增添了不少乐趣。阅读那些古人说过的话和现代人对过去的描摹，着实是一件享受的事情。不过经常做错选择题或大题答不到点上的时候，就不觉得享受了。这时候可以多多"参考"参考答案，从答案中寻找出题人的套路。题见多了，自然也就将出题人的思路摸索得很清楚。而对于一些知识性的细节题目，大多数会在选择题里出现，一方面是要多积累，如果没有时间，多积累一些错题也是好的，有时间的话，可以发扬钉子精神，去刨根问底，一个小细节有时候也可以带出更多更深的问题。历史学习就是这样一个循序渐进的过程。

地理、政治、历史三门学科也许并不难，但是在两个半小时之内完成一份300分分值的试卷确实不容易。首先题量就是一个大问题。练习速度的方法有两种：第一，模拟训练，每天根据自己的情况给自己规定一个时间去完成一份模拟试卷，并不断加快训练频率缩短训练时间；第二，根据课堂笔记和错题归纳自己的笔记本和错题本，把书本上的知识反复咀嚼变成自己的知识并加强记忆。我相信，只要坚持，一定会有事半功倍的效果。

我们的一生要经历很多，痛苦、悲伤、失意、幸福、快乐、喜从天降，机会、挑战、选择、成功、失败。命运是一支握在自己手里的股票，涨停板和跌破发行价都不算什么，重要的是你持有自己的命运就必须爱自己，无论发生什么都要对自己负责，不抛弃，不放弃。一百年前鲁迅先生写道：什么是路？就是从没路的地方践踏出来的，从只有荆棘的地方开辟出来的。父母也从小教育我，生命的意义在于奋斗。每个人都会死，但不是每个人都真正活过。我相信知识无论如何都是有用的，知识给我们的不仅是武装还有力量，踏平前路的力量。

　　大学时光已经过去一年多，穿越到那些年的高中，依旧有很多感慨。我始终认为自己是幸运的，因为努力过，所以没有遗憾。上了大学以后会很想念那些简单而快乐的时光，也很羡慕那时候单纯而用功的自己，因为有理想，有梦想，连烦恼都是幸福的。其实并不是所有的付出都会有回报，但是对于高中的学习，对于高考，我想一定是有付出就有回报。要自信，每天都给自己一个大大的微笑，每天都好好加油，一定会有一个满意的答案和美好的未来。

学科锦囊阅读笔记

见贤思齐焉

关键词	笔记内容
学科特点	
备考方案	
重点难点	

总结: _____

_____

_____

_____

Part 1 /
学霸档案

姓　　名：张文杰

....

毕业学校：湖北省仙桃市仙桃中学

高考成绩：总分671　语文131　数学134　英语129　理综277

院　　系：北京大学医学院

Part 2 /
学霸格言

时间虽然可以让人丢失很多，但也可以让人积累很多。今天的你也许看不到昨天所做的积累的价值，但顺利答完考卷自信满满地走出考场的你会感叹你所做的一切努力！"仰天大笑出门去，我辈岂是蓬蒿人！"

再插高考之柳

高考可谓是年少时期的波澜壮阔，然而即便是经历一场惊涛骇浪，终躲不过时间熨平一切的手掌，在岁余之后回首那些年的斗志昂扬，也不过是潇洒走一回，难得只剩下风平浪静。作为一个已经大三的学生，谈起高考已不再是感慨万千，太多的细节已滤过记忆的筛子，那些剩下的斑斑记忆大概可以称得上经历之后的冷静了。虽然已走出高考的战场，俨然局外人的视角，却非冷眼旁观，闭目凝神，细细念想，仍不能忘记当年的意气风发，在岁月里留下的坚定而厚实的脚步仍能打动如今的自己。

对每一个经历过高考的人而言，或多或少都有一些遗憾的意味，只能是全力以赴而不能说淋漓尽致。作为理科生的我，遗憾的是理综与英语，无憾的是语文。在此与大家分享一下我对语文学习的感悟和体会，愿插柳以成荫，对大家有所裨益。

学｜霸｜秘｜籍

语文并非我的强项，但在各个科目中算是最有体会的一门。而且对于理科生来说，语文可以算是拉大分数差距的必杀技。同数理化等科目比较，理科科目重在练，且做题方法和解题思路往往有套路可循，因此题海战术相当有效且效果显著。

语文则不同，语文重在积累和体会，积累不仅在于量更要有时间，因此在短期内想要有很明显的提高相对困难。所以，想要在语文上取得突破就要注重平常一点一滴的积累。

当然，这种积累也是有方法和技巧可循的。下面就基础知识、诗词鉴赏、阅读理解、作文等几大板块进行详细的介绍。

由于已与高中的学习模式脱轨两年多，对于细节性和知识性的东西不多叙述，相信大家比我更加了解，因此主要做方法上的介绍。

1. 基础知识

基础知识主要包括字音、字形、标点符号、病句等。

这些是最容易拿分也最容易失分的板块。容易在于这些知识点都是比较死的，知道就是知道，即便不知道也可以通过排除法来进行选择判断。而困难之处则在于知识点的繁杂，复习起来难以面面俱到，且人的记忆能力有限，难以做到完全掌握。

因此这就要求我们善于积累，即有目的性有方向性的积累。

（1）分类整理：字音、字形分别作为一大类。字音中对于生僻字、易错字、一字多音（如辟 bì ∕ pì）等再进行分类整理。类似的字形中对于生僻字、易错字、同义不同形的词（如老羞成怒和恼羞成怒）、读音相似意思相近的词（如粗具规模和初具规模、势不两立和誓不两立）等再进行分类整理。当然这只是我个人的整理方式，大家也可以按照自己的方法进行整理，只要最终达到积累的效果都是好的。

（2）规律把握：久经考场，大家会逐渐发现一些字音字形的曝光率相当高。因此，对于一些常考字词要做到烂熟于心。这对提高做题速度和准确度以及排除法的运用都有相当的作用。这些可以通过平常的考试以及做题有一个初步的把握。一些学习资料中也有这方面的总结，大家也可以进行参考。我个人建议将资料中的内容整合到自己所整理的内容中，这样不仅方便记忆而且在整合的过程中也可以强化记忆。

（3）知识转化：整理只是一个将知识系统归类打包的过程，最重要的还是将这些转化为自己的东西，才能在考场上做到胸有成竹临考不乱。

字音方面重在读，经常读会形成语感（其实就是猜字音的能力）。对于不正确的读音，读来会觉得很拗口，对于一些不认识的字，有时可以根据字形与发音的关系猜出读音。

字形方面重在看，当然主要看正确的写法，这样会产生视觉印象。有时候一些词你可能无法写出它的正确写法，但是你可以判断错误的写法。

标点符号和病句相比字音、字形更具规律性。掌握一些标点符号的主要用法和一些主要的病句类型即可，这在许多学习资料中都有专题整理。

2. 诗词鉴赏与阅读理解

诗词鉴赏中最常出现的题型主要是意境的分析、手法的运用和情感的表达。

可以对所有的表达方式、表现手法做一个总结，到时候对号入座即可。如抒情方式有借景抒情、寄情于景、借古讽今、托物言志等；表现手法有渲染、烘托、白描、虚实结合等；修辞手法有对偶、比喻、拟人、借代、夸张、排比、对比、反复、设问等；表达的感情有忧国忧民、建功报国、思乡怀人、生活杂感等方面。这里只做简单的举例，具体的手法等在一些资料中都有总结。此外，对一些诗人、词人的诗词风格要有一个大致的了解。

阅读理解方面，答题时要注意联系上下文进行分析，特别是句子含义的理解。对于文风和表达方式也可以做相应的总结。

3. 作文

对于一部分同学来说，作文可能是一个比较头痛的板块。一愁无事可写无话可说；二愁考试结束在即却尚未结尾；三愁跑题偏题白费笔墨。

考试中，作文完全空白的可能性比较小，对于一个话题或多或少有一些观点和看法。但考场作文写不完或仓促结尾的情况则不罕见。因此保证做题速度为作文留下足够时间是非常重要的。一般需要留一个小时的时间进行写作，最少不能短于45分钟。在考试中，我一般在试卷发下来后就立即看作文题，然后再答前面的题，这样在答题的过程中有时会有一些写作灵感。不过这种方式可能对前面的答题有干扰，大家可以结合自己的情况进行试验。对于时间不够而无法完成作文的情况，一定要注意及时结尾，也许内容不够充实但至少已经是篇完整的文章。

作文内容方面，由于考试时间的限制，我们不可能做到字斟句酌，字字锤炼，但又要提高作文质量和丰富文学内涵，这就需要我们平时注意积累。除了素材和句段的积累，还要灵活运用所积累的东西。

（1）素材积累：除了一些经典素材，更应该注重时事材料的积累。那些经典的事例已经被用过太多次，很难吸引人或让人对文章本身产生好感，因此及时摄入新鲜素材是非常必要的。素材可以从一些书刊中获得，例如《读者》《青年文摘》等，此外还有一些对素材进行专门整理分类的读物也可以借鉴。素材积累方面，不需要完全按照原文进行背诵记忆，只需要对整体的事件有一个大致了解，然后用自己的语言进行复述并写下来。此外，还可以对同一个素材进行多角度的分析从而达到一个素材适用多个话题的效果。这样在写作时就能够做到信手拈来，发挥自如了。

（2）句段运用：平常阅读书刊以及听歌都能够发现一些意境描写非常优美或者情感表达相当贴切的句段，可以摘抄下来在作文中加以运用，有些句子可以直接在作文中使用，有些则可以经过修改之后再运用。这里，我以自己曾经修改的一个段落为例。

原文：

我们是宁为玉碎的少年，走失在这个相约瓦全的世界。

青春是一座哥特式建筑，胎死腹中的理想和咄咄逼人的现实做尖顶；

凶猛为横空出世的飞扶壁；

沉默和绝望构成了十字形教堂；

爱情是绚丽而遥远的玫瑰窗，看上去很美，实际上它很冰冷。

它建得如此之高是便于堕落得更加彻底。

这是一段有关青春的文字，辞藻可谓十分华丽，但却多少带有一种消极的色彩。但这并不影响我们对它的运用，只需对文字稍做修改即可。

修改后：我们是宁为玉碎的少年，为着我们的理想徜徉于这相约瓦全的世界，秀着我们亮丽的青春。青春是一座哥特式建筑，无论是横空出世的飞扶壁还是绚丽的玫瑰窗，无不渗透着华贵与壮阔。金色的琉璃和绚丽的灯盏使得我们的青春在一切试图掩盖的悬浮尘埃中越发熠熠生辉。而那精美的浮雕、梦幻的壁画和那深邃悠长的乐音则是它价值的直接体现。

修改之后的文字主体仍为原文中的内容，只是对一些修饰词进行了改动，所表达的情感就不同了。

（3）引用：想要文章出彩有亮点，语言十分关键。除了前面所说的句段的运用，还有名人名言以及诗词的引用。以一句恰到好处的名人名言作为题记或在开篇结尾点明主题都是加分点。此外，表达同样的感情或者对于情景的描写，用名言或诗词代替自己的表述也有助于增加文章的文学内涵。

引用方面，你可以选择"散"，也可以选择"专"。

所谓"散"，即广泛地积累吸收。对各方面的名言以及诗句都进行整理背诵并在适当的地方加以运用，这应该是大多数人所采用的方式，也是最实用的方式。

所谓"专"，则是限于一两本书的引用。一本书的信息含量往往是非常丰富的，将一本书看懂看透，你会发现，在作文中不论是素材还是句段都可以加以引用。《红楼梦》就是一个很好的例子，其中的诗词多且精，对于人物性格的表现以及思想的传达都有很高的借鉴价值。

这种方法相对前一种要简单，但对于灵活运用的能力要求更高。

对于高中语文的印象大概就这么多了，这应该是各个科目中残留的记忆最多的一门了吧。语文虽然是一门灵活性很强的科目，但无论是内容还是答题技巧方面仍是有规律可循的，关键就在于积累和运用。除此之外还有一些小建议：

工整的字迹是吸引老师眼球的第一步，即便不能做到写字有体，但至少要做到工整；答题注意关键词，尤其在文言文翻译和表达方式、表现手法等题目中；注意关注时事，尤其是 3 月前后的新闻，很有可能是出题的热点。

时间虽然可以让人丢失很多，但也可以让人积累很多。今天的你也许看不到昨天自己所做的积累的价值，但顺利答完考卷自信满满地走出考场的你会感叹你所做的一切努力！"仰天大笑出门去，我辈岂是蓬蒿人！"为了明天可以如此自信的你，加油！

高考是一场没有硝烟的战争，多少人为了自己的梦想历尽艰辛，挑灯夜战，寒窗十余载，只求一跃龙门，寻得一方培育自己更为远大的理想的沃土。但高考终究只是通往成功的万千道路中的一条，不管结果如何，只求问心无愧。不染沙场风尘，终究只能轻飘飘地走这一遭；不在波澜中挣扎一番，又怎会感叹岁月的静好。单历一场风平浪静，回首只剩空旷；愿闯青春洪流，惊鸿一瞥，愕然之余，更多的该是无憾了。

既然选择了远方，便只顾风雨兼程！

学科锦囊阅读笔记

见贤思齐焉

关键词	笔记内容
学科特点	
备考方案	
重点难点	

总结: _____

_____

_____

Part 1 /
学霸档案

姓　　名：张雪健

··

毕业学校：安徽省明光中学
高考成绩：总分635　英语150
院　　系：北京大学历史系

Part 2 /
学霸格言

　　英语考试试题基本上分为如下几个部分：听力、单项选择、完形填空、阅读理解和作文。这是试题显示出来的表象，隐藏在背后的几个关键知识点便是语法、词汇的运用。我们必须找到薄弱点，稳定擅长点，解决危险点。

"英语满分"是怎样得来的

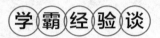

　　高中的英语学习是人一生中英语学习最重要的阶段之一，英语也是高考的关键科目，无论是老师、家长还是我们学生自己都给予了足够的重视。如何学好英语，如何攻克高考英语，我的经验是各个击破。

　　各个击破，顾名思义，就是把英语试卷分解为几个部分，化整为零，分别解决。要有良好的学习效果，第一步"分解"十分关键。大家都知道，英语考试试题基本上分为如下几个部分：听力、单项选择、完形填空、阅读理解和作文。这是试题显示出来的表象，隐藏在背后的几个关键知识点便是语法、词汇的运用。我们必须找到薄弱点，稳定擅长点，解决危险点。以下就是我对各个部分的经验和总结。

学｜霸｜秘｜籍

一、听力

　　听力是一个要求长期努力的部分，很难在短时间内一蹴而就。因此我建议对英语听力做长期准备，在日常学习和生活中注意点滴积累。

　　我的经验就是如此。从初中起，我便每天坚持起床之后立刻打开新概念英语，在洗漱和吃早餐的时候新概念的课文就一直萦绕在耳边。长此以往，我发现听到一句便能自然地顺出下一句。这对于语感的培养十分关键，也让我受益至今。其实我们要做的并不是心无旁骛地听录音里的人说了什么，有什么高深的用法，只需要在不经意间接收一些英语的词章。潜移默化的力量是无穷的，我们应当加以应用。

　　除了日常生活中的潜移默化，适度的针对性训练也是攻克听力所必需的。关于这一点，我认为利用好高考真题和模拟题中的听力部分就已经足够。专门的听力训练并没有必要，因为现在市场上所见的大部分听力训练教程都是有体系、由浅至深的系统练习，与高考应试的模式有很大不同。另外，许多同学在利用高考真题和模拟卷时往往放弃听力部分不做，也造成了极大的浪费。其实只要认真做完高考真题和一部分模拟卷，听力水平就会有很大的提高。

二、单项选择

　　单选题是英语考试中最经典的题型之一，对于英语能力考查的重点也很明确，即语法。语法是攻克单选题必过的难关，包括词法、句法和习惯搭配，都是我们必须掌握的内容。单选题的正确率和我们的语法能力息息相关，而短期提高正确率在一定意义上是可能的。以我的经验，大量的针对性练习便是短期内提高单选正确率的不二法门。

　　高一时我遭遇过单选题上的"高原现象"，正确率长期徘徊在60%左右。为此我找到一本专门的高考语法训练册，逐页练习，在半个月内做完整本书，再下手做单选题，立刻感觉有了明显的变化，无论是自信心还是正确率都有了极大的提升。"题海战术"在大多数情况下都是不被提倡的，但在攻克单选题上还是值得尝试的。

三、完形填空

　　单选题之后便是完形填空。完形填空是一个综合性很强的考查部分，涉及语法、用法、交际、理解等各方面内容。同时，完形填空又是相对容易的一个部分，尽管被抠去了接近一半的内容，完形填空中的文章大意我们还是能在看第一遍时读懂的。当看到完形填空时，第一步要做的便是通览全篇文章，弄清大意和主旨，同时找到有把握的几个小题，先做选择，为自己垫一个底。接下来要做的便是结合上下文，专心攻克剩下的疑难点，这就要求我们进行第二遍阅读。一般来说，第二遍阅读之后我们就能攻克四分之三以上的小题，基本上能够拿到应得的分数。为了更加完美，我们一般会进行第三次阅读。这一遍是攻坚战，遗留下的小题必定是我们无法把握的重难点，这时我们应当凭借语感，选定最有把握的答案。这些小题的正确与否并不十分重要，进行第三次阅读的真正目的在于通过一次从头到尾的阅读来检查之前选定的答案，看填空完毕的文章前后是否通顺。

四、阅读理解

　　阅读理解是高考试卷中所占比例最大的考查项目，也是老师在高考复习中着重讲解的内容。攻克阅读理解，我们需要两项基本技能：能力和技巧。

　　阅读能力的培养是一个长期的过程，非一朝一夕之功。我们应当把生活和学习中所见的一切英文材料都当作阅读理解。

　　其中尤为关键的便是我们学习过程中最常见的英语课文。很多同学在学完新课后就没有看过英语课文，这是十分可惜的。英语课文集结了最经典的句型、用法和语法知识点，是高考考查内容的绝佳展现。阅读英语课文，我们能够收获最纯正的阅读体验，为考试中的阅读理解做充分的准备。

　　阅读技巧在考试中十分关键。考试是一项短时间内的竞技比赛，只有拥有良好的技巧才能在比赛中获胜。阅读理解部分是英语考试中耗时最多的部分，因此良好的阅读技巧首先要求我们养成速读的习惯。看到阅读理解试题后，我们首先要做的便是通览全文，对文章内容有个大概的了解；之后便应当从文章后面的试题入手，阅读题干的内容，迅速找到文章中的对应部分，再联系上下文，做出选择。

五、作文

　　作文是语文和英语考试共有的部分，但二者有很大不同，我们必须明确二者的区别。语文考试中的作文考查的是考生对汉语词章的把握和综合运用能力，无疑要求较高。英语考试的作文则不同，它更偏向于应用性质，对词章基本不做要求，至少要求很低。英语作文考查的是对英语这门语言的基本运用，语句通顺、逻辑清楚、没有重大语法错误即可。

　　明确了英语作文的特点，我们就要着手做有针对性的准备。首先，我们应当克服对英语作文的畏惧感和厌恶情绪。要知道英语考试中的作文部分是最容易得分的，即使文章不够好，也能得到一个及格以上的分数。其次，我们应当在平时多加练习，认真完成高考真题和模拟题中的作文，写完后请老师或同学批改，再利用好高考试题的标准答案，对照作文范文，学习其中的精妙之处，弥补自己的不足。最后，为了应试的需要，我推荐大家背诵一些经典的表达句型和用法，学习一些常见的文章结构，在考试中尽量运用，写出出彩的作文。

六、单词

词汇量不是高考英语成绩的决定性因素，却是十分关键的能力维度，多记单词终归不是坏事。识记单词是一件耗费精力的事，我们要做的就是坚持坚持再坚持。许多同学抱怨不能坚持背单词，总是半途而废，最后唯一能记住的单词便是"abandon（放弃）"。为了解决这一问题，我的建议是打破常规的记忆模式，通过乱序记忆和分组记忆战胜懒惰。具体应用上，我的经验便是从一本单词书的中间开始背，先向后背两章，再向前背两章，之后随意选择，把整本书背透。分组记忆上，我习惯以 20 个单词为一组，分而背之。与一次性背诵上百个单词相比，这样的背诵方法显然更加高效。

七、时间分配、临场技巧及其他

英语学习占了我们高中学习时间很大的一部分，做好时间的分配才能获得最高的效率。我认为，大块时间和小块时间的合理分配十分重要。

大块时间指的是一小时以上的自习时间和业余在家的时间；小块时间指的是课间、课后的零散时间。大块时间适合做完整的模拟卷或真题，小块时间则适合背单词或做练习题。这些时间如果能够有效地利用，英语学习就会事半功倍。

临场技巧方面，我认为最重要的是考试心态。心态正确，则心平气和，游刃有余；心态不稳，则事倍功半，功亏一篑。为了稳定心态，我习惯于开考之前做几次深呼吸，拿到试卷后则习惯于先通览全卷，了解基本内容，稳定自己的紧张情绪。考试过程中我习惯先做有把握的题，再攻克难度较大的题。考试时间也很重要，手表是分配考试时间的好帮手。另外，考试结束后的心态问题也不容小视。我不喜欢和同学对答案，那样只会徒增不安。我喜欢考完一门就彻底放下，心无旁骛地准备下一场，或者是做一些自己喜欢的事。考试并不是我们生活的全部，也不是我们的唯一目标，这个态度必须端正。

　　我的座右铭是"敬、谨、静"。"敬"指的是尊重知识、尊敬师长，以敬天爱人之心为学；"谨"指的是严谨有度，认真不苟；"静"指的是生活平和、谦卑有礼。这三个字指引我度过了平静而有收获的三年，与君共勉。

学科锦囊阅读笔记

见贤思齐焉

关键词	笔记内容
学科特点	
备考方案	
重点难点	

总结: _____

_____

_____

_____

Part 1 /
学霸档案

姓　　名：司雨萌

毕业学校：宁夏贺兰县逸辉基金回民中学
高考成绩：总分611　文综245
院　　系：北京大学外国语学院法语系

Part 2 /
学霸格言

一直以来我的学习自主性比较强，所以我的高三主要是在自学之中度过的，很多时间都是在家里自习，花在学习上的时间没有在学校上课的同学长。但是，我觉得自己的计划性使得所做的每一件事每一道题都有价值。重视效率不搞疲劳战术是我的目标，我也做到了。

文综不仅仅是背诵

不知不觉在北大已经度过了一年多的时光，这所古老的园子，虽然不完美，但是那湖、那塔、那些人都让人珍惜。

高三，有过迷惘，有过付出，也有最终考场上的超常发挥。无论如何，走进这里都是我的幸运。所以，在这里我想将自己的一些经验与学弟学妹们分享。如果我的经验能够让你们得到启发，有朝一日走进这所园子，一同畅游在知识的海洋中，那该多好！

因为一直以来我的学习自主性都比较强，所以我的高三主要是在自学之中度过的，很多时间都是在家里自习，花在学习上的时间没有在学校上课的同学长。但是，我觉得自己的计划性使得所做的每一件事每一道题都有价值。重视效率不搞疲劳战术是我的目标，我也做到了，而大部分的同学都不会有这么长的自学时间，所以接下来我的方法可以看作提高效率的建议。

学 | 霸 | 秘 | 籍

说起高三的备考，我最想说的就是文综，因为这一门课程是我付出最多，收获也最多的。接下来我就从三个方面来说一说最高效的备考：考纲、习题和临场发挥。

首先是考纲。在高三开始时我买了两本书，分别是《通往北大的捷径》和

《揭秘高考黑匣子——从北京四中到北大清华》。前者重点讲述了考纲在备考中的重要性，看完之后我就着手利用考纲。

对于文综这个科目而言，考纲的使用方法非常明确：所有需要背诵的知识点都以大纲的形式列出来。

到了高三上半学期，几乎所有的课程都开始进入一轮复习，我们需要做的就是整理出必考的知识点，然后将它们背熟，这样其实就已经掌握了绝大部分的考试内容。那么具体如何使用考纲呢？我的使用方法是这样的。

一、通读考纲

熟悉考纲的内容，也检查一下自己有多少没有掌握的知识点。第一遍看的时候应该是大部分都忘记了，但不要担心。

二、整理

考纲上的知识点大部分都能在书上找到对应的内容，可是有的需要在课外书上寻找，老师有时也会进行某些内容的补充。如果仅仅对着书本背诵既不够高效又需要到处翻资料，这样的高三岂不是很没有条理吗？所以我们需要对考纲进行整理：1. 买一本（每一科）自己喜欢的本子，要稍微厚一些，足够整理三四本书。2. 准备三种不同颜色的笔。建议黑笔用来整理正文部分，蓝笔用来写目录和小标题（也就是考纲上面列出来的项目），注意点和易错点用红笔或其他自己喜欢的颜色来标注。3. 开始整理。对照考纲，以书为重点找对应的内容，用不同的项目序号进行标注，使层次条理清晰。4. 将做题中遇到的重点不断添加到整理本中。整理是一项非常耗费时间的工作，但是因为仅仅需要抄写不需要思考所以什么时候都可以做。之前说过我主要是在家自学，所以有足够的时间做这项工作。那么在学校的同学怎么办呢？我上课的时候都是一边翻开老师正在讲的习题或者书，一边将书上的内容对照着考纲进行整理，既可以听课，又可以整理出真正需要背诵的内容。

三、背诵

这是一个简单枯燥的过程，但也是文科生的基本功，所以只要花时间用心记就好了。最后需要达到什么样的程度呢？高考前应该在脑海里面形成目录列表一样的东西：第一级是书的名称；第二级是每本书各章节的名称；第三级是每章节考纲列出的项目；第四级是每一项具体对应的内容。最好能够不用任何提醒就可以从头到尾地将所有内容说出来。将考纲烂熟于心，高考便没有什么可担心的了。

四、习题

我喜欢做题，但并不是什么题都做。学校发的练习册并不都适合我，所以对于作业我只是有选择性地完成，选择题在文综试卷中最能拉分，只要有题目我都练习，而普通练习册中的大题本身的答案就不完善。我做的时候基本上都是看一下题，将自己能够想到的知识点用几个字简写罗列上去，然后翻答案，看一下有没有未想到的点，用红笔补充。如果觉得题目的角度比较新或者对自己的意义比较大那就进行整理或者总结。对我来说每一道题需要花费的时间非常短，一是因为做过的题比较多，二是因为我认为能够让题目发挥更大作用的过程是重复练习。当10道题里面错过的4道题都做了3遍以上，记住对应的答案时见到相应的题就不用再思考，那么做题的速度就大大提高了。不过在这些题上面花费的时间不宜过多，重点还是接下来要说到的最有价值的题。

高考真题和当年的真模拟题。为什么都强调一个"真"字？因为这些都是学校的老师用来检测学生复习程度的，而这之外的练习册上面的题没有针对性。所以如果要自己买习题的话就尽量买真题和模拟题。时间多的同学可以买三到五年的高考真题，时间少的同学至少也要买一年的。而模拟题，一定要是真正被用作学校考试的，根据自己时间的多少来购买。然后就是最重要的，是这些题目的使用方法。

做真题。先做最近几年的高考题，最新一年的尽量留到高考前一个月用来自我检测，因为最新最有真实感。如果时间不多的话怎么做呢？很简单，选择题前后其实没有什么连贯性，所以说就算是有一分钟的零散时间也可以拿出试卷做两道；大题并不要求将自己所想到的全部内容一字不差地写上去，尽量像我之前说的用一些精练的语言罗列上去。我自己的经验是，一开始我做一整张文综试卷花费 1 个小时 10 分钟，自己用的纸大概写三面，大概能够拿到200 分；经过一段时间的练习和订正总结，做一张文综卷子的时间减少到了 50 分钟，用纸一面半，而得分变成了 230 分左右（我本身做题速度比较快，大部分同学的练习目标是 1 个小时 30 分钟就好）。做上至少 20 套真题试卷之后基本上就知道高考题的难度并且基本能够找到做题的感觉，这个时候就可以进入下一个阶段。

整理。纯粹地做题找出自己不会的地方并没有多大意义，所以说进行整理是使题目发挥真正作用的方法。

我当时是这样利用高考题目的：用一个整理本（单独整理题目的），将做错的高考题按年份和省份进行分类整理。其中，地理的细节知识点比较多，选择题里出现的就一句一句地分条整理，大题里面的就整体记忆；历史几乎都是自己记忆的问题，所以整理的时候注重那些常考但是自己记忆不清的时间点和事件就行，部分典型大题的答题套路也是记忆重点；政治大题几乎没有什么区分度，重要的是审清题目要求，用题目所给的知识点范围来答题，而选择题常出现一些平时不引人注意的容易混淆视线的知识点。比如说"公有制是社会主义市场经济的重要组成部分"，这个知识点中"市场"两个字常常被去掉，乍一看是没有问题的，但是做过整理并且记忆了之后再做含有这句话的题目时就可以在一瞬间发现陷阱之所在。文综的真题整理是为了熟悉参考答案的风格和范围，并且进行相关的记忆以便用更少的时间来做出更多的题目，得到更高的分数。

模拟题。做了一定数量的真题并且进行了扎实的背诵之后，就可以做大量的习题来提高做题的速度和对不同类型的题目进行了解了。一定要尽可能地快，时间主要省在大题的具体陈述上，可以的话厘清逻辑就够了，在 1 小时30 分钟以内（或者更短，结合个人情况）做完试卷，然后结合答案进行修改，找到自己的知识漏洞。如果有觉得比较值得借鉴的知识点就进行整理，如果只是自己记忆的问题就翻书重新进行相关知识点的复习。这个过程重复得越多，自己的知识点漏洞就越少，当终于减少到做完整张试卷非常顺畅的时候，就可以进行下一步了。

真题检测。这个阶段开始时，可能距离高考只剩下一个月或者更少时间了，这个时候心态比复习程度可能还要重要。我自己的经验是不论模拟考试成绩怎么样，是进步还是退步，都要在心底清楚自己的水平。成绩好了问一下自己是不是有运气的因素，成绩差了则要坚信自己的努力使自己掌握了更多的知识，自己还是有进步的。这个时候要开始用最近一年的高考题目来进行自我检测。虽然有一部分题目在平时的练习中都见过，但是也需要经常抽出整块的时间来进行像真正考试一样的检测（对于自己订正出的分数可以不用太在意），然后熟悉一下考试的状态和时间分配。当然，不断地背诵也是不可忽视的。尽量做到至少一周正式检测一次，并且对照参考答案认真订正，这样高考时就会更加放松。

五、临场发挥

我的文综考了 245 分，几乎接近平时练习中 80 多份卷子里的最高分，而且试卷的难度还高了不少。这样的成绩与实力和运气有关，也和心态有关。真正到了高考的时候，答题就不能像之前那样随便了，所以说时间的分配肯定不如平时从容。我建议：选择题分值大并且容易拉开差距，所以审题速度一定要放慢，一边做题一边回忆自己练习时遇到的类似题目或者是练习那个科目的题时的答题要点。有不确定的题目先凭第一感觉和相关知识做出选择，然后做出标记，先放在一边。大题在答之前也是要仔细审题，看用的是哪一部分的相关知识点，不论时间充足与否都要尽量先在纸上或者脑海里面厘清要写出来的知识点的逻辑关系，分点表达。如果遇到了不会的知识点，处理方法和选择题差不多，如果实在没有任何印象就先放一下，说不定绕开一会儿就会有思路了。所有的题目以这样的方法做完之后（做题之前要对自己的时间进行预算，至少要留出半个小时进行最后的收尾），就可以从头看试卷了。选择题如果没有确切的把握不要改动，往往第一感觉更加准确，当然如果想起来刚才被自己忘记的知识点也可以做出修改；大题则将自己会背诵的所有相关的知识点以尽量美观的形式写到试卷上，没有背诵过的知识点就根据平时做的多份试卷的答题感觉，用自己的语言组织出和标准答案风格相像的话语。总之，尽量让卷面没有空白的地方，但是又不显得乱和拥挤（用序号和空格体现）。

经过之前的训练，在考场上写得越多命中得分点的概率就越大。如果时间不够用，则先把自己觉得接近正确答案的知识写到卷面上。最重要的一点：

相信自己，这么久的努力不会白费，题目简单或难，大家都是一样的，只需要做好自己。

　　我在文综上面花费了最多的时间，但是也收获了最多的成果，所以我将自己的具体方法写了出来，希望能对正在备考中的学弟学妹有所帮助。

Part 1 /
学霸档案

姓　　名：谭东方

毕业学校：湖北省恩施州巴东县第一高级中学

高考成绩：总分643　语文114　数学143　英语137

　　　　　文综239　少数民族加分10

院　　系：北京大学新闻与传播学院

Part 2 /
学霸格言

　　我们都是梦想家，却不一定是实践者。而成功的人，不是靠看介绍方法的书籍，不是靠听介绍技巧的讲座，更不是靠把这些东西记住，而是把听到的、看到的东西付诸实践。希望看完这篇文章的人能找到适合自己的方法并付诸行动，这样成功不远矣。

蛮干加巧干

——学习文综的法宝

相信很多高中都流传着一句话——"得文综者得天下"，描述的就是文综这门课程对一个文科高考生的重要性。

湖北地区的文综占 300 分，相当于语文和数学加起来的总和，这是从理论上来说。而实际上，在高考所涉及的六门科目中，6-1=0，即失去任何一门学科就等于失去了整个阵地。在当今的高考体制之下，从来没有哪一个严重偏科的人能走到"独木桥"的另一头。所以，本文在专门探讨一些学习文综的方法的同时，也在原则上提倡平衡学科，不偏不倚。

学霸秘籍

长时间以来，很多学生乃至家长对学习文综的印象都是"死记硬背"，认为这是一门不需要动脑筋、不需要思考，只需要把书本上的内容全部记住就完全可以应对考试的学科，其实不然。

真正从高考走过来的文科学生都知道，文综的确和书本高度相关，但是文综试卷的难度却是高于书本的。

那么怎样去读书，怎样记忆，就是一个问题。由于政治、历史、地理在这方面有很大的区别，我们就分别论述一下。

政治，在我的印象里面是最容易应对的。但是记忆方面要下苦功夫，因为很多时候考试就是需要直接把书本上的内容写上去。需要注意的一点就是要整理好脉络和思路，把握好知识的结构。受政治老师的影响，我在复习政治的时候，往往对着目录或者自己画出来的树状结构图，每记一点就看一下这个知识点是哪个板块哪个章节之下的。宏观和微观相结合的记忆方法，不仅有助于记忆的长久，而且有助于答题时的重建重构，对学习政治这样一门变动性大、知识体系复杂的学科来说真的很有效。如果对四大板块的知识了然于胸，细微的内容也都清清楚楚，无论题目怎样变动都能应对。

历史的记忆，总体来说是一个比较简单的过程。上了高中，已经很少有试卷直接问某事件发生的地点和时间了，即使考到，也会换一个说法和方式。那么读历史书究竟要读什么呢？

我认为，尤其要注重的是书本上面的思想性。在已经对事件、时间、人物、地点这些基础信息熟悉了之后，书本中间流露出来的思想性是尤其宝贵的。

新课改以来，湖北地区的文综是省自主命题，历史一向"很难"，也有人说"变态"。要应对这样的考题，就要有自己的思考，自己的主观意识。对一个历史事件乃至人物的评价是什么，有哪些不同的说法和立场，都应该多了解。据笔者观察，近年来一些少壮派史学家的观点很有新意，也是在考卷中常常遇到的，高考生可以多涉猎。记忆历史的另一个重要的方面是比较。我们都知道，历史在时间范畴上是一个发展的过程，在空间范畴上也有很多事件发生于同一个时期，比较它们的异同点，是历史的一个重要出题思路，实际上也是一个重要题型。对于资料书中出现的比较的表格和老师提到的比较的思路，尤其要注意。另外，记忆也是一个点到线、线到面、面到体的过程，历史对记忆的要求虽然没有政治那样明显，记忆的系统也是不可遗弃的。

至于地理的记忆，笔者认为，这是一个很复杂的问题。地理偏重理科，很多时候是要求理解和思考的。有很多文科生都在地理这门课上吃亏。看地理书要看什么？最基本的概念和规律是最重要的，因为它们是做题的基础。很多概念很绕，记起来很难，这就要求自己想办法。比如说全球温度带划分的那一节，就很复杂。要把温度带和形成原因对应，再把风向对上，再把夏季冬季的变化加进去，听上去就觉得很难记住。这时候就要求我们熟悉地图和温度带形成的过程，记住那张图就可以完全记住与这个内容相关的所有知识。当然，这只是举了一个例子，还有很多记忆的技巧和方法，可以向老师同学请教。简而言之，我们要做的就是想尽一切办法把该记的都记住，不至于到考场上想不起来知识点而瞎猜，或者为推导某一个结果而耽搁大量的时间。这一点对于人文地理、自然地理或者区域地理都一样适用。

对书本内容足够熟悉，意味着答题时可以选取足够的材料，但是时间是有限的，文综题目对考生的要求也不仅是大量材料的堆砌。也就是说，答题的逻辑性、规范性、重组性以及更高要求上面的思想性和记忆知识是两码事。那么这些东西怎样才能拥有呢？在我读高中的时候，我一直坚持的信念，就是做题。而事实证明，我的坚持是对的。熟能生巧，这话真的不错。我们身边的老师、同学乃至学长学姐都能给我们提供很多的建议和技巧。其实，这些东西都是很简单的，甚至不一定需要我们去专门学习，只要自己做得足够多，就可以自然而然拥有了。有些人会很好奇，足够多是多少？我只能这样回答，因人而异。因为不同的人的"觉悟力"是不同的，有些人在文综上有一点就通的能力和天赋，那么就决定了他们的学习效率高；有些人却迟迟不开窍，那么就要多做练习了。其实，我的这个说法并不是否定个人努力的重要性，相反是肯定努力的重要性。人的学习能力是有差异的，那么一个人想要学好，就必须努力。因为如果努力练习，就有可能学好，不管可能性有多大。但是如果不努力，可能性就完全降为零了。答题技巧的获得来自大量的练习。我所在的高中从高三下学期才开始考一整套文综试卷，而在此之前我已经做完了 36 套整卷，这些积淀成为后来学习的一大优势。

另外，做题也是有一定技巧的。我们都知道，高考的备考是十分紧张的，我们需要在很短的时间里面完成很多的事情。那么大量的文综卷子怎样做呢？笔者认为可以采用做和看相结合的方式。时间有限，如果总要把所有的题目认真地答一遍，不仅会耗费很多时间，而且效果不一定好。这时候，我们可以列下自己的答题思路和提纲，想想如果考试中出现这样的题目，我们会怎样答，再把自己的思路和答案对照看看，寻找自己的不足，尤其注重答案中间提到的而自己没有想到的思路。长此以往，思维的严谨性可以提高很多。但是笔者看过一些批评这种学习方法的书籍，也听老师们说到过，因为只看不做会有一个很大的缺点——眼高手低。这当然会有一些影响，看和做的区别也体现于此。笔者认为，只要注意，这是可以很好地避免的，就是在看了一些之后做一些，做累的时候看一些，注意平衡就可以了。至于平衡的尺度和标准，就在于个人的把握了，如果觉得有些手生了，可能就需要多做一点了，如果觉得时间不够但对知识点足够熟悉，就可以采用看题的方式。平时训练的时候，还可以专门训练选择题，规定自己在多长的时间里面做完一套选择题（题量和高考的题量一样），然后对照答案，给自己打分。这种做法可以很好地加强时间概念，还可以提高选择题的准确性，是一个很好的方法。

前文已经说过，湖北省的文综采用省自主命题的方式，湖北省文综卷子的一个很重要的特点就是"做不完"，题量大，材料长，阅读量大，答题点多……在刚开始训练乃至最后高考，有很多文科生都面临着做不完的大难题。到底怎样提高速度呢？

其实，决定文综答题速度的因素很多，如写字速度、思维速度、对题目套路的熟悉程度等。到了高三，有些是已经不能改变的了，能改变的只有思维和熟悉程度，即还是需要大量的习题训练。

我第一次考文综试卷的时候，班主任就告诉我们："如果你一开始就告诉自己，无论如何也要做完，那就有可能做完；如果你一开始就说，慢慢来吧，尽力做完，那就真的做不完了。"这话对我的启发很大，后来每一次我都告诉自己，一定要做完，即使写的字很烂也要做完。在这样的信念之下，我几乎每次都能完成题目。另外，尤其要注意两点：一是安排好答题时间，选择题要在多长时间内做完？已经超过了预定的时间是不是撞运气选几个？二是如果碰见没有思路的大题目就要果断，要么跳过留在最后，要么把自己想到的都写上去，争取手上的笔不要停下来。我写字的速度不算快，有时候写到最后的论述题的时候手已经开始颤抖，但我还是告诉自己要坚持。

最后，我想说说自己的一段经历。我们学校有一个思维很好的文综高手。无论做什么题目，我们老师都会把他的答案念给我们听，每次都让我感觉到巨大的差距。这种差距不是在技巧和思维，而是到了素养的深度。他的想法和语言表达确实让众人自愧不如，这就是所谓的真正学习的内化，但是这不是谁都能达到的，也不是通过练习能达到的，而是长期的积淀和涵养。我自认为至今也没有这样的水平，如果你身边也有这样的高手，不要忘记借他的试卷看看，模仿也是很有帮助的。

最后，我很相信的一句话是：我们都是梦想家，却不一定是实践者。而成功的人，不是靠看介绍方法的书籍，不是靠听介绍技巧的讲座，更不是靠把这些东西记住，而是把听到的、看到的东西付诸实践。希望看完这篇文章的人能找到适合自己的方法并付诸行动，这样成功不远矣。

Part 1 /
学霸档案

姓　　名：张　瑶

....

毕业学校：安徽省黄山市歙县中学
高考成绩：总分635（安徽省第九，黄山市第一）
　　　　　语文115　数学135　英语140　文综245
院　　系：北京大学经济学院

Part 2 /
学霸格言

在政治课中我们学过分析和综合的思维方式，对待文综这种方式恰好适用。出现问题时将整体拆分成部分各个击破，问题解决后再将部分合并为整体查漏补缺，这样一分一合，不知不觉你的文综就"更上一层楼"了。

查漏补缺，各个击破
——文综学习经验

对于文综这门科目，可以说是"要说爱你不容易"。它 300 分的重要性，平时需要背诵的大段内容、一篇篇的知识点，以及考试时写到手腕抽筋的密密麻麻的答案，无不让广大文科生感到头疼。有时选择题做下来感觉不错，结果却莫名其妙地错了许多；有时简答题写出来感觉答得头头是道，却只得了很低的分数。想要提高文综分数，于是更加拼命地背书，可是成效却是微乎其微。怎么办？我的方法就是——查漏补缺，各个击破。

文综作为政、史、地三科的大综合，我们对付它时，不妨将它拆分开来，化整为零，一个科目一个科目地攻破。下面我就分别谈一下应对政、史、地这三科的学习经验。

学 霸 秘 籍

政治是最让我头疼的一个科目，或许是因为我对政治不太感冒，或许是因为政治对我来说难以捉摸，很长一段时间我的政治分数都是低空飞过。经济常识部分比较复杂，哲学常识部分有些深奥，国家政治部分内容繁杂，有段时间我甚至对政治课产生了抗拒的情绪。我自知越是讨厌就越是学不好，所以，我拯救政治的第一步就是克服对待政治课的消极情绪。

我对自己说，如果你继续这样固执下去，只会造成偏科的局面。而一旦偏科，不管其他的科目学得多么优秀，总成绩也不会太出彩，根据木桶原理来看，只要有一块短板，整个桶的容量都会被那块短板所限制，这也印证了哲学部分讲到的整体与局部的关系。所以，就算不喜欢某一门学科，也要尽力学好它、战胜它。

纠正了自己的错误想法后，我开始思考具体的提高办法。选择题相对来说比较客观，因此提分也比较容易，所以我决定从选择题入手。为此，我开始疯狂地做选择题，也就是"刷题"。我在两个星期的时间内，做完了三本选择题集。所谓的"刷题"，并不单单是大量做题，也要采用正确的、合适的方法，才能做到真正有效。首先，我将要做的题按经济、哲学、政治部分划分，然后一个部分一个部分地去做，这样比较容易发现哪个部分是"短板中的短板"，是最需要下功夫的。其次，我将错题标注出来，刷完一遍题目之后，再将错题从中筛出来做第二遍。如此反复，直到解决所有错题为止。长此以往，做选择题的正确率也就提高了不少。

说到这里，我想介绍一下我处理错题的方法。相信不少刻苦学习的同学都有自己的错题集、错题本，而我比较懒，觉得把错题誊写一遍太麻烦，于是我想了一个较为巧妙的办法。平常我们在核对答案时，往往习惯将正确答案直接写在错题旁边，可是这样在回顾错题时，一下就看到了答案，也就无法考查自己是否真正掌握了错题。所以我改为在题目旁边标注出错题，再将错题答案写在题目所在那一页的页眉上，回顾错题的时候将页眉遮住，只能看到原本错题而看不见答案。这样既能检验自己是否消化了错题，核对答案时又很方便，省时省力且有效。这样，对我来说，做过的习题都变成了我的错题本，复习时也十分方便、快捷，事半功倍。这个方法对每个科目都非常实用。

选择题解决了，主观题还占很大的部分，那么如何应对主观题呢？回想一下，有时考试时面对一道题目，我们的大脑一片空白，不知如何作答。可是在平常的作业中，遇到这种情况，只要一翻书，心里就有底了。所以，考试时不会答题归根到底是因为对答题需要用的原理掌握得不牢固。如果我们的脑袋里装着一本课本，那么答题时要用什么原理、怎么答，就都信手拈来了。脑袋里装书不现实，我们也不可能把整本书都背下来，所以我们要做的就是将书上的原理梳理顺畅之后，按照逻辑框架记下来。这样面对题目时，就可以像搜索引擎一样，对题目关键字在脑海中进行搜索，找出可以用于答题的原理，这样不仅使得答案逻辑分明，也不容易漏答、错答。

　　政治说完了，再说说历史吧。历史是最需要死记硬背的一门课，毕竟只有在掌握史实的基础上，才能形成属于个人的历史观，才能对一些问题和现象进行分析。一般来说，选择题考查的就是你对史实的掌握情况，你要能记住各种历史事件的知识点，但不能记得太死板，要能应对一些较为灵活的题型。所以，在背书时，书呆子似的一页一页死记硬背的方法是不可取的。历史就像是一张网，纵向是时间，横向是社会的各个方面，包括政治、经济、文化、军事、民族、对外关系等。历史的本来面目不是每个历史事件的简单拼凑，而是纵横交错的一张大网。所以，我们在记忆时，既要按照时间顺序记住史实，还要对这些史实进行梳理，弄清楚纵横交错的每一个节点。从我个人的背书经验来说，先是按朝代顺序记住各个时期的知识点，记完之后很容易发现虽然内容不同，但是归纳起来不外乎上面提到的几个方面。于是第二遍背书时，我就以某一个方面为脉络，一个时期一个时期地纵向比较，发现其沿袭的路径，找出历史发展的规律，从而形成全面的历史观，在答主观题时，也更容易产生自己的想法。我认为，这样才算得上是灵活地、真正地掌握了历史，然后通过一定的练习，从练习中查漏补缺、寻找不足并加以改正，历史这一科就没有多大问题了。

**　　地理被称为"文科中的理科"，让不少文科生感到很头疼，却是**

我个人最喜欢的一门科目。学习地理，既可以从自然地理中探索地球运动和气候变换的奥秘，又可以从人文地理中感受不同文化要素对地理形态的塑造，体验各种各样的文化景观的魅力。

自然地理部分比较难，因为涉及不少数学知识，尤其是地球运动部分。但是也正是因为地球运动比较难，所以考题一般都中规中矩，没有太多灵活的变化，以降低难度。因此，如果你实在缺乏空间想象能力，难以在脑海中模拟出地球运动的情况，那么，通过做题积累经验，掌握基本的运算思路，也能解决大部分地球运动的考题。

虽然自然地理部分可以单独存在，可是人文地理却是万万不能与自然地理脱离联系的，毕竟文化就是人作用于自然而造成的影响。学好地理最关键的一点就是熟悉地图，如果你不了解地图，而只是记住了一些知识点，就像是一个满腹经纶的盲人，只能泛泛而谈，却难以迈出更远的一步。千万别小看一张地图，小小的一张地图可谓包罗万千，从地图中你可以读出一个地区的地形、气候、植被、土壤，也可以了解一个地区的人口、语言、宗教、农业，数张地图叠加在一起，展现在你眼前的就是一个地区的文化底蕴、风土人情。读图，首先在心里要有基本的格局，也就是要记图。比如，告诉你经纬度或某个特殊的地形轮廓，你要大概知道是在哪个区域，学会定位，这是基础。其次，你要对定位的地区有所了解，可是世界那么大，作为一个高中生，不可能对全世界每一个角落都了如指掌，所以你要学会发现哪些地区是重点，哪些地区常常作为考点。我发现，一些地形、气候特殊（比如大陆西岸的地中海气候区、地形破碎的热带雨林岛屿区）和文化因素复杂（比如巴尔干地区、中东地区）的区域往往被作为考试重点。另外，区位选址也常常作为考点出现，这就需要在平时记住一些具体的案例，记住选址时要注意的因素。

总的来说，我认为地理比政治、历史稍微灵活一些，更注重考查一些应用型而非分析型的问题。但是三者的基础都是一样的，那就是熟练掌握基础知识，形成一套属于自己的完整的思考体系，这样答题时才能得心应手。

　　文综考试时间非常紧迫，一是因为 300 分的题量比较大，二是因为答主观题时要写的内容多，比较费时间。对此，我的建议是：第一，答题时尽量简略，陈列出答题所用原理之后，结合题目进行简单阐释即可，最好避免赘述；第二，答主观题时，可以按学科作答，答完一科的全部主观题再转向另一科，这样做主要是为了避免中途转换思路而影响思考和做题的时间，但这应当视个人情况而定；第三，答题时尽量将字迹写工整，并且注意分点答题，使答案呈现得更有逻辑性；第四，如果临近考试结束还有题目没有答完，可以先将答题所用原理一一列出，如还有剩余时间再补上具体分析和阐释，这样有助于得分。

　　在政治课中我们学过分析和综合的思维方式，对待文综这种方式恰好适用。出现问题时将整体拆分成部分各个击破，问题解决后再将部分合并为整体查漏补缺，这样一分一合，不知不觉你的文综就"更上一层楼"了。

阅读笔记

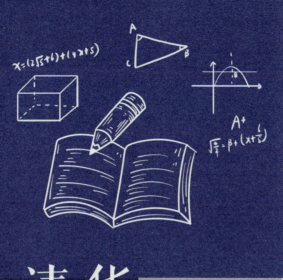

清华
北大学霸日记

QINGHUA BEIDA
XUEBA RIJI

高分宝典

GAOFEN BAODIAN

梁岩涛 <<<<<<

主编

北京时代华文书局

图书在版编目（CIP）数据

清华北大学霸日记. 高分宝典 / 梁岩涛主编. — 北京：北京时代华文书局，2020.8（2020.12重印）

ISBN 978-7-5699-3827-2

Ⅰ.①清… Ⅱ.①梁… Ⅲ.①高中生—学习方法②高考—经验 Ⅳ.①G632.46②G632.474

中国版本图书馆CIP数据核字（2020）第133957号

清华北大学霸日记：高分宝典

QINGHUA BEIDA XUEBA RIJI GAOFEN BAODIAN

主　　编 | 梁岩涛

出 版 人 | 陈　涛
责任编辑 | 张彦翔
装帧设计 | 尚世视觉
责任印制 | 刘　银

出版发行 | 北京时代华文书局 http://www.bjsdsj.com.cn
　　　　　北京市东城区安定门外大街136号皇城国际大厦A座8楼
　　　　　邮编：100011　电话：010-64267955　64267677
印　　刷 | 德富泰（唐山）印务有限公司　022-58708299
　　　　　（如发现印装质量问题，请与印刷厂联系调换）
开　　本 | 710mm×1000mm　1/16　印　张 | 52　字　数 | 708千字
版　　次 | 2020年9月第1版　　印　次 | 2020年12月第2次印刷
书　　号 | ISBN 978-7-5699-3827-2
定　　价 | 198.00元（全4册）

目录
CONTENTS

Part 1 / 学霸档案

姓　　名：余佳晨

毕业学校：中国人民大学附属中学

高考成绩：总分709　语文137　数学145　英语141
　　　　　理综286

院　　系：北京大学工程物理系

Part 2 / 学霸格言

只有"钻"进题目当中，心无杂念，全神贯注，才能尽量减少每个考生都深恶痛绝却难以避免的低级失误。当然，做到这点实属不易，平稳的心态、扎实的基本功，还有对自我状态的调整等都是达到这一境界的先决条件。

在高三成长

记得高考结束后回到母校，看到新高三的学弟学妹们往他们的新教室搬运物品，在教室内外熙熙攘攘地忙碌时，我莫名地觉得这些只比我小一年的学弟学妹们仿佛在另一种年龄意义上比我"小"了许多。同样是一年365天，高三这一年对于每个学生来说大概是显得最为漫长的。绵延一年的压力，而且几乎是人生中最大的压力，再加上繁重的学习任务，让每个经历了它的人都难免唏嘘。但我更想说的却是高三的"长"——成长。这最不同寻常的一年所能带给一个高三学生的不单单是一纸录取通知书，更是一种心智上的磨砺、内心的强大和坚韧。我所见过的许多同学，或许也包括我自己在内，在高三完成了向成年人的转变。这绝不只是跨过十八岁生日这个门槛那么简单，而是因为在这一年中，你将学会如何对自己的未来负责，为自己的未来奋斗，为自己的未来做出抉择。

我希望在此能够与学弟学妹们分享我在高三这一年中的成长与感悟，以及一点谈不上精彩的学习经验，倘若对你有一点帮助，便是我莫大的荣幸。

学 霸 秘 籍

在高三成长

很多人会觉得高三的生活非常乏味且缺少意义，只是机械地重复做题、考试，直到最后迎来一次"审判"，拿到一张通知书。我认为，在高三中耗尽大家心力才练就的做题技巧、考试技巧等会随着高考的结束而变得毫无意义，但这绝不意味着高三这一年在我们的人生当中的意义就仅此而已。

我想，我们应该从高三中收获更有价值的东西，小至自己安排学习、规划时间的方法、自主学习的技巧，大则可上升到面对压力时心态的历练，为了自己的目标或者梦想付出努力的决心，而最重要的是一种态度。

我在此援引高三时班主任老师的教诲，可以毫不夸张地说，它是支撑我高三一年奋斗的信念——"对自己的未来负责"。

从刚入高三到高考，一年的跨度，数不清的大小考试，难以避免的挫折、困难，难以摆脱的畏惧与怠惰，我想也许只有想清楚你在做的一切究竟是为了什么，才能不顾一切地付诸行动。这个目标绝不仅仅是一所好大学那么简单，它更是一个好的平台，是一个让你接触到更优秀的人的机会，而且在现实意义上，也是一个更好的未来的保障。作为"过来人"，我亲眼见到身边人与自己的梦想学校失之交臂的痛苦，倘若这是在高三一年未拼尽全力结下的苦果，的确使人备受煎熬。

这便是我为什么如此看重这句看起来平淡无奇的话的原因。我想，这种责任感能够用来评价一个高三人究竟"成人"与否。有了这种责任感，付出努力根本不需要师长的督促，而应成为一种自觉实施的行为，这样你才真正能称得上长大成人，才真正能在高三收获宝贵的成长。

更具体一点，我想谈谈以下几个方面。

首先是心态，它在高三中的重要性可以和其他所有技术层面的东西画等号。可以说，高三的目的一半是巩固知识，一半是强化心理素质，尤其是临考的心态。究竟怎样的心态最适合发挥出好成绩，这是因人而异的，但我想最重要的便是自信。无论遇到任何挫折，包括平时学习中的困难或考试的失利，都不要怀疑自己，绝不动摇。要相信，自己付出的努力是有回报的。在人生中，高三的挑战不可谓不大，因此如何自信地走向将来的大学生活可以算得上是高三的必修课了。

当然，这样的自信还需要实际行动的支撑，否则便是盲目的自信，甚至是自大了。因此，要在学习中拼尽全力，让自己在走上考场时能拍拍胸脯默念一句"人事已尽"，这才是"有支撑的自信"的来源。如果你能坚持比别人多做一点的习惯，那么日积月累，你将会变得无比强大；反之，便如古语所说，"始于不可见，终于不可及"。

最后我想说的一点是在高三一年中收获的和同学们一起奋斗的"革命友谊"，这同样是高三馈赠给每个人的珍贵礼物。这是许多人人生中最后一个能与一大群熟悉的伙伴们坐在同一屋檐下，生活在以一个"班"为代号的家中，为着相同的目标而奋斗的一年了。也正因为每个人都经历着相同的煎熬、辛苦，怀揣着相似的目标与憧憬，这样的友谊才显得越发珍贵。

学习经验谈

总体来讲，高三的复习可以分为两部分，也就是我们通常所说的一轮和二轮的复习。一轮复习的目的，毋庸置疑，是夯实基础。因此，不留漏洞便是这一阶段的重心。如果这一阶段能够做到紧跟老师，优质地完成所有任务，会为以后的提高打下非常好的基础，一定能让每个人都受益匪浅。二轮复习阶段在习惯上被称为提高阶段，提高的不仅仅是做题的能力和速度，更重要的是准备考试、参加考试的技巧。

　　可以不夸张地说，高三为高考所做的准备一半是知识和解题能力上的，一半是应试技巧和应试心态上的。这是贯穿高三一年的一个重要线索，而且在二轮复习中尤为重要。

　　在整个学年当中，每个同学都应当找到一套适合自己的复习体系。这套体系应该在一年当中被不断打磨、完善、成熟，直至高考为你保驾护航。我个人理解，此复习的重要性绝非仅体现在巩固知识意义上，越到后期，它在帮助我调整心态上起到的作用便越显著。假如我能按照自己完善成熟的复习体系完整地为眼前的考试做好准备，那么走上考场自然不必畏惧。

　　在考试过程当中，我最深刻的体会便是：只有能"钻"进题目当中，心无杂念，全神贯注，才能尽量减少每个考生都深恶痛绝却难以避免的低级失误。当然，做到这点实属不易，平稳的心态、扎实的基本功，还有对自我状态的调整等都是达到这一境界的先决条件。

　　具体到技术性问题，我认为每科都必不可少的便是常见思路和错题的积累，这也是应当贯穿高三整年的基础工作之一。在高考或高三的大考中会有许多困难或"阴险"的问题，第一次见难免栽倒，只要能避免重复地栽跟头便可。就我个人而言，临近高考时，做到面对各科试题都能在绝大多数题上形成条件反射——看到一道题能立刻联想到易错点、常见思路，便是理想状态。而这需要在一年中不断积累，不断复习、强化，也需要在无数次考试和"血的教训"中形成。

　　因此，平时的错误都是"财富"，不必害怕出错。只要能避免犯相同的错误，且还未踏上高考的考场。

　　具体到各科的技巧如下：
　　语文。语文是灵活度非常大的一科，但除了需要积累这一特性，语文的许多题目套路也是相当固定的，诸如阅读中的分析作用题、赏析题，都有非常固定的模式，它并不仅仅是一种答题的套路，更是一种程序化的分析问题的方法。且不说这样的模式是否僵化，在应付考试得分上，模板化还是非常实用的。这需要自己积累，形成完善的体系，照顾到所有常见的题型。至于作文，素材积累和审题练习都有非常大的帮助。

数学。数学是在题海中练出的，这种说法并不夸张。除了大量的练习，还应在平时所有的练习中养成做题严谨认真的习惯，尽全力避免基础题犯错，这样便能在考试中取得一个好成绩。固定时间的套卷练习对成绩提高非常有帮助，但前提是保证完成的质量。

英语。英语是讲究一分付出一分收获的学科。所谓做题技巧只是很小一方面，更多的是诸如阅读能力、材料积累、语法基本功这些硬实力。它不可能通过短时间取得，但只要达到一定高度，就能在考试中保证稳定的发挥。平时积累的重要性不言而喻。

物理。高三物理的特点是题目高度"模块化"。很多复杂的问题都可以归纳为一些基础问题的叠加。因此，一是不必畏难，二要注重基础。基本模型的基本方程、易错点需要在平时练习时多多积累。

化学。化学中有许多需要记忆的内容，但它作为理科中的科目，重要的是其中的逻辑关联。能够记清各种基本物质的性质及物质间的反应等，形成体系，许多题目便迎刃而解。

生物。生物常常被人们称为"理科中的文科"，需要记忆的概念非常多，因此知识网络同样重要。形成一个能覆盖所有知识点、所有做过的题的常见思路、所有易错点的层次清晰的知识网络是高三一年学习生物的"终极目标"。而且，搭建这个网络的过程本身非常重要，它是复习的最佳方式。这个网络既是"物质的"——以纸质形式，也必须是"精神的"——存放在大脑中。这将保证你走上高考考场时可以自信满满，不必担心遗漏哪个细碎的概念。

　　以上便是我经历高三一年的一些感悟。本文标题是"在高三成长"，既然是成长，自然是一个过程，它重在亲身体验，而不仅仅在于结果。高考前老师说我们每个人高考后都会留恋高三这一年时，许多同学都从作业堆里探出头来报以将信将疑的目光。高三真的是一段难得的、美好的、不可复制的经历。回顾我在这一年里的收获，我可以问心无愧地说，在这一年里，我收获了成长。

高分宝典阅读笔记

三人行，必有我师焉

关键词	笔记内容
课堂学习	
自主安排	
解题技巧	

总结: _____

_____

_____

_____

Part 1 /
学霸档案

姓　　名：刘佩灵

....

毕业学校：江西省临川一中

高考成绩：总分619　语文134　数学137　英语143

　　　　　文综205

院　　系：北京大学哲学系

Part 2 /
学霸格言

　　记得王尔德的一句话：每一个圣人都有不可告人的过去，每一个罪人都有纯白无邪的未来。此时的荣辱与彼时的胜败没有必然的关联，而此时的悲喜与未来的成败也本无承接式的牵连。这是高中三年的悲悲喜喜给我的深刻教诲。

终圆北大梦

学霸经验谈

　　我是一名普通的学生，家境一般，长相一般，智力一般，但因为有了高考，我拥有了一次把平凡变成优秀的机会。这就像鲤鱼跃龙门一样让我欣喜，这就如"十年寒窗无人问，一举成名天下知"一样让我骄傲。说实话，有机会一睹巍巍博雅塔，有机会一览溶溶未名湖，有机会在北大徜徉，都是我在高考前想都不敢想的。我的成绩并不算特别突出，也不是孜孜不倦、宵衣旰食的"学霸党"。但我能进入北大求学，靠的肯定不只是运气，还有自己有效的学习方法。下面我就为学弟学妹们介绍一下自己的学习方法。

学｜霸｜秘｜籍

首先，我们要从高一开始保持良好的学习态度。

　　高考这条路何其漫漫，只有在开始时奠定良好的基础，才能让你在高三游刃有余，处变不惊。英语和语文作为语言学科，知识的难度在高中三年区分并不大，都是靠积累、靠记忆。英语要考出好成绩必然要有充足的词汇，因此高一就显得很重要了。高一我们都对新的学习环境感到很新鲜、很兴奋，这时候给点力加点油，会收获意想不到的效果。语文也一样，要想写出文采斐然的文章必然需要平时博览群书。总而言之，有好的态度才能有好的成绩，坚持到底，一步一个脚印就会收获不一样的美丽。

其次，我们一定要有高效的学习方法。

我所在的中学是高一末分文理科，我一直摇摆不定，浪费了很多精力。因此奉劝各位学弟学妹，不要受外界干扰，最适合自己的才是最好的，文理科其实并没有优劣之分。同时高一时就要对自己的所选有所侧重，这并不是说其他的就不用学，要把握好一个度，全面发展固然最好。

此外，我们还应该有一个良好的心态，一时的成功不代表永远的辉煌，一刻的失败也不会注定永远的颓废。态度决定你的高度。高三的我们要经历无数次考试，每次考试都是高考的演练场，但那考试成绩并不代表我们的高考结果。宠辱皆忘很难，但我们至少要做到淡定从容。一次次地总结经验，一次次地吸取教训，不求成功，但求成长。

以上说的都是总的方针路线，好比是抽象的世界观，但要真正取得效果，还需要细致的方法论。下面我就介绍一下各科的学习方法。

我高考发挥得比较好的是语、数、英三科。语文的学习方法很简单，其实就是不断积累和总结。我们省的高考语文试卷前面有 36 分的选择题，要想取得好成绩，这 36 分一定要拿下。比如字音字形方面，我们就要准备一个错题本和归纳本，记下自己平时读错、写错以及感觉比较难记的字。但是要注意，不能一味地求新求怪，有些字我们已经很少见了，就无须再费脑筋去记。江西省高考语文现在有回归课本的趋势，因此课本上出现的生词我们必须掌握。还有就是多音字，这就要靠我们自己总结概括，通过记词语等方法形成自己的一套规律。另外，文言文的学习也应注意，课本上的文言文我们应该逐字逐句地落实好，高考考的用法一定是平时我们学过的。每次考试中的文言文，其中一些古代的官名和词语的古义活用我们都可以记在本子上。还有就是大阅读，高考改卷是很快的，这要求我们一定要掌握答题技巧，分点作答并做到条理清晰。高三时，老师都会教我们一些专业术语，将术语和具体的文章内容相结合，你的答案就会显得很规范了。至于大小作文，就要靠我们平时广泛的阅读了。小作文要求我们用词简练而生动，在有限的字数里表现出你三年的文字积淀。大作文一定要有明确的中心和清晰的条理，高考作文题比较新颖，审题要求很高，因此我们千万不能跑题。我建议大家写议论文，条理清楚，改卷老师也可以快速阅览，明白你的写作主旨。

英语是常被许多同学忽视的科目，觉得英语拉不开分，我自己在高三一年的进步也不是很大。可是英语还是很重要的，通过高三的查漏补缺，你可以在高考中做到最大限度的不失分。高考是浪里淘沙的过程，一分的差距也是一个档次的区别，"拿到一分刷掉一千"这句话固然夸张，但分分必争是高考对我们的要求。所以我们平时练习要认真仔细，注意积累词汇，区分语法，大量阅读（英语报纸杂志等都是我们可以利用的资源）。长此以往，英语成绩就不会差。

数学的学习方法在文科里千变万化，每个人都有自己的一套法则，因为文科数学相对简单，所以只要多做多练习，问题都不大。可是很多文科生因为高一基础不好，看到数学就慌，以致丧失信心，抱着破罐子破摔的心态。我也有过这样一段低谷期。但是后来我发现，文科数学是有一定规律的，它不像理科数学那样难懂。我推荐的方法是将纠正错题和研读母题并举，学习文科数学最忌讳眼高手低，难的题目不会做，容易的题目不屑做。数学讲求题感，每天一定要有一定的练习量，而且应该有针对性，你这段时间选择题不太行，就主攻选择题，掌握大题大做、小题小做的方法。当然还要有归纳总结的时间，定期翻阅自己的错题本和精题本，也可以让自己更加熟稔解题技巧。学习有道，贵在坚持。数学对许多文科生来说难度较大，但只要讲究方法，持之以恒，"数学小贼"必定手到擒来。

最后就是大家最头痛并且很难掌握的文综了。虽然我高考时在文综上摔得很惨，但我觉得学文综还是有技巧的。地理就是要有一套答题技巧，把握题目所考查的知识点。政治就靠背诵了，一定要区分很多知识点间的细小区别，那可能都是考点。至于历史，是我的硬伤。我在高三时期，历史成绩相当不稳定，因为知识点太多太杂。我推荐大家列表记忆，比如中国古代选官制度变迁、古代民族关系变迁、近代西方科技演变等都可以列出表格。将课本里细散的知识点归总，这当然要花费很多时间，但是效果是很显著的。学文综最关键的就是要有耐心和毅力，一本本书都要反复看，一个个知识点要反复记忆。得文综者得天下，高考文综是相当拉分的。

学习方法就介绍到这里，我还想跟学弟学妹们分享一下我高三的经历。

我的高三其实不像许多人形容的那样兵荒马乱、昏天黑地，或许是因为我已经习惯了每天上课、写作业的生活。我认为只要每天都保质保量地完成老师安排的或自己定好的任务，不多想以后的结果，结果就不会让你失望。

我的高三有同桌每天早上温暖的问候，有好朋友每天晚上陪伴跑步的爽快，有考试前背地理背政治的疲倦，有考试中或沉着或忐忑的躁动，有考试后对答案的惊喜或落寞。但是我记得最清楚的，是高考结束后自己内心的宁静，一切都结束了吗？一切远没有结束，高考对我们来说，其实只是一个转折点。

回想起这三年岁月，那些待在阴暗湿冷的房间里啃笔头的星期天的下午，那些痛哭流涕夜不能寐的数学周练后的星期五深夜，那些和室友听歌赏花谈人生的星期六的傍晚，那些和同桌分吃零食嬉笑怒骂的课间操的二十分钟，那些为糯米鸡海带汤毫无形象地奔向食堂的中午，那些站在走廊与老师交流倾诉的考前考后的清晨黄昏……它们被高考的雨水洗濯得更加明亮光洁，它们在数不清的雨季里仍然灼灼其华。让我想起了毕业前那开满校园的栀子花，披雨戴露，楚楚可人，芬芳四溢。

　　书上说，不要刻意地去忘记，因为忘记本来也是在复刻回忆。对于已经逝去的高中，这句话说得很合宜。那些歌颂高中荡漾着青春的欢愉的人，不算是真正的高中生；那些抱怨高中饱含了读书习作的艰苦和痛楚的人，也不算是。生命的经历是不能够完整地划归于乐与悲的，或许正是这样，那些复杂的经历才如此让人难以忘怀，回味无穷。咀嚼苦楚的曾经与细抿辉煌的现在都是五味杂陈的，而且这味道都转瞬即逝。记得王尔德的一句话：每一个圣人都有不可告人的过去，每一个罪人都有纯白无邪的未来。此时的荣辱与彼时的胜败没有必然的关联，而此时的悲喜与未来的成败也本无承接式的牵连。这是高中三年的悲悲喜喜给我的深刻教诲。

　　阴雨绵绵的六月过后，是烈焰骄阳的七月。在阳光曝晒下干渴难耐的人会怀念起雨季温润清凉的和风细雨。可雨季，不再来了。还好，在下雨的时候我们打过伞，脱过鞋，湿过衣服，也学会了避雨。那么让七月的阳光铆足劲来照耀我们吧，记得雨季的人儿，将心怀雨的温和湿润，奔向阳光下亮闪闪的明天！

Part 1 /
学霸档案

姓　　名：雷依蒙

··

江苏省镇江市第一中学

高考成绩：总分406（镇江大市文科裸分第一名）

语文128+27　数学131　英语95　历史A+

政治A　小高考加分5　自主招生加分20

院　　系：北京大学法学院

Part 2 /
学霸格言

高考被喻为"千军万马过独木桥"，只有将综合实力发挥到最佳的人，才能脱颖而出。其中综合实力来源于自身与外界共同的锤炼。

守得云开见月明

十二年寒窗苦读，哪个学子不想一跃进入最高等学府进行深造。然而，金榜题名谈何容易！高考被喻为"千军万马过独木桥"，只有将综合实力发挥到最佳的人，才能脱颖而出。其中综合实力来源于自身与外界共同的锤炼。而我希望，能用自己的学习经验，为学弟学妹们提供帮助。

我自己也看过历届高考中出类拔萃的学长学姐的经验总结，方式不外乎将自己成功的要素罗列，再结合自身理解解释一番。而我这个"过来人"却觉得，从学习中的顽疾、困扰等谈起，或许更能使人"感同身受"。

学霸秘籍

1. 粗心

我几乎没有看过同龄人不把自己的某些错误归结为"粗心"的。计算错，粗心；审题错，粗心；想选择 A 却选成了 C，粗心……粗心几乎是我们学习生活中的头号"杀手"，我也从小学起就被这样的顽疾纠缠着，考试屡屡与满分失之交臂，都是小错，没有什么是知识的漏洞导致的失分。

这样的细节"致命伤"一直持续到高中，我认为高强度的训练以及专注的头脑解救了我自己。

　　一些纯计算性的粗心，主要是由于不熟练导致的。平时做题的时候不认真对待，练就不了一定的计算能力，考试的时候遇到计算复杂的题目自然会慌，这一点文科生表现比较明显。所以，平时对于习题计算的训练，是必要的！这也就是我们通常所说的勤奋。"这些简单重复的训练有什么意思！""这题我看看都会了，就不去计算了。"如果不是顶尖高手，这样的想法，最好不要有。对基本计算的结果了如指掌对于解决过程复杂的大题十分有帮助。武侠小说中即使主人公得到了什么武林秘籍，也是要通过日夜苦练才得以运用自如的，在我们要去参加的这场没有硝烟的战争中，有许多比我们天资聪颖的人尚在勤学苦练，我们有什么理由懈怠呢？

　　而一些类似看漏条件、选错选项等粗心错误，我主要将其归结为不够专注。专注，是十二年学习生涯中，我认为最困难的一件事。我们这一代的孩子物质生活太丰富：各式各样的电子产品、五彩缤纷的网络世界、早熟的个性、"复杂"的社交……似乎周围的一切都在把我们拉离"学习"——这一件最需要沉寂和专注的事。我们要耐得住寂寞，学会抵制外界的诱惑。这并不一定是要让我们如苦行僧一般，但是一定要把握好度。我们的外界生活过于丰富多彩，就会影响心灵世界的宁静与专一。我们可以很好地运用网络来学习：查找、下载学习资料，浏览时事要闻，拜读名家名篇……但是，如果说网络已经让你到了每天不登录一些社交网络，不刷刷微博就浑身难受的地步，那么你平时在学习时也一定会时不时地想起网络世界从而分心，就算不会被分散注意力，学习时的专注度也会大打折扣，而一旦不专注，各种各样的问题也就来了。

　　专注度，在我看来是意识性的。一个人心无旁骛，理想坚定，方法得当，专注度一定会大大提高。更重要的是，专注在学习上表现为认真，在生活上更表现为责任感。一个人有了责任感，那么他做事的效率和效果都会大大超过那些没有责任感的人。

2. 懈怠

我在高二上学期期末到高二下学期，曾经有好几个月的考试成绩位居班级前列，那种似乎不用特别努力就能考得不错的感觉让我感到危险。但也仅仅是"感到危险"而已，在学习的要求上对自己放松了很多，结果从高二下学期期末开始了很长一段时间的瓶颈期。

懈怠这种东西，我不敢说每个人都有，但至少每个人都会在拼命努力了很长一段时间并且取得成效后就会有所放松，或者说是猛地达到巅峰之后会有一种无所适从。

"得意而忘形""生于忧患，死于安乐"等一些老祖宗的训诫，我们还是要牢记的。如果不是那种"无论怎么考，我就是第一"的"无敌学霸型"人物，我建议学弟学妹们还是把那种潜在的"独孤求败"的心理扼杀在萌芽之中。懈怠，失去动力和方向，这在高考——这种终极持久战中，是大忌。不过日子总不是一帆风顺的，每个人的高中生涯总会有懈怠的时候，不过我想，最迟到了高三上学期期末后，就不能再有任何一丝的懈怠了。当然那个时候，班里的学习氛围已经不容许我们有任何的迷惘。

其实克服懈怠的方法，没有比尝到失败的滋味更现实、更残酷、更有效的了，但我还是可以提出那么一点预防措施的。

每个人都不是超人——不插电就可以高速运转二十四小时、三百六十五天，而且不用休息。努力了很长一段时间后，可以有所松懈，最主要还是基于身体考虑的。但这并不意味着可以不顾学习恣意玩耍，不意味着上课不认真听，作业不认真做，更不意味着可以虚度时光。在完成每天日常任务的基础上，我们不必做那么多的拓展，可以看书读报了解社会，听听音乐舒缓神经，多加锻炼强壮体魄，为下一阶段继续冲刺打下好的生理和心理基础。

有时思想上想行动，可是心里忍不住打退堂鼓，这时候你需要一些其他方式来调节。比如激将法，心里树立一些假想敌，可以是班里某方面比你优秀的同学，可以是在你放松时，那些格外努力、上升势头很猛的同学。总之，可以用危机感克服懈怠。哈佛图书馆墙壁上据说有这么一句话："即使是现在，你的对手也还在翻动书页。"与君共勉。

3. 焦虑

心态，一直是影响很多同学发挥潜力的一个重要因素。

而很多人都有的焦虑，我觉得主要有单科焦虑和大考前焦虑两种。

单科焦虑，主要是因为对某门科目不太擅长或因为某次失手而陷入"怎么考也考不好""越考越怕"的恶性循环中。对某一门课，如果产生了畏惧的心理，那么必定是怎么考也考不好的。文科班的女生众多，大部分女生最怕的就是数学，每次考试前后可以听见许多人在抱怨，这样的氛围自然不好，弥漫着负能量。

其实呢，就像之前说的"克服懈怠的方法，没有比尝到失败的滋味更现实、更残酷、更有效的"，要战胜焦虑、畏惧，没有比某一次考试的爆发更有激励的效果了。现实往往残酷，我们要做许多准备。

就拿数学来说，要用自信克服畏惧。自信从何而来？首先是最基础的计算能力，对公式、题型的熟练度。有一些文科班的女生做题目一味地埋首于题海，不知道"跳出来"。思考一道题，摸清考查点，活用已有知识，做出一类题，比仅仅把这道题做出来更有价值。如此才能提高数学水平，解决好"硬件"上的问题。

然后是"软件"上的问题。无论如何都要沉着面对，首先内心要强大，内心强大了，才不容易慌乱。我觉得我们班主任说的两句话对我们的心态调整很有帮助："人难我难我不畏难，人易我易我不大意。""平时要有考试心，考试时要有平常心。"

大考前焦虑的情况其实挺常见的，其实我也有。就在高考第一天的前夜我失眠了，一直到凌晨一点多才睡着。其实也没有很明显的焦虑，比如心跳加速，想法太多之类的。但这毕竟是人生中第一次，也或许是决定着以后人生道路的一场重要的大考。后来和同学们交流才知道，6月6日晚失眠的人其实有很多。如果真的失眠了，怎么办呢？我试了各种方法，数羊、数水饺、听音乐，最后强迫自己闭上眼睛才睡过去。如果考前焦虑失眠了，也千万不要慌乱，不要想一些"糟糕啊我失眠了，明天要考语文数学呢，万一太困了睡过去怎么办"之类的丧气话，这时宁愿让自己脑袋空空，自我安慰也是好的。而实际上，在高考第一天我坐在考场上的时候，心里是平静的，甚至是有一点欣喜的，"这一天终于来了"，完全没有想到一些考前的状况。

4.瓶颈期

除了那些实力十分出众，无论怎么考都是第一的"大神"们，我想每个人或长或短的都有一段瓶颈期吧。

瓶颈期未必是坏事，不过时间太长也会给同学们造成心理上的困扰。我就来谈谈我的瓶颈期吧。

我的瓶颈期出现在可以说得上是"辉煌"的高二下学期结束后的高三上学期，开学几次摸底考试，勉强保持在前三名，国庆之后就一路走低。每次考试都会出现一些新状况、新问题，或许那些只是我当时为"考砸了"找的借口，但是那种很糟糕的状态确实是很让人崩溃的。

不知道大家有没有这种感受：一旦学习状态比较好，如果有一次考得好，就会像一个正反馈一样给学习源源不断地提供正能量，会有一段时间都考得很不错。但是如果有一次考得不好，从此状态丢了，学习的心态也就不对了，自此像恶性循环一样一路糟糕下去。

所以我那段时间其实每次考试结束之后就已经知道自己考得怎么样了，我至今仍觉得在学习方式和劲头上都没有什么不对的，但就是陷入了"考砸"的死胡同里，跟自己过不去，钻牛角尖。

其实我一直不知道应该怎样做才能走出这样的阴霾，只好一边安抚自己"受伤"的心灵，一边继续做我一直在做的事。

这种状态一直延续到我要从高考复习中抽身出来，准备自主招生考试。其实江苏的考生准备自主招生考试是一件很辛苦的事，不知道其他省份怎样。就拿数学来说，很多理科生学的东西文科生不学，但是自主招生笔试的时候，数学又是不分文理科的。还好我高一是年级理科强化一班出身的，当时理科还算不错，一直跟着上数学竞赛课程。这对我自主招生的准备帮助非常大，有很多东西我不用现学，只需要多做题加深印象，会灵活运用就好。在啃下整整一本有着例题和变式题型的自主招生书后，又做了好几份模拟试题，就这样上了考场。

结果竟然很不错，这完全出乎我的意料。在我的低迷状态持续了整个高三上学期之后，我的首次翻身仗竟然是全国统考的"北约联盟"的自主招生考试！联盟考试是在高三那年 3 月 16 日进行的，而我一直停掉了在校的文综各科，几乎是全力准备联盟考试，所以 3 月 20 日进行的高三第一次大型的模拟考试，我几乎是抱着"裸考"的心态去的。更加不可思议的是，这次我也取得了不错的成绩，至少，比起低迷的高三上学期，这个成绩实在太能振奋我的神经了！

现在想想，当时的我坚持了主科的课程，照常完成作业。而准备联盟考试时也对我高考中的弱项进行了专攻，没有额外的干扰和压力，不知道江苏以至全国其他高手的情况，在这样一个几乎"天时地利人和"的情况下，我能扭转乾坤，也不是全无道理的。

从那时开始，我的状态就开始走上升路线了。（尽管我没能从联盟数学题天马行空的解题方式中尽快跳出来，吃了不少苦头，但这种小问题相对于我终于走出瓶颈期的大喜悦，简直是微乎其微的。）

所以，我个人对于瓶颈期的解决方法是：转移注意力。这里的转移注意力并不是很极端的，比如说我不去上学了，在家拼命玩儿，这样不但不会走出瓶颈期，反而会更糟糕。

我的意思是，如果你一直在为之努力的重点得不到进展，那么就把它变为侧重点，换个方式去攻克它，或者去重点攻克其他科目的其他薄弱点。但是一定要坚持住你一直在坚持的，并且认为是最适合你的东西。

另外，有一些必备的技能想介绍给大家。

1. 计划性

高一高二，一般在期中、期末考试之前，需要列一个周详的计划表，这样会让自己有紧迫感，没有完成的事也会催着自己去完成，"一口吃不出个胖子"，当你看到自己逐步完成了自己想要做的事，你会觉得非常有成就感。而到了高三，一定要针对自己的薄弱点，列出解决方案和计划表，循序渐进，会非常有帮助。

2. 高效性

到了高三，基本上所有同学都会觉得时间不够用，恨不得每天能有四十八个小时。在任务多、时间紧的状况下，提高学习效率，成了"快人一步"的关键。这样的"高效"，与之前提过的"专注"是密不可分的，只有专注了，才能达到事半功倍的效果。

3. 时间观念

当你给自己列了一个计划，当你想要用别人一半的时间做成两件事，就必须要比别人更关注时间。这个第三点会让前面两点增色不少。现在的同学，尤其是有了手机、电脑等各种可以与外界联系的工具后，越来越容易患上"拖延症"，比如打开电脑想要查个资料，结果浏览了很多其他不相关的东西，时间在不知不觉中就过去了。千万不要浪费你宝贵的时间。我在高三时的座右铭就是："现在的自己所做的一切，都是为了让将来的自己不后悔。"希望能与同学们共勉。

4. 养成好的学习习惯

会记笔记，会打草稿，整理好自己的学习资料，即使再忙也要让自己看起来井井有条，这是让自己顺利学习的基础。

5. 学会调节

我从小到大，有两件事让我很得意。

一是，我钢琴弹得不错。闲下来的时候会弹两首曲子给自己听听。听自己弹的，总会和听别人弹的不太一样。

二是，我爱运动。羽毛球、乒乓球，甚至女孩子不太擅长的篮球，我都很喜欢。学会运动，帮助自己锻炼出一个好的身体，给革命一个好的本钱；运动还能放松神经，调节心情。高三的时候心理难免会有很多波动，我也会骑着自行车在江边兜风，放松放松。

以上是我在接受基础教育中的一些经验和心得，有些问题未必人人会碰到，有些经验未必人人都适用。适合自己的才是最好的。最后，希望这篇文章能给学弟学妹们一些帮助，祝你们在高考中一飞冲天，进入理想的学校！

高分宝典阅读笔记

三人行，必有我师焉

关键词	笔记内容
课堂学习	
自主安排	
解题技巧	

总结: _____

_____

_____

_____

Part 1 /
学霸档案

姓　　名：张　力

··

毕业学校：云南省昆明市第一中学

高考成绩：总分686　语文125　数学141　英语143

　　　　　理综255　会考成绩22

院　　系：北京大学哲学系

Part 2 /
学霸格言

　　一切学科的学习都离不开兴趣的培养，兴趣是最好的老师，在兴趣的基础上谈答题技巧才显得有意义。以上就是我自己在学习中的一些体会，谈不上真知灼见，但希望能够对学弟学妹们有所帮助。

学习经验小谈

　　高中的学业，说多不多，说少不少。高考时，算起来只有四个科目，但每一个科目的知识量，都不算少。面对浩如烟海的知识，我的方法是各个击破，针对每个学科，我都琢磨出了一套行之有效的学习方法，使得我能在高考中取得较高的分数。

学│霸│秘│籍

语文篇

　　中华文化博大精深，尤以语文最为源远流长。古时学子寒窗十年，诵《诗》《书》《礼》《易》，才得以出口成章，金榜题名。可见学语文是一个不断积累的过程。战国时期的学者荀子在《劝学》一文中告诫人们："不积跬步，无以至千里；不积小流，无以成江海。"唐代的韩愈说"俱收并蓄，待用无遗"；宋代的苏轼则主张"博观而约取，厚积而薄发"。

　　学语文绝非一蹴而就的事情，它是一个人整体素质、阅读与写作能力多年积累的体现。

　　所以在高一、高二时间较为充裕的时候，我们要多读书，读好书，没事儿就可以读几本小说，品几阕词曲，碰到一些好的词句、段落，最好抄下来。但是，不能只是盲目地抄，在抄的同时要想到以后如何运用到自己的文章中去，要把"用"作为抄的目的，否则尽管平时在不停地积累，到了写作时还是会头脑一片空白，无话可说。

　　应试方面：语文考试主要考查学生对知识的掌握程度、运用程度。在课堂上学习了知识以后，要想运用到考试中，大量的练习必不可少。语文也是如此，特别是上了高三以后，最好多找些高考真题或者模拟题来练习。在初期，知识点还不熟练，所以最好有针对性地进行训练。大家可以选择一本讲解详尽的教辅书，先把里面的基础知识过一遍，用笔画出自己记不住的地方，反复看，反复记。当基础知识记背得差不多的时候，就可以着手做题。做错的题要积累下来，比如说哪个句子的语病你没找出来，哪个成语没记住，哪个文言词语的意思你还不知道，哪些阅读答题技巧你还没掌握，都要整理下来，定时记背，多看、多记、多积累。学语文没有别的技巧，就一个词——积累。成语需要积累，病句需要积累，文言文的实词、虚词需要积累，阅读答题方法需要积累，诗歌鉴赏的角度也需要积累。怎样积累这些知识呢？靠的就是接触各种各样的题型、各种各样的文章。因此，在打好基础后，就可以开始套题的训练。严格按照高考的时间分配来完成一套题目，掐着时间做，做完后总结、积累，这样不仅能让你对时间有一个比较准确的把握，同时也增加了你的知识积累。

数学篇

　　在我看来，数学是一门较为灵活的学科，它要求我们要培养对数学的兴趣，鼓励我们自己探索数学问题的解法。

　　所以，学习数学切忌被动，一定要怀着主动的热情去学习它。对于课本上的公式、定理，不仅要熟记，更要主动思考其本质、来源以至与其他看似不相关的知识之间的联系。不能只是死记硬背，必要时还可以自己推导一部分公式，自己演算一部分例题。听课的时候要注意深入思考老师的解题思路，例如为什么会这么思考、这道题是怎样由一个条件推导到另一个条件的等等。遇到问题要及时处理，否则问题越积越多，最后不可收拾的时候会追悔莫及。

　　应试方面：我的一位老师说过，高考数学考查的就是解题的速度、准确度、熟练度。高考数学题量大，时间短，在这种情况下，这三个度就显得尤为重要。因此，高三阶段仍然免不了大量的练习。刚上高三的时候，我买了一本《十年高考》，上面有不同模块的高考真题汇编，每天就挑一个自己不熟的模块不停地做。先自己做一遍，做完对过答案后，还要再比较答案的思路和我的思路的不同点，选出最优方案。在这个过程中也能得到不同的收获，原来淤塞不通的地方常常会茅塞顿开。对于做错的地方要深入思考（可以抄到错题本上），看看是哪方面出的问题，是知识点漏洞，还是计算的问题。找到问题后要定期查看，不断提醒自己，这样所犯的错才不会白犯。到了高三后期，就应该从专项练习转向套题的训练，最好每次都能够抽出一个下午的时间，按照高考的时间安排（下午三点到五点），严格控制时间来完成一套题目，加强自己对时间的控制及对试卷的把握能力。另外草稿纸的使用也十分重要，有的同学打草稿十分没有章法，第一题在上边，第二题在下面，第三题在中间，第四题又跑到了背面。这样打草稿虽然够随心所欲，也够自由，但是我们知道，草稿除了帮助我们演算，还有一个重大的功能就是帮助检查纠错。如此凌乱的草稿，等到回过头来检查的时候，很难找到原来演算的过程，即使找到了，也一定会花掉很多的时间。所以大家无论在平时作业还是在考试中最好养成整齐地打草稿的习惯，按照一定的顺序使用草稿纸（标明题号等），这样再来检查的时候就会方便得多。

英语篇

当今社会，学好英语几乎成了每个人的必修课。学好英语，首先是积累足够大的词汇量，词汇量的大小决定了一个学生英语水平的高低。但说到记忆单词，这可是大家普遍感到头疼的事，尤其是现行的新教材词汇量扩大了不少，记忆的难度就更大了。记不住单词，学好英语就无从谈起。那么到底应该怎样记单词，该什么时候记呢？首先，一个字母一个字母地背肯定收不到好的效果，也不利于我们记住单词的发音。记单词的方法很多，就我个人而言，我是采用读音分隔的记忆方法。简单地说，就是拼着记，像写汉语拼音一样，在读的同时就拼出来了。

其次，语法也非常重要。高考题型中的单选、完形、短文改错都包含了对语法的考查。说到语法，能系统地学习自然是最好的，以免记住了后面的忘了前面的，甚至前后混为一谈。为此，我个人比较推荐一本参考书《五年高考三年模拟》，上面有对各个考点的详细总结。我的使用方法是：买来以后第一遍先看书上的知识清单（即各块知识点的归纳），把自己不知道或认为是重点的地方钩下来，重点记背，看不懂的地方再做标记。然后转向《三年模拟》那个模块，直接把后面的答案填到题目的空白里，再一遍遍地读，带着原先看知识清单留下的问题并结合语境思考，以前很多不懂的地方便会茅塞顿开，很多记不住的知识点也会逐渐加深印象。最后当我觉得自己对基础知识的掌握已经足够熟练了以后，就自己做《五年高考》上的真题，再对照答案、知识清单，总结自己的错因并进行整理。

再次，对于阅读、完形，语感非常重要，因此我几乎每天都坚持做一篇完形、两篇阅读。完形做完后也要把正确答案反填回去并多读，而阅读要学会勾画，比如哪个题在文中哪里找到了答案、哪个单词影响了你的判断（事后要查找并记下来）等。至于听力，没什么特别的窍门，就是多听。可以看原版的英文电影，可以听英语的广播。可以先用一倍的速度听，再用两倍的速度听，你会发现，当你能够听懂两倍的速度时，再听一倍的速度便是小菜一碟。

理综篇

以前看过这样一句话：生物学习靠课本，化学学习靠课本加历年高考题，物理学习靠公式加想法。

的确，生物更多的是记忆的东西，把课本吃透是先决条件。只有把课本背熟了，概念都深入思考过了，各种知识都理解其本质了，才有去刷题的资本。而对于化学，记背仍然是主要的，但是如果只会背课本，做题时就会感觉无从下手。此时，历年高考题、各省市模拟题的重要性就体现出来了。由于考试都具有一定的规律性，所以刷题有时候会显得卓有成效。就化学而言，在做历年高考题的时候，你会发现一些答题技巧以及解题思路，还会对一些题目的评分标准有所了解，从而能在有限的时间里使得分最大化。但是我说的刷题不是盲目而单纯地刷题，其核心在于总结与思考。做题时要不断思考，这道题的思路是什么，为什么会想到要这样做，以前为什么会做错……对于做错的题一定要多总结，争取会一道题就会一类题，事半功倍。就物理而言，首先当然得把公式与定理记熟，之后再从习题、教科书、教辅书中搜集整理有关的信息、答题技巧，通过反复记忆使知识更全面、更系统，使公式、定理、定律的联系更加紧密，进而能找到学物理的感觉。在考试方面，理综是一门综合学科，由于题量大，你很可能做不完，所以时间分配十分重要。因此，在高三一整年，要不断地进行套卷的练习（按照高考时间要求自己），寻找最适合自己的做题顺序，努力提高自己的速度、熟练度、准确度！

　　总之，一切学科的学习都离不开兴趣的培养，兴趣是最好的老师，在兴趣的基础上谈答题技巧才显得有意义。以上就是我自己在学习中的一些体会，谈不上真知灼见，但希望对学弟学妹们有所帮助。

高分宝典阅读笔记

三人行，必有我师焉

关键词	笔记内容
课堂学习	
自主安排	
解题技巧	

总结: _____

_____

_____

_____

Part 1 /
学霸档案

姓　　名：侯同尘

....

毕业学校：天津市宝坻一中
高考成绩：总分649.5　语文123　数学130　英语141
　　　　　文综235.5　政策加分20
院　　系：北京大学外国语学院缅甸语专业

Part 2 /
学霸格言

　　我想说，如果你选择了文科，如果你追求卓越，你就必须付出汗水。我有一个同学说过，当你以后回首高三这段路程而被自己感动到落泪时，高三可以说让你无悔。

一切都是最好的安排

"一切都是最好的安排。"这句话是班主任党万钧老师告诉我们的。也许这几个字早已刻在了 21 班每一个人的心里,闪闪发光。

电影《致青春》里有这样一句话:"青春,当你怀揣着它时,你觉得它一文不值,而只有将它耗尽后,再回头看,一切才有了意义。爱过我们的人和伤害过我们的人都是我们存在的意义。"

学霸秘籍

我想在介绍经验之前,留些地方给自己回顾高中三年的光影。高一初到宝坻一中,与别人的喜悦与激动相比,陪伴我的更多是对家乡的思念。但很快,3 班那些可爱的面孔给了我继续前行的勇气。我结识了"幼儿园"(我们几个好朋友的代号),五个人来自五个不同的地方,却同样的可爱、体贴、善良。因为他们,高一成了我三年中欢笑最多的一年。

很快,就迎来了第一次重要的抉择:学文还是学理。我知道,有很多同学即将面对或正在面对这样的问题。关于这个问题,我想说几点:第一,高中每一次重大的决定都是一个家庭的决定。也就是说,学弟学妹们不妨听听家长的意见,但是,你自己的意愿要占到 80%,毕竟这是你自己的人生。第二,不要单单就成绩优劣去衡量你各科的强弱。我个人以为,兴趣才是最重要的,也就是说，你到底喜欢什么是最关键的。第三，作为一名文科生，我想为文科平反，有很多同学在选择文科时会有很多顾虑：文科学习枯燥、将来就业面窄等等。但其实，一中的文科师资力量是很强的，以更多的师资去培养少部分的人，精英就是这样诞生的。

进入高二，我的成绩基本稳定在年级前十。但我深知，这样的成绩离自己的梦想还很远很远。高二对于我来说，是很纠结的一年。我似乎把重心从学习转到了友谊、朋友的身上，更多的重视和在乎反而导致了更多的矛盾。作为一个"过来人"，我想告诉学弟学妹们，高二是很重要的一年，高考的许多考点都会在高二涉及，而且高二的活动会比较多，学习时间比较少，很多同学容易学不扎实。

我能告诉大家的就是抓住每一分钟去充实自己。另外，不要让自己陷入任何烦恼中，单纯地学习，单纯地玩，这就够了。

很快，我跌跌撞撞地进入了高三。搬进了高三的教室，换了高三的食堂，换了高三的班主任。这一切似乎还没有办法让自己进入高考备战的状态。但我庆幸遇见了这样的班主任，党叔（我们对班主任的爱称）开的每一节班会、和我们的每一次谈话都让我们清醒地意识到我们高三了。墙上挂上了"只要学不死，就要往死学，高三不拼算白活"的豪言壮语。拼，就成了21班的班魂。我们比别人更刻苦，我们比别人更踏实，所以21班的成绩一直在六个班中稳居第一。不知从何时开始，我的"小宇宙"也开始旋转起来，我在书桌上写下了"北大"两个字。那一刻，无尽的喜悦从心底涌来。我从未如此清晰地看到过自己的梦想。但好景不长，我又开始了情绪波动，甚至在家"休息"了两天。我永远也忘不了那几天党叔对我说的每一句话，是他教我振作了起来。那一个月过后，我才算真正进入了备战状态。

　　说了这么多，也算是对高中生活的一份怀念吧。接下来，我想跟学弟学妹们谈谈我的各科学习方法和学习经验。

　　语文。我一直认为，语文的学习在于平时的积累。在这里，我就跟大家分享一下总结笔记的经验吧。高三时，我有了一个很厚的分栏的笔记本（自认为是记得最好的一本）。第一栏是文言文。高三每复习一篇文言文，我都会把重点的通假字、虚词、实词、文学常识标出来。等课内文言文复习完后，我会做很多课外的文言文，然后老师每讲一篇就总结一篇，尤其要注意重点的实词（不常见的那种），因为高考中虚词考查课内偏多，而句子翻译题里的实词有的就是课外的。所以文言文的学习一是课内课外两手抓，二是坚持积累，三是及时翻看笔记。第二栏是字词。每个人都有自己的习惯，我的字词积累是按照音序来的，这样比较好找。要勤翻字典，勤做笔记。但一定不要出现一个词语记很多次的现象。这就要求大家及时复习。第三栏是诗歌鉴赏。其实诗歌鉴赏和阅读在总结方面有很多相近的部分。这两大块既是得分点也是失分点，简而言之，就是拉开差距的地方。老师到后期或在平时就会讲很多答题思路、答题框架，像作用题、赏析题之类的，这些思路框架是必须要记住的。但是天津高考越来越轻套路重内容，也就是说更多考的是理解、特殊性，而不是框架、普遍性。所以笔记上除了老师给你的框架，还要有你自己做完题的收获，你自己挖掘到的这类题的规律，这道题值得玩味的地方。第四栏是阅读。类似诗歌要有套路和经典题的分析，然后就是按照不同的文体进行总结，主要有小说和散文。第五栏是作文。写作文能挖掘自己的风格是最好的，不能形成自己的风格，模板是一定要有的。作文积累比较重要的就是作文素材，素材积累也要分类。现在那些摆例子泛泛而谈的作文有些过时了，而那些能够针砭时弊的议论性作文却既能够展现自己的功底也能抓住老师的眼球，所以在积累素材的同时，应注意那些经典的评论性的语言，会对自己的写作很有帮助。剩下的就是一些细碎的知识点了，像词语辨析、成语、病句、文学常识、语言应用等，考查这类知识的题目，在答题时自我发挥的空间不大，更要求同学们听老师的话，按老师的要求做，不折不扣地完成。

数学。说实话，我喜欢数学。也许，学弟学妹们有很多人为数学成绩得不到提高而担忧、苦恼，觉得自己做难题的智商不够。其实高考试卷中只有很少一部分是难题，大部分是中等难度题。高考数学主要考查大家对知识点的运用能力、细心程度、计算能力和心态。对于数学学习，我想从四个方面来说。第一，错题本。错题本一定要有，不仅要有，而且每一道题都必须堪称经典。这个真的很重要，因为数学考点很多，尤其是一些小的易错点，错题本既可以提醒你那些容易被忽略的地方，也可以方便你从中寻找某类题型的答题规律。另外提醒大家一点，其实错题本、笔记本这类东西，我觉得最好的就是最个性的。换句话说，错题本、笔记本要适合自己。第二，做题。数学其实是一份熟练工，做得越熟练，拿分就越容易。但我不赞成题海战术，不过一定的训练是必须的。尤其是到了高三后期，会发大量的数学卷子，有的同学为了背史、地、政就把数学抛在脑后，这种做法是不科学的。还有的同学到后期只攻难题，不看简单题，这样做也是不科学的，因为如此一来做题的感觉会大打折扣。第三，合作。其实"比学赶帮超"这几个字不仅仅是口号，有几个要好的数学题友，比比智商，比比方法，练练速度，既可以拓展自己的思维，又可以激发自己学数学的兴趣。我就有几个"题友"，有时会为一道题争得面红耳赤，有时会一起去老师那儿炫耀我们的新方法。所以，当时的数学学习一点也没觉得枯燥。第四，心态。其实到高三，情商较智商更重要，一定要有很强的耐挫折能力。就像党叔说的那句话："一切都是最好的安排。"考试既是能力的比拼也是心理素质的比拼。考试时谁的状态好谁就能发挥得更好一些。那怎样锻炼自己的心态呢？把平时的考试当成高考，把高考当成平时考试。平时做作业也尽量掐着时间做，训练自己的速度。这样到真正考试时才能胸有成竹。

英语。英语其实是学习方法最简单的一科，就两点：练和背。学习完型和阅读——英语中最重要的部分，没别的特殊技巧，就是练习。但也不是盲目地练，练一篇就要消化一篇，把错的原因弄明白。其实，练还要在背的基础上进行。单词是所有题型的基础。高三时一般学校都会发一本词汇手册，这本书必须背下来，这里对背的要求并不高，做到给你一个单词知道它的含义就行，另外注意那些一词多义现象和重要的词组。对重要的词组我想提示两点：一是写作文时可能会用到的，一定要确保万无一失；二是一些类似词组，太过相似的，一定要分清。还有语法，有的同学英语底子薄，语法一直不过关。我建议，一开始学就要把它弄明白，基础题型保证会做，因为在后期复习语法时速度会很快，没有时间再细细研究理解。准备一个错题本也是个不错的选择。这样，考前复习起来会比较有针对性。

历史。历史一直是我比较头疼的一科。所以，针对历史学习，我说几点自己的经验教训，并把我所知道的别人的好方法跟大家分享。第一，历史是一门对时间概念要求很高的学科，如果把各大事件的时间、每个时期的特征记清楚就能应对很大一部分题了。第二，历史课本是基础，所以一定要把课本背熟，历史纵横之类的小字也要看。第三，要做题。历史题比较灵活，对答题方向要求就比较高。写一堆废话不如写几个关键词的得分高就是这个道理。所以研究高考题，把握答题方向还是很重要的。当然，高一高二的同学还是不要过早接触高考题，跟着老师的步骤走是最明智的。第四，要注意老师讲的一些规律性的东西，怎么解读材料、怎么抓重点词、怎样表述等都要记在笔记本上。

地理。说实话，文综这三科中我最喜欢地理。一个重要原因是因为党叔教地理，还有就是地理真的比较有意思。有人说地理是文科中的理科，应像学数学一样学它。其实不然，地理的基础也来源于书本。尤其是现在天津的地理考题越来越细化，基础化，它会考你书本上的小细节，所以熟读课本，弄懂书本上的每一句话，记住一些专业术语，可以使你的地理成绩提升一个档次。然后就是做题。地理，我有两个总结本，一个是记录平时做错的选择题和大题里比较有感触的答题思路和表述。另外一个是最后系统复习时自己总结的，把类似的知识点归到一起的本子。到后期时，老师会给你答题模板，最低要求是把它背下来，这真的是最低要求了。再高一点的要求就是会灵活运用这些套路。我个人认为最好的方法就是自己先在平时进行总结，找出一些答题模板，然后结合老师给的看你有没有空缺，编织一条属于自己的知识网，这样才是最灵活、最全面的。地理学习还有一个比较重要的点，就是看地图。党叔一开始要求我们每天看 5 分钟地图，然后是 10 分钟，后来教室后墙上挂上了大地图，我们班总会有人到后面去看。地图是做题的基础。高考不会考你做过的题，它会考你一个不熟悉的地方，需要调动你对地图的记忆、识别能力，定位，定区域，找特点，确定答题模板，其实就这么简单。我知道，一开始会很难，甚至中间会出现瓶颈，这都很正常，能看到自己的问题所在，抓紧弥补就行了。

政治。政治一直是我学得很稳定的学科，也没因为它烦恼过。有人说文科就是背，我认为历史、地理更多是理解的东西，政治是有很多背的内容，但也不是死记硬背。总而言之，就像党叔开学时跟我们说的学文科靠的是"悟性"。政治这几本书，我每一本都背了不下 10 遍，不是我用功，这是每一个"高三党"都必须做到的。我到高三有一个政治笔记本，是高一高二的一个汇总，也是高三新思路的添加，分成经济、政治、文化、哲学四块，积累了一些经典题，一些分析思路，一些解读材料的方法，一些重点词的含义。我想说，如果你选择了文科，如果你追求卓越，你就必须付出汗水。我有一个同学说过，当你以后回首高三这段路程而被自己感动到落泪时，高三可以说无悔。

关于学习方法就说到这儿吧。有些只是我的个人见解。总之，大家还是要寻找到适合自己的学习方法和学习习惯。

我怀念曾经的战场，那没有硝烟的战场。学弟学妹们。你们也将踏入这样的战场，请不要恐惧，享受它的魅力吧，也许以后你再也

不会像高三那样拼命了。三年的准备，日日夜夜的奋战都是为了高考那几天的发挥，走进考场就该相信自己是最棒的。

在这个光怪陆离的人间，没有谁可以将日子过得如行云流水。但我始终相信，走过平湖烟雨、岁月长河，那些历经劫数、尝遍百味的人会更加生动而干净。时间永远是旁观者，所有过程和结果都需要我们自己承担。一切都是最好的安排。

Part 1 /
学霸档案

姓　　名：武学姝

毕业学校：山西省太谷中学

高考成绩：总分637　语文116　数学130　英语136

理综255

院　　系：北京大学经济学院

Part 2 /
学霸格言

高考试卷的难度比我平时练的要难，这也没有使我的心态有太大改变。我觉得那些所谓高考发挥失利的人，就是因为他们太把高考当成高考了，以至于迷失了自己，所以考出的就不像是自己的成绩。

花开不败在北大

又是一年花开烂漫时，我从太谷中学走向了北大，徜徉在温暖的阳光下，昔日的点点滴滴涌入脑海……

那是最近的一个冬天，虽然天气寒冷，但是我的内心仿佛每一天都涌着一簇小火苗——因为高三，因为高考，因为拼搏！

花开不败在北大，回忆走向北大的这条路，我想起了每一科的每一天……

学|霸|秘|籍

语文是高考的第一科。因为一直是语文课代表，我对语文一直充满热爱。我认为语文是一门语言学科，不需要搞题海战术，不需要绞尽脑汁思考解题方法，没有一条条定理法则需要我们熟练运用，没有大片计算让我们望而生畏……所以，在我的学习中语文一直都是在零碎时间里起调节缓解作用的。

我认为学语文最重要的是把它真正当成一门语言，而不是一门学科、一门考试科目。

语文有很多需要背的东西，比如成语，感觉成语总是背不完，逢考必出新，所以成语是很多同学的软肋。可是成语也是人说的，只不过是古人常用的，只要我们弄明白成语中每个字的意义，理解其使用的语境，其实也并不复杂。而且背成语可以帮我们学文言文，可以为我们的作文增色，一箭三雕。我那时起得很早，早上的一部分时间就是背语文的知识点。再就是在一天的生活中时时学语文：我有一个"掌中宝"，专门用来记看到的佳句；课间休息时翻看语文的学案；吃饭路上回忆背的文言文；晚上睡觉前读一篇阅读材料，在墨香中入睡……虽然我并没有花大量的时间来学语文，但是语文的确已经成为我生活的一部分。要是能把语文当成一种生活，对它怀着一种赤诚的爱，语文也会以爱来回报你！

数学是理科生拉开分数的学科。尽管高考之前已经复习了很多，但是当考卷真真正正地摆在面前时，我的心跳还是在加速。学数学，只能用"刷"这个字。每天下午的自习课，数学至少占两节。除了学校的复习资料，我还买了大量的参考书。

数学课本上的原理很简单，但是每个原理都需要做大量的习题来辅助理解。

在做题的过程中，要注重比较和总结：两道貌似截然不同的题，可能是同一个定理的不同用法，或者反映了同一个原理的不同表现形式；对比一类相似的题，我们可以得出一类题的通用解法和注意点……这样，对一道题进行深入思考就相当于做了好几道题。数学考卷发下来后很多人都会抱怨自己又因为马虎丢了多少分，但是我个人觉得世界上并没有"马虎"这件事，所谓的"马虎"其原因就是缺少训练。说自己审题不清，但如果平时都做到认真仔细，又怎么会考试时慌张？说自己考虑不全，那只反映了对一类问题的思维片面！所以，马虎只是懦夫的自我安慰，而不是解决问题的方法！针对大家所谓的"马虎"，我建议建立一个易错点小册子，每次考试完或做完题后整理自己的非知识性失分点，如果出了以前犯过的错误就做个标记，这样看到自己在某个地方总是出错，自然就会注意了。

英语是所有考试中最容易得高分的科目。

同样，英语需要多背，它与语文的不同点在于：高中阶段语文更多的要求是读，英语则要求多背。

新课标对英语单词的要求降低了不少，但是我一直认为掌握单词是打开英语大门的钥匙，所以一定要重视单词的记忆，尤其是易混词。我们应准备一本牛津高阶词典，平时做题时遇到不懂的词就去查一查，不一定要查过一遍就全部记住，但是一定要把该词的意义、用法、常用搭配、易混易错点仔细看一遍。当然，这里强调的查词典是指在单选和完形里，而阅读理解题里的生词是难免的，所以在做阅读题时，猜词能力也是必备的。英语的词组搭配繁多，所以备一个英语小册子是必须的，每次碰到的新词组、老师上课补充的词组，统统记在上面，闲时就翻出来读一读。再有就是每天都要做完形和阅读，养成习惯，而且要计时。遇上错得多的完形就把它剪下来，把正确答案用不同颜色的笔填上，也粘在英语小册子上面，经常翻看。还有英语作文，一定要注重书写。不一定要求字体多好看，但是一定要工整，大小一致，左右对齐。总之，学英语的总体原则就是用英国人的思维去思考问题，学会地道的表达方式，多阅读外文读物，培养良好的语感。

物理是理科综合的重头戏。理科综合的命题方式是有顺序的，物理在中间位置，应该是我们在思维最活跃时做的题，所以我并不赞同一开始就调整答题顺序。

学物理重要的就是记模型。有一些所谓的难题，不过是把好几个模型综合到一起，分析清楚涉及哪几个模型，一个一个地进行列式计算，就可以轻松拿下。物理经常出现图像问题，这时候一定"看图先看轴"，适当地运用数学方法。很多物理情境多有一些小的规律，尽量在不混淆的情况下记一些规律。做选择题时能用规律的就用规律，能排除的就排除，这样可以很快地找出答案，毕竟理综的时间是很宝贵的！还有物理规律的成立条件一定要记清楚，有时候错题就错在把不适用的条件用上了。如果一开始不注意细节，可能就会导致整道大题都因为开始的一点点而失分。对物理一定不能心存畏惧，做物理题时要将没弄懂的题目标记出来，并向老师或同学请教。**得物理者得理综，所以自习课上的很多时间都要留给物理。做题不要图快，因为物理题的题干一般很长，要记清每个条件，必要时可以勾画出来。平心静气做物理，能做多少做多少，毕竟步骤分也是很可观的。**

化学，优秀生是完全可以得满分的。**化学题的一大特点是每次考试的知识点都差不多，到最后闭上眼睛几乎都能背下来考题顺序。**虽然化学的知识点看上去很多很杂，但是实际上把基本知识点背下来之后再稍加变通就可以了。化学记特殊点，就是说大的规律记住之后，就只需要记哪些不符合这种规律的，而没必要记那些符合规律的东西了。还有就是要记特殊颜色的物质，每次都会考到。因为化学考试都会把对知识点的考查渗透到貌似复杂的各种情境中，所以整理化学错题时可以只提炼所考的哪个知识点不会，没必要把整个复杂的情境照搬，这样有利于日后再翻看复习。化学的知识点轮廓性强，很多部分基本上都是自成一体，所以要把每个部分都学扎实。如果哪个部分没学好，也能很方便地进行针对性训练。有很多专题训练，就可以在平时练习。我尤其推荐多做各省份历年的高考题，可以知道知识点都是怎样考查的。

生物，理综卷中的开始和结尾。它的地位就是尽可能快地让我们进入理科综合的答题状态，所以生物的题目一般不难。学生物最重要的就是要对课本足够熟悉，所以在一轮复习中，我在生物方面做的最重要的事就是把必修和选修课本认真看了一遍，包括小字部分和课本边框。因为课本知识也比较多，所以看课本经常有看了很久但感觉没重点没收获的情况。这时建议一边看一边把自己想象成命题人，如果自己出题的话会怎样设置问题。再就是一边读课本一边在上面列提纲，既突出整体结构又注意细枝末节。对生物题一定不要盲目地多做，先把基础知识打通，因为生物题只要会就能做很快。还有生物里的计算题，一定要看清楚基本条件，问的是什么，包括小括号里的内容也要注意，运算注意数量级。理综卷里一定不要空着生物题不做，因为生物一般对情境依赖不大，看一眼就能得出答案，是"性价比"最高的科目，也适合在最后时间大脑高速运转时迅速得分，不会出现读不懂题、大脑空白的现象。

总的来说，高三就是需要我们冷静细致、全力以赴。记得班主任曾经说过一句话："全力以赴的最大障碍就是你以为你已经全力以赴。"

永远不要抱怨课业量大，只要你想，永远可以挤出更多时间。还有就是永远要保持冷静，不管是卷子纷纷扬扬的时候，还是成绩陷入低谷的时候。一定要知道自己已经做了什么，还需要做什么。我习惯晚上睡觉之前躺在床上用几分钟时间反思自己的一天，并对明天的生活做出规划，这样使我觉得每一天都过得充实、有意义。

临近考试，我的心情没有太大起伏。只要把平时的作业、考试当成高考，自然就能把高考当成平时。只要自己无怨无悔地度过了高考前的每一天，就一定能坦然面对最后的结果！

步入考场，我的身后是老师和家长殷切的目光，不过这些并没有给我带来太大压力。高考试卷的难度比我平时练的要难，这也没有使我的心态有太大改变。我觉得那些所谓高考发挥失利的人，就是因为他们太把高考当成高考了，以至于迷失了自己，所以考出的就不像是自己的成绩。紧张时深呼吸，想着：不过是一场考试，只需要仔细认真，把自己会做的都做对就好了！

公布成绩的时刻，得知自己考上了北大，我没有太大惊喜，只是淡淡一笑。所有付出都会有回报，天道酬勤！在那个昏天黑地的高三，我让自己默默地站成一棵树，努力向下扎根，终于在高考那年的 6 月绽放成一朵花，在北大！

高分宝典阅读笔记

三人行，必有我师焉

关键词	笔记内容
课堂学习	
自主安排	
解题技巧	

总结: _____

_____

_____

_____

Part 1 /
学霸档案

姓　名：熊 韦

....

毕业学校：黑龙江省牡丹江市第一高级中学

高考成绩：总分654　语文105　数学141　英语136

　　　　　理综272

院　系：北京大学城市与环境学院

Part 2 /
学霸格言

学习的过程，应当是用脑思考的过程，无论是眼看、口读还是手写，都是作为辅助用脑的手段。学习的关键还在于用脑子去想。

梦想之花如此绽放

　　从远古时期的原始社会到如今的现代社会，人类一点点走向文明，走向繁荣。在这个过程中，人类一定会遇到各种各样的问题，这些问题又不可能是千篇一律的，所以在解决的过程中，人们产生了一种认识世界、改造世界的思考方式，并加以实践和创新，从而不断进步。在学习的过程中，我建议大家打破旧的观念，从更高的角度去看待、思考问题，把学习的过程当成对自己的磨炼，把考试当成对自己能力的检验，从而对学习产生新的认识。

　　我是一名理科生，距离取得学习上的成功还相差很远，但是在大学之前的基础知识储备过程中，我画上了一个比较完整的句号。

　　爱因斯坦总结自己获得伟大成功的公式是：A=X+Y+Z。A代表成功，X代表艰苦劳动，Y代表正确方法，Z代表少说废话。这个公式用在学习上，就是说，要想在学习上取得成功，一要靠学习方法，二要靠意志，三要靠效率。

学霸秘籍

方法是成功路上的阶梯

　　学习可以说伴随着每个人的一生，而好的学习方法往往让你收到事半功倍的效果。我认为我的学习方法也是一种比较有用的方法。

一、接受新知识

新知识的摄入首先应有直观的体验，理解不透彻一般是因为知识在头脑中形成的是抽象的概念而不是直观的体验。建议学习某一类知识的时候，首先应该对知识应用背景有直观的体验。

学生时代，我们获取知识的途径多数是通过课堂。所以，在课堂上，确定获取知识的范围与程度，抓住重点，不随意撒网捞鱼，循序渐进，多思考十分重要。学习成绩好的学生很大程度上得益于充分利用课堂时间，这也意味着在课后少花些工夫。课堂上要及时配合老师，做好笔记来帮助自己记住老师讲授的内容，尤其重要的是要积极地独立思考，跟得上老师的思维。

二、巩固所学知识

复习是学习过程中的一个重要环节，是对已经学过的知识的一次再学习。它是巩固和深化所学知识的一种有效手段，使已经获得的知识系统化，形成合理的知识结构，对强化记忆能力、提高学习效率有重要意义。

人们的认识总是按照"感知、识记、理解、再感知、巩固记忆、深化理解"这样一个规律进行的。课堂上对知识的第一次学习是感知过程，这时知识的有序性还体现为低级阶段，即感性阶段。通过复习对课堂上初次接触的知识进行再感知、再认识，这样就可以增强知识的有序性与深刻性，从而起到加深理解、巩固记忆的作用。复习巩固实际上就是同遗忘做斗争。

关于产生遗忘的原因，有记忆痕迹的消退和干扰两种学说。痕迹的消退说认为，记忆如镌刻在岩石上的文字那样，在大脑的某个地方形成记忆的痕迹，然后，随着时间的流逝，记忆痕迹也逐渐消退。干扰学说认为，引起遗忘的原因，并不单纯由于时间的流逝，而是从识记开始到回忆这段时间里，由于进行了其他活动，记忆受到了干扰。为了有效地进行复习，必须掌握科学的复习方法。

（1）反复记忆法。重复是学习之母。宋代教育家朱熹告诫别人说："读书，每次只读五十字，速读上二三遍。"茅盾读名著，至少要读三遍。第一遍是鸟瞰式，第二遍是精读式，第三遍是消化式。革命导师马克思记忆力很好，但他还是反复阅读和研究已经看过多遍的书，并且从来不感到满足。他们的经验都证明：反复记忆、反复强化，是理解知识、避免遗忘的有效方法。

（2）由厚转薄法。复习知识时要避免只求量不求质，还要避免只求质不求量，因为，这两种学习方法都是片面的。著名学者华罗庚总结了读书要由薄变厚，由厚再到薄的方法。他说："一本书，当未读前，你感到书是那么薄，在读的过程中，如果你对各章各节又做了深入的探讨，在每页上加注解，补充参考资料，那就会觉得厚了。但是，当我们对书的内容真正有了透彻的了解，抓住了全书的要点，掌握了全书的精神实质以后，就会感到书本变薄了。愈懂得透彻，就愈有薄的感觉。"

由厚转薄的过程和方法是：

各个击破。对教材的每一章、每一节，以至每个问题、每个概念都要弄清。构成某种知识的"部件"都掌握了，这种知识的"整体"也就容易掌握了。瑞士教育家裴斯泰洛齐说过："最复杂的感觉印象是建立在简单的要素上的，当你把简单的要素完全搞清楚了，那么最复杂的也会变得简单了。"各个击破是量的积累，把握整体是质的飞跃，一旦把握整体，知识也就变薄了。

吸取精华。由厚转薄的关键是要抓住实质，吸取精华。作家碧野在谈他的读书经验时说："读书的方法，一般说，首先'粗读'了解书中梗概和中心内容；然后'细读'书中各个环节，在精彩处做上记号；最后'精读'，专心把精彩的部分再三琢磨，转化成为自己的血液。"碧野读书的三部曲，最后归宿点是"精读"，吸取精华。知识理解了，精华抓住了，真正要记忆的东西就不多了。

（3）知识结构法。现代教育家都十分强调知识的结构问题。美国教育家布鲁纳主张要采用最佳的方式，将大量的教材组织起来，形成理想的知识结构。苏联教育家赞可夫则十分注意"知识之间的本质上的联系"。他认为："学生在有机的联系中获得越来越多的新知识，其效果要比进行多次单调的复习好得多。"用他们的话来指导复习，讲得概括一点，就是要使知识系统化、条理化。我们所学的各门课程，都有一定的科学体系，反映了知识的内在的有机联系。如果我们只注意知识的一块块的"碎片"，那我们自己也将成为一块"碎片"；如果我们只知道在书本的海洋中一味贪婪地吞食，那我们自己也将被知识海洋所吞食。

三、学会提问

"学起于思，思源于疑。"提问是思维的导火线，是学生的内驱力，是探索与创新的源头。加强学生质疑能力的培养，即培养学生自己发现问题、提出问题的能力。

聪明的人懂得说，智慧的人懂得听，高明的人懂得问。学习中能问出好问题，才说明对知识有深入的挖掘，对知识产生深刻的理解。所以，在学校学习，首先要充分利用老师这个资源，敢于提问，善于提问；其次，要充分利用同学这个资源，经常与同学切磋探讨问题，交流学习的心得和方法。方式上，可以建立学习兴趣小组，各组之间组织多种学科竞赛活动相互比拼，团队合作学习有助于提高学习热情，完善学习方法，是我们学习的捷径。

四、学会在竞争中合作

在集体中学习，就一定会有比较，如果选错竞争对象，那么不仅不会使自己进步，还会挫伤自己的积极性，丧失自信心。在班级中学习，要找与自己实力相当的同学作为竞争对手，在竞争的同时互帮互助，尽享学习带来的欢乐。

在竞争中还要时刻保持自己的优势，用优势为自己创造条件。每个人只要扬长避短，就能使自己立于不败之地，创造自己的精彩。

意志是成功之门的钥匙

一、适当强迫自己

曾经有多少雄心壮志，总是以热情高涨开头，到最后却是冷淡的结尾。渐渐地，我发现活在一个毫无压力、充满欢乐的星球中，如果想让幸运女神来到我的身边，只有一个办法——战胜诱惑，强迫自己。研究表明，大多数在某一领域取得巨大成功的人都曾强迫自己。学习中的强迫症是指学习时给自己施加压力，对自己严格要求。在日复一日地看书和做题中，疲劳厌倦是无法避免的，这时我们可以尝试着对自己提出要求，告诉自己今天做完这些题才可以睡觉，这道题一定要自己解决。这些要求就是来自心底的声音，能使人顿时精神焕发，充满力量，获得继续前行的决心。适当强迫自己有利于形成良好的作息习惯，并且提升抗压能力，使自己在困难面前不退缩，在挫折面前不落魄。

二、要自信

很多科学研究都证明，人的潜力是很大的，但大多数人并没有有效地开发这种潜力。其中，自信是很重要的一个方面。

无论何时何地，你做任何事情，只要有了这种自信，就有了一种必胜的信念，而且能使你很快摆脱失败的阴影。相反，一个人如果失掉了自信，那他就会一事无成，而且很容易陷入自卑中。

三、学会用心

学习的过程，应当是用脑思考的过程，无论是眼看、口读还是手写，都是作为辅助用脑的手段。学习的关键还在于用脑子去想。比如说记单词，如果你只是随意地浏览或漫无目的地抄写，也许要很多遍才能记住，而且不容易记牢，而如果你能充分发挥自己的想象力，运用联想的方法去记忆，往往可以记得很快，而且不容易遗忘。现在很多书上介绍的英语单词快速记忆的方法，也都是强调联想的作用。可见，如果能做到集中精力，发挥大脑的潜力，一定可以大大提高学习的效率。

四、人的情绪

如果你某一天的精神饱满而且情绪高涨，那样在学习一样东西时就会感到很轻松，学得也很快。其实，这正是我们学习效率高的时候。因此，保持良好的情绪是十分重要的。我们在日常生活中，应当有较为开朗的心境，不要过多地去想那些不顺心的事，而且我们要以一种热情向上的乐观生活态度去对待周围的人和事，因为这样无论对别人还是对自己都是很有好处的。这样，我们就能在自己的周围营造一个十分轻松的氛围，学习起来也就感到格外的有精神。

效率是成功路上的引擎

学习上要给自己一些时间限制。连续长时间的学习很容易使自己产生厌烦情绪，这时可以把功课分成若干个部分，把每一部分限定好时间，这样不仅有助于提高效率，还不会产生疲劳感。

如果可能的话，逐步缩短所用的时间，不久你就会发现，以前一小时完成的作业，现在四十分钟就完成了。

不要在学习的同时干其他事或想其他事。一心不能二用的道理谁都明白，可还是有许多同学边学习边听音乐。或许你会说听音乐是放松情绪的好办法，那么你尽可以专心地学习一小时后全身放松地听一刻钟音乐，这样比戴着耳机做功课的效果好得多。

不要整个晚上都复习同一门功课。这样做不仅容易疲劳，而且效果也很差。每晚安排复习两三门功课，情况就好多了。

除十分重要的内容外，课堂上不必记很详细的笔记。如果课堂上忙于记笔记，听课的效率一定不高，况且你也不能保证课后一定会去看笔记。课堂上所做的主要工作应当是把老师的讲课内容消化、吸收，适当做一些简要的笔记即可。

本来有付出就应该有回报，而且，付出得多，收到的回报就应该多，这是天经地义的事。但实际情况却并非如此，这里边就存在一个效率的问题。效率指什么呢？就拿学一种东西来说，有人练十次就会了，而有人则需练一百次，这其中就存在一个效率的问题。如何提高学习效率呢？我认为最重要的一条就是劳逸结合。学习效率的提高最需要的是清醒敏捷的头脑，所以适当的休息、娱乐是必要的，是提高学习效率的基础。那么上课时的听课效率如何提高呢？课前要有一定的预习，这是必要的。我的预习比较粗略，就是大概浏览一下课本，这样课本上讲的内容、重点大致在心里有个数，听起课来就比较有针对性。预习时，我们不必看得太细，如果过细不仅浪费时间，而且上课时未免会有些松懈，有时反而忽略了最有用的东西。上课时认真听课当然是必需的，但任何人也无法集中精力听一节课。也就是说，连续四十多分钟一刻也不走神，是不太可能的，所以上课期间也有一个时间分配的问题，老师讲一些对自己来说很熟悉的东西时，可以适当地放松一下。做题的效率如何提高呢？最重要的是选"好题"，千万不能见题就做，不分青红皂白，那样往往会事倍功半。题都是围绕着知识点进行的，而且很多题的形式也是类似的。首先选择想要得到强化的知识点，然后围绕这个知识点来选择题目，题并不需要多，类似的题只要一道就足够，选好题后就可以认真地去做了。做题效率的提高，很大程度上还取决于做题之后的过程，对于做错的题，应当认真思考错误的原因，是知识点掌握不清还是因为马虎大意，分析之后再做一遍加深印象，这样做题效率就会高得多。

　　我们都有梦想，我们的梦想是一个简单的信念，是一份对自己未来与生命的责任。也许是十八岁的豪情壮志；也许是青春期的迷茫与冲动；也许只是一份平淡的渴望，渴望掌声，渴望成功。无数的"可能"，无数的"希望"，因为我们的青春岁月充满奇迹，我们心中大大小小的梦，在生活的每一个角落里芬芳弥漫。

　　我们青年人爱幻想，每个人都有自己美好的梦想。但如果不经过奋斗，那梦想终究是梦想，绝无实现的可能。大家一定听说过"蜀鄙二僧朝南海"的故事：穷和尚和富和尚都立志去南海，结果穷和尚凭一瓶一钵去了南海，而富和尚"数年来欲买舟而下，犹未能也"。原因何在？就在于穷和尚勇于立志，勇于践志；富和尚则只敢想，却不敢做。

　　梦想是一位绝代佳人，她拥有幽深的眼眸，让我们看到了未来的希望；她拥有甜美的声音，告诉我们如何走好自己的路；她拥有纤巧的双手，给予我们无私的帮助；她拥有博爱的心灵，永远含笑相伴你身旁。请你也寻到一位属于你的佳人，并将她拥在怀中，在月色下回忆她的美妙，承诺对她的付出，在她的指引下走向成功。

　　原来，梦想之花如此绽放！

Part 1 /
学霸档案

姓　　名：赵冰彬

毕业学校：云南省大理州下关一中

高考成绩：总分679　语文118　数学132　英语130

　　　　　　理综257　学业水平测试22　省级优秀学生加分20

院　　系：清华大学协和医学院

Part 2 /
学霸格言

　　勇攀学峰、勇渡学海的学子们，高考是你们路途中最重要的一座独木桥，而理想的大学是你们期待的远方。或许你会困惑，或许你会迷茫，觉得自己理想中的远方只是一个梦，感到自己心有余而力不足。

圆梦清华

　　既然选择了远方，便只顾风雨兼程。学习的这一路，有泪水，有汗水，需要你付出很多，但请相信，到达终点后你会真正体会到成功的幸福。勇攀学峰、勇渡学海的学子们，高考是你们路途中最重要的一座独木桥，而理想的大学是你们期待的远方。或许你会困惑，或许你会迷茫，觉得自己理想中的远方只是一个梦，感到自己心有余而力不足。但是作为一个过来人，我想和你们说，选对了方法，加上你的坚持和努力，清华、北大不是梦。下面，我主要把自己考前保持良好心态的体会和理综学习的方法分享给各位将要参加高考的学子们，希望能对你们有所帮助。

学霸秘籍

一、好的考前心态是成功的必要前提

　　要自信——你要相信人的潜能是无限的，关键是你要发掘它，并永久坚持；人都会进步，只是进步有大有小。

　　或许你的进步极其微小，不被人发现，但你自己却不能放弃，一定要坚持，只要坚持，你的不易发现的点滴进步最终都会在高考时完美地体现，即量变的积累最终会引起质变。而我自己当年在这一点上就做得很不好，虽然最后的高考成绩还行，但相比平时就差了很多。在临近高考的几次模拟考试中，因为没有调整好状态，成绩都很不理想，我觉得自己很努力了，但考试出来的成绩却不太理想，我真的很怀疑自己的能力。临近高考，心态仍没能得到及时调整，高考是我高中以来考得最差的一次。到了高三下学期，有些同学也会出现我这样的情况，但请你一定要记住，你自己已经很棒了。在考试之前检查出漏洞是件很好的事情，只要认真弥补，高考时就不会再犯同样的错误。同时，要认真总结，不要怀疑自己甚至放弃自己，否则此时的不自信会把你推向低谷，很难再爬上来。说实话，考试只是检测自己的一种相对公平的手段，并不是绝对公平和客观的。因此有时候一场考试的成绩可能会掩盖了你的进步，蒙蔽了你的眼睛。此时，你最需要做的就是相信自己，保持对自己的信心，认真总结考试中的难点和易错点，改进自己的学习方法，通过改正错误来完善自己，使自己有更大的进步。

要专注——简单地说，就是要静下心来，一心一意地去准备高考。

高考，已经不是一场单纯的考试，而你作为这场考试的主角，所面对的压力也是无比巨大的——几乎是你从小到大以来所面临的最大压力。而很多时候，我们在面对巨大压力时，会变得很烦躁、焦虑、善变。大家可能有过这样的经历，自己本打算要到教室写语文作业，看到你旁边的同学在研究数学压轴题，心想：糟糕，我也得写，说不定下次考试就考到了，况且是十几分呢，语文无所谓，还是先放放吧，至少考场上编也能编出来。之后，就打乱自己的计划，开始盲目地做数学题，而最后可能收获甚少。又比如，每次到书店去，看到各种猜题卷、冲刺卷，就会暗自想：我要用一周时间把多少套试卷写完。并且总担心自己会漏做某几道题而恰巧又出现在高考试卷上，之后就开始疯狂购买。而到最后才发现，自己的进度和心中所想差别很大，那么多的题，根本就做不完，高考结束后大摞大摞的试卷依旧崭新如故。这些心理和行为都是浮躁的表现，它会让你不安，致使你不能专心地完成你应该完成的事。此时最重要的就是静下心来，专注于你自己真正应该做的事，不要被周围的环境所左右。你唯一要做的就是按照自己和老师的计划，认真地完成每一次作业，认真地去体会和总结题型。你要相信，高考出现原题的概率微乎其微，没必要抱着侥幸心理盲目去刷题库。但是可以确定的是，高考的题型不会超出你的知识水平范围，你对题型的体会和总结会让你得心应手地去解决看似新颖的问题。当你真正专注了，你的效率就会很高，结果当然不会差，你的浮躁感也会大大减轻，你会更加乐于专注你所要做的事，最终这会是一个很棒的良性循环。反之，处理不好便会是很糟糕的恶性循环了。

　　享受考前每一天——说到这点，可能很多人都会持反对意见，会认为高三岁月很艰辛，很枯燥。每天面对的是永远也做不完的题目，心里总是被考试压着，被成绩压着，根本没有可以放松的时候。其实，这只是你们看到的最表层的高三语文岁月，如果你的高三岁月就是在这样的抱怨中度过的，那你以后一定会后悔的，因为你已经错过了很多很多。高三其实是一段很快乐的日子，这段日子里，你的目标很明确，就是打好高考这一战。你的生活有爸妈的悉心照料；你的学习也有极负责任的老师们的指导（到了大学，你就能真正理解什么是大学——大学大学，大不了自己学）；你还有最铁的朋友和你一起为高考奋战，你们一起吐槽，一起欢笑，一起宣誓，一起畅想，此时的友谊将会是你人生中最重要的、最珍贵的。你要相信，你身边的同学不是你的竞争对手，而是你的战友，只有你们一起合作，才能有更大的进步。当你身处异乡时，就会发现身旁能有几个老同学，不时说说家乡话是一件多么快乐的事！要记住，不要因为匆匆赶路而忽视了身旁的人和事，路边的风景才是最美的！

二、方法是成功的关键，好的学习方法
能起到事半功倍之效

　　作为理科生，理综应该是大家非常看重的一科，就像有人调侃道："得理综者得天下。"这虽然不能说绝对有理，但谁也不能否认理综的重要性，毕竟它在所有高考科目中所占的分数是最高的。所以我想和大家分享一下我的理综学习经验，供大家参考。

1. 关于平时学习

　　物理：对很多人来说，该学科是理综里最难的，也是最强调人的逻辑思维的一门课。刚开始学时一定要从课本、课堂笔记入手，认真扎实地掌握每一个定义和公式，做题要先易后难，循序渐进，保持自己的兴趣和信心。建议选一本好的参考书，根据老师上课的进度按时完成相应的练习，因为学好物理是离不开做题的。做题时要善于总结题型，弄明白该题目对一个知识点是如何进行考查的，一定要打好基础，因为难题很多时候都是由简单题组合而成的。结束一章后，要对这一章进行一次系统的复习，可以先看课本和笔记，再复习做过的题目，最后可以选择一份综合检测卷测试一下，发现漏洞及时补上。

　　化学、生物：把这两科放在一起说是因为它们有一个很大的共同点——"理科中的文科"。学好这两科的前提是要认真研究课本，要熟悉到可以背诵的程度。每上完一节课，都要及时细致地阅读课本，包括脚注和尾注，对很多知识要背到滚瓜烂熟的程度。其次，做题的方式也很关键，题目不需要像物理那样多，但是要选一些典型的题来做并认真总结，要学会把题目和相应的知识点联系起来，再通过知识点来解决问题。这样，以后遇到背景新颖的题目，你也能自如解决了。

2. 关于复习和考试

（1）复习时要认真阅读课本，尤其是生物和化学，要对课本很熟悉，包括一些拓展阅读，因为很多大题都来源于课本。遇到难题要学会联系课本，要注意总结难题的难点在哪个地方。

（2）复习时先进行分块复习，最后将各板块联系起来，在脑中形成完整的知识网络。

（3）要多做模拟卷，模拟卷的试题质量较高，要选一些风格不同的试卷，好让自己适应不同的题型；做试卷的时候要严格按照时间限制，找到最适合自己的做题顺序和时间安排。考前的几十天里，可以根据自己的实际情况，选择自己的薄弱部分进行强化训练。

（4）考试时，根据自己的实际情况，合理安排时间。我以往都是按试卷的顺序，用 30 ~ 40 分钟来完成选择题部分（不超过 40 分钟），之后用 30 分钟完成物理的填空和计算部分（压轴题尽量做，能写多少写多少，不能恋战），接下来用 20 ~ 25 分钟完成生物大题，用 20 ~ 25 分钟完成化学大题，留下最后 30 分钟完成 3 道选修模块的大题。

（5）做题时一定要记住先易后难的顺序（一般按我认为的先易后难的顺序：生、化、物），一时做不出来的题要学会果断放弃，会做的题要保证准确度。做题时要注意时间，要在预计时间内完成相应的模块，避免出现由于时间不够而丢了本该得的分数的悲惨情况。

（6）试卷发下来，不要急于做题，利用好开考前的几分钟很重要。在这短短的几分钟里，你需要浏览整套试卷，尤其是大题，你可以迅速阅读题目，也可以看相关示意图，对于题目难度要做到心中有数。如果生物比化学难，你就可以灵活调整时间，先做化学大题再做生物大题，并从化学大题的时间中挤出部分留给生物。但是整体的时间规划不能乱，以免每一科都考不好。

（7）平时计算不要用计算器，一定要自己动手算，提高复杂运算的速度和准确度。考试时遇到特别烦琐的计算，可以把运算式子直接写上去，若最后有时间再计算结果。

（8）做题时一定要沉着冷静，不能自乱阵脚，你只要把自己会做的题认真准确做完，分数肯定不会差。考试时千万不能想"我要考几分""这题不会做怎么办"等乱七八糟的问题，这样只会增加你的焦虑感，使你无法专注地做题，你要想的是题目本身。

学子们，清华、北大不是梦！尤其是高三的你们，珍惜吧，青春有一段被搁在了这儿，真的挺好。加油吧，相信你也可以给自己一个鲤鱼跃龙门的机会！

高分宝典阅读笔记

三人行，必有我师焉

关键词	笔记内容
课堂学习	
自主安排	
解题技巧	

总结: _____

_____

_____

Part 1 /
学霸档案

姓　　名：万英格

………………………………………………………………

毕业学校：湖北省武汉外国语学校

高考成绩：总分668　语文119　数学134　英语139

　　　　　理综276

院　　系：清华大学工程物理系

Part 2 /
学霸格言

　　所以，如果你们还没有找到有效利用考前百天的好方法，也不必恐慌，只要冷静地面对问题，定能找到正确的解决方案，不必因之前荒废时间、迷茫无措耿耿于怀。考前最后的几个月里，最重要的还是调整好心态，面对任何问题或意外时不至于惊慌失措，这就满足正确利用这一百天的大部分要求了！

百日含苞，但为一朝绽放

——调整心态，理智高效利用考前百天

　　高考前一百天左右，忙碌而疲惫的高三生活即将结束，我们即将面临"收官之战"。然而，我却在这样关键的复习阶段一时陷入迷茫。一年的复习工作，让我终于对高中三年接触到的知识有了比较系统的认识，大量复习题的训练与几场模拟考试也让我逐渐形成良好的应考心态。可是越临近高考，复习对自身水平的提升速度越趋于饱和，我也越难明确第二天的复习计划了。那时，我几乎每天都会问自己：如果你走到今天认为已无事可做了，给你个机会，你愿意今天就参加高考吗？如果你的答案是不愿意，看来你并未准备好，那么接下来你要准备的又是什么，该如何准备？尽管那时身边大多数同学仍照常把自己每天的复习计划安排得满满当当，但我相信还是有不少学弟学妹和当时的我有一样的困惑。最后百天，万事俱备，只看自己对倒数百天如何正确利用了。我把自己当时从迷茫调整到最佳状态的过程分享给大家，抛砖引玉，不求被模仿，但希望学弟学妹们能从中获取些许经验，让我的故事帮助大家找到自己高考前最后百天的方向。

学｜霸｜秘｜籍

　　想必大家心里都有理想的大学，我也不例外，但看待这份理想的

方式是因人而异的。考前在心中默念它的名字能提高我们复习的热情，但不适当的联想容易引起考前焦虑。

怎样看待心中理想的大学？就说说我自己的认识吧。清华，于我而言是个从小听到大的名词，是身边无数学子的奋斗目标，而我从未想过把奋斗目标仅仅锁定在一所学校上。大学，无论对考前还是考后的我，都更多地意味着是提升自我、了解世界的平台和窗口，清华可以说是我心中最佳的选择，而非我三年拼搏的最终目标，我更不会用"非清华不去"或"考不上清华就完了"之类的话评判自己。因此，复习阶段，我不像有的同学那样抱着考上某某大学的压力埋头刷题复习，甚至每天都是一副心事重重的模样。其中，典型者容易出现以下几种情况。

第一，是和周围同学"攀比"复习计划。平时有的同学喜欢关注周围人怎样安排自己的学习计划，考前复习时更为严重。打个比方，甲在复习英语语法时看到乙在背单词，甲出于"我比乙少背了许多单词"的想法放下自己的计划去像乙一样背单词。其一，甲忽略了复习计划是具有个体性的，甲语法薄弱，单词背得滚瓜烂熟，而去照搬乙的计划，对自己英语水平的巩固有害无利。其二，甲复习的目的掺有和乙竞争的成分。竞争不是贬义词，但复习主要是为了提升、稳固自己的知识体系。如果把重心放在竞争中，甲时时关注乙的进度，因为自己不如乙而唉声叹气或是隐隐妒忌，超过乙则得意忘形、自满懈怠，无论哪种状态都对良好学习心态的塑造没有好处，更不要说以良好的心理状态应对紧张的高考了。

第二，是心理压力大，和同学的日常交流减少，甚至和非复习状态时不像同一个人。正如我在前面提到的，有压力很正常，但压力过大乃至让它影响了你的日常生活，则是心态亟须调整的信号。不少同学可能没意识到这一点的危害，复习和模拟考时稳中有升，以为得益于"有压力才有动力"。然而到了高考这两天，他们临场发挥大不如平日水平，后悔为时已晚。每一届都有这样的例子，在我熟悉的同学里也有不少，所以希望学弟学妹们能注意到缓解压力、保持一颗平常心的重要性（效果往往直到高考时才体现出来）。至于调节的办法，因人而异，相信大家平时都有调节心情的小妙招，实在没有的可以尝试参考周围同学的办法，这一点不少人还是乐于分享的。

说到分享，就出现第三种现象了，少部分同学将自己的复习方法视为私藏的珍宝，不愿与人共享，这也许对自己没有明显的危害，但这实在是我不推崇的做法。高考时，我们的竞争对手是全省的考生，同学之间互相帮助并不会影响你的排名，而且占用不了多少时间。互相交换彼此的思想，对复习是有益的。

在观察到周围这些现象时，离高考只有不到一百天，而我仍处在迷茫中。然而同学们的复习状态给我提供了一些思路。我从自我暗示开始，如果你能注意这些问题，要有则改之，无则加勉，这正是找准方向的第一步。接下来我又是怎么做的呢？

（1）避免盲目自信，踏踏实实克服漏洞。

那段时间里，我曾"自我感觉良好"，自以为三年的知识翻来覆去训练了无数遍，复习工作达到饱和状态。因此，时不时和同学互相考考难点、易错点，可是屡屡"惨败而归"。其实每个人都一样，任何时候都一样，总会有疏忽的地方，总有继续复习的必要。除同学之间互考外，我又翻出了三年来整理的笔记和错题，"挑挑拣拣"，只留下还不够熟悉的内容。这不是一日之功，之前已经大体整理过几遍，考前一百天做的是在以往整理的基础上继续"淘汰"巩固好的知识点，让漏洞数量减到最少。

（2）利用不长不短的三个月巩固基础知识。

另一项耗时较长的工作便是复习语文、英语的基础知识。例如常见文言字词的含义、重点英文短语等，虽说功夫下在平时，高考前的三个月也很重要，在这百天里做好这些工作，不至于因复习和考试间隔的时间太长而遗忘，也不会因为复习时间不够而匆忙应考。所以，感觉自己平时基础知识积累不足的同学没有必要灰心，考前的黄金一百天可以有效弥补你的短板。

（3）不到一百天了，怎样高效度过枯燥的复习阶段？上面提到的一种减压方法也可以用在这里：换换心情。

无论复习多么紧张，都要时常留出一些时间，读读美文，听听音乐，或是出门运动一会儿，哪怕只是奖励自己一顿美食，都是不错的调节办法。事实证明，最后一百天的复习不缺一个空闲的下午。实际上，复习到最后难免遇上停滞期，通过类似的办法适当调整心态，才是对复习状态最好的提升。

（4）为考试时可能出现的失常发挥做好知识和心理上的双重准备。

"不要想太多，好好考，发挥自己的正常水平就行了。"爸妈在考前不止一次这样鼓励我，我却有不同的想法。高考不同于平时，作为十七八岁的青少年，大多数同学难以真正做到像老师建议的那样"把高考当成平时的考试对待"，怀着一颗平常心考试。因此，大部分同学高考时的发挥情况是不如平时的，而被鼓励发挥出正常水平，无疑又给我们带来不必要的压力。可我为什么要在关键时期对学弟学妹们说这些"泄气话"呢？答案很简单，与其担心自己达不到自己的期望值，不如在感到复习走向饱和时进一步提高对自己的要求，更高的标准带来的是你努力的加倍，知识巩固了，水平又提高了一个层次，让你不再以"复习好了"为借口消极怠工，也为考试时发挥不足预留了空间，使临考心态更稳定。

当然了，这些是我在自己复习过程中遇到问题时摸索出的一些解决方案，你们也可以在遇到问题时多摸索，整理出自己的考前百天注意事项。没有最好的复习方式。复习方案是动态的，做到随时根据自己当下的学习状态进行调整，才能从容不迫面对复习过程中的问题与种种变数。遇到问题时，我推荐先"自力更生"，再向同学和老师求助，毕竟最了解自己学习状态、优势与薄弱环节的应该是自己，在摸索的过程中你也提高了自己独立解决问题的能力，增加了自信。

另外再强调一点，上面列举出的只是我最后找到方向时总结出的办法。其实我也有相当一段时间不知所措，或是采用了不适合自己的学习方式，浪费了不少宝贵的复习时间。所以，如果你们还没有找到有效利用考前百天的好方法，也不必恐慌，只要冷静地面对问题，定能找到正确的解决方案，不必因之前荒废时间、迷茫无措耿耿于怀。考前最后的几个月里，最重要的还是调整好心态，面对任何问题或意外时不至于惊慌失措，这就满足正确利用这一百天的大部分要求了！

最后，我在美丽的清华园里衷心为学弟学妹们加油！祝你们找到并落实适合自己的复习方案，不求最好，但求竭尽全力而无悔！

Part 1 /
学霸档案

姓　　名：张嘉梁

....

毕业学校：新疆乌鲁木齐市第一中学

高考成绩：总分672　　语文111　　数学142　　英语132

理综277　　竞赛加分10

院　　系：清华大学经济管理学院

Part 2 /
学霸格言

数学考试不仅考查考生能否把题做对，还考查考生的心理状态、对检查等元素的运用能力、思维转换能力以及临场时的权衡取舍能力。

天天爱高考

进入清华已经是第二个年头了，与各路"大神"为伍也是第二年了。曾经的我是自己身边为数不多的"高考赢家"，现在放眼看周围，每个人的高中都有着辉煌的历史。对高考的理解，也就和高中时代差了很多。就好像一座山，站在山脚下仰望它与翻过去之后站在更高的山头上俯视它，两种感觉是迥然不同的——更何况身边有了很多跟我一样视角的人。对于曾经的成功经历和经验，我有了更深刻的理解。

学霸秘籍

什么是高考？

高考，全称中国普通高等学校招生全国统一考试，在每年的6月7-9日进行，以闭卷统考的形式用几张试卷在几个时间段内对学生高中三年所学习的主要科目的知识做出鉴定。其分数将作为大学录取考生的最重要的指标甚至唯一标准，可以决定考生的命运。

现在回头去看高考，觉得高考更像一场"技术考试"或者干脆说是"技工考试"。虽说是对书本内容理解与应用的考核，看起来主要考查学生的智商与多种思维能力，但由于大量的重复作业，高考考查

的更像是学生对课本条目的熟练度和对高考题型套路及应对方案的熟练度。

　　因此，笼统地说，应对高考应当分为两个主要步骤。第一个当然就是熟悉高考的考纲以及对应的课本条目，即俗称的"打下基础"。这个过程应当在高一和高二学习新课的过程中至少完成 70%（也就是上课请认真听讲。高中生与高考赛跑的过程中拥有很大的时间优势，当然前提是有效学习时间达到中国高考大省高中的一般水平——即至少 12 个小时。如果在高一、高二的时候没有抓紧学习记忆的时间，则会慢慢丧失这个优势，到了高三就再也赶不上节奏了），剩余的 30% 则在高三时的第一轮复习期间完成。请在第二轮复习开始的时候拥有一种稳如泰山的心态，能信心满满地对别人说出"随意抽查我高考内容的基本概念和知识点，如果背不上来我就从了你"这样的话。

　　第二个步骤则是"技术训练"——熟悉高考的套路及应对方案。对应的时间节点则是高考前的第二轮和第三轮复习。一般来说，高考的第二轮复习是"专题训练"。高考要考的知识点非常细碎，又考虑到覆盖面的问题，相似的、有关联的知识点经常放在一起进行集中考查。第二轮复习要应对的就是对这些知识点的初步整合，所以，这个阶段的成效一定是以第一个阶段即熟悉课本条目和考点为基础的。而高考整合这些知识点的套路即知识点的组合方式，也就是我们所谓的"题型"，虽然出题人在不断创新，但实际上是有限的（在考纲稳定的前提下，现在出题套路的创新空间越来越小，更多的只是搬来不同的知识作为出题背景）。所以从理论上来讲，需要对最主流的出题套路掌握到"化成灰都认识"的地步，再对所有支流的出题方式都混个眼熟。考场上，见到自己熟悉的套路就直接拿下；如果见到自己不是那么熟悉的套路但是有印象的，要相信自己可以凭借从父母那里遗传的智商解决它。如果能在二轮复习的时候保持好节奏，时间是绝对够用的。

　　二轮复习之后紧接着就是三轮复习了。此时的主题是"培养大局观"。从三轮复习开始，高中生们就进入了做卷子—讲卷子—做卷子的稳定循环。此时的模拟考试会增多，作业也会以套题为主，目的就在于让考生熟悉高考套路。试想假如你不是在高考而是在学做菜，第一次炒菜和第一千次炒同样的菜，感觉一定是天差地别。即使第一次炒菜前你能轻易地背出菜谱、调料、做法，并能把放油的时间精确到秒，放盐的量精确到毫克，也未必能炒出一盘成功的菜。因为你虽然熟悉每一个步骤，却无法知道它的组合方式，也找不到自己炒菜的节奏。同样，如果通过大量重复练习，能够对高考有整体的把控，成功的概率则又提高了很多。至少自己在考场上不会再心慌了，因为对高考节奏的把控甚至已经形成了肌肉记忆和条件反射，有了"下笔自然成"的境界。

　　备战高考并没有太多的奥秘可言，如果非要说有的话，也只能是"重复重复再重复"。无论是对局部小知识点的重复还是对整体考试过程的不断模拟，都是备考过程中不可或缺的。下面我分别介绍语文、数学、理综、英语的学习特色。

语文

　　科目特点：课本条目掌握占10％，套路熟悉占50％，节奏把控占40％。
　　语文是考生们面临的第一场考验（笔者所在的省区采用新课标卷且笔者为理科生，以下不再赘述），长达两个半小时，并且是书写量最大的一科。高中语文必修课本上并没有直接传授"诗歌鉴赏""阅读理解"答题技巧的章节，也没有专门教如何写作文的章节。所以语文是六门课中唯一一门超越课本，直指考生能力的科目。这样一来，课本条目的重要性也就没多少了，唯一需要认真对待的课本条目大概就是文言文课文中涉及的互译技巧和要背诵的课文章节内容了，其他都是无法从课本上学到的。而这些"其他"占据了语文考试 150 分中的大部分。

"其他"包括但不限于阅读理解（古诗文和现代文阅读）、语法和写作。也就是高考语文考试所谓的对"语文能力"的考查。但是，在这么多年的高考过程中，其考查方式也已套路化，而且比较严重，已经套路化到问题的每一个考查点的作答方式都有套路可循，就好像是独立于课本之外的另一门学科。其"课本条目"是一些在阅读理解作答中会用到的概念、定义以及写作时要遵循的基本文章结构。而"套路"则是有限的，是基本上已经被辅导书和出版商摸透的出题方式。因此在语文考试中，对于套路的把握绝对是至关重要的，而这要求大量的练习——毕竟是一门课外"学科"，在高一、高二的语文课堂上，讲课文的老师一般不会太多地提到这门"学科"。

语文考试时间共 150 分钟，包含一篇不少于 800 字的作文，而一篇构思、书写都比较用心的作文会用到一小时左右的时间。剩余的时间也就是 90 分钟左右，平均每分钟要做一分的题。时间上相当紧张。这要求考生有良好的做题节奏，知道自己每分钟应该做什么，知道自己在时间与预期不相符的时候应该怎么办，不能慌张。而针对这点的训练只有靠平时完整的套卷。因此在时间充裕的情况下，用 150 分钟不间断地做一套包含作文的完整套卷绝对要比把对应的题型都分开做一遍要有效得多。这条规律对于其他学科同样适用。

总之，我认为语文是一门号称要靠积累，但是实际上主要靠答题技巧和节奏感的科目，其中对套路和整体的把控至关重要。

数学

科目特点：课本条目掌握占 20%，套路熟悉占 40%，节奏把控占 40%。

高考数学成绩是令笔者最满意的。在 2012 年新课标卷相当有难度的情况下，笔者凭借好的节奏感，依然考出了 142 分的好成绩，在这一门课上占据了较大的优势。

这里要回顾一下笔者的数学考试经过：首先从大题开始做起。用了大约 40 分钟连续做了三角函数、数列、概率、选做，之后翻回正面用 35 分钟做完了选择及填空题，剩余的 45 分钟用来攻克最后两道大题。最后一道大题的最后一问很难，做到那里，还有一道关卡要攻克的时候还剩下 10 分钟。于是笔者选择放弃那道关卡返回检查，检查出填空题的一处错误并改正。考试结束，准时交卷。核对答案的结果是除了最后一道大题的最后一问，所有答案均正确。笔者对于这个结果很满意。

从考试经过讲起。为什么笔者在高考的时候选择了非主流的"从大题做起"？因为笔者在考试前一个月自己进行的集中训练中，所做过的 30 套模拟卷全部使用了从大题做起的方式。所以在考试的时候有勇气选择了自己熟悉的方式。这就是"节奏"。

找到自己熟悉的节奏，也许是数学复习及考试中最重要的。当然，这建立在你熟悉套路的基础上，否则没有意义。

笔者分别在高一、高二、高三做过 3 次高考卷，每次 20 套，一共 60 套。三年的套卷平均分呈递增趋势：120—130—140。由此可见，有策略的、正确的题海战术是一定可以在理科类考试中奏效的。

那么，怎样的练习是有效的题海战术呢？一定要以套卷为主，专题补充。数学考试不仅考查考生能否把题做对，还考查考生的心理状态、对检查等元素的运用能力、思维转换能力以及临场时的权衡取舍能力。这是单做一类题目无法做到的。专题补充的意思则是在套卷模拟练习中发现知识点的问题，通过单一练习来集中强化。

　　最后笔者分享一种练习方式，推荐有一定基础的同学们试用：笔者在练习选择填空题的时候，强迫自己全部心算，不下笔，下笔就一定是写答案。这样的训练可以提升考生思维的清晰程度。因为选择填空的题很可能是极简单的，但是脑子一旦不清醒，可能原本简单的题目也做错了。做四道较简单的大题的时候，则反过来，强迫自己不停笔，尽量不要停下来思考。因为四道简单的大题套路有限，解法已经高度程序化。考生应该用这种方式使对套路的反应变成条件反射，做到"下笔如有神"。在攻克最后两道较难的大题时要注意权衡取舍，在思维不畅的时候注意分值和剩余时间，随时准备放弃难题来保证更容易得分的题不丢分。平时做模拟题的时候不妨试试。当然，要多做。

理综

　　科目特点：课本条目掌握占40％，套路熟悉占30％，节奏把控占30％。

**　　对程度一般的同学来说，理综是很难做完的。理综要思考的内容和阅读量远远多于同时长的语文考试。再包含三门课的思维切换，难度比语文要大，得低分的可能性也比语文高不少。**

　　生物是理综中占分最少的科目，也是相对简单、较依靠书本的科目。生物题目的套路性不强，全看考生能否熟稔地、一字不差地写出书上的概念。"理科中的文科"不是白叫的。背书，并且搞清楚知识的使用范围即可。脑袋再不灵光的学生，只要在生物上花足够多的时间，都可以拿到70％～80％的分数。

　　化学的套路性很强但是并没有太多的花样，基本概念很零散也很多。需要在生物的基础上加入多做题的环节，做到熟悉所有的套路。

　　物理是三门课中最锻炼思维能力的课程。很多人觉得物理很难，因为物理没有单选，而且就算完全熟悉了所有的概念，也不容易做对题。其实物理的大题是套路化的，这或许是物理中除送分题外最好拿分的题目。选择和实验则花样百出，尤其是物理实验题，毫无套路可言，近几年的花样越来越多。想要在高考中拿到这最难一科的分数，则一定要对每个实验的原理都有深刻的理解。选择题除了多练并没有太好的办法，因为选择题的套路也是数不完的。"时刻注意名词的定义，不要相信自己的直觉"是很有用的一句话。

　　至于三科的做题顺序，与数学一样，属于自己的做题节奏范畴。只需要多用模拟题完整地练习，考试的时候心里就会有数，然后还是和数学一样权衡取舍。如何在最短时间内拿到最高分数？要清楚自己的水平，注意时间和分数。

英语

　　科目特点：课本条目占90％，套路熟悉占5％，节奏把控占5％。

　　英语考试一般是时间最宽裕的。尤其现在可以不算听力（我省的英语考试情况）之后，考试时没有"信仰"的同学可以考虑完全不听听力。实际上就算听了听力，时间也是绝对足够的。一般写作结束之后还有半个小时左右的时间可以用来检查。

**　　英语作为一门语言学科，几乎全部靠记忆，还有少量理解。无论是单词还是语法，都是需要天天背日日背的东西。至于阅读、完形、写作，只要每个单词都认识、文章内容可以读通，所有技巧都无所谓了。**

　　于是，学好英语的方法就是背！背单词、背语法、背课文、背句型、背名言，背一切能背的东西。

　　英语唯一称得上套路的只有写作，但是训练方法仍然是背，背经典句型、背优秀模板，把自己三年学的存在脑子里的最花哨的东西全部用上，写一篇最华丽流畅的文章即可。

　　英语，就是一个字：背！视个人情况适当加练完形，并且保证阅读量即可。

　　最后提供几条复习备考小贴士：

　　（1）定期的模拟绝对有必要。就算学校不进行也应该自己来加练。清楚自己的实力才不慌。

　　（2）高考那两天不要对答案。如果自己感觉不好千万别对，感觉好也别对。

　　（3）一周要留出一天慢节奏时间。早上晚起，做一些基本练习即可，强度要小。

　　（4）充足睡眠所带来的效率胜过熬夜带来的额外几个小时的效率。

　　（5）经常参加体育锻炼，给自己一个健康的身体和良好的精神状态。

高分宝典阅读笔记

三人行，必有我师焉

关键词	笔记内容
课堂学习	
自主安排	
解题技巧	

总结: _____

_____

_____

_____

Part 1 /
学霸档案

姓　　名：范　琪

··

毕业学校：福建省南平市顺昌一中

高考成绩：总分640　语文119　数学135　英语140

　　　　　文综246

院　　系：清华大学经济管理学院

Part 2 /
学霸格言

作为高三的学生一定不能懒，一年的拼搏决定了你未来四年会遇到什么样的人，生活在什么样的环境，是不是在做自己喜欢的事情。每个人都要对自己的未来负责。

各科高效学习方法与心得

回味高考，我不觉得那段时光是多么黑暗痛苦。在高三的日子里，我能够有较为充足的睡眠，在各场考试中也能胸有成竹。最终考入理想大学，我想这是因为我有科学的学习方法，这大大提高了我的学习效率。下面我来分科目讲一讲文科生的学习方法。

学霸秘籍

数学

数学可以说是文科生的生命，对文科生来说，高考考场上的成功多半是靠数学。

高考数学是有规律可循的，概念知识点、答题思路在多次联系以及整理后会越来越清晰。也就是说，刷题是必不可少的，但是要掌握好的方法。

一、文理数学兼做

对于文科生来说，想要在数学这门课上占据高地，只做文科数学是不够的。想要大幅度提高成绩就要文理科试题都做，同一份试卷，先做理科卷，再做文科卷，久而久之，你就会从理科卷中发现很多解答文科卷的思路，对一些不太明白的题目理解也将会更加深刻。而且，做完理科卷再做文科卷，那种下笔如有神助的感觉是会让人上瘾的。

二、循序渐进地做题好过一口吃成个大胖子

在一轮复习的时候千万不要贪图进度而放弃跟着老师从基础开始复习的过程。对于基础知识，掌握得越扎实越好，不仅仅是概念、定义，教材上的证明、例题都要掌握，做题时可以大大提高速度。建议在一轮复习的时候重点做小题，也就是选择填空，小题虽小但容不得出半点差错。5分一题，拿全了会让你的起步分就在80分，总分自然不会太差。如果一轮复习结束之后可以做到拿来一套高考试卷，选择填空题在40分钟之内解决，你就离成功不远了。二轮复习的时候要着手攻克大题，保证概率、三角函数、立体几何、数列一分不丢，圆锥曲线和导数第一问不丢分，第二、第三问尽量多拿分甚至不丢分。当然，在攻克小题、大题、专题的过程中也是要做完整的高考模拟卷的，正所谓考试的感觉不能丢。

三、每天整理错题，每天回顾错题

学习数学准备一个错题本能够让你事半功倍，特别是在高三这种每天卷子、作业、练习册如雪花飞一般的时候，错题本能够节约你找例题的大量时间。遇到好题，在考试中、平时做题中出现的错误都可以记录下来，在旁边批注上解题思路、心得感想。时常回顾，这将使你如虎添翼。

四、保证考试量

不管是学校组织的考试，还是自己的测评，要保证平均两天一次考试的节奏，这样你才不会手生。寒假之后更要有周日自己连考两份到三份卷子的决心，高强度的考试会让你的思考能力提升，耐力增强，在高考考场上无所畏惧。

文综

文综往往是让考生们头疼的大问题，文综的学习要从点滴做起。在一轮复习的时候就要扎扎实实地过一遍课本中所有的知识，不要怕苦怕累。这个时候要疯狂地背一遍，在二轮复习的时候才能运用到专题之中，三轮复习运用知识解决问题才能得心应手。

一、政治需要线索表

政治的知识较为零碎，但是政治也是文综里最好答的，因为只要你概念清晰、思路完整，得分就不会低。我的建议是制作政治线索表，如同思维导图一般，画出每一单元或者每一个专题的结构图。走在路上、排队打饭的时候可以拿出来挑一个板块背一背知识点，串一串线索，零碎的知识就会被各个击破。当线索在你的脑海中成形之后，就可以尝试着利用线索关系网来总结一个个的专题，可以是时政热点之类的，加入自己从政治、经济、哲学、文化各个角度的思考，在考试中你会惊喜地发现自己组织答案的速度提高了不少。

二、历史需要时间轴

历史是一门需要准确记忆知识点的科目。虽然近几年对于史实的考查明显弱化，但扎实的基本功是做好历史分析题的基础。历史也应该做线索表，以时间为轴，将古代、近代，西方、东方的政治、经济、文化大事件标注出来，利用零碎时间记忆。时间轴可以让你对同一时期的世界清晰了然，也可以利用自己所掌握的知识分析同时代两种文明不同趋势的原因和影响以及文明之间的相互关系。另外要对历史事件多多思考，了解它为什么发生，有什么条件使它发生，它的影响、对它的评价等。这些思考都会在高考试卷上体现出来，如果高考改革要更加重视学生的能力，那这种看中你思考分析能力的题目会让你更有优势。

三、在看图中学地理

地理可谓是文科中的理科，地球运动曾让多少学子扼腕叹息。学习地理既要有学习政治历史的刻苦精神，将该记忆的内容记清楚；又要有学习数学的思维与题型归类的意识。地理的学习复习是建立在图片上的，要多多接触各类图，遇到没见过的图最好剪辑下来汇总。同时要把地图摆在显眼的地方，经常瞅一眼，看看经纬度，看看地形，大有裨益。我在高三时和同桌在桌子上各贴了一张中国地图和世界地图，下课看，上课查阅时看，午睡醒了趴在桌子上看，总之是把世界映入了大脑，于是胸有成竹。

文综考试之中最让人害怕的不是大题而是选择题，在后期二轮、三轮复习的训练之后，大家都有了套路化的答题思路，在大题方面大家得分是较为平均的。然而文综选择题有35道，每道4分，做错一道都会让人后悔不已。所以，每天练一套文综选择题，定时在 30 分钟内完成，这是 3 月份以后必须做到的。3 月以后，学校的练习可能不够做，要经常跑书店买当年信息卷和各校各地模拟卷，一方面保持做题的感觉，另一方面从各地的模拟卷中可以看出高考的走势。

英语

英语可以说是高考六门课之中最容易提分的科目了。一轮复习的时候要着重复习语法，把每个知识点落实好，弄明白。然后要保持一定的英文阅读量，这对于语感的提升和作文水平的进步是有很大帮助的。英文阅读不一定来自报纸杂志，繁忙的高三寸时寸金，平时做的英语套卷就是很好的训练素材。不妨做完作业对完答案之后将完形填空多读几遍，既保证了每日阅读量，又加深了对语法的理解。

英语之中非常重要的一个环节就是背单词。课本中的单词当然要掌握，课外的单词，如阅读短文里出现的生词，最好都能拿一个本子记下来并时常翻看。久而久之积累的单词多了，阅读和做题就更加轻松了。增加词汇量还有一个好处，那就是有利于写作。阅卷老师如何在短时间内判断出一篇好文章呢？答案就是不重样的复句和替换简单词的短语或是高级词汇。再加上一手干净整洁的字，这种作文怎能不得高分呢？

做了这么多准备，应对英语考试刷套卷是少不了的。英语套卷从第一题开始到作文，用高考时间计时并涂卡，平均两天一次。一年下来你会发现自己的英语成绩高出同学们的不止一点。

语文

语文作为一门应试科目，重在整理和记忆。基础知识往往很散乱，比如成语和文言字词，我是直接画字典的。新华成语词典里不认识的成语被我用荧光笔画出来，从头到尾看了三遍；文言字词释义加例句我抄了厚厚一笔记本。

如果有纯记忆的东西比如古诗文默写，那绝对要下狠功夫重复记忆，一分都不能丢。文言文和诗歌我从高三第一天开始背，一直到高考前一天还在背，循环往复的记忆让人心里更加踏实。

建议寒假结束后着手买套卷，练里面所有的选择题，保证在客观题上比别人有优势，这样总分一定不会太低。

主观题方面还是要多看看参考答案，参考答案会给出答题的思路，我们要做的就是在这些思路中找规律，知道下次碰到类似的问法该怎么回答。可以专门用一个小本子来记套路，就像记数学公式那样。

关于作文，其实还是需要一个较为清晰的套路，加上翔实的内容与真情实感。文章一开始用一段华美的语言引出主题，一定要开门见山，但是又要温柔有美感地"开"。之后可以围绕着讨论的问题展开阐述，这个问题是什么，为什么会出现这个问题，我们怎样去看待这个问题，怎样去解决这个问题，最后用一段自己的思考来结束整篇文章。通过这个思路写出的议论文结构很清晰，内容加入大量实例与客观的分析，只要不跑题一般都会得到高分。闲暇时间大家可以翻阅一些散文集，一来放松大脑，享受美的喜悦，二来积累些优雅的表达方式，为写好作文添彩。

说了这么多，还是要在高三路上奋斗的你们来亲身经历。学习方法这种东西因人而异，这是我认为有效的方法。只要它可以帮助你学得更快、更多，就是有用的，最后预祝你高考成功！

高分宝典阅读笔记

三人行，必有我师焉

关键词	笔记内容
课堂学习	
自主安排	
解题技巧	

总结: _____

_____

_____

_____

Part 1 /
学霸档案

姓　　名：张　弛

....

毕业学校：中国人民大学附属中学

高考成绩：总分699　语文120　数学143　英语145

　　　　　理综271　市级三好学生　加分20

院　　系：清华大学汽车工程系

Part 2 /
学霸格言

　　正是高三这一年能够让一个人形成属于自己的学习思维方法，这种学习方法甚至会决定一个人今后的生活方式、处世态度。当我成功时，我会感激这段时光带给我的优良习惯；当我受挫时，我会回忆这段时光带给我的动力和斗志。

站得稳，跳得高，看得广

去年的这个时候，我还处在高中校园，还坐在学校的报告厅里听那些"过来人"给我们做报告，有给我们加油的，有给我们提供疑难解答的，有给我们做心理咨询的……但是当时的我对一点感到十分奇怪，那就是所有学长学姐谈各种不同话题的时候都提到了同样的一句话："珍惜高三这一年吧，以后你们会觉得这段日子是人生中最美好的时光之一。"说实话，我当时边做着如山的卷子边听这句话，心里就不屑地想："别逗了，这种苦日子怎么会怀念呢。"

学霸秘籍

但是，如今我也成了你们眼中的"过来人"，我也知道也许你们在看到我下面要说的这句话的时候，跟当时的我会有同样的想法，但我还是不得不说："珍惜高三这一年吧，以后你们会觉得这段日子是人生中最美好的时光之一。"从高考到现在，这区区半年的时间，我常常想：是什么让以往坚定不移的观点产生了如此巨大的变化？

其实，答案也只有一句话，那就是"高三奠定了你大学的学习"。这里的学习，包括学习态度、学习方法、学习效率，甚至包括学习成绩！说得如此确切是有理可据的，虽然进入清华大学不久，但我对

大学学习的一个特点感触颇深，而且我相信大家也有所耳闻，那就是——学生多，内容大，翻书快。

　　我来分条解释一下，学生多意味着不可能像高中一样课上有问题立刻举手发问，课下有问题直奔讲台求教；内容大意味着不可能像高中一样，一个知识学完了还有大量时间复习；翻书快意味着一节课讲 30 页书，不可能像高中一样对一个问题细细咀嚼。这三点合起来意味着：学习要靠自己。能否在大学里事半功倍地完成学习任务，是能否实现心目中充满社团活动、社会实践，充满欢笑和自由的大学生活的关键（比如第一次考试已经有人挂科了，于是被禁止参加社团活动）。当我们失去了高中老师手把手地引导之后，我们的大学学习方法也不再有人给出那样合理的建议，所以实现上述理想目标的充分条件就是在高中的最后一年形成良好的学习方法。

　　谈到这里，也许你们发现我把形成良好学习方法的依据放在了大学学习上，而并非高考，这并不意味着我将要谈到的一些方法不适用于高考。相反，对于刚进入大学不久的我来说，可以自信地讲，我的这套方法是对高考十分有帮助的，并且，与许多教辅书籍上推荐的方法相比，我所谈到的内容除了对高考，更对今后的大学学习有帮助。

　　那么我就来谈谈自己对于学习的一些经验体会，仅供大家参考。

　　我在学习上的方法原则可以用三个词来概括：站得稳，跳得高，看得广。这三个词看起来很抽象，我会逐一向大家解释。我本人并不喜欢纯粹的方法论式的文章，我相信大家可能也对通篇的说教不感兴趣，所以我将紧密结合大家最关心的问题——高考，以及大家即将关心的问题——大学，来对我的方法做出详细阐释。

　　"站得稳"，意思是要牢牢掌握"定义性"的内容。这些定义好比

楼房的地基，没有定义作为基础保障，任何知识的大楼都是经不起困难问题的考验的。

这种"定义性"的内容在理科科目中尤为显著。以数学为例，定义在数学中有极强的重要性，但由于我们解数学题时通常都利用性质或者推论之类的东西，经常导致我们忽视甚至忽略定义。打个比方，如果问大家一个函数的定义内容是什么，恐怕大多数人都会写出 y=f（x）。然而，函数的定义实际上包含了两部分，映射和定义域，y=f（x）体现了映射，却没有体现定义域。这个问题常常出现在求导函数时解出好几个对应的 x 值，却忽略了这些值是否可取的问题。对于这样的问题，以前的我也经常用马虎来为自己找借口，其实这恰恰是对定义理解不深刻所致。如果我们能记住函数有两个组成部分，在每写一个函数的时候都习惯性地写出其定义域，势必会从一开始就留意分母不等于0、ln 里面的数大于0、双曲线 x 不等于0这类经常出现的问题，从而减少错误。

如何提高对定义性内容的理解呢？答案很简单，看教材。我们容易陷入一个误区，就是听完老师讲课，课下只看教材上的练习题。其实，多做几道题远远不如多理解教材上给的定义来得有价值，会做题只是会用别人给的工具，随着时间的流逝，这种工具迟早会生锈作废。但是通过多看书多思考定义，才能真正明白一大类问题的本质，才算是在会使用的基础上会制造工具，在任何时候都能灵活地运用。

对于语文、英语来说，"定义性"的东西就是词语和语法了。作为两门语言学科，其题目的灵活性可见一斑。也就是说无论对于高考语文、英语试卷还是大学英语试卷，当所有人都觉得英语完形和语文阅读难拿分的时候，其中考到语法（病句、连贯）和单词（成语、字音）这种通过记诵便可以保证正确率的题目就更不能丢分。更何况，如果没有词语和语法这种"定义性"知识的保证，连文章本身的字面意义都很费解，何谈提高阅读理解领悟文章内涵的能力？

"跳得高"，意思是要从问题的某一点出发尽量向更深层次挖掘，如同一棵大树的树根，越向下延伸，其吸取养分的面积越大、质量越高。通过由浅及深的过程，对于该问题的理解会更加透彻，同时对于与其相关的许多问题的理解也会更上一个台阶。

这里我以古文学习为例，当我们看到一个文言单词，比如"以其求思之深而无不在也"中的"以"字，大家也许都知道是"因为"的意思。但如果我们能不轻易放过这样一个字，多问一句"只有这一个意思吗"或"还有没有别的解释"，我们便能发现诸如"把，用，在，和，以致，才……"这样丰富的释义。再结合一些典型的句子做对比，便使得"以"的各种用法像珠子一样一个个被串了起来，串成长长的一条。此后再碰到"以"时，我们便可以像找书签所在页面一样将这一串珠子整个提起，一个一个检索，很快便能找到正确解释。反之，如果我们像通常那样只记下此处"以"的意思，在下次讲课的时候又只记住另外一个意思，我们可以想象这些"以"是散落各地的珠子，当我们需要的时候只能大面积地检索，费时又费力，还不利于记忆。所以可以看出，从问题的某一点出发向深层次挖掘，可以一劳永逸地解决与之相关的很多问题。这对于高中学习中限时考试的形式是有巨大帮助的。

如果脱离考试这个层面，可以说学术或者研究层面的精深与否是完全取决于"深度"而非"广度"的。也许诺贝尔奖得主在非专业领域知道得还不如我们多，但唯独他们在专业领域的探索能够造福人类，而从未听说过一个对什么东西都略知一二的人被授予如此崇高的奖项。在大学中，虽然学习内容很多，但是与高中最大的不同在于其内容基本是由一个简单的问题引发出的不断加深的讨论，其内在和本质是相同的，只是知识结构越来越复杂与完善。而高中学习普遍是几节课讲一个章节，然后又用几节课讲关系不大的另一个章节。也就是说高中阶段是了解性的学习，大学阶段才是掌握性的学习。所以说对一个出发点不断深入探讨的精神不但能够帮助大家应对高考，更能使你在大学以至日后的发展当中取得突破。

"看得广"，意思是要将获得的知识有机地整合起来，形成像大树一样的枝干脉络。就像是整理我们塞满零散书籍的柜子，按类型划分，并将存在内在联系的不同类型的书作为桥梁，连接两个不同类型书的区域。

我认为做到这一点就可以说是拥有了一个很好的学习方法。拿高中生物学习来说，高三时让我感觉最受用的莫过于对生物知识的网络图梳理方法。记得我当时复习免疫系统，先拿一张很大的白纸写下标题，然后想到免疫系统可以分为非特异性免疫和特异性免疫，又想到特异性免疫可以分为体液免疫和细胞免疫，体液免疫又可以分为适用情况、参与物质、免疫机理等方面，参与物质可以分为 B 和 T 淋巴细胞，B 淋巴细胞又可以分为效应 B 和记忆 B，效应 B 又可以分为细胞特点和功能……这样一步步推导下去，形成了一个以免疫系统为主干的树形网络图。通过将这样一张由自己对知识的不断回忆的图写在纸上，我同时发现原来书上几十页的内容整理下来完全可以呈现在这样一张白纸上，这样一个网络图上。在此之后的练习中，每当看到一个新问题，我的思考方式都十分清晰：找树—找分支主干—找枝杈—找树叶—找叶脉。没有像以前那样绞尽脑汁寻找知识点，而是像走设定好的轨道一般直奔目标。这大大加快了将知识从大脑中调出的时间，显然可以提高做题速度。

通过这样的知识梳理，可以很容易地发现许多不同领域知识的共通点。拿上述例子来说，通过知识网络，由 B 细胞可以走向抗体，进而走向分泌特点，走向内质网，走向细胞器的功能特点，走向不同细胞器内化学物质：这样我们便从免疫系统这个领域十分顺畅地联系到了细胞结构这一领域，甚至又十分顺畅地联系到了物理、化学等不同的学科。这样我们便能追根溯源，找到对一个问题的彻底的根本解释，对我们的理解大有裨益，显然可以使我们对一个问题的认识更广，在高中考试中能更全面地答题，不会轻易漏掉要点。

大学学习中这样的情形就更加常见，比如数学课堂里会用到物理模型，化学课堂里会用到哲学的思想。正因我高三对于知识的整合做得比较到位，才使得我对大学学习中学科知识的各种交叉比较适应。

类似地，我们还可以以语文作文为例。同学们对作文往往都非常重视，每次老师讲评作文结束，常常看到有些同学的卷子上满满的笔记，记的都是这篇作文该如何立意，怎么写，怎么论等。但是，如果我们能够换一个视角，寻找与这一题材有脉络相连的另一题材，就会收获更多。比如2011年的北京高考作文题"老纪"，其内容应以责任和使命为主，如果我们能够联想到之前几年的北京高考题"我有一双隐形的翅膀"，我们可以发现同样的责任、使命的主题，在两篇文章里都适用。于是我们可以发现这两个不同题目的相同特点，即都可以一种内在的精神品质为核心，一个支撑老纪独守山崖几十年，一个为我插上飞翼助我人生成功。如果我们能将这样的知识联系起来，那么我们以后再看到一个全新的作文题的时候，便不会仅仅想这篇怎么写，而是去想与其有千丝万缕的内在联系的其他篇是怎么写的，从而获得启示。所谓融会贯通，就是像这样在学习中"看得广"。

我这三点学习经验看似分离，实则有很强的逻辑关系。

从字面上来讲，对于一个人来说，站得稳才能跳得高，跳得高才能看得广。

从内涵上来讲，牢牢掌握"定义性"的内容（确定树根）才能准确合理地从问题的某一点出发，并尽量向更深层次挖掘（长出主干及分支）；通过不断的深层次挖掘，才能将获得的知识有机地整合起来（发出芽叶），最后才能形成自己的一套知识体系和学习方法（整棵树）。

更抽象地说，"站得稳"是将对定义的准确把握作为出发点，"跳得高"是由这一点向深层次挖掘获得的知识线，"看得广"则是将这些知识线有机结合形成的知识面。

不难看出，这是一个循序渐进的阶梯关系。我这种方法的获得，也是从把握定义开始，一步一步地走向最后，形成体系。这个过程看似复杂，但作为有老师引导家长帮助的高中生来说，是能够在相对短的时间内完成的。

不知道读到这里，大家有没有对我开篇说的那句"珍惜高三这一年吧，以后你们会觉得这段日子是人生中最美好的时光之一"有一个新的认识。是的，正是高三这一年能够让一个人形成属于自己的学习思维方法，这种学习方法甚至会决定一个人今后的生活方式、处世态度。当我成功时，我会感激这段时光带给我的优良习惯；当我受挫时，我会回忆这段时光带给我的动力和斗志。"站得稳，跳得高，看得广"，正是这段美好时光给予我的最宝贵的财富。

Part 1 /
学霸档案

姓　　名：郭政豪

毕业学校：山西大学附属中学

高考成绩：总分630　语文97　数学138　英语128

　　　　　理综257　竞赛加分10

院　　系：清华大学土木工程系

Part 2 /
学霸格言

也许你很勤奋，已经使出了浑身解数，但成绩并没有因此而有明显的起色，那就说明你的学习方法出现了问题。

我在清华等你来

　　每个人的心中都有一个名校梦。也许你很勤奋，已经使出了浑身解数，但成绩并没有因此而有明显的起色，那就说明你的学习方法出现了问题。请看看我个人总结的一些经验，希望对你能够有一些帮助，让你在通向成功的道路上事半功倍。

学霸秘籍

各科学习经验与技巧

一、语文

　　语文是一门注重积累的学科。大多数理科生将时间与精力放在了刷数学题和理综题上，却忽视了语文的学习，只是觉得即使在语文上付出再多也难见回报。请相信，在拥有足够量的积累后，就会出现质的飞跃！

　　在大家数学和理综水平不相上下的情况下，语文对你的成绩提高起到了至关重要的作用。

　　我的一个同学，每次语文都考得很好，能够和别人拉开很大的差距，羡煞旁人！而我们班几个聪明的孩子虽然数学和理综很好，却因为不怎么学语文，总体成绩不高，令人惋惜。只要你每天坚持学习一会儿语文，即使每次时间不长，日子久了也会有所进步。勤学如春起之苗，不见其增，日有所长；辍学如磨刀之石，不见其损，日有所亏。我的建议是每天早晨背一会儿语文课文，虽然默写只占很少的分，但每年因为不重视默写而丢分的大有人在。同时要注意一下难写的字和容易写错的字，即使你背会了一个句子，但只要写错一个字就会丢分。成语、病句和古诗文阅读考的就是积累。三年积累，只看一朝。这些都应该力争得满分。成语和病句可以进行归类学习，将考查内容一致的归为一类。现代文阅读和古诗文阅读的第三题一般是对细节的考查，做这类题一定要细心，在平时的学习中要注意归纳总结易错题型。文学类文本阅读和实用类文本阅读，大家往往选择实用类文本阅读。因为其答案相对固定，较容易得分，一般按照固定的答题模式多加练习就可以了。古诗文阅读要求具备较好的感知能力，每次要将自己的答案与标准答案比对，好好感悟。作文应培养自己的特色，内容要在练习中提高，但也别忘了一些提分技巧。首先，一定要定好主题，一旦跑题，即使文章写得再华丽都不会得高分。在立意之后，要拟一个响亮的题目，使判卷老师眼前一亮，题好一半文。其次，要有较为优美的开头和结尾——"凤头""豹尾"。要在自己的作文中注入新鲜的事例，不仅有说服力，同时会让判卷老师认为你并不是一个死读书的学生。论述一定要有自己独到的见解，让判卷老师体会到你思想的深邃，为你惊叹，切忌人云亦云。书写非常重要，漂亮的字体会给老师留下好的印象，影响老师的评分。如果字写得很乱，老师就会认为你态度不认真，分数会很受影响。

二、数学

数学拿高分有两个因素：速度和准确率。每年高考都有很多人数学做不完，如果你做题速度很快，在准确率不低的情况下，你的基础分就大大提高了。

这个需要平时多加练习。对于简单的题，既要小心陷阱，又不能犹豫迟疑，以至于在简单的题上浪费太多时间。如果遇到不会的题要果断跳过，不能因为一道题而放弃了后面的所有题，也不能在做后面的题时还想着这道题，这样不但前一道题做不出来，后面题的准确率也会大打折扣。有很多数学学得很好的同学想要拿满分，一道题也不肯放过，结果往往不尽如人意。如果后面的题你都会做，只是因为前面的一道题而使后面的题没做完，那会很可惜。而且在考场紧张的环境下，越做不出来越紧张，这样就更加做不出来。相反，如果先把会做的都做完，再回来做不会的题，心情就会大大放松，更容易做出。在时间紧迫的情况下，准确率就显得更为重要。如果没有准确率，做题再快也是徒劳。大家应该特别重视小题，一道就是 5 分，对就是对，错就是错。大题如果结果算错了，但只要过程对，最多会被扣 1 ~ 2 分，小题可没这待遇啊。大家平时就应该好好培养细心的习惯。

三、英语

前面的 15 小题会覆盖你高中所学的所有知识。像是语法、单词、固定搭配……平时应不断填补自己在知识上的漏洞。完形填空和阅读理解需要平时多加练习，学习一些单词、语法和搭配固然重要，但更重要的是培养语感。有很多题的答案选项模棱两可，都差不多，用中文无法解释，外国人也可能无法解释，但在外国人的思维中这个就是对的，其他的就不对。就像咱们会说"两个人"而不说"二个人"。有好的语感在遇到一些题的时候就会毫不犹豫地将正确答案选出。英语作文虽然要求的字数少，但提分技巧与语文大致相同。漂亮的字体、高级的词汇与语法都会使你的文章增色不少。

四、理综

很多同学会面临这样的困惑：在物理、化学、生物分开考试的时候，每门都很优秀，但一旦合起来，成绩就会急剧下降。这是因为时间被大大压缩了，而且物理、化学、生物题交替出现，你好不容易进入了一科的思维，又马上要转入下一科。速度需要平时多加练习。做题顺序主要有以下两种，各有利弊：一是先做小题，再做选做题，再做大题。这样难度梯度在逐级增加，符合大多数人的习惯，而且把难题放在最后，即使做不出来也不会可惜。二是做完一科再做一科，这样可以使你较好地进入一科的学习状态之中，但在来回翻卷的过程中会浪费不少时间。个人推荐第一种，因为学科思维的跳跃可以在不断练习的过程中慢慢适应。但大家还是要找到适合自己的方法。大题的答案要力求规范，要揣摩出题人的意图，分析他想让你答什么。如果答案不规范，给分就会可给可不给，如果你的答案和标准答案几乎一致，判卷老师即使想扣分都无从下手。

备考计划

复习应有一定的计划，第一轮复习会较详细地复习知识点，以前知识点有所遗漏的同学在这个时候应把握好机会，查漏补缺。以前学得差不多的同学在这个时候也不应该大意，很有可能存在漏洞，这个时候要好好弥补。第三轮复习是题海战术，切忌盲目追求数量，做一份题就应该有一份题的收获，要善于总结。总结看起来很费时间，但其实总结一份题往往比做一份题的收获还要大。

随着高考的日益临近，同学们的内心一定会有所波动：有的很浮躁，很容易受周围同学的影响；有的会很慌乱，一遇到不会的题就觉得自己完了，"到了这个时候竟然还有不会的题"。应该换个角度想一想，在高考真正来临前，你又掌握了一道题的解法。高考前压力很大，应保持乐观向上的心态。这个时候一定要制订好自己的学习计划，静下心来，让每一天都有所收获。

考场发挥

再说考场发挥，心理素质很重要。平时成绩很好但心理素质很差导致高考考场上发挥失常的例子不胜枚举，甚至有人在考场里昏过去。一旦上了考场，你唯一能做的就是考好这一门科目，做好自己能做的每一题。

不要想自己三年努力了多少，不要想我上一门科目考得很烂，也不要想坚持两天迎接你的就是漫长的"无作业无政府"的假期（如果你这么想，也许漫长假期过后迎接你的是更漫长的高四）。有句话讲得很有趣，但很有道理：我难人难，我不畏难；我易人易，我不大意。

在平时的学习中，一定要给自己找一个势均力敌甚至比你更强大的竞争对手，他们是你的目标，他们给了你压力，但也给了你动力。有些人会说："我不去找什么竞争对手，只要超过自己就可以了。"说这话的人不在少数，能够坚持下来的却寥若晨星。但竞争一定要是阳光的，有资源你们要共享，不要担心他会超过你。因为只有你超过他，你才会有目标，你才会做更好的自己。如果你不帮助你的竞争对手，也许他不会超过你，但这样的胜利是狭隘的，在高考的大环境中，你们都没有进步。只有让竞争对手超越你，你们才会在对彼此的不断超越中不断进步。这样的你才是明智的，才是强者。请珍惜你身边的朋友，他们陪你一起度过了备战高考的岁月。他们就是陪你一起出生入死的战友。

　　说了这么多，只是一些技巧。最重要的还是要靠勤奋，天道酬勤。这个世界最可怕的是，比你牛的人比你更努力。

　　学弟学妹们，奋勇拼搏吧。我在清华等你来！

高分宝典阅读笔记

三人行，必有我师焉

关键词	笔记内容
课堂学习	
自主安排	
解题技巧	

总结： _____

_____

_____

_____

Part 1 /
学霸档案

姓 名：孔德颖

···

毕业学校：河南省鹤壁高中

高考成绩：总分656 语文118 数学131 英语129

理综258 加分20

院 系：清华大学材料学院

Part 2 /
学霸格言

不要等到高考那一刻才长大，在这个过程中，我们就要学会像成人那样冷静、沉着、有毅力，不被任何一次失败或成功冲昏头脑，要胜不骄败不馁地迎接高中的每一次考验。

在清华等你来

考入清华几乎是每一个学子的梦想。也许很多人在刚进入高中时壮志满怀地写下"理想大学——清华"。但随着时间的推移,越来越感到实现理想有些难度。我也曾在心中动摇过自嘲过,但最终我还是做到了。所以不管怎样我们都要充满信心并坚持理想。那时,我的班主任常说:"大学的录取通知书是靠自己三年一笔一画写出来的。"付出的努力越多,这份通知书就越辉煌。所以清华大学不仅仅是梦想,还是我们为之不断努力的动力。我在这里和大家分享一些经验,为怀揣梦想的学弟学妹助力。

学霸秘籍

语文

语文关键是积累。

最好买一本小成语词典积累成语。作文要注意搜集典型、新鲜的素材并多运用,避免用陈旧的例子。古文方面要牢记120个实词和18个虚词的多种意义,培养关键词意识,牢记课文中的经典用法,做过的古文题建议对照翻译逐句逐字理解。古诗鉴赏和实用类文本阅读,在高一、高二时就要学会分析理解的方法，牢记常用手法及效果，了解古诗中常考查的作者的情感对以后很有好处。高三时会训练答题套路以便规范答题。总之，一定要按老师的要求做，理科生才不至于吃语文的亏。

我高二下学期之前一直像大多数理科生一样，不把语文放在心上，上课随意听听，更不用说下课花功夫积累思考。由于开始几学期语文考试较简单，成绩也没怎么拉分，但到了高二下学期，语文考试的难度逐渐与高考接近，我对待语文的不认真态度淋漓尽致地反映在了试卷分数上。不会梳理文章结构，对古诗文的理解与作者情感差之千里，还有各种语文功底积累类知识更是几乎空白。于是我开始在语文上下功夫，每天早读背诵成语、文言实词、诗文解析等。而且我自己买了许多语文试卷，通过做题我能掌握各种题型的答题规范步骤，各种常见思想感情的刻画以及每道题的时间安排，我的语文渐渐补了上来。所以告诫同学们不要觉得语文完全是靠自己的"天生"理解力而置之不理，你漠视语文，语文也会漠视你。

数学

数学关键是做题和总结。这不是说沉溺于题海战术，深入理解数学知识及基本概念是前提。

高考考查的有知识运用的能力，有对方法技巧的运用能力，有数学素养还有对题目的熟练程度，没有一定数量的练习，这些能力几乎是无法达到的。我们都会做各种练习，要在练习中总结每种题型的解题方法及易错点，建议准备一个"好题集"，收集有价值的题，如题型典型、方法巧妙规范、思路新颖的题。每次考试前翻看温习，把这种题型这类知识可能涉及的方方面面理解全面。还要在不断练习中把握做题节奏和做题顺序，仔细揣摩，找到最适合自己的做题模式。

我利用高一到高二5月份这段时间学习完了高中的课程，在之前的学习中我认真梳理了所学的数学知识并辅以适当练习，打下了良好的基础。这个基础很重要，也许有些同学会想在高三拼命复习，确实有一部分所谓"黑马"诞生，但他们都是付出了极其艰辛的努力的，他们的基础知识不系统不扎实，在学习中要不断修正以前的错误记忆。如果能够在第一遍学习时及时消化就不用费那么大的气力。高二下学期，我们开始了全面复习。大部分题目比较容易，简单复习就能将先前的记忆激活。我当时感觉圆锥曲线和导数这两块知识比较难，自己费好大劲还不一定能做出来，最后发现总是有极其巧妙的解题方法，这让我惊讶。于是我开始专攻这两部分，找出几套卷子专门做这两部分的题，积累那些巧妙的（其实理解透彻以后会发现这不是巧妙，而是必然的选择）做题思路，同时提高计算能力，锻炼思维的严谨性。还有占全卷很大比重的选择题和填空题（俗称小题，题虽小，却几乎涵盖了高中所有的知识，且加起来分数与大题相当），不仅要求扎实掌握高中数学知识，还要把速度提升到极限以便为后面的大题赢得充足的时间。当然还会在人的懒惰本质的潜移默化中找到一系列诸如排除法、特殊值法、正难则反等小技巧来提高做题速度和正确率。在经历了一轮复习的全面轰炸和二轮复习的专项提高后，我终于在三轮的考试中获得了质的突破，不仅这两部分的题大都能做对，其他题目也游刃有余。

英语

首先基础知识要记牢。（1）课本上的单词尤其是选修范围的单词，往往属于比较高级的词汇，容易在阅读中出现，正确运用在作文中也能为作文增色不少。（2）许多重要词汇的多种意思，固定搭配。《5年高考3年模拟》前面的知识清单部分，虽然全部记牢很困难，但还是要尽量多背几遍。

其次是做高考真题，推荐五年真题，体会高考出题模式，了解在各种知识点上的出题形式。做阅读理解可以获得很多知识，要愉快地去做阅读理解，这样学习效率真的会比为完成任务而做高得多。做过一套真题后，建议把单选完形和作文范文背下来。通过持之以恒的背诵、练习达到熟悉语法，保持语感的状态。

背英语语法，记单词及单词背后的庞大家族是英语学习中的基本功。尽管会背了就忘，但一定要坚持忘了再背。三年时间呢，总会记住足够多的。

理综

物理最重要的是总结各种物理模型，如圆环轨道模型、电磁感应中的单双杆模型等，以便见招拆招，跳过陷阱大坑。

我记得在做多过程问题、受力分析问题时很容易漏考虑一种情况或忽略某些条件，还自我感觉聪明，跳过一两个陷阱，看过答案才发现自己跳进了第三或第四个陷阱。所以做物理题一定要把各种情况分析透彻后再下笔，切不可头脑发热或太过自恋。准备物理"好题集"也必不可少。我们会遇到各种可能被忽略重要条件的题、思路巧妙的题、题型经典的题，这里面会蕴藏着重要的物理思想，把这些题收集起来经常翻看，会让你受益匪浅。物理是一门极其奇妙的学科，用物理可以解释全宇宙的现象，我们要充满兴趣，怀着好奇心去探索物理的世界。

化学则需要在理解中记忆大量知识点、方程式、反应原理及现象，特别是元素周期表，要越熟悉越好。

还有很高的思维要求，如化学反应速率与化学平衡部分变化量多，需要转换思维、控制变量等。计算类题需要敢于科学的忽略、极限思想等。尤其是实验题，掌握实验室各种仪器的使用方法、清理方法等，有时候还要妙用实验仪器，这建立在对实验器材绝对熟悉的基础上。还有实验理论、流程、操作等，要结合做题来补充。掌握实验的重要理论是学好化学的重要部分。我高中时对化学十分感兴趣，因而化学学得好而轻松，兴趣是最好的老师，希望大家也能培养对各个学科的热爱。

生物的根本是课本，很多题目考的都是书中的原话，要对课本烂熟于心，每一句话都不放过。生物学习中的一个重要部分也是实验，实验题最好在一个相对集中的时间里把往年的实验真题过一遍，掌握实验规律与答题用语的特点，抓住控制变量、重复试验等准则的精髓。生物被称作"理科中的文科"，这种说法有一定的道理，所以同学们一定要牢记课本上的知识。

再提醒一下大家，高三会做大量理综卷，要始终保持小心谨慎。如果因为厌倦而把几套卷子随意地做一做，很容易使理综成绩下降。我就有一段类似的惨痛经历，差点把我一直引以为傲的理综毁掉。还有理综题量很大，一定要在平时的练习中把握好做题时间和做题次序。如果高考时有很多题目在规定时间内都没做完就会很悲摧，因此平时就要严格要求自己。既然决定做这一套试卷，就应该保质保量在规定时间内圆满完成。

我们都知道高考考的不仅是知识，还是灵活性、心态、取舍能力、勇气等一系列素质的同时角逐。

说到心态，高中是一个人成长成熟的重要阶段，尤其是高三，那种如炼狱后涅槃的经历是人生中一笔宝贵的财富。不要等到高考那一刻才长大，在这个过程中，我们就要学会像成人那样冷静、沉着、有毅力，不被任何一次失败或成功冲昏头脑，要胜不骄败不馁地坚定地迎接高中的每一次考验。高考将会是你三年智慧与心理成熟的真实写照。把握现在，为六月的梦想开花努力。

　　以上既有老师的叮嘱，也有我的好的经验和我曾经没做好的遗憾。在这里送大家一句话：不存在偶然。希望能给学弟学妹们带来帮助，清华在等你们的到来。

高分宝典阅读笔记

三人行，必有我师焉

关键词	笔记内容
课堂学习	
自主安排	
解题技巧	

总结: _____

_____

_____

Part 1 /
学霸档案

姓　　名：陆青青

毕业学校：新疆乌鲁木齐八一中学

高考成绩：总分653　语文117　数学149　英语136
　　　　　理综251

院　　系：清华大学生命科学学院

Part 2 /
学霸格言

对还在高中"煎熬"的同学们，我最想说的是珍惜，珍惜现在为了梦想而努力拼搏的生活，珍惜身边一群相处三年彼此熟识的好伙伴们，珍惜一旦走过便不会再来的青春。

斑斓青春之学习路

落叶碾轧过岁月的年轮，秋风吹不散青春的记忆。

已至十月，秋季晴朗的天一如三年前。怀揣着对未来的忐忑和期待，我们迈进了五味杂陈难以言述的高中。由最初的相识，到后来的相熟，之后的相知、相助都顺其自然地发生，最后的最后便是兄弟姐妹一家亲，同舟共济赴考场。记忆的碎片涌入脑海，一时竟不知该从何说起，拣起所有的碎片，凝成我们波澜壮阔的美好高中生活。文理分科的纠结，数学竞赛的疯狂，自主招生的选择，还有那最后一锤定音的高考，凝集了我们千千万万的故事。

故事的核心自然是学习，每一个高中生的困扰十之八九也来自学习。成绩好的发现向前迈进是举步维艰，成绩一般的发现要冲到前面是困难重重，成绩差一些的发现想要奋起直追是无从下手，迷茫无助。考试、成绩、排名，仿佛成了我们生活中最重要的东西，每一个高中生的生活都在围绕着它们打转。既然如此，我们就从学习说起吧。

学霸秘籍

首先我们来谈谈平衡与兼顾，如何掌握好各科之间的平衡，如何把握好学习和生活之间的平衡，是一个很重要的问题，也是值得大家去思考的问题。

要同时学好六门课确实需要大家把握好每一门的投入时间和投入精力。首先数学是一定要下功夫的，数学这门学科需要一定的练习量和熟悉度，所以投给数学的时间一定不能少。对于文科生来说，数学的重要性更是不言而喻。我们文科班的很多同学大部分时间都用在了数学上，学好数学几乎成了文科生取得高分的决胜点。再来聊聊语文，由于大家对数学、英语和理科的几门课都很重视，语文就成为被大多数人忽略的牺牲品。相信大家都很懂得"取舍"之道，取理舍文几乎成了被认定的公理。可是语文实实在在地和数学一样都是150分。大家其实只要做到每天能够在百忙之余兼顾到语文，平时注重语文的积累就可以了。当然不同的人情况也不同，大家还是要首先考虑自己最大的问题学科，然后尽力去兼顾其他各科。

其次我们来说说效率与需求。

每一个高中生都会觉得生活忙碌，睡眠不足，作业堆积如山，时间完全不够用。尤其是到了高三，卷子铺天盖地倾泻而下时，似乎整个人都活在卷子堆中，好多同学都处于对卷子来者不拒的状态。可是静下心来思考一下，真正需要做的有多少呢？对自己没有太大用处的卷子我们为什么还要花时间去做呢？就算我们做卷子的速度已经非常快了，依旧耗费了宝贵的时间和精力。所以明确自己的需求是很重要的，有针对性地训练才能达到自己想要的效果。这个需求同样需要六科兼顾，即薄弱学科要制订出一套详细的学习计划，并按计划一步一步来，强势学科则要注意对难题的训练。

现在我们来聊聊大家的心理状态吧。其实心理因素是在学习中占了很大比重的。

　　虽然大家每天都在埋头苦学，可是真正用了多少心思在上面呢？有没有表面上是在埋头学习可是心思却跑到了九霄云外的？那些埋头苦干、拼命学习的人最后成绩并没有大家预料得那么高，甚至还不如天天嘻嘻哈哈的小伙伴们，这是为什么呢？因为没有人知道看着在拼命学习的人实际上心里在想什么。用心程度是关键的，它决定我们的实际学习效率。假如我们天天坐在课桌前，心里却在乱想一些与学习无关的事，比如和女朋友吵架了，比如游戏还差一点就过关了，比如一会儿放学之后的行程安排。各种想法和事情充斥着大脑，占据着正在运行的脑细胞，于是课业就被大脑给无情地抛弃了。很多错题其实都源于失误和疏忽，一时的马虎造成的错误可能占据错误总数的一半，这其实就是我们用心程度的问题。想学好的同学们一定要注意在学习时千万不要胡思乱想，百分百地用心是一定会有回报的。另外就是被反复提及的心态问题，考试前老师和家长都会说到心态：放松心情，不要紧张，正常发挥。可是良好的心态还是在平时显得更为重要一点。考试当然也是非常重要的，不过这里我们主要聊聊平时的心态。在平时做题时是否会因为苦思冥想终不得而选择放弃？在平时上课时是否会因为课程简单而心不在焉？在平时作业时是否会因为时间不够而抄袭？一颗严谨尚学的心是必要的。每个人的心里都有一定的标准，在自己因为懒散、意外而达不到标准时，放纵一次就会有第二次，然后一次又一次。能否对自己严格要求是我们能学到哪一水平的一个重要因素。比如习题中思考良久仍无所得的可以直接去找任课老师探讨，有问题找老师是最快最有效的解决途径，有时还可能会有意外收获，比如说在老师的引导下由这样一道题得到一种解题的方法，或者是获得延伸。寻求老师的帮助所用时间并不长，但是收获的效果往往会出乎你的意料。同时心理暗示也是非常重要的，很多事情做不成的根源都是自己消极的心理暗示。"我做不出来""我考不过他""我智商低"等暗示都是病毒，一旦植入大脑就很难清除出去。在学习上遇到困难是很正常的，内心经常鼓励自己，相信自己什么都是可以做到的，可以给自己带来许多意想不到的结果。

还须提及的一点便是大家的自控力。

高中生普遍处于尚未成熟的青葱年龄，想要时刻控制自己的行为和意念是很困难的。QQ、微信、人人、空间、微博、贴吧、淘宝、英雄联盟、小说、动漫在不经意间占用了很多时间和精力。遇到难题时，心情不好时，进入不了学习状态时，它们便渗入了大脑，以致学习任务无法按时完成。当然，适量的休闲娱乐还是可以有的，比如饭后休息时和同学的闲聊或者是刷空间，压力太大无处排解时和亲戚朋友的聊天等。我们高三时，许多同学也很爱刷人人空间，还有不少打游戏看小说的，最后高考时也都考得很好，这便是大家的自控力都很不错的缘故。比如说打游戏的兄弟，几乎每周都会打，但是绝对不会不顾时间不顾作业连打很久，后来几乎像"上班"一样养成了按时去打游戏、按时回来学习的好习惯。所以说大家不必像活在监狱里一样把这些都禁掉，但是一定要把握好度，如果觉得自己真的自控力不是很强，那就干脆禁掉。

除上述提及的几点外，与同学之间的关系、生活学习的环境等也都在时时刻刻影响着我们的学习。

重要性并驾齐驱的六门课学习方法迥异，相信大家肯定都在学习过程中发现了。不同的人学习方法自然也是独特的，这里我就提一些小建议。

数学要特别注意概念与基础，所有知识都是建立在概念的基础上的。在概念纯熟的情况下，要多刷题，待达到一定水平时则主要针对重难点，解析几何和导数尤其要注意多做真题和模拟题，并且要注意方法的总结。导数题的解法经常很难想到，所以经典导数题的方法要熟知。另外，数学要训练做题速度，压轴大题若想要花时间深思熟虑地做则需要前面选择填空有速度和准确率。

语文是容易被高中生们忽略的主要科目，语文的学习主要在于对语感的培养，阅读和作文的课需要好好听一听，练习量则不需要过大。文言文作为语文的重点之一则需要大家平时多注重积累，或者多读文言诗词书籍，总之多读书对语文学习大有裨益。英语这门学科最重要的自然是词汇量了。词汇量达到一定水平，高考几乎就没什么大问题了，语法毕竟还是很好学的。

英语需要每天都抽出时间用于背单词和记一些重点词汇的用法，还要注意的就是练好英语书写，以免在作文上吃亏。英语其实特别有逻辑性，逻辑合不合理是做英语题的关键。

物理这门课我就不是很擅长了，完全没法和参加过竞赛的同学们比，所以能做的就是高考题尽量不出错，多注意细节和条件。物理大题有时也很不好做，尤其是电磁这一块，特殊点一定要特别注意，把题型大致做全了之后，不会的、不熟悉的、有困难的地方和题型，反复训练就好了。还要注意实验也是在考查范围之中的，所以在平常训练时，实验的相关内容千万不要遗漏掉。女生们不要怕学物理，要克服自己的心理障碍，多培养对物理的感情，成绩很快就会好起来的。生物则是以背记为主的一门学科。

生物高考题一般不会太难，在理综答题中所占用的时间也是相对最少的，学好生物确实可以给做物理、化学试题腾出宝贵的时间。生物的主要问题是要注意细节，尽量减少丢分。

化学是很多同学的提分项，化学在高考里主要是计算量可能偏大，导致理综考试时间不够用，但是化学本学科的难度一般不会太大。选做还是要多多留心的，很有可能最后扣分都扣在选做题上了。

高中生活用五彩斑斓来形容，是因为除了学习、考试、竞赛，还有很多很多的内容：激昂澎湃的运动会，热闹欢快的元旦联欢，一年一度风景不换的徒步，饱享口福的厨师大赛，男生背上满是瘀青的拓展训练，哭成一片的成人礼，还有最后依依惜别的毕业礼，这些都留在记忆里，不会散去。高中虽然充斥着熬夜的辛苦与学习的压力，尤其是在高三日日拼搏夜夜挑灯的情况下，大家仍然都是快乐的，同甘共苦，同舟共济，同心协力，共同编织着我们的炫彩青春。

对还在高中"煎熬"的同学们，我最想说的是珍惜，珍惜现在为了梦想而努力拼搏的生活，珍惜身边一群相处三年彼此熟识的好伙伴们，珍惜一旦走过便不会再来的青春。

青春不只是学习，学习却是青春必不可缺的一部分，未来还在我们的手中，我们便是幸福的。

高分宝典阅读笔记

三人行，必有我师焉

关键词	笔记内容
课堂学习	
自主安排	
解题技巧	

总结: _____

_____

_____

Part 1 /
学霸档案

姓　　名：许雪菲

毕业学校：江苏省新海高级中学

高考成绩：总分410　自主招生加分40　双选政史双A+

院　　系：清华大学人文科学实验班

Part 2 /
学霸格言

　　每次大考之后一定要学会总结，不仅要总结这次考试有什么失误，也要总结这次考试哪些地方做得好，下次继续保持。只有不在同一个地方跌倒两次，你才会进步得更快。

高中生活：平衡的艺术

　　高中生活，在我看来就是一门平衡的艺术，能够平衡好个人兴趣爱好与学习生活的关系、主科与副科的关系以及远大理想与近期目标的关系，你就为最后高考的成功打下了坚实的基础。

学 霸 秘 籍

第一个平衡，是平衡好个人兴趣与学习生活的关系。

　　个人兴趣分为两种：一种是与学业直接相关的，比如你对一些奥赛的钻研兴趣，对阅读、写文章的兴趣；另一种是与学业间接相关的，比如参与体育运动、艺术活动。

　　对于第一种兴趣，我觉得最理想的状态应该是你的兴趣和学业实现最大化的结合。举个例子，我对阅读和写文章比较有兴趣，我在看一些文学历史类书籍时就会有意识地去积累一些写议论文可能用到但又不是那么大众化却有人文底蕴的事例素材，还有一些精彩的富有哲思的句子。有的人会认为应试作文束缚了我们的手脚，但在我看来，就像闻一多先生说的，创作就是"戴着镣铐跳舞"，在规矩之中我们仍然能够发挥出最大的才华和创造性，这才是理智的学生应该去寻求的突破口。但是，你为这部分兴趣腾出时间的前提，是你的学习成绩已达到一个较稳定的状态。比如，如果我最近一直保持在班级前十名，那我可以继续发展我的兴趣爱好；如果突然从前十名掉到前三十名，那就应该暂时放一放爱好，先专攻所学科目，等成绩提升稳定下来，再继续投入时间到你的课外兴趣之中，你应该给自己设定这样一个警戒线。当你觉得自己在感兴趣的方面拥有了一定的实力，想要获得认可，那么你可以去寻找相关的比赛来锻炼一下自己，也许你收获的奖项到了高三会对你参加自主招生有一些意外的帮助。但是参加比赛时不要因此而得失心太重，否则可能会给自己带来压力而影响你正常的实力发挥。

对于与学业间接相关的兴趣，适度发展，可以使你的学习更上一层楼。当你感觉到学习压力太大时，你可以给自己一些时间下盘棋、弹弹琴、跑跑步、唱唱歌或在学校里散散步，劳逸结合，学得会更有效率。我非常看重体育锻炼，在高三最紧张的时间段，我几乎每天都是跑步回家。我觉得长跑是我减压的一种非常有效的方法。建议同学们无论学业多么紧张，学校里的课间跑操都要尽量坚持，体育课也要认真对待。高考是一场硬仗，需要你有比较强的身体素质才能够拼得过别人，那么，从高一开始，就要坚持锻炼。

第二个平衡，是平衡好主科与副科之间的关系。

高一，九门功课同步学，如果你分不清主次，找不出自己的优势科目和劣势科目，无法及时查漏补缺的话，很可能在学习中会感觉到吃力。高二，文理分科，在明确了你的分科方向后，你就可以有侧重地分配自己的精力。待到高三，需要形成自己的知识体系，去应对一些综合性较强的大题目。

在这里，我想介绍一些关于语文学习的方法，供大家参考。语文在高考中的分量越来越重，而很多人会觉得在语文学习上的付出和回报不成正比。我想说的是，可能在语文上的投入见效没有数学、文综那么快，语文学习是一个逐渐积累的过程，你不能因为短期的付出没有成效而放弃努力。

具体来讲，字音、字形、成语、病句是最基础的，在这方面可以专门准备一个小本子，记录你平常练习中遇到的一些生僻和易错的部分，常记、常翻；课本中的必背篇目一定要背得扎扎实实，不能只为应付老师的短期检查，还要为高三的回顾打下基础。文言文这一板块，也是要积累常见的实词、虚词，常见的句型，对课本里出现的重要实词的注释要熟背，最好能够备一本《古汉语常用字字典》和最新版的《现代汉语词典》。

诗歌鉴赏是比较难的题目，难就难在它的诗家语，和现在的语言习惯不同，很多情感比较隐晦，靠特定意象来营造，如果我们不了解古人的语言习惯，那么势必会给我们的理解带来障碍。这方面，我建议多进行专项练习，并且背一些教辅资料中总结的诗歌鉴赏技巧。对于文学类文本和论述类文本的阅读，这一板块一直到高三都是很多同学的软肋，建议也是进行专项练习，总结一些固定题型和答题思路，做多了就会感觉还是有规律可循的。做练习时最好选择历年的高考真题，一方面因为这些真题是经过名师精心打磨的，有一定的代表性，答案也比较权威；另一方面高考所选择的文章质量很高，有文采有思想，对于应试作文来说，也有可借鉴吸收的地方。

最后是语文考试的重头戏——作文。就目前来讲，议论文比记叙文可能更容易写出彩。因为在短短八百字的篇幅里，如果是一篇记叙文，把握不好详略主旨的话容易施展不开，而对于议论文来说，八百字足够详细地论述一个你想要表达的观点，但我不否认记叙文写好了也可以打动人心并且拿很高的分数。议论文对同学们最大的挑战应该是论点和论据，论点要新颖深刻，论据要恰当不落俗套，这方面就是对我们思想性和阅读量的考查。所以，读书一定是高中生活中必不可少的部分。当下流行的材料作文和话题作文对于大家来说有两个新的挑战，第一个是审题，把握准最佳立意；第二个是拟题，题目尽量能够吸引人眼球。关于审题方面，可以专门找一些历年高考题中的话题作文，自己去审审，想想如果是你在考场上，你会从哪些角度写这个题目，再对比评分标准里给出的立意，琢磨有没有偏差，及时纠正，多练几次就会有进步。关于拟题，在你阅读一些优秀的小说散文时，有意识地去关注它的题目，再通读整篇文章，模拟作者当时的情境，想想这个题目作者是怎么拟出来的。对于写作能力的提高，我觉得阅读是非常重要的一个方面，读的内容不仅要关注历年高考的高分作文，更重要的是读名家的经典之作。老师通常都很喜欢文化积淀深厚的作文，将一些经典之作的名句或者读书心得穿插到你的作文中，会锦上添花。举个例子来说，狄更斯《双城记》的开头"这是一个最好的时代，这是一个最坏的时代"，这句话发人深省，我相信第一个引用它到作文中的考生一定让老师眼前一亮。但是这句话后来被大家用滥了，所以每个人就应该及时地去经典中挖掘一些新的东西。如果目光长远一些，你现在的阅读积累对你以后可能参加的自主招生面试大有帮助。就我个人而言，我读的书很杂，文学类、社会学类、历史类都有，我还喜欢每周读一份《南方周末》，也喜欢关注新闻的深度报道，会看柴静的《看见》、窦文涛的《锵锵三人行》，还有胡一虎的《一虎一席谈》。看这些能够锻炼你的批判性思维，健全你的世界观、人生观，甚至让你感觉除学习生活外，世界是如此之大，矛盾困难是如此之多，你每天所纠结的成绩分数真的只是微不足道的小我，所以无形中起到了调整心态的作用。而这些在后来的自主招生面试中，真的给了我不小的帮助。

　　最后，建议大家每周抽时间做一份语文综合练习，培养自己的应试状态及对考试时间的把握和分配能力，语文考试特别是到了高三时，你会觉得考场时间紧张，必须把时间精细化分配到每一分钟，及早训练这样的能力，到了高三你会觉得游刃有余。

**　　第三个平衡，是平衡好远大理想和近期目标的关系。**

每个人心中都应该有一个闪闪发光的大学梦，清华、北大、复旦、南大，这些名字现在的你们可能会觉得有点遥远。如果当时有人告诉高一、高二的我说"你以后能够考上清华大学"，我一定也是一万个不相信。但是，你心中一定要有个真正能够打动自己的梦想，尽管最后不是人人都可以实现它，但它会成为你不断前进的强劲的推动力。无论遇到任何困难，想到那个梦想，你都会咬牙坚持下去。有了远大目标，你还需要有近阶段的详尽的计划。很多人会感觉自己原本列好的计划会被当天大量的作业打断，因而放弃制订计划。其实，计划不一定要规划得详细到小时甚至分钟，它最重要的作用是让你分清主次，抓住重点、弱科，并且时刻提醒你还有很多事情没有完成，让你更有效率地利用时间。每次大考之后一定要学会总结，不仅要总结这次考试有什么失误，也要总结这次考试哪些地方做得好，下次继续保持。只有不在同一个地方跌倒两次，你才会进步得更快。另外，你也可以为自己的考试成绩设定阶段目标，从第四十名到第十名的飞跃往往不是一步登天，而是从第四十名先到第三十名再到二十名，最后进入前十名的行列。就像周杰伦歌中所唱到的那样：我要一步一步往上爬，总有一天我有属于我的天。

刘瑜曾经说过这么一句话："教育不是使人深邃，而是使人天真好奇。"学弟学妹们，愿你们永葆天真好奇的状态，不要做纯粹的理想主义者，也不要做只会埋头读书不会抬头看路的书呆子，要适应高考的游戏规则，也要葆有自己的精神领地。祝你们每个人都能够实现自己的梦想，拥有一个海阔天空的未来。

Part 1 /
学霸档案

姓　　名：周位鑫

毕业学校：河南省鹤壁高中

高考成绩：总分665　语文123　数学139　英语129

　　　　　理综254　加分20

院　　系：清华大学工程物理系

Part 2 /
学霸格言

无论是阶段性考试还是综合考试，考前一定要调整好自己的心态，心情的变化是会影响成绩的。我比较喜欢看我以前写下的笔记，笔记内容不是很多但都是我的死角，我还会抽时间去散散步，平复心情。

坚定信念，梦想花开

　　转眼间高中三年过去了，昔日的点点滴滴依旧历历在目无法忘怀，走路、吃饭、学习、睡觉，所有的一切都会与高中的生活相联系。我想这是一种标记，一种伴随一生、永不消失的标记，这便是我理解的高中。高中生活结束了，虽带有不舍，但收获的果实令我欣慰，三年的努力终于开花结果。今日我有幸写下如此文字，只望君有所感悟，他日勉励自强，奋发有为，超越自己。

学｜霸｜秘｜籍

第一阶段（从入学到高二上学期结束）

1.搞好同学关系。

　　新生入学第一件事便是军训，那时我认识了班里的新同学，正是他们陪伴我走过三年，求学路上的坎坷荆棘，风风雨雨，我都不会畏惧，他们给了我走到今天的勇气与力量。同学既是对手又是朋友，那些与你竞争最激烈的同学定与你关系最密切，因为你会随时关注他们的动向，关注他们的一举一动，吸取有用的方法。你也许会希望他们考不好，但又为自己感到着急。这时你已经具备了超越对手的动力，不用担心，不用心急，慢慢来，只要默默努力，你会很快取得进步的。

就我自己而言，高一上学期我前面一直有个孔德颖，每次考试我都落后于她，嘴上不说，心里确实很佩服她。之后我也从各个方面努力，最终成功逆袭，获得了越来越多同学的关注，人也变得开朗多了。从那以后，跟我开玩笑的同学越来越多。直到现在，我仍然记得班里的男生将我埋进雪里的场景，欢声笑语，不绝于耳。"在家靠父母，出门靠朋友"，高中同学会伴随你一生，搞好同学关系是一门交际艺术，那种纯洁的友情更是日后学习的得力助手。

2. 提前预习。有同学会问我课前预习是否有必要，答案在你自身。我的建议是需要。正如古人所说：凡事预则立，不预则废。课前预习正如做事前的计划，有了它做起事来才得心应手，游刃有余。

多次听老师讲到"跑"，而我在去吃饭、回寝室的路上，一般是走，我要利用这段时间来列我的计划。这不是浪费时间，此时我的大脑依然在工作。有了课前预习才不会迷失方向，才会更有信心，而且学起来还会更轻松，印象也会更加深刻，掌握得更多。"良好的开端是成功的一半"，做好准备工作，会助你走得更远。随着习惯的养成，无论你多么忙，你都会找时间预习的。这会变成你生命的一部分。

3. 严于律己。老师会经常强调的一点，退步往往从不认真完成作业开始。

我在这方面的理解是严于律己。高一有幸跟随学校的队伍到了北京，见识了清华、北大、天安门等。北大学子的演讲振奋人心，至今我还记忆犹新，其中便讲到这个问题。"严于律己，宽以待人"，这是每个成功者的准则。我还记得高一暑假在家度过的一个月，这个假期我本可以学一半玩一半，反正回到学校里也没有多少同学知道我假期里没好好学习的事。但也许是受其鼓舞，我制订了详细的月计划、天计划，严格执行：第 1～15 天写老师布置的作业，第16～20 天预习物理，第 21～25 天预习化学，第 26～30 天预习生物，每天晚上学语文，中间的空余时间学数学竞赛。回到学校，我对自己的要求丝毫没有放松，抓紧一切时间学习，接下来的成绩自然很好，基本上保持在班级前5 名。

4. 认识自身，补差强优。

有很多同学都会遇到偏科的情况，我也是其中之一。自打初中起，我的语文就没好过，因此无论我多么努力，永远都考不到第一。这是我这一阶段学习上最大的问题。庆幸的是，我认识到自己的不足，便下定决心要学好语文。行动开始是在高一暑假，每天晚上都学，这是我的开端。开学后，由于我参加了球队，学习时间减少，但分给语文的时间一点都没少。不过这时语文成绩依旧落后，我很羡慕那些考 130 分的同学，但是"差"不能成为逃避的理由，所以我依旧没有放弃语文，坚持学习，终于我也考到了 130 分。这令我感到欣慰，比数学考满分还要高兴。需要铭记：不能因为补差而丢弃了强势科目。我一直为自己的数学感到骄傲，都知道高中数学难，正是因为难，我才更要学好，让其变成优势。因此数学作业是放在首位的。每次过完星期天，总会听到有同学抱怨：我要是做数学作业，仅仅只能写完数学，其他五科作业都写不完。如果我不做数学作业，就可以完成其他作业。即便如此，我依旧先写数学。在我眼里，数学是要求完美的。大家听说过木桶效应吧，在补差的同时，更要优化强势科目。

第二阶段（从高二下学期到该年 10 月）

战胜黑暗，迎来光明，远离心理问题。

有了光，也会有黑暗，而且光越强，黑暗越强。成功永远伴随着失败。这一阶段是我高中最为黑暗的时期，绝不逊于高三。如果我当初没有把握好自己就不会有今天的我。

看着越来越多的同学得到了高考加分，而我的成绩稳定在十几名停滞不前，我心里很不是滋味，人也变得急躁了。有一段时间我不能平衡球队训练与学习的时间，不能平衡二者的关系。一方面球没练好，另一方面成绩又不好。难道我注定要以此回报我的父母、老师吗？时间过得真快，我该去参加比赛了，为我的 20 分而战。虽然满怀希望，但最后我还是输得一塌糊涂。将近一年的努力就这样付之一炬，我不是惋惜我的精力，而是心急比他人落后。这时进入一轮复习将近三个月了，虽说我没有丝毫优势可言，不过我不是一个轻言放弃的人，心里默默为自己鼓劲加油，一直期望回到原来的状态。天不遂人愿，无论我怎么努力，成绩丝毫不见起色。此时我早已加入了学校的熬夜大军，开始了挑灯夜读的生活。一开始，第二天上课我也会困，困了就立刻站起来，站到教室后面去听课，坚持了一个多月，终于能在上课时集中注意力。课堂效率有了保证，晚上熬夜也更有劲了，看着一旁苦苦冥思的室友，我还有什么理由停滞呢？我也拿起笔投入到紧张的学习中。晚上学习要有个度，可以先设定一个时间，到点就睡，我们寝室统一到 12 点休息。当然也可做一些自己感兴趣的事，提高兴奋度。

努力总会有结果的。事情又有了转机，学校有一个棒球比赛，我该不该再去花费我的时间呢？心底的声音让我去。这场比赛直到 10 月结束，最后我成功获得了高考加分。这是一场考验，一场可能会输得很惨的考验。再苦再累，一路走来都有收获。想起我高一立下的誓言，深感心目中的大学离我越来越远，此时的水平考个郑州大学还差不多。我又变得极少说话了，我明白：清华只是少数人的归属，自己要加油，要竭尽所能去实现质的飞跃。

第三阶段（从 11 月到高考）

老师是站在背后默默支持你的人。我在数学竞赛中拿了一等奖，这让我重新找到了自信，学起来也更加有劲儿了。事后想了想，应该是高一时每天一道竞赛题起了作用。这让我深切感受到老师是如此重要，这一切都要感谢我的数学老师权老师，是他教我这么做的。还有我的语文成绩一向不是很好，语文老师上课会发一张卷子，课堂上都能做完，可改正只好放在课下了。每周还有三个晚自习会发语文卷子，我知道自己的情况，对老师发的卷子认真地完成，老师也一直鼓励我。我有什么解决不了的问题都会向老师求助。我喜欢所有老师的旷达。老师会竭尽全力帮我们，所以我们要相信老师。

自主学习。学习过程必然包含自主学习。学习如逆水行舟，不进则退。有很多同学只会听老师讲解，从不会自己想办法解决。我最不喜欢有人问我题时说老师没讲过。我很少问问题。"师傅领进门，修行在个人。"遇见问题我喜欢自己琢磨，而且总喜欢研究一些难度较大的问题。自学一直是我学习的重点，当然听老师讲课也很重要。

突破瓶颈，超越自我。我是一个积极求上进的人，我绝不允许自己仅仅处在十几名，我要超越自我，永争第一。长时间的放松让我找不到紧张的感觉，一次又一次地回想，不断地革新我的方法。比如为了应对我的数学小题，我将 16 道小题分类，做每类题应该注意哪些问题，都明明白白地写下来，每次考前必看，效果还不错。与高手过招，一两道小题见胜负，不敢稍有怠慢。最后冲刺阶段，搞定会做却做错的题，这足以让自己提升一个档次。我的错题本记录的不仅有错题，更重要的是解这道题时的心理感受以及突破思路，我还会找相同类型的题总结到一块，使自己完全掌握这类题目的解决方法。每科错题本应各具特色，像生物、化学某些题的答题语言必须力求准确，每次遇到都抄下来，第二天早起背诵，可快速提高。我有个考上武汉大学的同学物理大题全挂，高考理综考了 234 分，就是靠这样仅仅力求语言准确来取得的，他四轮复习前理综考 230 分左右，四轮复习时定时做套卷提高到 250 分左右，后来用那个本直冲 280 分。不少同学到最后认为高考能考成什么样已经定型了，保持正常节奏即可。其实完全可以拼一把，突破自己的瓶颈，追求更好的自己。我经过努力成功杀进前五，最终实现梦想。

　　把握机会。这时期的考试特别多，每次考试都是重新审视自己的机会。考试前做好充足的准备是很重要的。无论是阶段性考试还是综合考试，考前一定要调整好自己的心态，心情的变化是会影响成绩的。我比较喜欢看我以前写下的笔记，笔记内容不是很多但都是我的死角，我还会抽时间去散散步，平复心情。利用好学校组织的各次考试，认真对待错题，每道题都当成最后一次做，坚决弄懂不留死角。平时同学之间的话题总离不开考试，大家都希望考试，这样可以有更多的空余时间，而且可以睡一个好觉，有充沛的精力。感谢考试吧，是一张张红与黑的试卷让我们不断提高。

　　当然，高中的学习是深刻的，这是我的宝贵财富，我只是选出一些片段与你分享。上面并非一时的感想，都是伴随高中三年的，只是在某个时期突出罢了。最重要的是需要自己去经历，自己去总结属于自己的方法。祝愿每个追梦人最后梦想花开！

高分宝典阅读笔记

三人行，必有我师焉

关键词	笔记内容
课堂学习	
自主安排	
解题技巧	

总结: _____

_____

_____

_____

Part 1 /
学霸档案

姓　　名：梁馨心

毕业学校：重庆一中

高考成绩：总分676　语文132　数学143　英语139

　　　　　文综252　加分10

院　　系：清华大学经济管理学院

Part 2 /
学霸格言

只要不是到了高考那一天，何时开始努力都不晚。想到了就去做，有动力了就去实现，抛弃"从明天开始努力"这种自欺欺人的想法吧！让优秀成为习惯，成为生活的一部分。

让优秀成为习惯

　　教西方文明的朱孝远老师在第一节课对我们说，要把优秀变为一种习惯。高三已经过去很久了，我进入了心仪的大学，读了心仪的专业。回想高三，它带给我的不仅是未来四年的美好时光，更有坚毅的态度、良好的学习习惯和工作方法。也许高三是痛苦的、枯燥的、乏味的，但既然它是通向梦想彼岸的必经之路，我们为什么不试着去适应它，在其中找到属于青春的愉悦，让自己变得更优秀呢？

　　优秀其实很简单，如果让我来总结一下，那一定是好的计划、好的方法加上持之以恒坚持不懈的努力。

学霸秘籍

规划，让高考更简单

　　高三的学习生活是非常繁忙的，一科又一科的作业往往会把人淹没，大多数人会被各种作业牵着鼻子走。没有比较完整的计划，只是为了完成作业而做作业是一种非常消极的学习方法，可以说是浪费了宝贵的复习时间。要想在有限的时间内复习得更细致更踏实，必须要有自己的一套计划，并坚持贯彻下去。

高考考查的知识点细致、繁多，但它毕竟有一个确定的范围，整整十个月的复习时间也是十分充裕的。当你有了从第一次月考到第三次模考的整体规划，你会发现复习的思路很清晰，不会手忙脚乱，繁杂的任务也变得轻松了。

整体规划可以从三轮复习着手。如果把高考比作一个从无到有织毛衣的过程，那么一轮复习就是收集足够并且优质的羊毛；二轮复习是将这些羊毛纺成线；三轮复习是将线编织成网。

从九月开始的三次月考到第一次模考是第一轮复习。这一轮复习最为细致，囊括了整个高中所学过的知识。特别是对于文科的学习，这个阶段是至关重要的，之后政治、历史各种线索和网络都是在这个阶段的基础之上形成。第一轮复习要从细节入手，对照着高考大纲落实每一个知识点。建议把手头所有的参考资料整理出来，并且准备一本高考大纲（如果考纲还没有出来可以找前一年的，一般来说如果考卷不变化，考纲变化也不会太大）。整体规划一下每个月都要完成哪些学习内容，举个例子：9 月、10 月做完数学一轮参考书，英语语法专项训练，语文背完诗词文言文和文言实词意思，文综的基础知识初背一遍；11 月和 12 月做完一轮数学选择填空专项训练，英语单词背完；1 月做完一轮数学大题专项训练，文综做完一套模拟卷的选择题。这样有大的框架之后分块的目标也就更清晰了。

在一轮复习这个阶段，语文学习要做到背完所有考试大纲要求的诗歌文言文，并且持续滚动记忆。可以把全部的文言文和诗歌分类，搭配成难易互补的组合，每天背一个组合，这样一来也不会太辛苦，记忆也会十分深刻。

数学就是要从基础开始，不放过任何细节。这个时候千万别怕苦，该做的题就要做，不明白的一定要弄懂。一轮复习下来可以积攒很多思路和基本的解题方法，这些就是日后做题的宝贵财富，一定要重视一轮的积累！

在漫长的一轮复习中，英语和文综要紧紧跟着老师的脚步，做到每天的作业和计划都认真完成，老师布置的背记任务要及时完成。千里之行始于足下，合抱之木生于毫末！

二轮复习要将点点滴滴的知识串成线。复习中最忌讳的就是"只见树木不见森林"，在二轮复习中，要积极思考各个知识点之间的关系。可以在睡觉之前回想一个关键词，然后围绕这个关键词寻找记忆过的知识点，在头脑中发散出许多条线索，将这些知识点串联起来。坚持下去，渐渐地，枯燥的课本就会变轻变薄啦。

与此同时，二轮复习要开始做大量的高考卷和模拟卷，建议经常搜集各个地区各个名校的模拟卷，提前适应高考的节奏，也能在全国范围内把握当年题目难易、风格的变化。

三轮复习可以说是一个大踏步的提升，一轮二轮复习打好的基础在三轮复习中开始发挥出巨大作用，美丽的毛衣在这个阶段成形。这个时候要保持二轮复习的节奏，定期定时定量地做卷子。除此之外，三轮复习要注意总结专题，将热点话题往纵深发掘，引出对政治、历史、地理、人文等的思考。热点不会以识记的方式考查，高考是考查你运用所学知识解决问题的能力，所以一定要懂得如何运用自己已经烂熟的知识点，才能赢得高考。

这些就是在宏观上把握的高考，对自己每个阶段要干什么有个总体的规划，高考这座大山就被小目标分割化了。

计划表是提高效率的利器

有了宏观的规划之后，我们需要将每个阶段的目标细化。这个时候就需要计划表来帮忙。高三时，每个周日的下午，我都会用一两个小时总结自己上周的学习情况，然后制订下一周的详细学习计划。

这个时间确实没有用来学习，可能有人觉得很浪费。但是要知道，及时的反馈和调整能够保证你在复习的过程中不出现偏差，其实就是一种效率的提升，正如古人所说：磨刀不误砍柴工。

计划表应该怎么做呢？下面是一个样表。

	背文言文	背单词	回顾两页英语错题	重做三页数学错题	计时完成数学选填	背一单元政治	背一专题历史线索
周一	×	√	√	√	√	√	√
周二	√	√	√	×	√	√	√
周三							
周四							
周五							
周六							
周日							

就像这样，每完成一个项目就打一个"√"或是画一个笑脸，如果当天没能完成就打一个"×"。制作计划表的时候还可以用不同颜色标注出每一个项目在什么时间段去完成，等等。把这张计划表随身携带，随时都要很明确自己此时该做什么，这样效率自然就上去了。

制作计划表的原则就是细致到每一天每个时段的每个项目，但是又不能安排得太满，要留出机动时间处理突发事件。比如说今天老师布置了很多作业，作业时间超出了原来的计划，已经没有时间去完成计划上的项目了，这种情况会挫伤自己对原计划的信心，看着计划表上多出来的"×"很容易失落，计划表也就失去了原有的意义。所以计划要合理安排，给自己一些空间。

计划表一周做一次最佳。周期太短浪费时间，周期太长则有太多不确定因素，不但不利于及时调整步伐，对长期的执行力也是很大的考验。

当我在高考结束之后看到自己做的一页页计划表时，我为自己感到自豪，那种看着一个个空格被填满的成就感是无可比拟的。定期制作计划表这个习惯被我带到了大学，依旧很受用。在这个繁忙的互联网时代，千万不要在海量的信息之中迷失自己，一定要做自己时间的管理者。

想要好成绩就要有一颗赴死的心

之前说了很多学习方法，现在来说一说学习的态度。想要好成绩就要有一颗赴死的心，这很夸张，但也很实际。天才毕竟是少数，我们平凡人还是要靠点点滴滴的努力才能得到自己想要的。机会只留给有准备的人，我们不能打无准备之仗。

现代社会太多的人有太多的想法，然而太多的人有拖延症。那些美好的设想、宏伟的理想、彩色的梦想往往死在了脑袋里，埋葬在时间的长河中。这辈子你为大学奋斗的时光可能只有这一年，说短不短，说长不长，利用好了也许就改变了你的一生。

当你不想起床时，就想想同学们也许已经在早读了；当你打开电脑想要偷懒时，就想想班里的"学霸"也许又造出了一张 140 分以上的数学试卷。学习如逆水行舟，不进则退。适当的时候记得逼自己一把，也许你会发现自己的潜力远不止如此。科学研究表明，不仅是人的思维指导人的身体行为，人的行为反过来也能改变思维。你若犯懒，思维也会犯懒，久而久之就被自己麻痹，停滞不前，我相信这是大多数人都不愿意看到的吧。

高考复习有一、二、三轮，然而你的努力是没有分割的。只要不是到了高考那一天，何时开始努力都不晚。想到了就去做，有动力了就去实现，抛弃"从明天开始努力"这种自欺欺人的想法吧！让优秀成为习惯，成为生活的一部分。

最后，是一些关于复习的小贴士：

（1）制订好学习计划，学习是个厚积薄发的过程，注重每一天的积累。

（2）基础知识要牢记，一切解题的钥匙是基础知识。文科尤其重要。

（3）弱科要强补，一年的时间很充裕，去提高提分空间相对较大的弱科。但是与此同时，强科也不要放松，总而言之，要有重点。

（4）习题不能少，想提分就要做题，但要有计划、有分类地做。

（5）语文要时刻积累，循环记忆。英语要每日复习，时间不需太多，但要坚持。数学需要分类多做题。文综选择要多做多看，慢慢掌握其中的规律。文综大题在多背的基础上去理解，去运用，配合习题，注重老师所说的答题规范，会提高很多的。

愿每位学子梦想成真！

高分宝典阅读笔记

三人行，必有我师焉

关键词	笔记内容
课堂学习	
自主安排	
解题技巧	

总结: _____

_____

_____

Part 1 /
学霸档案

姓　　名：陈秋伊

....

毕业学校：江苏省新海高级中学

高考成绩：总分390　语文151（124+27）　数学130

英语104　历史A　政治A+　小高考4A加5分

院　　系：清华大学新闻与传播学院

Part 2 /
学霸格言

　　　生活和学习的节奏在每个年级也不尽相同，针对每个阶段具体的状态也不同。不过只要遵循一个原则就是把握好、平衡好每门课的时间和精力分配。可以以周为计划单位，使每天的安排更有弹性，根据当天状态和心情适当调整时间分配。

洼地崛起，凤凰涅槃

有一个女孩，高一时由于没有协调好九门功课的时间安排，学习成绩严重滑坡，到了班里 20 多名，年级百名开外（在她的学校每年能考上清华、北大的学生大多以个位计数）；高二小高考（江苏的考查形式，共考查 4 门，90分以上为 A，一个 A 高考加一分，4A 加 5 分）前的几次模拟考试中，以基本没有 A 的成绩，名列班级倒数；高三开学后数学成绩一落千丈，基本每次都在100～110 分之间徘徊（文科数学满分 160 分）；在高考最后冲刺阶段，总因为精神不济而在学习时间上远远少于别人。

还有一个女孩，以中考全市第八名的成绩进入高中；高二分班以文科第一名的成绩入班；小高考拿了 4 个 A；往往一般同学 9 点才能完成的作业，她 7点左右就能高效完成；每天上课紧跟老师思路，听讲效率很高。

这样的两个女孩，你觉得分别能考上怎样的学校呢？很多人的答案可能是落差非常大的。但是，我要告诉你的是：这两个女孩其实是对同一个人的描述，这个女孩现在就读于清华大学，她就是我。

学｜霸｜秘｜籍

每个人都不可避免地碰到困境，那些所谓高考状元或"大牛"们的采访记录或简历，大多是把最辉煌的一面写出来，为他们的成功加上一笔华丽的注解。难道他们在学习生活中没有遇到过困难吗？我觉得比起成功的例子，失败后洼地崛起的心态更有学习和分享的价值。人说"高考三分靠实力，七分靠心态"，其实不无道理。我的高中同学，平时在班级十名左右，高考前一天还优哉游哉遛狗的"淡定帝"，却取得了全省第二名的辉煌成绩。

所以我觉得，良好的心态往往是学习、生活上困难的破冰斧。遇到问题时分析问题需要冷静，克服困难中寻求帮助需要开放，相信自己有实力有希望需要自信，适当调整学习和生活节奏需要灵活……

其实，遇到不顺的时候，焦躁烦恼伤感都是很正常的。如果没有任何感觉的话，要么是万里挑一的"淡定帝"，要么就是已经自暴自弃的"堕落兄"啦。有情绪千万不要憋着装坚强，这样会造成内伤，而且自己往往会越绕越乱，最好找人倾诉一下。找谁呢？这个范围就广啦，可以是给你提供心理安慰的父母，可以是给你技术指导的"亲民"老师，可以是给你提供经验借鉴的学长学姐，可以是"千磨万击还坚劲"的学校发泄室，还可以是最了解你的——你自己。是的，你可以对自己说话，有一个秘密的"心情日记本"，记录一些你不想展示于人的心理，写下你烦心的事儿，分析一下为什么会出现问题，最后写一点激励自己的话。比如我在自己的日记本里就会写"根据能量守恒定律，今天的不幸和挫折都是为了以后的辉煌！加油"（虽然是歪曲了定律，不过让自己充满动力就好）。你可以吐槽，可以发泄，但是别忘了发泄之后要给自己的"心情日记本"注入正能量，这样才会激励你勇敢前进！

当面对挫折和困难时，首要的就是非常规的自信。

之所以说"非常规"，是因为在逆境中我们需要的是极度的绝对的自信，而在顺境中则保持淡淡的自信不张扬。比如小高考前尽管成绩倒数，可我依然相信自己有实力拿到 4A；比如高考前，在理想高校一栏我就毫无顾忌地写下了清华、北大。先要敢想才能敢做，不要自己合上机会之门。

距高考不到 100 天的时候，我专门拿出一下午的时间，看了一本书——张德芬的《遇见心想事成的自己》和一部电影——《下一个奇迹》，其中都提到了一个有趣的"吸引力法则"，即当一个人的思想专注在某一领域的时候，相关的人、事、物就会被他吸引过来，心中所想越强烈，似乎就越容易看到结果。有些同学可能会说，这纯粹是唯心主义嘛！其实不然，只要有了非常坚定的目标，你整个人呈现的状态以及给自己的心理暗示都是积极的，自然会带动行为上的进步。归根结底，就是敢想敢做，对每一个机会不抛弃不放弃，屡败屡战！

信心有时不仅源于自己内心的能量，也可能是客观条件给予的。比如大多数同学对自己的强势科目就很有自信，相应地学习也会进入良性循环。那么，如何为自己创造如此的条件呢？

在语文、英语这两门需要积累的科目上，我个人采用了超前学习的办法。英语提前背背单词，学学语法，这样别人在学这些内容的时候，你已经往一个更高的层次迈进了，学习自然变得更轻松；语文的字音字形，美文名句摘抄背诵，各种题型思路的总结概括，都是高一到高三通用的，提前积累可以使你获得更广的知识面，超越其他人。形成学科优势以后，也就获得了信心，老师的表扬欣赏，以及同学的赞扬、请教，都会激发你精益求精的动力。当然，自信但不自傲是很重要的，如果因为学得好就放松了，想吃老本，最后的高考还是会跌大跟头的。

在具备了舍我其谁的自信以后，有没有具体的行动，就是空想家和梦想家的区别了。

从宏观来说，我们应该及早确定文理科意向，定下一所理想大学作为目标，这个大学最好是跳一跳可能会够到的，而且要比较明确。

著名导演詹姆斯·卡梅隆说过："如果你定的目标比别人高一些，尽力去拼搏，即使最后并没有达成预期，也仍然会比别人高出一些。"定下目标后，要付出努力是毋庸置疑的，但如果能把自己要达成的目标和现阶段水平之间的差距量化，则会使行动更有计划性和动力。你可以列举一下考取理想高校的途径：保送（现在基本取消）、自主招生、领军人物、裸考等。然后找出近几年的相关资料和大致分数线与现阶段自己的奖项和成绩做对比，找出差距和专攻领域，再具体分配到每个学科，哪一门通过努力能提高多少分，哪些专项还有提分空间，怎样提分，在哪个阶段要专攻哪一部分……把这些都列在一张大表上，每天按计划完成，这样一来，大目标加上细化的小目标，是不是有一种豁然开朗和志在必得的感觉呢？

从微观来说，"学科瓶颈"或是"弱势学科"这样的标签不知成了多少学子的噩梦。

往往我们都倾向于学习自己擅长的科目和专题以获得成就感，而对于一些困难的部分可能一拖再拖甚至避而不见，造成恶性循环。所以，如何处理这种现象也成了很重要的问题。正如我之前所说，心态很重要！坦然地承认、面对自己的弱势吧，不要遮遮掩掩。有时你以低姿态示弱反而能使更多人帮助你，觉得你很真诚上进，而且他们也能通过对你的帮助获得相应的成就感和满足感。再者，这样才能合理制订针对自己的计划，因为不同层次的学生在学习和考试中都有不同的重点区域和必守防线，如果没有清醒的认识而盲从一些"大牛"们的学习节奏，最后可能千疮百孔。所以，不必害羞或者伪装，真诚面对自己并在自己的强势上帮助别人，才能形成良好的互动互助氛围！还有的同学面对弱势科目和困难直接选择逃避，这是完全不对的，有时候给自己适当的压力和任务才能实现质的飞跃。比如我在高三的数学课上就会给自己规定任务，每天都争取发言，表达自己的思想和解法。也正因此，上课时我精力更加集中，积极思考多种可能性，带动了思维的全面拓展，与老师的交流也增加了，赢得了老师更多的关注。此外，当自己真正参与其中时，对题目和知识点的记忆也尤为深刻，慢慢就有了兴趣和动力。这叫"被动却愉悦认真的学习"。

接下来，再以我的数学为例，讲讲从具体方法上如何攻破弱势科目吧！我的数学在高中期间经历了波浪式的浮动，但基本上一直都在拖我的后腿。最夸张的就是高一的一次考试，语文、英语都考了全班最高分，可加了数学成绩就掉到了十几名，也因此导致我形成一个观念——我的数学就是弱项。而一旦有了这样的主观认定，就很难在这门学科上提起兴趣，也会把失败看作理所应当的事了。我曾经迷茫了整个高一阶段，直到高二的分班考试第一名的成绩才又带给我一些自信。由于我吸取了高一的教训，不再死做题，甚至不再熬夜刷题，不会导致第二天精神不济上课效率低下。最终我高一的漏洞不再恶性循环地影响我的成绩，高二的数学竟然跻身班级前列，也让我越发有动力。

这个阶段的成绩回升带给我的启发是：要给自己正确的定位，即使你身边有很多可以考满分的"大牛"，也要根据你现阶段的成绩理性地制订计划和目标，不要因为大家都在刷难题就盲目从众。如果你的这门课成绩确实不好，那么重点就要放在书本概念、知识点和听课笔记上。我们老师曾做过一次试卷分析，把试卷上的每道题对应到书中的知识点以及他上课讲的例题，结果发现上课的题目有些可以类比或推导到试题。知识点就是书上的那么多，出题也万变不离其宗，这点适用于各个学科。

但是，经历了高二的辉煌后，也许是因为暑假学习效率太低，我刚上高三数学成绩就莫名其妙地一落千丈，有时自己都很疑惑为什么会做错这种题。越这样想，下次考试心里就越紧张，形成一种消极的心理暗示。后来我厘清思路，对试卷做了细致的分析：基础题不该丢分的丢了多少分，因为粗心或概念不清丢了多少分，难题有步骤能拿分的是否拿到……这样一来，就很容易地找到了自己的最近提升区，加上之前培养的自信，我觉得既然问题和解决方法都找到了，剩下的只需要努力即可，又有何难！

高三的这次洼地崛起，需要的不仅是理智分析，逐个击破的方法，更是临近高考顶住各方面压力的冷静心态！

与之前不同的是，在这个阶段，必须把知识点连缀成知识网，因为最后的综合复习阶段，很多是关联解题的，比如数学的三角函数问题可能用向量解……每次考试前，不妨拿出考纲，自己写写画画，标注一下每个知识点都有哪些易错点，都能跟另外哪一部分联系在一起考查。这样在考场上才能打开思路。针对粗心，还有一个很有用的小方法供大家借鉴：把每次的草稿纸写得工整一些，写每道题的草稿时在前面标明题号，每题之间留有空隙，划分区域，不要挤成一团。听起来可能特别简单和难以置信，但是经过我和同学的亲身实践，真是非常有效！由于粗心而做错题的概率基本为零，最后我的高考数学也没有一处因粗心或审题错误而丢分的。

正如之前所讲，冷静理智很重要。有时自己手足无措的时候，不妨尝试把自己抽离出当前的混乱，好好理一下思路，从长远考虑。高一时我也曾被九门课轮番轰炸得焦头烂额，不管如何分配时间都不太合理且非常紧张。尤其是在考试前复习物理、化学时会出现焦躁郁闷的情绪。后来通过和妈妈的聊天，我确定了自己的长处和兴趣都在文科，而文科小高考对物理、化学的要求并没有那么高，心里瞬间释然了许多。所以，及早确立方向和目标，才能让自己少做无用功，把更多的时间分配给对高考更重要的科目，而不是被捆绑于错综无绪的困境里。

不过有时候，单凭自己的力量很难做到冷静理智的分析，我们可以寻求帮助，家长、老师、学长学姐，一定要充分利用好身边的资源，有时一个人想破头也不及旁观者一句话让人清醒。学长学姐又分为两类：一种是关系亲密而且有类似经验的，可以向他们倾诉，求指导；另一种是成功考入了你的理想高校的，可以请他们帮忙分析一下差距，有时聊到的一些学校生活的细节就能激励你。我在高考前和清华的一个姐姐打电话，当时晚上十点多，她说她在操场上散步，埋头于作业的我瞬间产生了无比的向往，觉得那场景是如此美好。虽然现在因为懒还没怎么去操场上散过步，不过当时对此我确实是触动很大的。

最后，分享一句从高一就激励着我的话，与大家共勉："不求每分每秒都在学习，但求学习的每分每秒都高效！"是的，不要盲目追求学习时间，而要想着怎样才能更有效率、更有效果地学，怎样才能做到事半功倍。

这就要求我们灵活机动地调整学习和生活的节奏。在我身上就既有失败的教训也有成功的经验。高一时做题慢，就想和"大神"们拼时间，但自己本来就不擅长熬夜，所以白天总打盹，课也没听好，以至于做题速度更慢……高三时虽然也有精神不济的时候，还曾被班主任开玩笑说"是不是脑缺氧啊，去买点补品什么的"。但我及时调整，困了学起来没效率就睡，熬不了夜就早上稍微早点起来早读，始终保证在课堂上不仅思路紧跟老师，而且思维也比其他同学更加活跃。于是就出现了之前所说的晚自习七点就早早写完作业，还可以做点课外专题，晚上回家能学就学会儿，困了就睡。状元们介绍经验说的"晚上休息很早，保证精神"其实就是这个道理，不是鼓励大家缩短学习时间，而是提高效率。另外，学习的倦怠期也是时常会出现的，尤其是后期紧张备考阶段，我们可以制订计划，同桌之间互相监督，如果完成得好，还可以给自己点小奖励，比如什么时候可以娱乐一下看会儿电视。我就会给自己制订一些"跳一跳够得到"的计划，如果完成了就奖励自己看一集美剧，通常是十多分钟。不要觉得看电视的时间白白浪费了，就我而言，正因为有这样的奖励作为动力，我才有机会在别人闲聊的时候翻出书来看看，在上课做完老师布置的题目后拿出自己计划中的题来做。省下的又何止十几分钟呢！

　　当然，生活和学习的节奏在每个年级也不尽相同，针对每个阶段具体的状态也不同。不过只要遵循一个原则就是把握好、平衡好每门课的时间和精力分配。可以以周为计划单位，使每天的安排更有弹性，根据当天状态和心情适当调整时间分配。

　　以前，我每次遇到貌似不可能突破的瓶颈时，总是暗暗对自己说：要是你连这都扛了过去，以后一定要把这些经历和心态作为华丽的"逆袭战斗记"分享给学弟学妹们！现在，我做到了。无论如何，都请漂亮地坚持吧，梦想终会照亮现实！

高分宝典阅读笔记

三人行，必有我师焉

关键词	笔记内容
课堂学习	
自主安排	
解题技巧	

总结: _____

_____

_____

_____

Part 1 /
学霸档案

姓　　名：赵捷思

. . . .

毕业学校：河南省实验中学
高考成绩：总分667　语文122　数学142　英语137
　　　　　文综266
院　　系：清华大学人文学院外文系

Part 2 /
学霸格言

只要通过反复记忆，并且在理解记忆的基础上，就可以真正牢固掌握。切记不要死记硬背，那样效率极低还很容易忘记，事倍功半，不能真正掌握知识。

重中之重的文综

文综三科是很多学生在高三比较头疼的几门科目。因为一方面政治、历史、地理涉及的硬性记忆知识量非常庞大，二、三轮复习阶段老师又会总结出许多答题套路，这也需要背。另一方面，文综三科的试题又非常灵活，经常有同学会觉得背的东西用不上、用不全，背再多的套路，答题时还是答不到点上。所以在此，我分别介绍一些文综三科的复习和答题方法，希望能够让大家有所借鉴。

学霸秘籍

一、政治

在复习文综时，一些同学会采用题海战术，买来一本历年高考试题，无休止地练习。我认为，文综三科并不是全都适合这种复习方法，不过政治比较适合（因为这一科的题型规律性强，能够把握住，这种方法很实用也很高效）。但是政治的题海训练不是说一味地求量，做完稀里糊涂地对下答案，把没写到的采分点写上就算完了，然后接着做下一套。

题海训练的目的是仔细研究问法和答法的结构，寻找答案中体

现出来的清晰逻辑和要点。

　　这里的"研究"，我强调的是要研究高考真题，尽量少做模拟题（尤其是到高三后期）。因为我们最终面对的还是高考试题。市场上的各地模拟题，一方面在出题质量上远远不及高考命题的水平，另一方面模拟题的设计思路和设计水平和高考相比要差很多。所以，为了让自己一直在高水平的题目下训练，我还是建议大家尽量全做真题。近三年至五年的高考真题都会具有参考价值，同时还会让自己对于今年的考试走向有个更熟悉的宏观把握。再言之，一套高考题的使用价值并不是只有一次。高考真题在我们复习阶段是用来研究的。

　　第一遍是做题。

　　第二遍是对改。做完试卷之后参照答案对改是一个发现自己薄弱点的过程，非常有必要，一定要认真对待。

　　第三遍是观察。这个观察，第一要观察材料，锻炼自己对图表型、漫画型、文字型几种材料的归类的能力。第二要观察题干，我们要在这个过程中总结出政治试题的几类问法，学会在读题时画出所有的问题限定词。比如："结合材料一，请简述我国政府部门在面对食品安全问题时应采取何种应对措施？"题目中只让结合"材料一"，所以我们第一时间就把从材料二、三中寻找答案的可能性排除了；题目让"简述"，所以推断题目的给分也较少，一般只有6分或8分，也就是三条到四条答案，并且每条答案一定很简练，不会超过两行，只要求写出措施不用叙述原因；题目说"我国"，也许材料会对比很多国家面对此问题的做法，所以我们只筛选我国的材料来分析；题目限定"政府"，所以不用考虑"消费者""企业""市场"等主体的做法；题目说"食品安全问题"，所以措施一定要对口；题目说"应对"，一定是指问题出现后的做法，而不是"预防"之类的；题目说"措施"，这个其实应该最先看到，因为它会限定住这道题的题类是措施类问题。第三要观察标准答案。着重去看标准答案对"原理＋

材料"类题的叙述方法，观察答案对材料语句是如何筛选和运用的，观察答案的原理采分点是从材料中哪点体现出来的，从而渐渐学习并掌握标准答案的答题模式，为已所有。

第四遍是总结。对于研究过的题目要学会归纳总结。总结题型、总结问法、总结答法、总结热点问题的分析思路。

二、地理

地理其实是一门理科学科。因此，我们能够发现在知识的掌握运用上，这一课的灵活性和推理性要远远强于政治和历史。但因为高中地理依然被划为文科，所以我们对它的学习要求在很大部分上与对政治、历史的要求相似（比如有很多硬性知识需要记忆）。所以，在地理的复习过程中，我们需要在对政治、历史学习方法有所保留的基础上，换一种思路去掌控地理这一科。

首先，记忆硬性知识是牢固的基石。我们学习的高中地理在范畴上可以分为自然地理和人文地理两部分，在范围上可以分为中国地理和世界地理两个板块。当我们想真正从一个宏观的角度熟练掌控高中地理系统时，在脑中形成框架是十分必要也是最基本的。而要形成框架，仔细研读教科书的目录是最有效的办法。以我学习的人教版地理为例：对于自然地理，我们可以根据地球四大圈层将这一部分细分为地壳、大气、水、生物（植被与自然带）等次级部分。对于人文地理、中国地理、世界地理，我们可以同理划分，在此不赘述。这样形成框架后，我们便可以回顾每一个小板块中的基础知识有哪些。比如：地球构造图、大气环流分布图、世界气候分布图、世界洋流分布图、世界植被分布图、世界自然带分布图、人种分布图、世界及中国重要城市和地理事物的地理坐标、中国省份分布及形状、城市形态、主要天气类型及成因等。这些知识很庞杂，但是大家不必害怕。只要通过反复记忆，并且在理解记忆的基础上，就可以真正牢固掌握。切记一定不要死记硬背，那样效率极低还很容易忘记，事倍功半，不能真正掌握知识。一定要先理解，不要怕这样记忆速度慢，也不要和其他同学比，只要你完全理解了自然会深刻记下来，而且即使有些地方忘记了，也可以像数学公式一样通过记得的知识逻辑推导出来，这才是最聪明的学法。我在写这段文字的时候，完全没有翻看任何书，纯粹依靠回忆，但依然可以把每个知识点很清晰地写出来，便是因为高三采用的科学学习方法。希望你们也可以用到。

其次，充分审题。这一点和政治中的观察题干非常相似，所以不再赘述。

再次，大题充分挖掘材料。如果说历史政治试题的材料还不是字字千金，那么地理试题的材料就是字字珠玑了！读完这篇文章后，大家可以回过头来按政治的研究方法研究一下地理试题，你会发现，地理试题材料更加短小精辟，但是也许一句话只有三个字，提炼出来就是一个采分点。尤其是遇到特点描述类、原因分析类问题的材料时，这点体现得尤为明显，大家一定要注意。因为我在高三的时候主观题经常是只扣一两分或者不扣分，选择题难度大则尽量留足失分空间，这样地理成绩才可以拿高分。当时我身边很多同学每次在考卷发下来都会抱怨自己为什么总是在每一道主观题中有那么几点想不出来，错误积少成多，从而导致大量失分，原因就在此。

最后，说说选择题，与大家分享几点选项分析上的经验。第一，首先排除"硬伤"选项。每道选择题中一般总会有那么一两个选项是我们根据硬性知识便可以知道它的错误之处的。当我们拿到一道选择题，可以先不看材料题干，直奔选项快速浏览一遍，将这一类"硬伤"选项在第一时间排除。第二，排除范畴错误类选项。这类选项的排除需要我们读完题干，画出所有的限定词，一般在四个选项中总会有本身正确，但是不符合该题题意的选项，这时便可将其排除。最后剩下的选项就需要我们结合材料认真分析推导，相信大家可以做到。

三、历史

历史并不是我的优势科目，所以经验上可能也少一些，但是依然有一些细节方面的技巧可以与大家分享。

第一，注重课本目录。历史的硬性知识最琐碎也最庞大，背诵起来是很多同学头疼的一点。三本课本的目录能给我们很大帮助。观察目录，找出每一章、每一节标题的关键词，并分析它们的内在联系，帮助我们将琐碎的历史知识深刻理解之后串联起来，这样记起来更流畅、更牢固。同时也方便在考场上应对某一块知识时迅速调取，并能发散思维，想到相关板块的知识。

第二，图片式材料一定要重视。为了体现新课标灵活创新的精神，近年来的历史试题中，不论是选择题还是主观题都有越来越多的图片材料出现。很多同学都不太会读图，或者不重视图片资料，这样会吃很多亏。读图，我们首先要做到辨识图片展现的事物或场景是什么，然后捕捉到图中所有的文字与数字，不论是漫画的题词、时间、人名，还是一份报纸上的内容、报纸名称，抑或一栋大楼的匾额。要记住，尤其是在高考真题中，试卷的篇幅有限，出题者只会将所有对答题最有用的信息展现在试卷上，不会有任何冗余，所以每一个图画上的文字和数字一定都是在提示着有效信息来帮助你推理判断。如果你注意不到这些，也许在答题时就总也筛选不出一个正确答案。图片也是材料的一部分，而且这类材料的出现频率在近几年会越来越高。

以上就是我的几点关于文综复习与考试答题的经验，希望能够对大家有所帮助和启发。谢谢桌前的你耐心地读完，相信掌握这些之后，你的高三学习会更得心应手。加油！

Part 1 /
学霸档案

姓　　名：申玉哲

....

毕业学校：新疆农二师华山中学

高考成绩：总分666　语文122　数学133　英语144

　　　　　理综267

院　　系：北京大学生命科学学院

Part 2 /
学霸格言

登山的过程何其艰辛，想必大家都体验过，中途想放弃时，想想山顶无限风光吧。其实学习充满了乐趣，不信你找找看。无限风光在顶峰，俯瞰众山的感觉，非常惬意！

无畏青春

——请自命不凡的你大声喊出"我不怕失败"

奋笔疾书的每一个夜晚，朗声背诵的每一个清晨，汗流浃背的每一个午后，一路陪我走过的时光，安静或彷徨，美丽或忧伤，全都要离我远去。我和每一个普普通通却又自命不凡的高三学子一样，穿过地狱般的黑暗看到黎明的曙光。但我喜欢这份黑暗，喜欢这闪耀着星星之火的黑暗，历练了我的意志的黑暗。

没有人知道我是多么喜欢高三的日子，不可思议，非常喜欢。尽管那时每一天都缺少睡眠，尽管那时每天都要面对来势汹汹的试卷，尽管那时每天都前途未卜，人心惶惶。高三是"马拉松"的最后阶段。那些日子，残酷而温暖，充实而紧张，那是一种为梦想而向前的姿态，那是一种在剑拔弩张中改变命运的传奇。

曾经洒下的汗水，流过的泪水，真实地流淌在我的血液中，刻在骨子里。我会一直记得，高三到底教会了我什么：那是一种精神，一种无畏的勇气。所以请为梦想奋斗的你，每一个自命不凡的你，以青春的名义大声喊出："我不怕失败！"

学|霸|秘|籍

受用一生的高三精神

最终选了理科，进了尖子班，也是从那时起我开始真正努力学习。我的母校是当地的著名中学，刚考进去的时候由于各种原因只进了平行班（平行班、提高班、实验班按成绩来分）。但是高二上学期我就被调入了实验班。一年时间，一切皆有可能。

也许你初入高中时成绩不是最好的，但是请一定要相信，你拥有无限的潜力，每一个人都可以自命不凡，但是你要用努力来证明自己。

我依然记得高三刚开始时我对自己许下的诺言：燕园，魂牵梦绕的学府。然后在笔记本上写下那句话：夸得下海口，就要吞得下咸涩的海水。

以前我对数学的态度总是不温不火，自从学了解析几何之后，我对数学的兴趣猛增，两次考试均坐"第一把交椅"。那时我对数学有一种近乎痴狂的喜爱，每一道题，每一个椭圆和双曲线，每一次紧皱眉头的思考，每一次成功解出的兴奋，成了我对数学最美好的记忆。所以，学习不是苦苦修行，而是一种热爱。真心地去热爱每一种知识吧，那时你会发现，克服难题是一件充满挑战而又美妙无比的事情。我开始真正理解华罗庚的话"天才出自勤奋"。学习也是这么一种公平而又残酷的交易：你学，不一定学得好；你不学，一定学不好。但我相信天道酬勤，只要你真心付出，便问心无愧，青春无悔，人生无畏，志在必得！

高三一年，对我人生影响最大的不是考取一所重点大学的愿望，而是永远铭记在心的高三精神：不抛弃，不放弃。即使通往名校的路依然如千军万马过独木桥，我并不在乎。我在乎的是认真对待，热血拼搏，无愧于心的过程。我会大声喊出：我不怕失败！我的青春我做主，用真心付出，年轻不怕失败！

找到最适合自己的学习方法

相信大家一定都知道学习方法的重要性，但是永远没有最好的学习方法，只有最适合自己的学习方法。高中三年，每个人都会摸索出一套适合自己的学习方法，这样才能在最后的冲刺阶段游刃有余，全力以赴。现在我介绍一些自己的方法，不一定适用于每一个人，但是希望对大家有所帮助。

关于错题。很多老师和同学都说要建立错题本，但更有意义的是另外建立一个属于自己的"错点本"。这样可以看到每一道题出错的原因，从而达到"根治"的效果。

如果这道题做错是因为知识有欠缺，就把相应的基础知识写在错点本上，而不是原来的笔记本上。因为笔记本上知识太多，而你犯过错误的知识点应当特殊对待，避免下次再犯。同时，我也会把一些考试技巧和注意事项写在错点本上，在每次大考小考之前，都拿出来看一遍，这样既可以避免自己在同一个地方跌倒两次，丢冤枉分，又能够稳定心态，增强信心，快速进入考试状态。错点本可以按照章节顺序，也可以有一部分是随机堆砌，因为上课时可能会有一些要点随时出现；也可以把相同的问题归类，进行比较，找出共性和特性。重要的不是这个本子，而是创造的整个过程。经过这些整理和归类比较的过程，这些知识点和考试技巧已经深深地刻在了脑海里，到时自然会得心应手，从容不迫。

关于练习试卷。高三复习阶段，除了学校统一配发的练习册和试卷，同学们一定还会有其他练习题。在这方面，一定要坚持"从优选择"而不是"从量选择"，即练习题贵在品质而不是数量。对于处在高三阶段的学生来说，每个人都会经历题海战术，但是"被题海淹没"还是"在题海中冲浪"取决于你对待试题的态度。做试题的目的是查漏补缺，因此不要为一次考试的失利或者一道题没有做出来而失落。记住：发现错题永远不晚，高考之前绝不轻言放弃。

关于英语。我平时的英语成绩还不错，高考分数是144，只错了一道单项选择，其余分丢在作文上。在这里提醒大家，把作文的字写好很重要，我当时就是因为写字太快导致文章版面不美观，结果写完作文还有很长时间。

英语是一门语言，一定要注重听说读写全面发展。高三时，更要注重答题技巧。

我在高三时学习英语的技巧主要有下面几点。

朗读。每天早上起床后朗读英语短文 10 分钟。短文主要来自平时练习和考试试卷中的阅读理解和完形填空。

背单词。背单词不仅是要把小册子上的 3000 个词记住，更要准备一个本子把平时在阅读和完形中遇到的生词、短语记下来，尤其是短语。这在高考中遇到生词时就会见效，平时积累得越多，到时就越发得心应手，越是没有阅读障碍，因为高频词汇是经常考的。

听力。每天保持一定的听力时间，听过的英语歌曲也是很有帮助的。尤其注意一定要抓取信息点，记住重要的信息而不是全部。其实，我们当年听力不计入高考总分，但我还是答完了所有听力题，因为听力是培养语感的重要工具。对于英语来说，"语感"很重要，而培养语感的方法就是多读、多听。

作文。作文有几点要注意。第一，基本词汇和语法不要出错，否则会让你的作文有"硬伤"，分数不会高，所以即使换一个词也不要写自己没把握的词。第二，模板很重要，作文类型其实相对比较固定，大家只要把几篇范文模板背下来，到时写起来自然会很轻松。但是一定要灵活运用，要找到适合自己的常用短语和表达方式。精彩的句型十分重要，而且不要千篇一律，要在长期的写作中找到最适合自己、用起来最顺手的表达方式。

最后说一下我的一些小技巧。完形可以先自己填一个词，然后在答案中找到最接近这个词的选项，就是答案了。我平时一直用这个方法，基本没有问题，高考时完形也全部正确。当然自己填不出来时就要仔细分析对比选项了。

　　阅读第一遍一定要读懂，不能想着先浏览一遍做题时再仔细读。因为你不知道这道题对应考查文章的哪一段，而重读容易导致慌乱、不仔细等问题。所以一定要在第一次读时就读懂，个别句子可以多读几遍。而且要注意总结每段的段意，一般是找中心句，这个句子一般都在开头，这样把握整体结构就不会出错了。

　　留心单选、阅读、完形的一些好的短语句子，也许会在写作文时对你有帮助。

　　注意分配考试时间。英语一般时间比较充足，要调整好自己的节奏，不要过快也不要过慢，留出一定的时间检查。

　　细心。这一点很重要，因为英语中很多题目都是考查细节，在细节上一定不能丢分。

　　学弟学妹们，学习就像是攀登一座高峰。登山的过程何其艰辛，想必大家都体验过，中途想放弃时，想想山顶无限风光吧。其实学习充满了乐趣，不信你找找看。无限风光在顶峰，俯瞰众山的感觉，非常非常惬意！

　　珍惜青春时光，少年终会老去，即使前途未卜，我始终都知道我自己的方向。一段新的征程，我是传奇，永不止步。

　　　　壮志凌云霄，正是出征时。
　　　　铸铁为流水，流水当奔腾。

Part 1 /
学霸档案

姓　　名：姜彦文

毕业学校：河北省衡水中学

高考总分：总分682　语文128　数学136　英语142

　　　　　理综276

院　　系：北京大学经济学院

Part 2 /
学霸格言

有一天，班主任在班会上说了一句我永远难以忘怀的话：不要让高三一年的差距，成为你一生永远难以缩短的差距！这句话如同醍醐灌顶，顿时让我决定：至少要让自己的青春无悔！

圆梦，在未名湖畔

曾经，我也挑灯夜读，挣扎在无边题海；曾经，我也黯然神伤，面对狰狞分数。如今，迎着未名湖畔的清风，用泪水与汗水浇灌出的花朵欣然绽放。

北大不是梦，只要心向往之，笃然行之，北大的校门就会为你敞开！现在，就让我回溯记忆之河，去捡撷昔日那点点的闪光碎片。

常说高三是暗无天日的，但我的高三并不痛苦，因为我始终梦着北大。有梦的地方，地狱也是天堂！我也曾经面对理想不知所措，觉得未来太遥远，模糊不清。有一天，班主任在班会上说了一句我永远难以忘怀的话：不要让高三一年的差距，成为你一生永远难以缩短的差距！这句话如同醍醐灌顶，顿时让我决定：至少要让自己的青春无悔！也许高三某一段时间的松懈，会导致我与北大擦肩而过，会导致我与别人出现日后永远难以缩短的差距。与其在多年以后懊悔自己当年的少不更事，不如现在就拿起笔来书写一部自己的奋斗史，一部让自己很多年以后想起来仍旧会热泪盈眶的奋斗史！现在想想，我可以毫不犹豫地说：我高三的每一天，都是在奋斗中度过的，都是在对北大的强烈向往中度过的。

学 | 霸 | 秘 | 籍

虽然我们反对应试教育，但是不能质疑的是大量的习题训练是十分必要的。高考大纲只是给了一些考点，至于这些考点是怎样在实际中考查的，真的需要自己在大量的实战训练中来感悟。但是做题不能盲目追求数量。对于以北大为理想的莘莘学子，应该从各种渠道找到好题、精题，把有限的时间用来做经典、不落俗套的题。有些简单的常见题型，在确定自己烂熟于心后就可以跳过。当然，这就必然要求我们对自己有足够清醒的认识。学习最重要的是学得清醒，知道自己会什么，不会什么；知道自己该做什么，不该做什么。至于寻找好题的具体方法，可以与老师联系，请老师推荐好书好题，也可以自己上网下载各名校的考试真题、模拟题。

我不反对大量做题，但反对昏昏然地大量做题。学贵于思，在做题的过程中一定要有自己的反思和感悟。

我知道很多学校都要求学生整理错题，但这项工作也是有技巧的。首先，错题本不能太薄，最好一学期都不要换。这样当自己在后面的题目中联想到自己曾经做过的好题时，就能很方便地进行比较领悟。其次，错题本不要第一次写就写得很密集，应该在边上适当留出空白部分，用于日后再次翻看时写出感悟。最重要的是，千万不要把错题集变成一种形式化的东西，要真正发挥其作用才行。我有一些同学，把错题都很认真地剪下来，很认真地粘在本子上，结果错题本整理了一大摞，但是成绩并没有多大起色。整理错题不是为了应付，不是为了自我安慰，而是给自己寻找一处可以清晰整理自己思维的地方，一处汇聚精华、奥妙的地方。所以在改错时切忌照抄答案，掌握方法才是最重要的。

再有，高三的我们不是一个人在战斗，我们有战友——老师和同学，我们理应利用好这一资源。

在做题的过程中，经常有学生质疑或不理解的地方，所以每一个课间都是老师们忙碌的时刻。在这里我想强调两点：一是问老师问题的前提是自己已经认真思考过，不要随大溜，随便找一些错题就问，那样意义不大；二是问问题尽量选择大课间、饭前饭后等时间，不要挑自习课，自习课上进进出出既影响自己的效率又影响同学。在课间，如果老师那里围了很多同学，没有时间回答自己的问题，可以给老师写纸条问老师什么时间有空，让老师先考虑一下自己的问题以节省时间等。而并肩战斗的同学们，更是一笔财富。我们可以在同学之间搞好竞争关系，给自己选一个或者几个竞争对手，可以是总成绩优异的，也可以是单科成绩很高的。同学之间资源共享也是一种好方法，比如两人各做了一本习题，互相交换好题，就相当于每个人做了两本精华习题集。

在这里，我想强调一种很常见的现象是，学习成绩好的同学有时会不自觉地产生骄傲情绪。有的觉得老师课上讲的知识自己都会，不如省下听课时间多做题；有的觉得班上同学的问题太简单，索性不理他们。但实际上，我们远没有自己以为的那样优秀。我们的每一位老师，至少在高考范围内都是专家，他们今天说的每一句看似不经意的话，都可能成为明天的考点。至于同学们，每个人对题目都有不同的理解，今天帮同学解决一个问题，就有可能使自己在类似的地方少犯一个错误。我们都不是神的孩子，我们只是有梦的孩子。所以，谦虚地走向高考吧，那样才能少摔跤。

以上是适用于各科的经验技巧。下面分科来说一说。

我们可以把语文和英语放在一起，它们都是语言学科。语文和英语其实不需要在自习课上花费大量的时间，这两科都是各种琐碎的知识点，都是需要背诵的。这时候珍惜零碎时间的重要性就体现出来了：早上早起几分钟；跑早操站队时背点东西；课间少些闲扯，多些背诵；吃饭尽量速战速决，避免神侃……而且背诵的东西是需要一边记一边出声音，手、口、耳、脑多种感官并用的，这更说明在自习课上默默地背语文、英语是不明智的。再有语文、英语的学习重在循序渐进，要每天坚持，不能一曝十寒。根据遗忘曲线，还要经常重复以前记过的东西。鉴于语言的特殊性，语文、英语还需要多读。语文的病句、成语、文言句子翻译、优美词句都是靠多读的；英语的单词、词组、语法搭配、经典句型更是离不开读。所以不要抱怨环境嘈杂，大声读出来，让自己听见读的声音。多读的结果就是会自然地形成一种语感，一种对语言的敏感、直觉。

数学和物理有很强的可比性。作为纯理科的东西，它们都是占用大量自习课时间的。除了上面说过的多做题以外，学好数学和物理的关键就是多思考。很多好题背后多有一定的数学和物理内涵，需要我们做完题之后再深入思考才能得出来。而且数学、物理多有一题多解的情况，从不同角度入手来分析一道题也是一种乐趣。从一道题想到很多题，想到变式和推广；从很多题想到一道题，想到归纳和提炼，做到这些才是学好数理必备的。另外，数学和物理的很多东西都是相通的，比如数学里的抛物线和物理里的抛体运动，再比如处理物理图像时用到数学里的求导运算。如果能在不同学科里游刃有余，就是一个高考人的理想状态。

化学和生物永远有着相似性。它们同属理科，又都有许多要背的知识点。就学习方法上，不仅要多背，而且要求理解细节。化学和生物的原理大家基本上都理解，但是细节的东西一定要记准：记特殊处，记易混点。就考试目的上，它们都要尽可能不丢分，尽可能省时间。所以这就要求我们对化学和生物的基础知识和基本方法有足够的熟练度，毕竟熟能生巧。其实，化学和生物的知识广度都很大，即使到了高三后期也会经常遇到不清楚的知识点，所以从心态上来说就一定不要急躁，保证讲过的、做过的不出错。

考前的一百天，我的心态并没有特别大的变化。每天依旧坚持着刷题改错，整理反思，有条不紊，并没有传说中的考前焦虑之类。因为我每一天都会反思自己，每一天都很充实，没有什么后悔，这样我的心里一直很踏实。而在具体安排上，以前的时间安排基本是"我要做多少题"之类，而考前则基本是"我要复习每一科的多少知识点"，更多地去关注自己还有哪些薄弱点，而不是大撒网式地笼统复习。直到高考前一天甚至直到高考第一天结束，我依旧每天拿出一段时间来做题。将做题坚持到底，才能保持题感，保持熟练度。学校让我们自主复习的那几天，我也是每天计时训练一套语文，一套数学，一套英语，两套理综。

考试之前一定不能放松心态，不能想着高考之后自己要怎样怎样。毕竟高考前是我们决定高考，高考后只能高考决定我们。

在走进高考考场的那一瞬。我当时内心的真实想法是：终于到了改变自己命运的时刻。冷静发挥，沉着思考，我只求发挥出自己的真实水平。其实第一场语文感觉自己考得并不是很好，当时自己想的就是下面几场考试要尽量考好。我想我会永远记得班主任的话：含泪播种的人，一定能含笑收获。

未名湖畔又迎来了一群喜笑颜开的新生，只要心怀北大，坚持不懈，相信你也可以，圆梦，在未名湖畔！

Part 1 /
学霸档案

姓　　名：江晓萌

毕业学校：河南省宏力学校

高考成绩：总分650　语文128　数学139　英语144
　　　　　理综239

院　　系：北京大学外国语学院日语系

Part 2 /
学霸格言

　　我为自己高三时的自命清高、急功近利付出了应有的代价，不过虽然这样也毫不遗憾。付出了一年的时光，在最好的年纪里明白了这个对我而言意义非凡的道理，足矣。

圆梦燕园

我是复读生。

有时侯，很多事情都是这样：追赶得越紧，你所期望的目标就离你越远。

对，这就是我高三的状态。太过渴望，所以最后什么都没有；放开手，反而会得到。记得不久前曾看过这样一段话："终于明白自己为什么整日整日地不开心，因为我每做一件事，都会先去想能从中得到什么。参加学生工作期待工作能力提升，参加志愿活动为了日后自己漂亮的简历，参加联谊活动期待自己认识更多朋友……其实到最后，就像歌里唱的那样，是你的想跑也跑不了，不是你的想得也得不到。对于所有的事情，只要自己真正把关注点放在事情本身，结果真的都不重要。"我为自己高三时的自命清高、急功近利付出了应有的代价，不过虽然这样也毫不遗憾。付出了一年的时光，在最好的年纪里明白了这个对我而言意义非凡的道理，足矣。

现在我已步入大学半年有余，回望自己的高中生涯，觉得那种付出所有时间只为一个目标专注努力的时光真是美妙极了。或许人总是要在一生中的某个阶段，去接受一种独特的历练，成功走过之后才能看到新的自己。

学 | 霸 | 秘 | 籍

刚步入高四，我依旧延续了高三后期的状态。独自承受着由过

高的期待所带来的难以承受的压力。值得庆幸的是，我上课仍能全神贯注地听讲，课下认真地做笔记。

笔记只记数学、物理和英语，生物和化学记了一段时间后发现作用不大而且很费时间，以后所有的生化笔记全部记在了资料上。这样不仅方便翻看，而且知识点更加全面。数学笔记经常要整理大题，其中的步骤，我是一丝不苟地全部整理下来，并且保证弄清每一步的作用。对于物理，开始我是按章节记笔记，几章过后觉得还是分类整理更为有效。虽然分类需要自己翻阅各种资料，有些费时间，但这样的过程可以加深印象，对强化记忆还是很有帮助的。

此外，我个人认为一轮复习要少做理综卷。少做不代表不做，当笔记整理完或者在大考前可以适当做几套。另外不要太在意一轮复习时的成绩起伏，只要踏踏实实跟着老师走，就不会迷失方向。我是在元旦后才正式买了《天一信息卷》和《45套》，都是理综。当时我就想，其他的都不要考虑，先认真把手中的试卷全部啃完再说。疯狂做试卷的那段时间，我几乎以每天一套甚至两套的速度前进，做完了一套就很自然地翻到下一套，中间没有停留，但一点儿也不觉得累。相反，由于做题时完全投入，忘记外界的压力与烦躁，反而觉得轻松而充实。

第二学期开学不久就是二模。二模之前的一段时间，我依旧跟着老师的步伐前进，状态保持得不错。但二模数学的失误对我来说是个不小的打击。后来在父母和老师的开导下，我又重拾了自信。二模之后的一段时间是最容易产生压力的时间，我对抗压力的方法就是常走出教室散步，呼吸新鲜空气，看看身边充满活力与朝气的同学们，心情自然就放松了，头脑也不再混沌。看不下去书的时候，不用强迫自己，可以借一些课外书来看。记得三模后的晚自习，大家都看不进去书，我和同桌就商量去楼下散步。在学校的大道上，我们一起走着，我给她提问生物知识点，她给我提问语文，走着问着答着，浮躁的心绪最终平静下来。

作为学生，时刻不要忘记整理自己的专题，多翻阅资料，尽可能将自己熟悉的题目分门别类地记在本子上。

所谓的做这些工作浪费时间只能说明不认真，若认真对待手头的事就一定会有收获。做过的有特色的题目最好能记住，以便下次遇到类似题目时迅速找到思路。我有一个很薄的笔记本，用来记录做过的理综卷上的错误。不是摘抄错题，而是将错误背后的知识点找出来并记录。这样在翻看的时候可以联想自己当时犯的错误，警诫自己。另外，我还记录一些做题技巧。我把它当成自己的朋友，心情不好时用晶蓝的水笔做记录，有时候还加上一些提醒自己不要重复犯错之类的话，感觉很贴心，所以也愿意翻看。最后阶段的每次大考，考理综的前一天晚上，我什么都不做，只认真把笔记本看一遍。一共记录了705条，后来成了习惯，不看就会不安。

三轮复习，多看错题，顺带做近几年的高考真题。模拟题就停了吧，平时考试用的都是老师们精心挑选组合的各地模拟题。有同学会买很多试卷，但最终一套也没完成，倒不如认真做完老师发下来的再考虑买新的。

说到成绩，我认为不要太放在心上，只要你的目标是天空尽头绚烂的彩虹，身边无论多明亮或是多黑暗，都影响不了你坚定的心。

班主任长期实行的"高压"政策，在高考那两天显示出令人惊喜的效果。没有老师看管，我们全都老老实实地进行自己的复习，没有人说话。即使别的班级早已沸反盈天，我们也没有受到任何干扰。6月6日晚上，四节自习我做了四套数学高考卷，自然只是选择填空，这不仅是保持题感，同时也锻炼了沉着的心态。高考的两天很快过去，曾经想象的高考后的狂喜与痛哭却怎样也酝酿不出情绪，一切只像放学一样寻常。

数学可能是令很多同学头疼的科目。高考考数学时，刚发下来试卷，我先浏览了卷子，大致清楚选择填空较简单大题偏难，这样便加大了对大题的思考力度，在正式开考前，大致找到了思路，开考后便没有被拦住思路。一定要提前审题，特别是审大题，要大概明白题目内容，有下笔的方向，最好先看概率题。在平时，同学们一定要多问多思考，这样才会有提高。

如今燕园正值金秋，穿梭在宿舍楼群之间，抬头是金黄的银杏，低头是它纷繁的落叶和斑驳的投影。阳光与落叶的金黄交织成秋日的温馨。在燕园，从陌生到熟悉，现在的我正慢慢融入北大的生活：初入燕园的我们，冲入暮色时分微凉的空气中夜游未名湖，目光穿过层层树荫去寻找被温暖光晕包围的博雅塔；一起骑着自行车冒着大雨从百年讲堂直冲回宿舍，浑身湿透；在百年讲堂观看新生开学第一课，看到邰丽华老师以及现场版的千手观音深受震撼，潸然泪下；体检时遇到北大退休的老教师，聊得很开心，而且发现老两口精通日语俄语；自己默默地寻找各个教学楼以及教室；在宽敞明亮的图书馆安静地自习；试听各种课程，遇到各种老师、各路牛人；遇到问题难以解决，咨询师兄师姐并得到真诚的答复；报名参加各种社团，陪同东京大学来访学生参观北京城，策划各种活动……这是一个没有什么不可能的地方，在这里没有什么是不能实现的。好的想法和出众的能力一定会找到归属。如果你对自己目前的能力还没有太大把握，可以选择韬光养晦，从各种活动中汲取营养。要坚定地相信，你若走好这每一步，必将成为曾经你所仰望的人。

高中时备战高考的那段日子里，大家的目的十分单纯，只是为了要上一个好大学。但是，当我们进入大学的那一刻，这个目的就需要一个飞速的转换。出国、保研还是工作，都是我们应该思考的问题，而不要认为考上大学就万事大吉了。你以为自己很了不起，专业成绩4.0（满分）外加双学位，可是你会发现早有人在大二时双学位就已经到手，而且准备修第三门与前两门毫无关系的专业；有人在名列前茅毫无压力的同时，社团也混得风生水起；有人貌不惊人，做着某门科目的助教，但早已被学校的另一王牌专业保研；更有人提前修完了四年的学分并且又额外修了两百多分……追求是一件永远也不能停止的事情，要勇于一直向前方眺望，才能真正做到追求卓越。

Part 1 /
学霸档案

姓　　名：张子晨

毕业学校：新疆乌鲁木齐八一中学

高考成绩：总分655（通过北京大学自主招生考试）

语文118　数学141　英语125　理综261

数学竞赛加分10

院　　系：北京大学物理学院

Part 2 /
学霸格言

一个合理的目标，应该是高而可"及"的。所谓高而可"及"，即目标很高，高到你只是站立会难以触及，但只要你伸手一跃便唾手可得。这样的目标，是真正能够在辛苦的高三生活中支撑你的卓越的目标。

高三建议书

对于已经进入高三的学生来说，定一个合理的目标十分重要。一个合理的目标，应该是高而可"及"的。所谓高而可"及"，即目标很高，高到你只是站立会难以触及，但只要你伸手一跃便唾手可得。这样的目标，是真正能够在辛苦的高三生活中支撑你的卓越的目标。

学 | 霸 | 秘 | 籍

如果你想对自己的优势劣势了解得足够清晰，最简单的方法是通过对自己成绩的分析来了解自己，从平时作业、学习兴趣、听课认真程度等方面认真思考。找到自己的优势劣势十分重要。

找到优势后，一定要努力在这一门或这一方面，做出点成绩。有了成绩，就有了成就感，有了成就感便能找到学习的兴趣。

说句很俗的话就是"兴趣是成绩的来源"。而对于劣势，应该分两个时期来看待：第一个时期，各科并没有达到高考要求的时候。此时应先抓住一个科目，专心突破（可适当影响其他科目，注意是"适当"）。如果某一门可以达到 115 分（按满分 150 分算），那么对你来说可以认为是达标，但对于想要涨分的某一门优势学科，应尽量达到 120 分。第二个时期，这门学科一旦进入 120 分，不论什么类型的考试，你都应该感到欣喜，并开始将一直使用的学习那一门优势学科的方法应用于下一门你想要提高的科目。依此类推，若你能脚踏实地，最终每科必然都会达到 115 分以上（115 分的水平层次的一般标准：A. 熟记基础概念和熟用基本方法；B. 有一定的题量积累；C. 略带一些创新；D. 做到不粗心）。（本段中的分数不一定适用于每一个同学）

绝不把同学当对手，尤其是本班同学。

确定自己进退的最重要标准就是年级排名和自身单科成绩的前后对照。你的父母，你的老师，你的同学，永远是你的战友，切勿将其丑化，敌化，甚至仇化。在家长方面，要尽量和父母多沟通，父母压力也很大，如果父母发脾气，应多理解他们，切勿顶嘴甚至离家出走。在老师方面，遇到不会的题目应直接问老师，并且应是本班老师。问老师有两个好处：一、让老师认识到你的学习态度是端正的；二是问老师才能真正地理解自己的问题。而同学关系也是高三的重中之重。珍惜同学间的友谊，平时互相帮助，互相包容，毕业之后你就会明白他们才是你在高中获得的最大财富。

永远不要放弃自己，永远保持向前的动力是高三所必备的。

自信的来源有三个：进步、成功和鼓励。进步，可以是一次测验，也可以是一道题，一点点的进步可以带来无限的自信心。成功，类似进步，只是更具体，比如在模考中名次的上升。而鼓励则需要老师、同学、家长的帮助，当然自我鼓励也是一种方法，但这需要本人有较强的毅力。注意：自信不代表自负，一点点小的成功，不能成为你松懈的理由！高三是长跑，它考验的是你的耐力，是长期的坚持努力，而不是一两周的挑灯夜战。

健康对人来说永远是第一位的。

保持健康的身体需要做到以下两个方面：一是高三再忙，不忘锻炼。跑步、仰卧起坐、身蹲俯卧撑、打乒乓球或打羽毛球都可以。适度的体育锻炼可以让我们保持充沛的精力，并且保证在紧张的学习中不常得病。但是，锻炼应把握好度，过度锻炼，如时间过长或做些相对危险的运动（踢足球或打篮球），有时反而会伤害自己的身体，耽误学习。二是按时吃饭，按时睡觉。不要因为学习紧张而不注重吃饭的质量，吃饭一定要注意营养均衡，多吃蔬果。在高三期间，我们班很多同学都天天带个苹果，补充营养。不要因为作业没写完就熬夜不睡觉，凌晨 1 点之前无论如何都要睡觉，早上 8 点 15 分无论如何都要起床，中午最好有半小时午休，这样才能保证上课少打瞌睡。

下面我针对我省高考的情况介绍一下各科的日常训练及复习注意事项。

语文

日常训练：

A. 按时完成老师布置的全部练习。

B. 每天花 9 分钟完成一组"成语 + 病句 + 句子衔接"练习。

C. 每天花 11 分钟完成一篇古诗文鉴赏或用 16 分钟完成一篇文言文阅读。

D. 每天花 10 分钟复习已背会的古诗文和已积累的成语。

注意事项：

A. 语文不是副科！语文占有和数学、英语一样的分值！语文值得你用六分之一到五分之一的时间来复习。

B. 语文古诗文只有那么多，按照大纲一篇一篇都背会，默写是高考中最容易拿的 6 分，也是唯一能稳拿的分。

C. 作文是高考语文试卷中分值最高的一道题，并且也是可以提高的一道题。高考作文成绩平均分一般在 48 分左右，而一个训练有素的考生，作文可以稳拿 53 分。多写、多思考、多参考满分作文，认真写 5 ~ 8 篇作文之后往往可以提升你的作文能力。

D. 语文是需要大量题目支撑的一门课！很多人忽视了语文作业的重要性，在高三复习中，把大量的语文模拟卷束之高阁。而实际上，文言文阅读、古诗文阅读、现代文阅读以及新题型都是可以通过大量做题来提高的。

数学

日常训练：

A. 3 天完成一次时长为 48 分钟的选择填空训练（12+4=16 道）。

B. 每天用 20 分钟做一道导数或解析几何大题，做不完就看参考答案，并用一定时间完整地解出答案，记录在一个特定的本子上，两周复习一次，复习时注意体会方法，注意题目间的相似性与个性，当然，应该把重要的结论拿出来记住，还要记住过程和方法。

C. 一周至少独立完成一套高考模拟卷，用时 115 分钟，不中断，不超时。

D. 每天花 5 分钟时间复习各种公式定理与结论。

注意事项：

A. 就我省的高考试卷来说，数学虽然很难，但有 128 分属于可控分数，剩余的 22 分不可控分数主要为 12、16 题以及 20、21 题的第二问（参考全国卷 2）。

B. 通过对课本的深度阅读和一定的题量积累基本可以掌控可控分数，而 12、16 题作为选择和填空，通过对技巧的训练，也完全有可能收入囊中。因此，高考时实力加技巧，就完全可以拿到在大部分人看来难以拿到的 130 分。

C. 数学虽活，但高考题目也存在一定的套路。因此在学习中，应不断积累解题方法，不断归纳命题类型，题以类做，以较少题量解决更多考题。

英语

日常训练：

A. 每天在两个时间段各用至少 15 分钟的时间来背单词，背单词时应大声朗读。

B. 每天用 9 分钟完成一份试卷中的单选训练。

C. 每天至少保证一篇完形填空、两篇阅读理解的阅读量。

D. 每天背会并理解 3 个作文好句。

E. 每周保证至少完成 3 套英语卷的题量。

注意事项：

A. 单词是语言的基础。在背会课本所有单词（包括三角符号的单词）的基础上，更应该提前接触四级词汇，掌握四级词汇将是完形、阅读、作文中的制胜法宝。

B. 语法靠的不是题量，而是彻底的理解。做题不如背语法书中的例句。

C. 英语是一门语言，切勿用太过于理性的思维来解答阅读题。做阅读与完形题时应尽量揣测作者的写作意图，从而逼近正确答案。

D. 语感来源于题海。保证每天大量的阅读量，可以提高做题的准确率。

理综

日常训练：

A. 每两天用 40 分钟完成一套理综试卷中的选择题（6+7+8=21 道）。

B. 每天用 12 分钟完成一道实验大题（一套模拟卷的所有实验部分），或用 10

分钟完成一道力学运动学综合题，或用 18 分钟完成一道电磁学大题。

C. 每天用 10 分钟完成一道任意必做部分化学大题，或用 8 分钟完成一道选三选五大题。

D. 每三天用半小时完成一套生物模拟卷的大题部分。

E. 每天花一定时间复习化学与生物的基本知识点。

注意事项：

A. 理综是三门同时考，三门中如果有一门弱，总分都不会很高。

B. 理综的考试时间对于大部分考生来说都不够用，练答题速度尤其重要。

C. 物理重点考查对基本概念基本方法的运用以及对物理过程的分析能力，因此冷静地分析之后再答题可显著提高正确率。

D. 化学的考查重点在于对基本原理和物质性质的掌握。熟记特殊物质的特殊性质，深刻理解基本原理的内在含义，是解答所有化学题的核心。化学知识点较为细碎，因此较容易设陷阱，做题时应认真审题。

E. 生物是理科中的文科，重点要在牢记必备知识点的基础上，理解一些生物学过程（如细胞分裂、光合作用、呼吸作用、孟德尔研究的过程及方法等）。

F. 理综需要一定的题量。

最后

复习不能脱离课本，复习必须听老师，训练一定要限时，限时一定要批改，批改一定要改错，改错一定要复习，复习一定要比照。

我说的这些只是我的个人经验，也许不完全适合你，但大方向基本还是正确的，找准方向再去研究属于自己的学习方法才是正确的途径。预祝你在高考中取得满意的成绩！

高分宝典阅读笔记

三人行，必有我师焉

关键词	笔记内容
课堂学习	
自主安排	
解题技巧	

总结: _____

_____

_____

_____

Part 1 /
学霸档案

姓　　名：曾　竞

毕业学校：广东省广州市执信中学

高考类型：中华人民共和国普通高等学校联合招收华侨、港澳台地区学生入学考试

高考成绩：总分638（全国第四名）　语文117　数学143
　　　　　英语131　历史124　地理123

院　　系：北京大学经济学院

Part 2 /
学霸格言

一早端着热腾腾的早餐来到教室，早已有同学安坐在自己的座位上轻声地早读或者刷数学题，空气中流转着絮絮的念书声和笔尖摩擦纸面发出的沙沙声。在这样的氛围中，人总会不由自主地受到旁人的良性影响。纵使我不是"学霸"，也没有能力成为"学霸"，我还是不甘落后，急急地翻开语文书背背古诗词，或者看看资料书上的成语和俗语归纳。

那年高三我如何走过

还记得一年前，我气宇轩昂地站在五星红旗之下，迎着学弟学妹们钦佩的目光踌躇满志地喊着高考誓师的口号；还记得那两百多个日日夜夜，我挑着孤灯埋头在无涯的学海之中苦苦泛舟，不管是何等的厌烦与疲惫都咬牙坚持着，只为了心中那片圣地，只为了攀得更高而得以离梦想更近一步。

痛并快乐着的高三，充盈着多少憧憬，抑或是诅咒的高三，恍若一瞬便已成往昔，我惊觉时光的匆匆。走出考场的那一刻，仰望着蔚蓝的天空，我以为一切终是放下了，所有苦痛与欢笑都已历遍。殊不知来到了这里，我梦寐以求的博雅塔下未名湖畔，人生翻到了新的一页，无数的篇章正等我书写，且不论了。此刻又是夜深人静之时，挑着一盏孤灯，默默地忆往昔。不知多久没有用心静静地写文字了，一下子心中涟漪荡漾，思潮暗涌。那年的高三有多少可感叹，有多少可追忆，且听我娓娓道来。

学／霸／秘／籍

经历过高考的人都说高三是学生时代最辛苦的一年，那时我深信不疑。

一开始我总觉得每天的生活节奏紧张，加之枯燥乏味，皆是教室、食堂、宿舍三点一线式的生活。一早端着热腾腾的早餐来到教室，早已有同学安坐在自己的座位上轻声地早读或者刷数学题，空气中流转着絮絮的念书声和笔尖摩擦纸面发出的沙沙声。在这样的氛围中，人总会不由自主地受到旁人的良性影响。纵使我不是"学霸"，也没有能力成为"学霸"，我还是不甘落后，急急地翻开语文书背背古诗词，或者看看资料书上的成语和俗语归纳。我觉得若非"学霸"，此等机械重复的背诵记忆工作还是非常有必要去做的，虽然不少同学对此深恶痛绝。高考语文中的诗词默写部分完全没有规定背诵范围，所考的成语和俗语含义、文学文化常识等的选择题更不可能是原题再现，因此一切都得靠自己长年累月的积累和大规模的背诵涉猎。有时我会消极地想，不就是三分吗，值得我们如此"事倍功半"地付出？其实绝对是值得的，因为残酷的事实摆在面前，多一分也许就在万人之上。若是不幸的话，三分的差距足以使你与北大清华等名校失之交臂，现实就是这么残酷，我们无法回避。因此不论你如何懊恼，还是平心静气地认真背诗词、文学常识吧。

学弟学妹们，重要的是你们一定要学会利用零碎的时间，譬如说课间十分钟、晚自习开始前的自由时段等，来进行这类需要一遍又一遍重复的背诵记忆工作。

有同学可能会问，背书的时候周围环境过于吵闹也没有关系吗？其实不会有太大影响的，只要你念出声来能让自己听见，就能刺激到左脑记忆，加之心无旁骛，一定会有效果。我强烈建议学弟学妹们不要用大量的时间来背书，因为那些宝贵的连续时间段，应该用来解数学题，或者完成更为艰巨的历史、地理、政治的背记工作。若我们能够灵活利用好零碎的时间，学习的整体效率自然会高很多，我们也可以看到自己的进步，那些懊恼抵触等负面情绪也会随之淡化。

在我们的高三，最让人忍俊不禁的现象就是早读下课铃声一响，同学们立马齐刷刷地趴下，全班睡倒一片。紧接着的经常是语文或是英语这些容易让人昏昏欲睡的课。在这样的课上，老师对纪律大多睁一只眼闭一只眼，很多同学撑不住就跟风趴下睡了。然而身为学习委员的我，不论再怎么困都不会跟风。一是因为我不能树立一个坏榜样；二是因为我觉得既然在课上睡觉总是睡不踏实，还不如用来做一些更有意义的事情，这一点也是我坚持上课不睡觉的最主要原因。看到这里，学弟学妹们可能会觉得疑惑：上课最有意义的事情不就是认真听课吗？难道还有别的什么事情更值得我们去做吗？其实在我看来，我们从小学习语文，早已形成了自己特有的对文字的认知与感悟体系，这些在短期内是不容易改变的。再者高考语文的出题方向是非常灵活而严谨的，课上老师为我们具体讲解的某个知识点、具体分析的某首诗词或者是我们做过的某个题目原题出现在考卷上的概率可谓是微乎其微。可以说高三的语文课或英语课对高考没有特别的针对性，老师只是帮我们梳理一下这么多年来学习的知识体系和框架，让我们保持对语文的感觉。英语课同样如此，我们没有新的知识点要学习，保持题感与语感更为重要。因此高三的语文和英语备考我们应更多地着眼于培养悟性，提高做题的熟练程度，不再拘泥于具体文意的分析等，而最有效的备考方法便是多做各式各样的题目。所以高三的语文课和英语课，我们要有选择地去听，我所提到的在课上做更有意义的事情就是指要抓紧课上的时间多做一些题目。

这里所指的多做题目并不同于通俗意义上的题海战术。因为题海战术的目的是通过大规模猜题来提高押中的概率，而多做题目则是纯粹为了保持思维的灵活性，增强题感。

在高三的语文课和英语课上，老师默许我们自主做题，当然仅限于与该科目有关的题目，我们每日的作业也以专题复习题和综合模拟题为主，不再像以前那样轻松。每天都处于不断做新题、听老师讲解、课后反思旧题的状态，虽然心生厌倦，但我不得不承认这是最为有效的应考复习方式，我也从中受益良多。我个人特别推荐一本叫《语文基础知识百题》的练习册和"黑马"英语语法专项训练书，书中题目难度适中，答案解析非常齐全。在课上或者课下静下心来做做题，我总可以在题目中学到更多，发现课本和参考书上没有的知识。做题的时候要讲究技巧，比如说碰到十分常见的题目或者是自己确定做得对的题目时跳过即可，这样可以节省不少时间。而当碰到自己不是很确定答案的题目时，我们要硬性地为自己营造一个类似考场的氛围，切勿产生依赖心理，即不要花太多时间在一道题上。要知道真正高考时，我们不可能给自己过多的时间去重复斟酌一道题目。碰到这种情况时，我们只需静下心来凭自己的第一感觉得出一个答案，除非有十足的把握否则不要再修改。等完成所有题目之后，我们再认真地核对答案，一定要更加关注答案的解析而非答案本身，看到一些有积累价值的知识点时要适时标记下来，以便日后复习。对于那些自己凭第一感觉做对或做错的题目，我们不要心存侥幸或者懊恼，而是要格外留心，一定要分析我们当时做出该决定的原因，比如说是因为脑海中有一个模糊的知识架构，还是因为曾经在其他地方看到过类似的选择。直觉也是可以追本溯源的，做对的依据何在，做错的原因在哪里，都必须弄清楚，否则下次碰到类似的题目时我们仍然只能靠感觉去做出判断，这样的话会使我们感觉非常不踏实，会直接影响我们完成后面题目的心态。

　　还有一点我想要告诉学弟学妹们，遇到自己实在分析不出来的题目时，我们就向同学和老师们请教吧。这点非常重要，要懂得集思广益，不然单靠我们自己的力量有可能一道题目纠结一天都想不明白。我个人比较推崇找同学讨论问题，因为这样时间比较灵活，再者同学之间能够更好地理解对方的想法并产生思维碰撞的火花。

当然，如果可以方便地找到老师请教，自然是最好的，这样效率也会高。不管是采用何种方式，多发问、多请教才是王道。

说到多发问，数学对我来说可谓是问题最多的一科了。我还记得那个时候数学作业特别多，经常是周二晚自习的时候，课代表下发一沓一沓的卷子，然后告知我们周四一早老师要讲题，也就是说在这之前我们必须把"万恶"的卷子全部搞定。同学们无不哀号连连，满口怨言，可在发完牢骚之后便个个埋头题海，一声不吭地拼命刷题，一下子气氛又紧张起来。由于时间实在太紧，有时候我不得不在语文课和英语课上刷数学试卷，或者直接翘掉活动课来完成任务。不过学弟学妹们千万不要向我学习，在课上还是尽量做与该课程相关的习题，以表示对老师的尊重。再者，翘掉活动课也是得不偿失的。毕竟身体健康才是一个人最重要的本钱，高三阶段的我们更应该锻炼身体以增强体魄，这是顺利备考从容应考的前提。其实我感觉数学是最需要我们在考试之前认真看老师发的讲义和温习自己做过的经典错题的一个科目。

说到这里，我想学弟学妹们应该在之前就听到过不少师兄师姐们的劝诫，就是尽量对每一个学科都设立一个错题本，有空的时候翻翻，考试之前仔细看看，这样学习会高效很多。其实我曾经也得到过许多前辈和长辈的建议，希望我制作一个错题本来辅助学习，成绩也许能更上一层楼。可是经过了一年的亲身实践后，我发现事实并不是这样的，没有高效反而低效。因此，我衍生出了一个与"传统"全然不同的看法，那就是与其设立一个错题本，还不如在平时就把习题和卷子整理好，考试之前再拿出来细看。要知道，制作一个错题本需要耗费大量的时间和精力，远远大于我们整理习题和卷子的付出量。我还记得，当时兴致颇高的我制作了一个精美的错题本，看着里面的题目慢慢增加，翻起来特别有成就感。可是渐渐地，随着我学习的知识内容的不断深入，我发现许多最初被收纳入错题本的错题难题，已经可以运用新知识轻易解决了，对我来说它们不再是经典，已经失去了珍藏在错题本里的必要性。通俗地讲，这就意味着我最初制作错题本时投入的时间和精力并没有获得等值的收益，它们一部分被浪费了。再者，走过了开学初期的调整期之后，每到了接近学期中旬的时候，我们会慢慢变得忙碌。当时，我感觉自己在平时全然没有翻看错题本的时间，更别说持续为它进行更新了。我深知自己制作错题本的热情正在不断递减，因此最后我果断选择了放弃。其实，在我看来，若我们学会在平时就把习题和卷子整理好，考试之前拿出来细看，我们不但节省了制作错题本的大量时间和精力，而且在翻看错题的时候还可以根据自身的水平来进行选择，直奔自己知识的薄弱点，这样会更加灵活、方便。不过这一切都见仁见智，对于错题本是否需要制作，希望学弟学妹们先别着急下定论，要认真地权衡得失，找到最适合自己的学习方法。

另外，对于英语来说，我们在考试之前认真看看错题也是相当有必要的，应该注重对语法类错题的温习，善于从题目中总结自己尚未完全掌握的知识点，然后过一段时间再去看看题目，检测一下自己是否真正掌握。有时间的话，我们还可以看看阅读理解类的错题，因为阅读理解在考试中占的分值很高，可以说是得阅读者得天下，这应该引起我们足够的重视。学弟学妹们要注意在看完错题之后再把文段精读一遍，找出我们之所以选择此答案的逻辑依据点。这种温习方法是特别耗时间的，不过有付出就会有回报，它的目的在于让我们摸索出出题者的价值判断偏向和总结出出题规律，这点在分析历届真题的时候尤为重要。

最后我们来谈谈历史和地理两个重量级科目的备考吧。我个人感觉这是两门最需要我们付出时间和脑力的背诵记忆科目，要把它们学好并没有捷径，只能够靠耐心与不懈的坚持。我还记得高三的时候，我每天都会空出一节到两节晚自习的时间来认真看历史和地理课本，逐行逐句地看，连小图和文段下的解释都不放过。有时间的话我还会简略地看看参考书上的归纳总结，或者挑出老师发的讲义上的重点内容来认真研读。我在历史和地理两科上的学习方法虽然完全没有独特性可言，但它们都被证实是非常有效的。而且在学习历史和地理的时候一定要有足够的毅力和耐心，最好找出整块的时间一次性复习一章或半本书，若是断断续续地复习，会很容易遗忘。如果觉得实在看不下去，就先休息一下，这样总比零效率地温习要好得多。稍做休息之后就尽快投入复习，切勿由此产生惰性。

　　上文谈了这么多的学习心得，不知道学弟学妹们能不能从中得到启发，找到适合自己的学习方法。如果觉得我的方法对你们有帮助，那就是我莫大的荣幸了。我在高三的时候，最初总是觉得每天都压抑得不得了，总是盼望快点高考，快点"解放"。

**　　可是此刻，我发现高三其实是我们学生时代最难忘、最美好的时光。**

　　虽然我们会很累甚至很崩溃，虽然我们要为它暂时放弃自己的许多兴趣爱好，但它其实是我们最有凝聚力、最感性也是最理性的一个时期。在这一年里我们所经历的一切，都将成为我们一生的回忆。学弟学妹们，你们一定要珍惜，祝一切安好，高考顺利！

阅读笔记

清华
北大学霸日记

QINGHUA BEIDA
XUEBA RIJI

学霸心路

XUEBA XINLU

梁岩涛   <<<<<<

主编

北京时代华文书局

图书在版编目（CIP）数据

清华北大学霸日记. 学霸心路 / 梁岩涛主编. — 北京：北京时代华文书局, 2020.8（2020.12重印）

ISBN 978-7-5699-3827-2

Ⅰ. ①清… Ⅱ. ①梁… Ⅲ. ①高中生—学习方法②高考—经验 Ⅳ. ①G632.46②G632.474

中国版本图书馆CIP数据核字（2020）第133954号

清华北大学霸日记：学霸心路

QINGHUA BEIDA XUEBA RIJI XUEBA XINLU

主　　编 | 梁岩涛

出 版 人 | 陈　涛
责任编辑 | 张彦翔
装帧设计 | 尚世视觉
责任印制 | 刘　银

出版发行 | 北京时代华文书局 http://www.bjsdsj.com.cn
　　　　　北京市东城区安定门外大街136号皇城国际大厦A座8楼
　　　　　邮编：100011　电话：010-64267955　64267677

印　　刷 | 德富泰（唐山）印务有限公司　022-58708299
　　　　　（如发现印装质量问题，请与印刷厂联系调换）

开　　本 | 710mm×1000mm　1/16　印　张 | 52　字　数 | 708千字
版　　次 | 2020年9月第1版　印　次 | 2020年12月第2次印刷
书　　号 | ISBN 978-7-5699-3827-2
定　　价 | 198.00元（全4册）

榜样的力量

——代前言

高考，承载了无数学子的人生理想。许多同学勤勤恳恳地学习，笔记记了一本又一本，习题写了一册又一册，但每次看到自己不够理想的成绩时，都只能唉声叹气，沮丧不已。如此反复，原本昂扬的斗志也被消耗殆尽。

同学们常常会感到疑惑：为什么明明已经付出了艰辛的努力，成绩却毫无起色？为什么不少优秀的学生看似轻松，却往往能斩获佳绩？一盆盆冷水浇灭了不少同学的自信，使他们陷入不断的自我怀疑之中。

有这些困惑的同学不必焦虑，毕竟，这是大多数同学都会遇到的问题。很多时候，大家不是努力不够，而是没有找到自己的高效学习法。时间是有限的，想提高分数，必须在有限的时间里实现效率的最大化。低效的重复，往往只能安慰自己，徒费心力。

为了帮助大家找到高效学习的门径，我们特地邀请了百余位来自清华北大的高分学霸总结方法，分享经验，解答各位同学心中的疑惑。同时，为了使经验的获得更符合学习规律，我们特地将这百余篇经验文章分成四册，使广大读者能够循序渐进地从中汲取营养。

学习的首要前提是树立正确的学习观念，养成良好的学习态度。家长的企盼、同学的竞争、老师的期许和自己的坚持，种种压力让我们不堪重负，这样的问题，即便是清北学霸也会遇到。他们是怎么处理的呢?《学霸心路》记录了二十余位学霸在奋斗之路上的起起伏伏，面对挫折与压力，他们总能设法从容应对。迈过心理关，求学之路将自如许多。

在调整好心态的基础上，具体的学习方法也必不可少。《高分宝典》将会教给大家具体的学习策略。课前如何高效预习? 上课时遇见疑难该怎么处理? 题海战术是否可行? 错题集是否有必要? 不解决这些问题，就不能形成良好的学习习惯，进而在学习的过程中就难免会随波逐流，最终泯然众人。有了自己的学习规划，就能从容不迫地应对繁忙的高中生活。

知道如何从宏观上处理学习任务还远远不够，面对不同的学科，我们的学习策略又会有所差异。在《学科锦囊》

中，学霸们介绍了不同学科的特点，并进一步分享了自己在攻克这些学科的过程中形成的独到经验。若想在高考战场中无往而不利，大家必须培育出自己的优势学科，使之成为自己与对手拉开分差的撒手锏，这需要我们对具体的学科有深入而独到的见解。

《疑难突破》重在介绍学霸们在学习难点科目时的经验与体会，内容涉及高考的各个学科，文理兼收。有的学霸天生喜爱物理，他们的物理学习经验当然值得我们吸收；有的学霸原本并不擅长语文，但为了弥补弱势，他们也形成了自己独到的学习方法，最终转败为胜。每一位同学在学习过程中都会遇到自己的短板学科，以至于影响整体成绩，甚至因此而与理想院校失之交臂。这时候，我们不妨看看高分学霸是如何弥补短板、扭转局势的。

总之，高考制胜的要诀就是扬长而不畏难，多头并进。如此，方可冲击金榜。相信最后两册的经验会给大家很大的启发。

仔细阅读，大家会发现，各路学霸的经验可谓是五花八门，但从结果上看，他们又都能斩获佳绩。这充分说明学习本无定法，重要的是融汇百家之长，为我所用。希望各位同学能充分吸收学霸经验，从自己的实际情况出发，制订合理的学习方案。当然，最终的成功还需要各位身体力行，坚持理想。

最后，衷心祝愿各位同学蟾宫折桂，金榜题名！

目录
CONTENTS

Part 1

学霸档案

姓　　名：骆怡男

....

毕业学校：河南省郑州外国语学校

院　　系：清华大学新闻与传播学院

Part 2

学霸格言

这一路，有辛酸更有欣慰，有彷徨更有坚定，有沉沦更有奋起。我体验过喧嚣，选择了寂静；实践了细微，创造了宏大；决定了舍弃，保证了专注。

明朝再望前尘事，所有梦想都花开
——我的高中时光

当我终于提笔，才恍然发现这是几个月以来真正第一次用书写的方式面对自己的内心。此时，我是一个完全的"新人"，一如三年前初入高中的懵懂新奇。

那时的我：幼稚、莽撞，对一切充满好奇和想象，大课间不吃饭在招新的摊位中间蹿来蹿去，关注想加入的社团，一天跑七八趟宣传栏看海报，各个社团的面试笔试都要凑个热闹，各种小说看得不亦乐乎……尽管每天忙得晕头转向，成绩却也颇为给力。此时，一切都是新的，一切都充满无限可能，一切都在向我展开，生活新鲜而仁慈，容我犯错。

然而这简单轻松的时光是短暂的，数学越来越难，物理也越来越难，一切都越来越难。成绩忽然下降百名，然后停滞不动，宛如反比例函数的曲线。我曾想，我要过一种丰富、刺激、充满乐趣和意义的生活，这生活不只有分数。在自习课看全球通史，看得忘乎所以，组长催交数学作业时才迅速把需要计算的题涂上几笔，把剩下需要思考的用红笔把答案抄上去。参加学生百家讲坛，参考资料好几大本，全部利用自习课公然整理，老师问也可振振有词。总之，排除万难，朝着自己勾勒的鲜衣怒马、少年意气的生活高歌前进。

后来，当距高一下学期还有两个月期末考试时，我忽然想要改变。没有什么具体原因，只是有一天，忽然厌倦了没有方向只有乱跑的生活，想沉淀下来，为一件事、一个梦而努力。

学｜霸｜秘｜籍

喧嚣与寂静

在清华的夜晚，下课走向宿舍，昏黄的路灯下，人影交错，来往匆匆，与高中时并无不同，而我已在清华园。我忽然想起高一最后两个月的那些夜晚，在每天最后一节自习课下课，放学铃响时，我会再写几分钟作业，错开人流高峰，锁门后，急急忙忙奔向宿舍。

那时，因为切切实实的忙碌，因为必有成果的付出，因为确信有意义的每一分每一秒，因为专注于事情本身，我无暇空虚，无暇多想，无暇忧郁。

我决定提高惨不忍睹的数学和物理成绩。但是由于此前落下的课太多，做简单的习题都吃力。后来我买了两本讲解较多的资料，先做例题，再看解答，再做一遍例题，这三遍让我对各种题型和思路有了很大认识。补好基础后，我开始练习更难的题。期末考试，我的数、理、化都是 93 分，没有一科拖后腿，在此基础上凭着文科的优势，我成功由班级十几名变成第一名。同时也固定了自己最想有所作为的社团，用心参加，不刷经历。

现在的我，每到假期就去图书馆坐着，一本好书，一个下午。我是宿舍最安静、最清闲的人。可是三年前，我是那个每天晚上都喊饿，半夜还在打电话抱怨，到了周末留校就怕一个人在寝室的女孩。后来，则慢慢地适应，慢慢地习惯，慢慢地享受。或是叫份外卖打打牙祭，或是张牙舞爪趴在宿舍桌子上看书，还有必不可少的，是去阅览室自习，不经约定却自然形成的安静使人不敢打破。如此，过着朴素的、简单的生活，心灵充实，精神温暖。

爱热闹，因为那是人的本性；爱寂静，因为可以听到自己心中发出的声响。为自己演奏这双重的音乐，慢慢前进，是一件多么美好而且幸福的事。

细微与宏大

来到清华后，最享受的，如高中一样，是晨起背书的时光。晨光熹微，清风拂面，放声诵读，就这样感受着天色一点一点放亮，那种微弱但持续的变化让我感到生命的动感和质地。

高二，我毫不犹豫地选择了文科，是因为自己对人类文明的憧憬与好奇。我的语文和历史最为突出，经常考年级第一。但是数学成绩总是徘徊不前，英语每次考试都是小错"遍地开花"，又因为高一没认真学地理，自然地理部分很差。尝试了很多办法后，我的成绩还是不见起色。

在高二下学期，这种焦虑随着高三的日益迫近而更加严重。我变得焦灼、忧虑、惘然若失。月考、期中考试，我总是在交卷前的几分钟觉得自己有错误，匆匆忙忙地涂改，最终成绩下来证明我最后改动的总是把正确改成了错误。

直到有一天，我急急忙忙地冲向公共浴室，那时热水已经快停止供应。但当我冲到了浴室，才发现自己没有带换洗衣服——这是怎么了？

我第一次问自己。我不再因为时间紧迫而推迟思考，而是沉下心来用一个晚上的时间给自己写信分析心态。

分析的结果是：我患得患失，畏惧结果，在追求的过程中凭着惯性而非理性前进；我渴望速成，贪图省事，吸取知识时总是有强烈的目的性：我们出发，慢慢加速，十年寒窗漫长的路途让我们失去了最初的新奇。当学习成为功利的工具，当目的地的缥缈遮住了沿途的风景，当我们过于关注最终的结果却忘了"水到渠成"的自然之理，那么一颗绷得越来越紧的心将失去温度，失去弹性，失去最初虽柔却韧的形态。而这样的一颗心，脆弱且经不起打击，它不足以让我们继续前进。

我决定，做一次实验。在高二下学期期中考试之后，我发现我的英语知识体系中全是漏洞，单选、完形、阅读，甚至听力都是小错连篇。我不再以粗心或没看清题说服自己，而是决定以一种笨拙的方法弥补这些漏洞，重构一张知识网络。每个中午，我小睡十五分钟，然后做一张完整的英语卷子，从听力到作文一题不漏。午后的阳光总有一种慵懒的气息，如一只猫在轻巧地踱步。我坐在桌前沉静地做卷子，不紧不慢，细心读写，阳光通透如洗。一个月后，我的英语由 120 多分变成了 139 分，我完成一张英语卷子的时间由两个小时缩减至 50 分钟。我大受鼓舞，将这变成一种习惯。又一个月后，期末考试时，我的英语考到年级第一，而且，以后的考试再也没有低于 140 分。

每节地理课自习前，我提前做一部分自然地理练习，然后用整节课的时间请地理老师答疑。每个周日下午，我会带着数学练习题到阅览室，一道题一道题地研究圆锥曲线和导数，即使一个下午只能写一两面，但我确信每道题我都完全理解。我不再着急，不再慌张，每天努力做着微小的改变。日积月累，细微演绎成宏大的效果，量变演化为理想中的质变，弱科全部变成强科。我甚至养成了每天看完新闻去操场跑八百米的习惯，夜幕初降，繁星渐明，让我感到满满的喜悦和充实。我开始懂得，学习本身就是如此美好，一点点的改变最终塑造的是一个令自己都惊喜的自我。

就这样期末考试时，始终保持年级第一，英语和历史单科第一，并且，再无软肋。

专注与舍弃

我所在的外国语学校，每年十一月份就会举行校内保送生考试。之后，过线 20％ 的同学将根据综合成绩的排名被推荐到不同的高校参加外语类保送考试。最终通过者将拥有长达八个月的假期。

在保送生考试之前，最重要的一次考试莫过于十月底的新乡一质检了，但那时，我们各科的复习基本上还处于起步阶段。如何在极短的时间复习大量的内容，成了每个人忧心的问题。我看到有些同学把主要精力放在文综上，每天狂刷文综题。有些同学把重点放在数学上，即使上政治历史课，桌面上都放着数学资料。

而我的决定是不放弃任何一门科目的复习，只会有选择的侧重。

那是一段充实的冲刺时光，是在漫长的十二年奔跑后，最后的，最紧要的那几步。没有即将抵达的浮躁，没有终于解放的激动，只有沉着、静默和奋斗。每个清晨，走出宿舍，心中所想的只是今天早读要背哪篇课文；每个晚上，走出教室，心中所想的只是今天又复习了哪些章节，明天要如何继续。

经过分析，我确定成绩提升的空间主要在语文和数学，而英语和历史已经非常稳定，可以放在次要位置。我深知语文的提高是一个长期的过程，但技巧性的东西却可以通过训练来掌握，因此我每天保证一定的做题量，如五道古诗文赏析，两篇科技说明文阅读等。同时，我坚持每周写一篇作文，请语文老师批改和讲解，然后根据建议再修改，继承亮点，摒弃忌讳，我用实际的练习实践着课堂讲述的理论。最多时，一篇作文改过四五遍，由一篇冗杂、论点不明的中等文改到了精练而有说服力的一类文。我不求数量，但求质量。而数学，经过分析，我认为主要的劣势在于之前一直以大题训练为主，选择题和填空题不能保证满分，而这些小题又每个 5 分，不可小觑。于是我转移重心，由大题导向转变为双管齐下，在每周保证一定大题练习量的基础上，大量练习小题。新乡一质检的成绩证明了我复习方案设计的有效性，我的英语仍然是 140 分，历史仍然是年级第一，而语文异军突起，成为拉开与其他同学差距的主要武器，特别是作文获得了最高分。

11 月 10 日，保送生考试；12 月 23 日，清华保送生考试；12 月 31 日，成绩公布。我在高考前一年的最后一天，得到了清华的保送生资格，提前结束了十年寒窗的苦旅。这一路，有辛酸更有欣慰，有彷徨更有坚定，有沉沦更有奋起。我体验过喧嚣，选择了寂静；实践了细微，创造了宏大；决定了舍弃，保证了专注。我只有平凡的智商和平凡的一切，但是我庆幸的是，我始终保持着对自己的认知和审视。前行不忘回顾，跋涉不忘反思，勇进不忘调整，或许这就是我终于能圆梦于此的原因。

学霸心路阅读笔记

榜样的力量是无穷的

关键词	笔记内容
学习心态	
学习方法	
应试技巧	

总结： _____

_____

_____

_____

Part 1 /
学霸档案

姓　　名：马　恪

- -

毕业学校：云南省弥勒市第一中学

高考成绩：总分678　语文128　数学135

　　　　　英语136　理综257　加分22

院　　系：清华大学机械工程系

Part 2 /
学霸格言

我们学习也许不是为了以后用，而是为了以后有机会去学习真正有用的；我们刷题、背书，不一定是因为我们非常喜欢这个学科，也许只是因为我们非常喜欢高考那个优异的分数，因为它可以让我们拥有选择一所真正的好大学的权利。

浅谈高中的心态

中国的教育是应试教育，高考是适合中国的。我在初三的时候非常不愿意相信，觉得自己学的东西以后基本都没有用处，完全是在浪费时间。那年我中考失利，来到了县一中，但是凭我的分数进不了最好的班级，还是父母帮我求情，学校才答应让我在最好的班级试读一个学期。那时的心情可想而知，作为一个一直自我感觉良好的人，被藐视的感觉实在不好受。之后我一直在想，我的感觉没错啊，初中学的那些以后能有什么用？难道我买菜还要用函数算？难道我会因为喜欢物理去研究一辈子？咱也没那个天赋，研究了也不会有什么突破性的成果啊。可是，既然我没有错，为什么现在会感觉很难受？想了很久，我终于明白了一个很简单的道理：我们学习也许不是为了以后用，而是为了以后有机会去学习真正有用的；我们刷题、背书，不一定是因为我们非常喜欢这个学科，也许只是因为我们非常喜欢高考那个优异的分数，因为它可以让我们拥有选择一所真正的好大学的权利。

学霸秘籍

一、坚信高考，坚决学习

高中学习的作用，最重要的是为了高考，真正学到的实际上是学

习能力。

众所周知，工作的时候是会有专业培训的，这个培训要求我们在不长的时间（一般 3 个月）内掌握一门技术或者技巧，这个时候就要看我们的学习能力了。试问，如果连那么难的数学题都可以学好，那么复杂的物体运动都可以理解，那么多的古诗词文言文都背得下来，还怕自己不能在培训的时候学好一门技术吗？

高分选大学，低分选专业，高中校长曾经说："如果你去面试，你说你是某某高校的，这时跳出一个人说他是清华或北大的，你觉得你还有多少机会？"也许真的如此，清华、北大不是所有专业都最强，但是有些公司招人的时候就是喜欢优先选择清华、北大的学生，为什么？因为清华、北大代表出色的学习能力，也许这个专业清华、北大的学生不是最强，但工作后，他随时可以用最少的时间学会公司需要的东西，这也许比现在强更重要。"活到老，学到老"，在人的一生里，高中三年不是很长，三年想学会可以使用一辈子的知识，显然不可能，所以我们可以这样看待我们所学的课程——我们同时学习这么多东西，正是对各科学习能力的最好锻炼，高考中这么多人竞争，被选拔出来的正是这些学习能力足够强的人，而这种人正是社会需要的，所以高考是适合中国的。

网上盛传一句话："名牌大学出来的怎么了，还不是给没读过书的打工？"诚然，很多没有上大学的人当上了老板，但我相信他们只是没有文凭，不是没有知识。退一万步来说，假设他们都没有好好学习，我们来进行一个简单的概率计算：假设上名牌高校的人和辍学下海经商的人比例是 1 ∶ 10，一个公司老板和员工的比例是 1 ∶ 100，再假设所有老板中辍学的和有较高学历的比例是 1 ∶ 4，那么我辍学去当老板和别人好好学习去争取高考，成功的概率是别人的四千分之一，所以如果不想去赌那个四千分之一，就坚信高考，不要质疑，坚持学习，为自己争取一个美好的未来。

二、乐观心，平常心，恒心

作为一个本不该在最好班级学习的人，高一开始时我的成绩还很差：别人半小时做完的作业，我得做两个小时，我不得不花更多的时间学习。也许很多人都有这样的感觉，为什么我明明这么努力了，成绩还是几乎没有提高，我再也不相信"失败是成功之母"了！遇到了这样的困扰，有什么方法解决吗？我得到的答案是：如果你已经竭尽全力学习了，那短期的结果已经不重要了。这很明显，我已经这么努力了，成绩应该在提高；只是这次的题目恰好我不会，这次的语法恰好我还没掌握好。考完了，我就继续学，补上这些不会的，付出总会有回报，不要太在意每次考试的分数。

记住：高中只有高考是考试，别的都只是测试。得到好的分数，我想这还是蛮不错的；得到不理想的成绩，我也应该庆幸还好在高考前就有了这次测试，让我发现了这些不太会的知识。保持乐观，始终相信自己，用平常心去看待测试，一天天尽力地学，一次次提高自己。

诚然，如果成绩一直没有明显的提高，而我们还在一直努力，就发现很难再坚持下去。我也彷徨过，我这么努力，成绩还是和以前一样，今天这么累，明天还这样，我怎么能坚持下去。

我听到过一件真实的事，在国际特种部队训练中心的士兵，当坚持不住的时候，可以去敲钟表示自己放弃，然而每每在魔鬼训练的时候很少有人去敲，相反在休息的时候敲钟的人多。这是为什么？因为他们在预支未来的痛苦，让人恐惧。在高强度的学习中，我们也是一样的，为了坚持下去，首先要有一个明确的梦想，可以是一所大学，一个高考目标（不能是不切实际的目标）。每晚休息的时候，我都在想：今天我又努力了一天，又学了不少，离梦想又近了一步。而不去想，明天我又要努力一天。在坚持了几个月后，我发现不再觉得累了，并且每天都感觉很充实，就这样，我走过了高一、高二，成绩一直名列前茅，当然也没去别的班。但要一直放低姿态，哪怕偶尔有了好成绩，也明白要继续努力，所有的成功都需要努力，哪怕是最聪明的人，哪怕是最简单的成功——何况我不是那么聪明，高考也不是那么简单。

乐观是必要的，但乐观不是无所谓。学习是高中最重要的，但不是说别的事都无所谓。高三我犯过错误，一是寝室打扫得不认真，二是作为学习委员，对班上的事也不是很关心，也曾因此被老师狠狠地教训了一顿。也许不只我有这样的茫然："这些事，有意义吗？"我这样问老师，老师说有，任何事情都有意义，只是有时不明显。我懂了，如果我必须要做一件事，就一定要尽力把它做好，如果我不想好好做一件事，那么干脆就不做。一些其他的事可能会和学习有冲突，我只能尽力去安排，不让这些事影响到学习；如果无法错开，我选择学习，因为高三了，如果你因为学习误了一点点其他事，所有人都会原谅你的。

三、最后三十天，青春无悔

整个高中都在努力地学，所以直到最后三十天才觉得有所不同。这个时候，班上最能闹的人也都安静下来读书了，班上最爱睡觉最爱玩的人也认真听课了，大家都在紧张地学习。这时的学子最容易不自信，发现某个题不会解就怀疑自己。到了最后三十天，我是这样想的：我已经不用担心了，这么多次考试都还好，高考再差也差不到哪去，何况大多数人高考发挥得比平常还好。我已经彻底相信我会成功，只是在努力查找那些还不十分清楚的知识，我现在已有 90％的把握实现我的目标，再找到一个不会的题，就又多了一分把握，再多找些不会的题，搞定了它们，我的成功率就会越来越接近 100%。

所以冲刺阶段看到不会的题，我只会觉得庆幸，不会去怀疑自己。

还有一个办法就是，让自己忙一点。这个阶段，一旦看到不会的题可以问老师，可以问同学，可以看答案，不要给自己留怀疑的时间。

高考两天，最重要的是不能失眠，到了临上考场的头天晚上，说不紧张是假的，这时我告诉自己，我已经成功了，我学会了很多东西，就等明后天展现出来了。如果还是难以入睡，不妨别想考试，想想高考结束了，三个月的假期，我们可以去玩些什么（当然不要想令人激动的事），感觉放松下来了，就抓紧时间睡觉，因为一个好的睡眠对高考生尤其重要。走进考场之前，反而大多数人都淡定了，我们会互相调侃"开卷有奖，再来一年"，引众人大笑，笑着进去也笑着出来。我们会发现考试就跟平常没什么区别，反正我把会写的都写上去，不会写的也写上去，这就是我能做的一切了，我已经尽力了。等考完英语出来，大家聚在一起，一起说笑，一起道别，突然觉得，如果再来一次高中，还是会这样过，依然会过得很好。

谨以此文献给身处高中的学弟学妹们，希望能对你们有所帮助。

Part 1 /
学霸档案

姓　　名：邹心之

毕业学校：辽宁省营口市开发区第一高级中学

高考成绩：总分685　语文117　数学140　英语143
　　　　　理综285

院　　系：清华大学生命科学学院

Part 2 /
学霸格言

可是每一个真正走过那三百多个日日夜夜的学生都会发现，当回忆起那段岁月的时候，或许更多的是一种淡然与从容，或许会为自己感到由衷的骄傲。因为不管现实有多艰难，我们都挺了过来；不管希望有多渺茫，我们还是相信努力就会有结果。

让未来的你，感谢今天的自己

风扫落叶，雨打残荷。深秋的北京，一切都是那么寂静，常常一个人裹紧外套，散步在清华的小径上，或是思考着复杂的问题，或是什么都不想，只是静静地享受这种难得的静谧。有时会突然想起，那段不寻常的日子，那些难以忘怀的人，不自觉地在嘴角露出难以察觉的一丝微笑，只因那段青春无悔的岁月。

三年来的点点滴滴，经历时并不觉得，真正走过之后，才觉得弥足珍贵。我们在一次次失败中学会成长，在一次次成功后懂得谦虚，在一次次吵架后珍惜友谊。走进高中之前我们还是懵懂无知的孩子，而当我们终于走出校门各奔东西的时候，才发现三年的时间已经让我们彼此融合成为一个难以分割的整体。尽管分离是必然的，但生活给我们留下的回忆却刻骨铭心。这三年，因为有父母的支持，老师的教导，同学的陪伴，还有自己的努力，成为人生中难以抹去的记忆。今后无论何时何地，我都会感谢曾经在高中拼命学习的自己。如果没有那时的我，便不会有现在的一切。

而今，每次在清华收获到从未有过的感动，每次在不知不觉间成长，我都会感谢那些年拼命努力的自己，感谢自己没有放弃，即使是面对堆积如山的卷子，即使是面对不及格的成绩，即使是面对空虚孤独与寂寞。也许，没有经历过高三的人会有一种恐惧，恐惧这所谓的人间地狱。可是每一个真正走过那三百多个日日夜夜的学生都会发现，当回忆起那段岁月的时候，或许更多的是一种淡然与从容，或许会为自己感到由衷的骄傲。因为不管现实有多艰难，我们都挺了过来；不管希望有多渺茫，我们还是相信努力就会有结果。

学|霸|秘|籍

勇攀高峰，迎难而上

对于我来说，学文还是学理是一个艰难的选择，我的优势在于数学、英语和记忆，所以适合学文科，但是我的兴趣却在生物和化学。谢谢我的爸爸妈妈，他们尊重了我的决定，最终同意我选择理科。但是，这就意味着此后的两年我将面对最不擅长的物理。不知为何，从开始学物理，我就有一种抵触，也许是缺乏一种分析抽象事物的能力，每每都是因为想当然而错得一塌糊涂。高一、高二我花在物理上的时间甚至比数学还要多，做了很多很多的题，投入大量的精力，但实际上却没有收到想象中的效果，成绩也是忽上忽下。即使是到高三的第一次月考，还差点没有及格。在仅仅剩下不到一百天的时间里，如果不能把物理成绩稳定下来，一切理想都只是幻影。我开始怀疑我的学习方法是否出了问题。渐渐发现，作为一门自然科学，物理更多的是现象，也就是题型。

之前，我把大量的时间都花在做题上，但却没有总结归纳，每一道题都只是孤立地存在，而真正提高分数的方法在于总结解题方法。

所以，当调整了自己的学习方法之后，我又一次怀着满满的信心和无比的热情投入到物理的攻坚战中。我开始反复地看书，不仅局限在记住书上的公式，更要理解每一本书上列出的现象以及由现象抽象出的例题，然后总结之前整理的错题，把每一个题型总结出恰当的解题方法。就这样，经过艰难的探索和不懈的努力后，最终在高考中以物理满分的成绩，为我三年来的汗水与泪水画上了圆满的句号。在这个漫长而艰辛的过程中，支持我一步步走下去的是老师和同学一遍遍不厌其烦的讲解，是父母信任的目光，还有自己对理想坚持不放弃的信念。如今，回头想想当时顽强得有些固执的自己，真觉得当时的自己很可爱。其实学习的魅力就在于：当你攀登上一座高山，站在巅峰的时候，收获的不仅是山顶的风景，还有一路上遇到难以预料的困难时，激发出的难以想象的潜力。每一次胜利，你都会发现一个不同的自己。只有迎难而上，在一次次的失败中看到下一次成功的可能，才能成为笑到最后的人。

博采众长，共同进步

有这样一群人，他们每天和你在一起的时间甚至比父母还长：他们和你一起吃饭，一起睡觉，一起哭，一起笑；一起上课，一起考试；他们在你需要帮助的时候挺身而出；有时还会成为你的对手，他们就是一直相伴的同窗。其实，他们的身上藏着难以想象的宝藏：有的人做的笔记特别全，有的人思维特别敏捷，有的人总会有解题的新方法，有的人总能写出温柔得好像能滴出眼泪的作文……既然他们就在我们周围，何不互相学习呢？

我和班上另一位考入清华大学工程力学系的同学，一直都是互相学习、共同进步的。

她的文科稍弱，我的理科稍差，正好形成优势互补。我们俩虽然在每次考试中都是竞争对手，但其实在生活中是最铁的哥们。我们经常互相借笔记，讨论问题，实在讨论不出结果就一起去请教老师，既查漏补缺，又收获了不可替代的友情。最后，我和她在高考中都没有因为自己曾经的弱科拖后腿，最终也都如愿以偿，走进了清华大学。学习中竞争必不可少，有竞争才会有进步，但我觉得若是因为竞争破坏了正常的同学关系，则大可不必。我们最终要面对的对手不是身边的同学，而是那张高考卷子。我们应该在相互学习中共同进步，不能以超过别人为目的而不择手段。我们其实都是战友，尽管高考是一场没有硝烟的战争，但战友之间那种情谊真的值得彼此铭记。

心态决定一切

当距离考试只有三十天的时候，看着黑板上每天都在不知不觉减少的数字，不管是谁心中都会有一种异样的变化吧。而此时，每天所要完成的作业和要复习的知识也越来越多，很多人迷失了方向，好像每天都很忙碌，但仔细想想真的没有学到什么。这个时候及时调整学习状态是极其关键的，因为真正对结果起决定性作用的是心态。不管怎样都要做到"宠辱不惊，闲看庭前花开花落"。

无论每次的考试结果如何，都要记住，成绩只代表过去。

我的一位学长曾经说过，高考就是一锤子买卖。无论过去成绩怎样，只有高考能证明自己。所以，平时考试的真正价值或许在于发现我们存在的问题。就像我妈妈说的："希望你平时的考试都考差一点，那样就能发现以前没有发现的问题，然后解决掉。越到最后，越要稳住阵脚。"直至高考前夕，我对高考都没有感觉，为此还曾经向我的老师们请教过，他们说只有胸有成竹的人才能看淡高考，才能在高考中发挥出真实的甚至超常的水平。其实，每一个参加过高考的人都知道，真正的成功不是你做对多少你不会的题，而是你能发挥出多少平时的水平。同样我也有遗憾，我的数学栽在两道很简单的填空题上，白白丢掉了十分，但是对结果影响并不是很大。在这个世界上，没有人能做到完美，也没有人在回忆的时候会毫无遗憾。所以不必苛求自己做到极致，顺其自然往往会收获真正期待的结果，保持一颗平常心。无论面对高考还是人生中其他关键的转折点，既然我们已经做到最好，何必还要苛求结果？结果只不过是为了向别人证明我们曾经努力过。

生活，其实无所谓累或不累，学习也是如此。累的只是我们追逐梦想的心。

如果突然感觉自己好累，不如放下手头的作业，看看窗外操场上明媚的阳光和在阳光下坚持的人们；想想自己的理想，想想自己的未来，为了这些坚持下去是否值得；或者当你要放弃的时候，想想如果此时放弃，那之前的一切，是不是都付诸东流，是不是有些可惜。其实高三并没有你想象中那么漫长，走过之后，也许你会发现"不过如此"。

岁月无痕，流年沧桑，青春年华里的笔迹，即使没有意义，即便没有结局，也仍旧长久且永恒地存在着。因为至少我们在青春的日子里爱过，恨过，拼搏过，失败过，成功过，阴雨绵绵过，阳光明媚过，黯淡冷清过，锦瑟韶华过；至少我们还有前进的勇气；至少我们能搏一生青春无悔。高三的时候，我在笔记本扉页上写下了这么一句话：高考不是人生的全部，但努力是。我们努力着，拼搏着，不求结果，甚至不求有人欣赏，只求，至少在最美的年华，我们证明了自己。

因为高考，我们错过了很多美好，三月的生机，四月的新艾，五月的花香，只为在那六月，与新荷一起绽放出属于自己的美丽。

相信下一个六月，这个舞台上会留下你们的芳华绝代。

Part 1 /
学霸档案

姓　　名：张　维

......

毕业学校：江西省南昌市第二中学

高考成绩：总分638　语文116　数学132　英语141

　　　　　理综249

院　　系：清华大学工程物理系

Part 2 /
学霸格言

你的这段青春岁月是人生中最充实、目的最明确、牺牲最大、成果最丰硕的一段岁月，和你一起走过这段岁月的人是人生中最让你欢乐、最志同道合、想起来最让你心头一暖的人。可能你现在不觉得，但是慢慢你会懂得。

高三经验体会

　　我们学校从高二暑假就开始补课，这也就宣告了我们提前进入了高三。暑假中每天的课表安排得满满的，我们处在第一次整体学习的收尾和高三总复习开始的衔接阶段，大家都对"高三"这个词有点期待，又有点小恐惧。我在高一、高二的时候，就感受到高三学长学姐们奋斗的艰辛和热血，听说过他们的辉煌成就，也了解到高三的巨大压力。如今，我也成了高三生，开始感觉有些不适，而且高三的学习模式到底是怎样的，我一概不知。于是索性摸着石头过河，从结束新课的学习到开始一轮复习，我就在思考，我的学习模式肯定是要转变的，不可能像高一、高二那样跟着老师的课程和作业一步一步走，这样我会"吃不饱"。同时我也借鉴了一些同学的经验，一轮复习的法宝——刷题。但是一开始我做题总是很盲目，虽说是复习到哪里题目就跟进哪里。因此当我发现自己有空闲时间却无所事事的时候，会再买上一本心仪的参考书。"高三党"逛书店是一件很享受的事情，我们学校门口的书店供应的都是我们最需要、最想买的书籍，所以我常开玩笑说："这书店老板对我们学校成绩的贡献比某个校长或老师可大多了。"买到书，把它摊在桌面上看、做题，其实是一件很享受的事情。

学 霸 秘 籍

　　而带给我快乐和做题动力的源泉是什么？是成绩提高后得到的信心，甚至可以说是由于他人的羡慕夸奖而产生的虚荣心，也是对失败的害怕。因为从小学开始我就是所谓的"尖子生"，学习上总是同学们羡慕的对象，于是成绩就一直好下去。

其实到最后才发现，成绩好不好，你对自己的定位非常重要！

如果认定自己学不好想随便学学混个普通大学上，平时也不用过得那么累，压力那么大，抱有这样心态的人注定是普通大学及以下的结果。如果一开始就给自己很高的定位——我就是个尖子生，我就要拿第一，就要拿奖学金。这样才会有动力！我很佩服一个同学，他在实验班，但是水平只够考上一般的重点大学，他今年高考没考好。我有一天惊异地发现他的QQ名字叫"不上清华不改网名"，原来他去了我们省最适合复读也是学习生活最艰苦的高中，继续他的高四。这样的心态，先不论成败，就足够让人佩服！而我的心态也是如此，我当时已经是身在"风口浪尖"，大家的眼睛都在看着我，家人、同学、老师、校领导，大家都期待着我能一路披荆斩棘，学校也把很多荣誉和希望寄托在我身上。这些压力在我看来就是动力，因为我无法想象如果成绩就此下降，身边的人会怎么看我。每当我幻想超过我的人可能持后来居上的傲慢和鄙视的态度，我就不敢再想。我知道自己不能承受那种后果，于是我会很有动力地继续努力，继续称雄。因为我喜欢被夸奖，害怕那种不可挽回的失败。一旦取得了优异的成绩，荣誉和夸奖紧接着都会有，这样令人很有满足感，就像生物学的正反馈。

我就是这样在迷茫和思索中正式升上了高三。因为暑假的过渡，高三也没那么难以接受，更重要的是，我这样提醒自己：人的天性总是讨厌去做困难枯燥的事情，可是在高三，那些困难枯燥的事情往往就是你生活的主要组成部分。我思考了很多，也失败过很多次，有时候总是想放松，后来我慢慢懂得，把一天的作息安排变成习惯，你就会自然而然地去做，不管多苦多累，你的生物钟都会带领你在不知不觉中把任务完成。每天中午都要有固定的午睡时间，在高三最幸福的就是从开始睡觉到睡着的那一段赖在被窝里的时光。把脑子清空，什么都不想，是养精蓄锐最好的帮助。于是，复习一步一步推进，而我发现不管是考试题还是作业题都考得更深更难，有的甚至超过高考标准的难度。这让我很不适应，因为高一高二重在掌握表面，而高三要把每个知识模块的题目潜力都挖掘出来，并且涉及各模块知识的交叉运用。一次次作业和考试中被各种题目所打击，是高三给我的一个下马威。于是，我试着和同学、老师交流：和同学一起分享做题的心得体验，或者抱怨出题老师来安慰自己；和老师交流我总能把自己所想的和所做的都表达出来，老师就能对症下药，帮助我把问题解决。随着我慢慢进步，不断调整学习方式，也不断鼓励自己前进，我的高三稳稳地起步了。

高三的整个过程，在学习方面总结起来也就这么几件事：听课、自习、考试、思考总结。无论哪一个方面想做到最好都不那么容易。

听课的时候我面临着这种情况：老师讲的都是学过的，在我看来好像有点"陈词滥调"，听起来既没兴趣也感觉没多大用，而且很不耐烦。可是，无论是往届高考成功者还是老师都告诫我们：一轮复习一定要认真把概念听一遍。这让我内心很矛盾，我自己思考过，也问过别人，不听课我会有内疚感，而听了却觉得有些无聊。最后就折中而行吧，一边听课一边自习，这让我学得很舒心，老师也不刁难我，每当上课觉得有不懂、不熟练的地方就抬头认真听课。因为有了基础就不会因为中途加入而跟不上节奏，而我认为已经完全掌握的地方干脆不浪费那个时间，好钢用在刀刃上，把时间用在最需要花的地方。这个上课节奏让我受益匪浅，我在课上的心情也很愉悦，因为想到自己越来越强，每天都在进步，真的是不小的快乐。上课的时候偶尔会有老师和同学之间的欢乐时刻，我们和老师越来越像朋友，因为我们志同道合，都向着同一个目标奋进。这一点在越接近高考的时候越明显，以至于在高考前的最后一节课，老师不讲课，而是有些伤感地说："今天不上课，你们看看书，我再看看你们。"

自习总是和放松成对立面。高一、高二没有那么多要靠自习去完成的东西，高三一到，我猛然发现自习已经必不可少。上课时间太有限了，剩下的时间都应该好好把握，于是自习成了最佳选择。每一个在自习的人不管效果如何都是很安心的，这是高三青春最美的姿态，无可非议。有时勾画概念，有时看看笔记，有时翻翻试卷，有时练练题目，每个人都有自己的计划，每个人都有一段自习的故事。我一直很享受自习过程中的宁静，完成学习任务时的成就感，还有一抬头就可以看到的那些高考路上的同行者们……那时候虽然苦，但是我深信，有一天我会怀念这种日子。

考试是高三的主旋律，而且考试的密度和强度都随着时间而递增。于是我们从"一周一小考，一月一大考"慢慢变成"一两天一小考，学校大考加联考"的考试模式。记得我连续几次的考试成绩都不理想，同学们有的感觉不理解，有的来安慰我，并且老师找我谈心，父母虽然着急但是他们也只是干着急没有主意，学习上实在是帮不上忙。

其实，当我们考试失利时，不可能不难过，但经历过一次次失败的洗礼之后，关键是接下来应该做点什么。

我们要做的是，把心态重新摆正，备考时要认真，成绩下来之后，如果不理想，不要太在意一次考试的失败，却也不能就此把它忘掉，而是应洗刷掉这次考试带给你的负面情绪，把正面的东西留下来。正面的东西就是通过考试发现的自己的薄弱之处，比如作文的立意、数学的大题等，从大方向到细节的差错。高考之前的考试，都是用来"查漏补缺"的，还有就是用来培养考试的能力。学习成绩不但和学习能力有关，也和考试能力有关，而且考试能力所占的比重还相当大。这就是为什么有的同学平时很用功考试却总是失败，有的同学看起来没花那么多时间但成绩总是要稍好一些。考试的能力包括面对考试的心态和一些考试的小技巧。在心态上，老师以前告诉过我们一句很有道理的话："周练像月考，月考像高考，高考像周练。"周练是我们每周的小考试，月考是相对大的考试，这句话的意义就在于说明认真对待每一次考试，保持一种在重压下沉稳有序、不紧不慢的良好状态，这样在高考考场上就可游刃有余。平时的考试其实不是那么可怕可憎的事，考不好也不会对你的高考造成任何影响，造成的影响取决于你自己的心态。考试的小技巧有很多，主要是：考前把身体状态调整到最佳，精神要充足，前一天一定要保证充足的睡眠；合理安排各个题目的时间，适当放弃一些题目，碰到不会的题目不要慌张，可以先跳过，等做完后面的题目再来思考此题，检查时要重新思考或者再仔细算一遍；理科题目的草稿纸中，每个题目的草稿区域要清晰，便于检查时查看，省去了再打一次草稿的时间；考完后马上忘掉这场考试，不要与同学交流答案，专心面对下一场考试。

思考总结总是同学们容易忽略的环节。不仅是学到知识的思考总结，也有生活、经验的思考总结。

我这篇文章也是对我整个高中生涯的思考总结。我高三面临过很让我头疼的一件事：疲劳犯困。于是我不断尝试各种作息方式，最终找到让我的大脑高效运转的作息时间，因为如果作息时间还是不适合自己，我觉得会适应不了高三高强度的学习。面对你走过的路，你可能会摔倒，但是一定要在爬起来之前捡起点什么！越是学到后期就越要会总结，因为你会站在一个更高、更广的角度去看你所学的东西。比如，小时候你只知道自己的国家是中国，对其他国家一概不知，然而当有一天你长大了，了解了世界，你会明白中国与其他国家一起是一个整体，它们共同组成了整个世界……像这样把知识连接成网络、组成体系。这也是总结得来的。不总结，思维太乱，概念太模糊；有总结，事半功倍，成功会更近一步。

在学习之外，适度地参加体育锻炼是必不可少的，因为它保证了你的身体状态能够承受高三学习的强度。适当的放松也是可以的，我推荐散步、跑步、唱歌、打盹等方法！还有，有心事记得多和你信任的人分享。

最后到了冲刺阶段，这时候大的知识网络体系已经形成，你将知识织成了一张大网，要去高考中捞取尽量多的分数，这时候你该做什么？

正确的做法是：把网上的大洞补好，再把网加固。这样的做法是效率最高、得分最容易的。比如说你数学最后一道题一向解决不了，在冲刺阶段你要提高这一部分是很困难的，而恰巧你第一道大题也很容易出错，这时候不要着急，也不要过度担心，只要把这个漏洞补好，你的知识大网的"捕分"能力还是没有问题的。还有一句学长告诫我的话，今天我想告诉大家：高考前一定要把高考当回事儿，高考的时候千万不要把高考太当回事儿。这个指导思想非常简明有力。其中的道理想必你一看就懂。考前，看着墙上的倒计时你可能会紧张，可能会幻想自己落榜而手心发汗，这都是正常现象，不紧张才可怕呢！这时候你不能让害怕打败你，而是起身用行动去反击——继续学习。到最后，高考好像近在咫尺，而你好像只是去参加一场普通的学校考试而已。这就是考前的最佳心理状态，知道考试很重要，但是要轻装上阵，沉着应战，考出一般水平就已经成功，而不是考第一第二才算得上英雄。最后还有一点，和学习无关，就是好好珍惜你高三这段奋斗的日子以及和你一起奋斗的同学和老师。你的这段青春岁月是人生中最充实、目的最明确、牺牲最大、成果最丰硕的一段岁月，和你一起走过这段岁月的人是人生中最让你欢乐、最志同道合、想起来最让你心头一暖的人。可能你现在不觉得，但是慢慢你会懂得。所以奉劝大家，珍惜高三的时光和人吧！把他们都记在心里，等到你多年后在脑海里回放，那一定是令人热泪盈眶的感动。

　　高三一年，是泪与汗的洗礼。十年磨一剑，考场亮剑试锋芒！希望我的经验能对大家有帮助。最后祝学弟学妹们高考顺利，考上自己心仪的大学！

Part 1 /
学霸档案

姓　　名：沃中原

· ·

毕业学校：安徽省铜陵市第一中学
高考成绩：总分649　语文96　数学133
　　　　　英语134　理综286
院　　系：清华大学土木工程系

Part 2 /
学霸格言

　　那一刻，无论你是大笑、流泪，抑或疯狂地发泄，你的心中都会真切地感受到，这三年经历的每一次困难与失败，付出的每滴汗水，都是值得的。你可以毫不愧疚地说：高中这三年，是一段为了梦想而执着奋斗的历程。

只要你永不放弃

没有人能够一帆风顺地走过来，最后的成功者都是敢于向命运挑战，直至扼住命运咽喉的勇士！

我的高中三年，可以说与大家印象中清华北大学生应有的高中经历有着很大的出入。我身边的很多同学，他们或是各个地区的佼佼者，一路顺畅地来到清华，在他们之前的学习生涯中，一直都是班级乃至年级的翘楚，习惯了个位数的排名；或是竞赛保送生，取得过大大小小各类的竞赛奖项，全国乃至国际奥赛金牌并不稀见。而这些，都与我无缘。我所拥有的不过是最平凡的履历，一次次的失败，以及从失败中重新站起来的坚持与努力。

学霸秘籍

平凡中默默前行的高一

还记得三年前，我刚刚踏进铜陵市一中时的场景。一中是我们当地最好的中学之一，每年升入清华北大的学生都不在少数，也自然而然地成为我们最为憧憬的高中。当我从一所县城初中考入这里时，心中自信满满。多年来在自己班级中的良好排名，让我有理由相信，我可以在这里做得更好。三年后，我一定会实现录取通知书上的学校寄语——今天，你因一中而自豪；明日，一中以你为骄傲！

　　这是一份少年人特有的自信与轻狂，而命运，却总是在你志得意满时浇下一盆凉水——开学第一次考试，几乎每门功课都是低空掠过及格线，甚至还迎来了人生中的第一次不及格——英语 87 分。

　　有一句话说道：打击一个人的最好方式就是摧毁他的骄傲。成绩，一直是我最自豪的方面，而这份骄傲，却被冷酷无情的现实"哐啷"一声，击打得粉碎。

　　记得当时的我，拿着惨不忍睹的成绩单和充斥着红叉的各科试卷，心中感到无比的羞愧迷茫。羞愧，是因为我之前目空一切的妄自尊大；迷茫，则是因我在这样一所自己梦寐以求的中学中毫无竞争力的成绩。不过，凡事都具有两面性。这次教训虽然挫伤了我的自信，但也让我变得更加脚踏实地。我开始从最基础的一点一滴做起，默默地为自己许下的宏愿而努力。

　　不过，高中给我的自信心带来的打击远远没有结束。经历了第一次的惨痛失败后，在之后迥异于初中的学习生活中，更让我感受到自己与他人的巨大差距：老师讲授的概念，"学霸"们总是能够迅速理解，乃至能提出自己独特的见解，而我却在那些让我感到云里雾里的知识中挣扎，用自己最大的努力去啃一个又一个定义；那些他人化之于无形的难题，我却在竭尽所能后，只能报之以无奈的叹息；日常的小测验，我更是只能去仰望他人的成绩……这一切，都是我高中伊始学习生活最真实的写照：没有光彩照人的成绩，只有在痛苦中的挣扎经历。

　　在那段日子里，我也想到过接受不如人的现状，接受这个残酷冰冷的现实。可是，每当我想到"松懈"二字时，心中的那份不甘心便会骤然涌起——为什么我要承认这样一个不如意的状态，凭什么我会不如人？天赋的差距固然存在，但至少我应该去尝试，试着付出加倍的努力，去赢得哪怕一点点的改变。只要自己不曾倒下，就不会有任何事情能够击垮你！怀着这样的信念，我调整了之前萎靡不振的心理状态，努力去做好当下每一件事。同时，心中牢记自己与他人之间的巨大差距，并暗暗将消除这种差距作为自己努力的目标。

于是，我开始抓紧一切时间学习——对于那些一时难以理解的概念，宁可付出多于他人几倍的时间，也要彻底地弄明白。即使是在校车上，我也没有放弃点滴的学习时间——利用这片刻去记几个单词。甚至在饭桌上，当我想到某题的解法时，也会毫不犹豫地冲向书房……一次次地学习到深夜，看着窗外逐渐熄灭的万家灯火，我会在心中暗暗地对自己说，你在深夜中付出的努力，总有一天，会幻化成阳光下的硕果，而那时，你将独享这份甘甜。虽然有人说，无休止地与他人比较，是人生悲剧的根源。但在你梦想不甚清晰的时候，与他人的比较的确可以为你的努力奋斗增添很大的动力。

没有人愿意认输，每个人骨子里都会有不服输、不安于现状的基因。当你能够调动起这股力量的时候，任何困难与坎坷都阻挡不了你前进的脚步。

终于，当我在泥潭中挣扎着前行了一个学期后，迎来了第一次期末考试。在我看来，这次期末考试意义非同寻常。它不仅是对高中第一个学期的学习成果的检验，更是对自己付出努力的价值的检验。最终，我取得了不错的结果。虽然在这之后，我不止一次地取得过更好的成绩，但这一次却给我留下了最为深刻的印象。因为，这个阶段性的成果，让我看到了希望，让我更加坚信：通过自己的不懈努力可以改变令人不满的现状，改变自己的弱势地位。因此，不要拿自己的天赋当逃避付出百分之百的努力的借口——命乃弱者借口，运为强者谦辞。这句话，我与大家共勉！

不曾怯懦——从竞赛与自招的失败中崛起

说到物理竞赛，其实我并没有付出太多的努力。很大一方面原因在于我的性格，天生缺少了一股冒险的勇气，总希望去追求更加稳妥的事物。这种性格使得我在高一文化课基础薄弱的时候，权衡再三，最终没有选择全力冲刺物理竞赛。即便如此，在高二那年，我也曾为物理付出了很多心血。面对那些艰深的理论，我也曾竭尽所能去步步深挖深入理解。尽管，竞赛更加强调先天的悟性，但我依然为之付出了不少的努力。我也曾因一个概念的理解问题，与小组中的强手争论得面红耳赤；也曾因个别难题的困扰而心思郁结；也曾在考前的几个月里玩命般地做题，甚至用国外的赛题做了几份模拟卷。这一切的努力，都让我对结果多了几分期待。但是，这一切希冀都在理论考试结束的那天中午化为了泡影。整整一年后，我写下了一句对于当时状态的描述：在那之前，我从未看过如此绝望的眼神；自那之后，从未见到谁的眼神如此绝望。这次失败，已经深深地刻入了我的骨髓。尽管进入了实验考试，尽管在实验考试中取得了全省第二高的分数，却依然不能改变最终只是二等奖的事实。或许，这正如我的班主任所说，你所取得的一切成就，都是水到渠成，自然而然的。但要真正去面对这个失败，面对自己的努力付诸东流的残酷现实，尽管知道自己可能真的实力不济，心中的失落也是在所难免的。那段时间里的自己，虽然在人前依然强作笑颜，依然斗志昂扬，可是那份打心底涌出的挫败感，却让我整日浑浑噩噩，无法全力投入学习。而这一切，竟然发生在我的高三——一个中国大部分学生都在拼尽全力的时间段。

如果说，物理竞赛的失败，可以归结为我付出的努力不够，让我心中依然可以保留对自己实力的自信，那么，之后自招的失败，则完全出乎我的意料，也让我倍感失落。还记得走出考场的那一刻，我心里的感觉是如此良好：在我能力范围内的题目全都完整地做了出来，那些难题也都至少写出了一部分有效解答步骤。当时，我确信至少可以通过笔试。之后，我完全是以一种验收已知成果的心情去查分的。当那鲜红刺眼的"未通过"三个字出现在眼前的时候，我产生了一种发自内心的无力感。一直以来我对自身能力的充分自信，全都化为乌有，取而代之的是无尽的怀疑与自责，以及对未来的迷茫和彷徨，而这一切的悲观心态，全都产生于距离高考不到三个月之时。我该怎么办？就此放弃吗？毕竟失败带来的打击实在太大，几乎摧毁了我全部的信念，让我绝望地感到：也许付出再多的努力，也可能是一场空。继续奋斗吗？之前我付出了太多的努力，就此放弃，实在是不甘心……

不，我绝不能放弃！放弃，是那些弱者的所为，是那些不敢去面对苦难的胆小者的懦弱退让，我绝不能成为这样一种被我自己所鄙视的人！

青莲居士有诗云："仰天大笑出门去，我辈岂是蓬蒿人。"命运一次次地同我开玩笑，想把我归入"蓬蒿人"之列。那么，我所能做的就是让它的这种企图一次次地化为泡影！于是，在高考迫在眉睫之时，在我备受打击之时，我依然怀揣着远大的理想，义无反顾地踏上了与命运掰手腕的道路。我开始疯狂地背单词，一只口袋里时刻装着一本单词本，另一只口袋也没闲着——一支笔和一个小本子，随时记录自己偶然的困惑。同时，我也开始尝试一直以来最让我反感的大量习题训练：在开始变得炎热的五月里，我会把自己关在闷热的甚至连电风扇都没有的书房里一整天，进行严酷的高考适应训练，以适应高考时可能出现的严苛条件。好几次，汗水都流到了眼镜片上。在学校，更是不敢浪费一分一秒，几乎每时每刻都在埋头演算……一天天苦禅般的生活，支撑我的只有那不曾磨灭的追求卓越的信念。更快、更高、更强的奥运精神，在这里不再是一个抽象的概念，它早已化入了一行行的演算式和密密麻麻的英语单词中，伴随着我度过了这一天天紧张、煎熬却又无比充实的日子。

公布高考成绩的那天，当在网上看到了自己的分数与排名时，我恍然发现，一直梦寐以求的清华，此刻变得如此清晰，如此触手可及。那一刻，无论你是大笑、流泪，抑或疯狂地发泄，你的心中都会真切地感受到，这三年经历的每一次困难与失败，付出的每滴汗水，都是值得的。你可以毫不愧疚地说：高中这三年，是一段为了梦想而执着奋斗的历程。尽管很苦、很累，但它是我生命中一段弥足珍贵的记忆：那些年，我们一起奋斗的无悔青春！

学霸心路阅读笔记

榜样的力量是无穷的

关键词	笔记内容
学习心态	
学习方法	
应试技巧	

总结: _____

_____

_____

Part 1 /
学霸档案

姓　　名：李洪臣

毕业学校：黑龙江省大庆铁人中学

高考成绩：总分690　语文120　数学147　英语144

　　　　　理综279

院　　系：清华大学土木工程系

Part 2 /
学霸格言

在烦恼与快乐、成长与压力之间，颠沛流离成了我们高中生活的缩影。有人说"这就是命"，但在我看来这是弱者的借口，而我们作为血气方刚的青年人必须要坚信：我命由我不由天！

我命由我不由天

每个人都拥有过一场青春，一段可歌可泣的时光，一份让人回味终生的回忆。而这如诗如画的花季便在每个人的学生时代，更确切地说是高中时代，绽放出繁复而璀璨的光芒，照耀在一生的路上。

收获友情的欢乐，是成长的满足，让我们充溢着自豪感。然而不得不面对的高考，却给我们的花季带来一阵阵暴风雨。

在烦恼与快乐、成长与压力之间，颠沛流离成了我们高中生活的缩影。有人说"这就是命"，但在我看来这是弱者的借口，而我们作为血气方刚的青年人必须要坚信：我命由我不由天！

如今的我已然是一名清华大学的学子，但我却不如那些状元或是保送生那样光鲜亮丽。回想曾经，我的经历充满着戏剧性、无奈与辛酸。而当时的我，就如同现在的你，面对着纠结煎熬的日子，一次又一次发出歇斯底里的呐喊，却无济于事。

学霸秘籍

迷茫而平凡的伊始

我的家在黑龙江省七台河市，而高中来到了大庆，走进了大庆铁人中学。

从未出过远门的我，此时来到了一个陌生的地方，面对一群完全陌生的面孔，心中不时升起阵阵的无力感，难以在全新的环境中游刃有余，各种各样的困惑也接踵而至。

也许你们会觉得初中的我是头顶无数光环的佼佼者，可惜我不是。面对着身旁一个又一个以物理见长或因喜爱物理竞赛而来到铁人中学的"学霸"们，内心总会升起莫名的挫败感。

尤其晚上一个人静躺在床上时我就会想："身边的人，或是全省各地的状元，或是物理极其出色的天才，而我只是一个再普通不过的学生，又拿什么与他们一争高下？依我目前的水平又能考上怎样的大学？"这些问句反复在脑海中回荡。带着对未来的迷茫以及对新事物的畏惧，我逐渐进入了高中的生活。

在物理班的日子是痛苦的。怀着一丝侥幸心理的我，还是难以逃脱命运的捉弄，在忐忑的情绪中，收到了第一份不及格的卷子——52分。看到成绩的我，想哭却笑了出来：笑自己的无能，笑自己未战先怯的懦弱。虽说不曾头顶桂冠，可也从未有过不及格啊！一切当属青年人的骄傲、轻狂、热血，全在这一刻沉寂了下去，取而代之的是一颗冷静的心，一抹由灰暗逐渐变为明亮且坚毅的目光。"我命由我不由天"，命运就掌握在自己的手里，与其在迷茫混沌中丧失了自我，倒不如破釜沉舟，放手一搏，谁是赢家还未可知。

于是，困惑之后的释然与脚踏实地的奋斗便成了高一的主旋律。虽然其间名次的不理想、父母的小失望、处于"学霸"之间的自卑感，无数次冲击着我的斗志，考验着我的耐心，但是高一还是这样平凡而踏实地过去了。令人惊喜的是，期末考试的成绩位居年级15名。莫大的兴奋笼罩在我的心头，让我再一次体验到久违的成就感，也让我真正明白并且相信"路是人走出来的，通向理想的路也是一样。当你一步一个脚印踏踏实实地咬牙前行时，你便离目标越来越近。也许有人的起点高，可这并不是你畏惧的理由，你能做的就是毫不犹豫地向前走"。

感情与学业的碰撞

命运总会时不时地开些玩笑。十六七岁的年纪，正是情意滋生的季节，然而此时我们却不得不为了高考而浴血奋斗。

当感情与学业在此刻发生激烈的碰撞，我们又该何去何从？

想必大多高中生们都有或多或少的心灵的悸动，我也如此。高二之后，我成了老师眼中不争气没正事的学生，经常被找去谈话。他们觉得我早已失去了斗志，在感情中迷失了自己。面对老师的批评、家长的埋怨，学习的心思早就丧失了大半。那时的我心情无比混乱，既有对感情的不舍，也有对父母老师的愧疚，两者冗杂交错，当真是不知道该如何抉择。但日趋下降的成绩更成为我致命的硬伤，终于，我不得不暂且将感情深埋心底，重回到拼搏的路上。今天我把我的经历与你们分享，对于这样一个任何高中生都不能回避的感情问题，希望下面这些话能与你们共勉。

作为一个男生，你能做的是努力努力再努力，让自己变得更强，肩负起作为儿子，将来作为丈夫乃至父亲的责任，足够支撑起你身边的一片天空，为你珍视的人遮风挡雨。不然什么海誓山盟，什么地老天荒都只能作为笑谈。作为一个女生，不要期望着别人能给你多少，首先要做的是丰富自己，有内涵有知识。倘若只是空有其表，是留不住你想要的东西的。总之，感情需要等待。在什么时间做什么事，才有了地球的诞生，人生亦如此。此时的你们满腔青春热血，有的是力量，即使犯过错误也不要怕。从现在开始，无论为了什么，将感情深埋心底，浴血奋斗吧！

"小高考"的挫败

仿佛命运女神从不青睐于我，被称为"小高考"的自主招生考试又一次在我的心上敲了致命的一锤。当时我极力争取着清华北大的自主招生校荐名额，可是由于之前的综合排名不够，最终还是无缘，自荐更是笑谈。拿到手上的是浙大的校荐名额，怀着一种自我安慰的心情对自己说："这样也不错，浙大会容易考吧，有个保障也不错。"

可是上天总是不愿遂我的心意。考试过后，抱着一种期待收获的心态查看成绩。"由于名额有限，您未能进入面试！"一行鲜红的字深深刻在我的脑海中，挥之不去。此时的我什么也听不到看不见，就像置身一个黑暗寂静的世界中。只有崩塌的自尊、自信和骄傲落地，以及难以压抑的泪水在眼眶里盘旋。尽管在人前强颜欢笑，可是内心却充斥着无力、绝望和对自己能力的怀疑。可是真的就此放弃吗？不甘心，真的不甘心，付出了那么多就真的什么都收获不到吗？

这时，脑海中猛然想起曾对一位挚友说过的话："自己选择的路，跪着也要走完。"带着沉痛的心情、越挫越勇的心态，继续前进，始终相信：我命由我不由天！

临战前模拟的败北

挫败似乎在我身上从未间断过，高三的日子里更是如此。东北三省第一次模拟考试，考得一塌糊涂，惨不忍睹，竟然在班级里排到了接近 40 名，在全市排名更是无从谈起了。成绩公布的一刹那，又是一记惊雷。噩梦并不止于此，大庆市第一次模拟考试，排在全市 400 名。这一切仿佛就是为了打击我的信心而出现，老师们觉得我考不上清华北大，爸妈也有些许失望，自己更是感觉什么都不是，高考无望。

可是就要上战场了，真的就赢不了了吗？没有人相信我，身边的同学各自奔忙着，无助感油然而生。迷茫能改变什么？畏惧又能帮助我什么？与其这样，倒不如亮剑，狭路相逢勇者胜！

不服输的血液再一次涌动，求人不如求己，就算天下人都不认可我，我也要在战场上战至最后一滴血！

于是，习题的洗礼伴随了我此后的日子。每天从早上六点半起床开始，就在题海中挣扎漂泊，直至深夜甚至凌晨，不完成任务誓不罢休，教室里的人越来越少，可我的心却越来越平静。嘀嗒嘀嗒的钟表声，唰唰的奋笔疾书声，回荡在教室里，充实着我的每一分钟。不曾忘记班主任说过"天道酬勤"，我便将自己的一切愤懑的情绪、不屈的意志融进每一道习题、每一张试卷中，量变产生质变，相信总会有凤凰涅槃，浴火重生的一天。就这样带着最后安静而平和的心情，终于迎来了高考……

考场上冷静沉着、深思熟虑的我，再没有想苛求些什么。带着一颗平常心，在这无声的战场上施展全部的才能，验收这百余天的奋斗成果。尽力而为，不患得患失，懂得适当的割舍：这些让我在高考的战场上显得得心应手。就这样，最后的战争就此落幕……

成绩发布的前一天夜里，我与两个好哥们在宿舍里共同等待着揭晓成绩的那一刻。当名字下方的分数赫然映入我的眼帘时，我一瞬间石化，世界再一次凝固。

无怨无悔的青春

好像梦幻一般，不敢相信此时清华就这样触手可及。此时的我终于忍不住翻涌的泪水，曾经一切的屈辱，一切的辛酸，似乎就在这一刻成了故事，再提起都像是一段段笑谈。尽管命运不停地捉弄你，可是它做它的，你做你的，没什么太大关系，就当作是君子之交淡如水，或是相逢一笑泯恩仇吧。我比大多数人都要平凡，而此时身为高中生的你们处在最黄金的花雨季节，你们有活力有朝气，凭什么甘屈人下？每一天都是一个全新的开始，每个人的青春都可以做到无怨无悔！

望君铭记：信则有，不信则无；我命由我不由天！

学霸心路阅读笔记

榜样的力量是无穷的

关键词	笔记内容
学习心态	
学习方法	
应试技巧	

总结: _____

_____

_____

Part 1 /
学霸档案

姓　　名：周　缘

....

毕业学校：江苏省苏州实验中学

高考成绩：总分404　语文（129+25）　数学139

英语106　历史A+　政治A　小高考4A　加分5

院　　系：清华大学新闻系

Part 2 /
学霸格言

蝴蝶页，是装帧的术语，指图书封面后与封底前完全相同的两张衬纸。这三年的时光，多像蝴蝶页。无论夹杂着多少曲折的故事，开始和结束都是美好的。我们就这样破茧成蝶，就像化蝶的梁祝，虽已无前生的记忆，但他们都曾如此刻骨铭心地飞入过彼此的生命。

蝴蝶页

高三刚开始的时候，我在妈妈的备课笔记上看到"蝴蝶页"这个词。当时就觉得，这个让人心醉的名字应该拿来写部爱情小说。没想到今天，会用它来回忆我高中三年的日子。

高一期末考试的成绩单上：物理 39，化学 60。各种排名里最好的是年级 25，最差的到了 328。这样浩荡的悲伤，不是物理习题里那条或最短时间到对岸，或最短路程到对岸的小船，可以载得起的。

我在应试教育里，挣扎了很长时间，况且我是承受能力特别差的那种学生，曾经听课都听哭过。我以前说，不知道前世和高考有怎样的纠葛，今生要用这么多的泪水来还它。像林清玄说的那样，"有时静夜想想，也会黯然流下泪来，但那些泪在一个新的春天来临时，往往成为最好的肥料"。今天想想，所有付出都是值得的。

学霸秘籍

为了撑过这段时光，我只能不断地调整自己的心态。比过程的时候，我知道对手是别人。其实我已无余力，但我知道有一些时间是大家都在浪费的。平时我赶不上大家，但在暑假、在考试后大家习惯性的懈怠时，我只要比别人多认真一点点，就够了。

而比结果的时候，我知道对手是自己。我不再去羡慕别人的成绩，而是看到自己的进步。我尽量不让小考试影响到自己的大计划。

其实分数、排名都不重要，周考、月考、模考都不重要，即使高考，也不是人生的全部，不能决定未来的命运，我常常这样来安慰自己。我告诉自己：毕竟已在一个重点中学的重点班里，即使成绩暂时落后，我也已经足够优秀了。做好该做的事，把过程完美地呈献给自己，不奢求结果。

无论如何，我都挺了过来。一段时光，我不会留恋，也不会全盘否定。经历过这一段黑暗之后，我练就了更加强大的内心。就像受过折损的树，愈合后留下的疤反而更耐得住刀砍斧劈。在后来高三的日子里，只要看见微茫的光亮，我就不会失去希望。

在这样的情况下走入高三的我，没有给自己太高的目标和太多的压力。我看到高三开始时交给老师的决心书，全无豪言壮语，心态实在冷静而平和，难得引用了一句励志口号"将来的你会感谢现在拼命努力的自己"，我竟也默默地把"拼命"两个字去掉了。

我知道我太幸运，因为有了这样平和的心态，努力最终结成累累硕果。

那年年末的时候，高校开始了自主招生，我纠结到三月份竟还是临阵脱逃，放弃了浙大的名额。我很清楚自己不适合自招，华约的数学很难，我一定是考不上的，准备自招反而会浪费精力而且打乱自己的复习计划。当断不断，反受其乱。那个星期六，当我坐在空了大半的教室里听课的时候，开始佩服自己的冷静和决绝，因为比起坚持，放弃需要更大的勇气。这个我曾经做过的最艰难的决定，却成为后来做过的最漂亮的事。

就这样，在高三，我习惯了每天抱着没吃完的早饭，披着来不及扎起的头发跑进学校，因为匆匆的脚步声引来极高的回头率；习惯了傍晚在公交车上听邻座初中的孩子讲一些我经历过的故事，于是会心一笑、头也不抬地继续睡觉；习惯了莫言写的和写莫言的文章频繁地出现在文科卷子上，他从此成为"生命里最不能忘怀的男人"；习惯了印着时事热点的政治卷子看也不看就被塞进文件夹里，但比起直接被打草稿的语文试卷，它们已经幸福多了。

即使在最紧张的时候，我依然早早地睡觉，每天看报纸，周末看电视，偶尔翻翻杂志听听歌。家里的气氛很轻松，没有断网禁电视，妈妈还常常劝我早睡。越是临近考试，越应该保证作息时间规律。在这里说一句老师或许不愿意听的话吧，不要太早进入状态，弦绷得太紧临考会断的！加班加点熬夜苦读，会影响身体，更影响精力集中，到头来得不偿失。能以一份好心情迎接高考，就成功了一半了。

在很早的一次差点不及格的考试之后，数学老师曾找我谈话。我很无辜地说，我反应慢，很慢，非常慢，需要几天几个月甚至几年来消化。不能想象老师当时的反应，"几年"有没有吓到他？到今天我可以非常坦白地承认这一点：这个缺点后来反而成了优点。

高考是一场持久战，不用急于求成。我走得很慢，但从不后退，也许很艰难，但每一步都平稳而坚定。

我没有一头扎进题海战术，没有挑战偏题怪题，只是认认真真地研究错题。有同学把错题整理得工整而漂亮，几乎可以做展览，但如果不经常翻看，一样是没有用的。而我的错题本，字迹潦草，有许多标记和批注，但我保证上面的题目不会再错第二次。

在三年的磨合里，我慢慢掌握了数学的应考技巧，而且总能在考场上超常发挥。因为慢热，我总在考前做一些简单的题目帮助自己进入状态找到信心；因为掌握不好时间，我敢于放弃不会的题目，压轴填空题如果来不及算就用特殊值、画图这些方法快速蒙一个答案；因为做不出难题，我只能避免低级错误和不必要的失分。高考以后，班主任问我，数学卷子做完了吗？我当场石化了：初二以后我就没做完过卷子！老师又说，空了几题啊？其实我后面三题都没做完。但是最后的结果，我敢说我都得了比很多叫嚣着"满分无压力"的理科高才生更高的分数。因为我写下的所有东西步骤都很完整，都没有出错。

最初我在数学笔记本扉页上写道"最好的年华，都给了你，请你，不要负我"。后来又有一篇日志里说"数学把我当成了无私的田螺姑娘，回报微薄到没有。罢了，数学虐我千百遍，我待数学如初恋，因为田螺姑娘和那个青年，最终是修成正果的"。今天，突然很想对数学说："坚持就是胜利。"

在距离高考还有三个星期的时候，我"良心发现"了，心血来潮地到学校上了几节晚自习。我终于亲眼见证晚上9点半，学校门口车水马龙，灯火通明的场景。操场上，散步或者奔跑着的同学们，带起的一阵阵风感染了我。我知道这种向上的精神，再不会重来了。

临考的时候，大家情不自禁地开始规划下一个没有作业的暑假，预支虚幻的美好。但正如舞台上的演员，如果总想着下一幕，往往会紧张到甚至忘词。我尽量把自己从幻想中拉回现实，因为只有专注于眼前，该来的一切才会如愿而至。

得知分数的那个晚上，我在学校门前号啕大哭。其实不管成绩如何，我都能哭成那个样子。

当你三年的努力有了一个结果，无论好坏，都是值得庆贺的，不是吗？

喜欢安宁写的一段话，允许我借用一下：我所要求的，不是你能考上哪一所大学，我只是希望在你18岁之前，能有那么一段意气风发、勇于拼搏的岁月，而这一段时光，不管结局是美好还是黯淡，在你人生长河里都必然会熠熠生辉。没有人能够否认，这段埋头苦读的青春，回望的时候会绽放出最璀璨的花朵。

小时候大家都被问过想上北大还是上清华，我说清华，因为名字好听。后来发现我想多了。再后来发现它居然成真了，但不能叫梦想成真，因为清华不曾出现在我的梦想里。我一直想到"帝都"开开眼界，所以到北京的路是早已在心底铺设好的。然而到清华的路，却大有突然从天而降的味道。我以为，可以考上清华北大的同学，要么有可遇不可求的高智商，要么有可望而不可即的勤奋精神。直到今天才知道，它并没有那么遥远。也许有理想但从不抱幻想的人，就会等来所谓的奇迹。

我不是"学霸"，也不是"文青"，我和你们一样。你们，也可以和我一样。

高考以后，我以一种惊人的速度在忘却。我最痛恨的，最后居然也没考的圆锥曲线，我也很快不会记得吧。可是青春正如双曲线，一旦出发，就会无限地延伸下去，而那些遥远的梦想，就像渐近线，虽不能至，心向往之。高考的意义，并不在于我们学到多少知识，而是那种坚忍不拔的意志，会陪伴我们一生。

蝴蝶页，是装帧的术语，指图书封面后与封底前完全相同的两张衬纸。这三年的时光，多像蝴蝶页。无论夹杂着多少曲折的故事，开始和结束都是美好的。我们就这样破茧成蝶，就像化蝶的梁祝，虽已无前生的记忆，但他们都曾如此刻骨铭心地飞入过彼此的生命。

Part 1 / 学霸档案

姓　　名：刘清元

毕业学校：新疆生产建设兵团第二中学

高考成绩：总分653　语文119　数学138　英语141

　　　　　理综255

院　　系：北京大学物理学院

Part 2 / 学霸格言

最重要的一点，请你们牢记百日誓师时的誓言，牢记你们对自己许下的承诺。不要因为成绩好而骄傲，也不要因为成绩不理想而自暴自弃。放弃那些缥缈的遥不可及的念头，着眼于手头的事情，和自己比，每天进步一点点，就一定会有很好的结果！

让奋斗的色彩装点青春

作为一名北京大学的大一新生，我很开心能借助这样一个平台和仍处在高中时代的你们交流，分享一些我的关于高中时代的体会，也很开心你们能在百忙之中抽出时间，听我的"唠叨"。作为一位刚刚晋升为"过来人"的学长和你们谈这些，真心希望能对你们有所帮助！

我认为自己不属于天才型选手，甚至连聪明都算不上，因为在高中时参加竞赛都会感觉吃力。我能来北大，完全是因为我渴望出人头地的满腔热血和一股初生牛犊不怕虎的拼劲。所以，在这里，我想和你们聊聊关于青春、关于奋斗的话题。

学霸秘籍

青春的色彩1：
带着平常心去面对新的环境，迈出奋斗的第一步

时光回溯到我刚进高中那年，对于中考全县第一，并且在这所省级重点中学的入学考试中名列前茅，有幸参加入学前的新生夏令营的我来说，在刚入学的时候仍不免畏惧。当时不知道为什么，总觉得别人都比自己厉害，一举一动仿佛都在做一些非凡的事情，好像连刷牙都比我专业似的。这种想法真的很可

怕，在任何情况下都是。

　　刚开始的新鲜感很快消失殆尽，上课逐渐演变成了一种折磨，总感觉其他同学什么都会。如果同学上课专心听讲，我就会想他们一定是透过这些最基本的概念在思索一些本质的东西；如果同学上课在刷题，我便深信他们早就学会了老师讲的知识，上课把作业做完，回去学更高深的东西。而当我的思维有一点跟不上，转眼看到同学们貌似很享受的时候，我就顿觉无奈。尤其在上英语课的时候，每次老师讲英文我都听得很费劲，而大家却饶有兴致地随声附和，我便处在崩溃的边缘了。

　　我渐渐开始怀疑招生老师是不是把我的分数搞错了，错误地让我代替了一个很优秀的同学来这里，还参加了那个我根本不够资格参加的夏令营。

　　随着时间的推移，这种感觉越发强烈。每天上完课，我都更加坚定老师弄错我和哪位不幸同学的试卷的事实，同时愧疚感和挫败感也随之涌上心头。上课时生怕老师叫我起来回答问题，怕在全班同学、老师面前丢脸，于是每次老师的目光与我交会时，我便默默垂下头去，装作很认真地在解题的样子；每次老师要点名回答问题的时候，我就躲在前面同学的后面一动不动。尽管因此减少了很多发言的机会，但是当老师走下讲台到身边的时候，是怎么也躲不掉的。所以，我还是被"不幸"地击中了几次，以英语课居多。我战战兢兢地站起来，声音颤抖着回答完问题，同学们没有笑，老师说过"OK"后便接着进行下面的课程，可我总觉得自己说得特别别扭，心想同学们一定在心里嘲笑我了吧。

　　开学后不久的一次摸底考试，老师说想看看大家的水平，让大家放轻松考就好了，可是我却紧张得要命。我担心老师同学们会惊讶地发现我和本该来这里的那位同学的事情。但是又能有什么办法呢，考试总是逃不过去的。就这样，我参加了进入高中以来的第一次正式考试。

　　考完对答案的时候，发现自己好多本该做对的题却都做错了，心中更不是滋味了，想着本来就不如别人，现在连会做的都做错，而这些题别人是不可能做错的，于是做好了会考得很差的思想准备。但是结果并没有自己想象的那么差，我排在了全年级的第 24 名。

尽管仍然有些怀疑大家是不是都太紧张以至于发挥失常，但至少自己已经感觉好多了，并在后来的一次次考试中建立起了足够的自信，于是自然而然地就忘了"不幸的同学"那茬儿了。

之所以和大家分享这个经历，是想告诉大家，当你进入一个新的环境时，难免会有恐惧和胆怯的情绪。这时候一定不要慌张，不要心急，最重要的是不要妄自菲薄。

除去极少数的情形，其实大多数时候我们都是在吓自己。人往往是这样，处在一个陌生的环境时，便会主观地"以为"很多事情，然后让这些"以为"组成的世界吓唬自己。每个人都很难避开这种情绪，我们所能做的就是做好自己，每天进步一点，每天去适应环境。很多时候都是"我以为"让自己陷入了绝望的境地，想要跳出主观的牢笼就去验证，去找同学聊，看看他们是不是真的都学会了老师讲的内容，还是和你一样其实也很忐忑不安；去找老师聊，看看老师以为的同学实力应该在怎么样的一个层次，而且其实老师不大在意你到底处在什么样的层次，你要做的就是从老师那里得到你想要的知识，而老师一般都是很乐意帮助你提高的，不管你学习是好是坏。真的不要想太多。高三的时候，我和一位学习一直很好的好朋友在一次吃饭时聊起这个话题，没想到她也跟我有同样的感受，当时我就震惊了，瞬间产生了共鸣。如果你总是把别人看得太高而不断贬低自己，那么你最终也只能落为人后了。

新入高中尽快地适应学习生活还是很重要的。一方面可以让自己始终跟上老师的教学步伐，不至于在后面的学习中感觉吃力，另一方面也让自己能尽快在班级里找到自己的位置，在学习中找到感觉，从而获得源源不断的自信。而自信是做任何事所必需的。所以，一切都要平常心！

青春的色彩2：
在每次跌得很惨的时候，依然要站起来，
为下次闪光付出卓绝的努力

记得刚入学的时候，我的一位号称"真理"的政治老师就告诉我们"高中一眨眼就过去了"。

当时我们都露出鄙夷的眼神表示不相信，但不得不承认，高中真的过得很快。时光如梭，眼看着日程表一天天翻新，自己却只是在重复做着相同的事情。每天三点一线式的生活，堆积成山的作业，背不完的知识点。如果不去翻看相片，你很难找到除每日坐在书桌前的身影之外的记忆碎片。在这样繁重的任务面前，不管你入学时的决心有多么坚决，学习欲望有多么强烈，你多少会感觉疲倦。有小的低谷，也会有相当一段时间的厌倦期，但你千万别把它看得太重。

高中就是这样，要么在繁复中倒下，要么在繁复中崛起。这就不可避免地要谈到坚持了。

我在高二上学期就遇到了一段这样的瓶颈期。当时每天都觉得很累。上课无精打采，下课只想睡觉。考试也不理想，仿佛已经掉队了。那时候又开始怀疑自己的能力，怀疑自己的学习方法，甚至怀疑自己一直那么卖命地学习到底有没有意义，学习是为了什么？那段日子里我每天过得都很颓废。有时候这种状态真的不是你自己可以控制的，在你努力学习了一段时间后，这样的状态

总会出现。大家都一样，无一例外。这时候你要做的就是给自己的心放一个小假。当然，不是说不学习，而是适当地把时间安排得相对宽裕一些，给自己一些自由的时间做自己想做的事情，适当放慢自己生活与学习的节奏。比如放学后尽情地打打球，晚上回去熬夜学习的时候听听音乐，等等。千万不要因为一段时间的低迷就否定了你之前的一切，包括你很辛苦地摸索出来的学习方法、作息规律，等等。更不能自暴自弃，放弃努力。过了这道坎，一切会安好。

我属于大起大落型选手，这种情形时不时发生，当然，自己会很难过，但是我从没有放弃过自己，没有放弃过努力。我坚信，功夫不负有心人。所以，我能在每次跌得很惨的时候依然站起来，并且为下次的闪光付出卓绝的努力。失败并不可怕，可怕的是你没有再站起来继续前进的勇气。

青春的色彩 3：
敢于面对真实的自己，基于真实的奋斗才是有意义的

认清自己，是我在高中学到的又一门很重要的课。换句话说，就是敢于面对真实的自己。我有时候很痛恨自己的"虚伪"。因为希望自己各方面都做得很出色，所以不愿意承认自己的一些软肋。比如生物，即使我没搞懂一些知识点，但是因为大家都会，所以我就不好意思问，生怕大家说我连这么简单的知识都不懂，然后打破自己在同学心目中各方面都出色的"完美"形象。越是不敢问，到后面就越难张口。如果五次考试中只有一次考好，我会不由自主地认为考好的那一次是我的正常水平，其他四次都是发挥失常。大家可能会觉得可笑，但是我却是潜意识地通过这种方式来维系着自己的"面子"。

当你有一科拖后腿，势必会影响其他学科。我的这种可笑的虚伪因此乘虚而入，渐渐蔓延到了其他学科，终于在全市的模考中爆发了。

一模、二模成绩的一落千丈让我从自己建造的神坛瞬间跌落下来，我开始认真审视自己。我再也受不了自己这种不懂装懂的状态，受不了自己"拼了命"掩饰自己退步的状态。终于，在二模后的一次总结班会上，我鼓起勇气在全班同学面前进行了深刻的自我剖析，我说我从今天开始，要坦然面对一个真实的自己，不要再虚伪做作，不要再自欺欺人。我要认清自己已经不是那个考年级第二第三的我了。我要把自己重新定位在成绩中上水平，不再去奢求考年级第一第二，而是脚踏实地，一点一点去努力，一点一点去追赶。

那次班会是我的学习态度的一个转折点，此后我又重新找回了学习的感觉，开始敢于正视自己的薄弱环节，逐个弥补。并在之后的各种考试中突飞猛进，最终在高考中取得成功。敢于面对真实的自己，说来简单，有时候却难以做到。

真实是一种自然的生活状态，是我们在高中很需要找到的一种生活状态。

不要去伪装自己，也不能只活在自己的世界里，只有看清自己的弱点，你才能对症下药，取得进步。只有真实地面对自己，你才能勇往直前，奋斗不止。我们最大的对手其实就是自己。你完全没有必要在别人面前把自己刻意塑造成什么样子，你唯一要做的是对照昨天的你，努力让今天的自己有所不同、有所感悟、有所成长。

青春的色彩4：
坚定目标，为理想而战，为人生而战

高三的生活是整个高中生活的一个缩影，简单而枯燥。但是当你全身心地投入进去，那种为命运为前途拼尽全力奋斗不息的感觉真的很棒，即使现在想来也一样很美好。我高三的时候每天的想法都很单纯，目标也很明确，就是考更高的分数。为此，我想尽了各种办法节省时间，也和同学相互借鉴，共同进步。当时老师建议我们每人用一个小本子把每天学到的零碎知识点记录下来，随时翻看巩固。于是小本子便和我形影不离，甚至吃饭、上厕所时我都带着。它也确实帮了我许多，前前后后我记满了五个小本子。它们见证了我整个高三的奋斗历程。

其实高考拼的不是谁聪明，而是拼谁能将学习的劲头坚持到高考前的最后一刻。如果关于高考有一条定律，姑且叫它高考唯一定律，那么我觉得会是：坚持就是胜利。

我将一张写有"坚持下去，一切都触手可及。"的纸条贴在我的书桌上，它陪伴我度过了高考前的最后一段时光。那时候我正处在迷茫阶段，但是每次看到它，我都会浑身充满了力量。我在心里一遍一遍为自己鼓劲：刘清元，坚持，念着你的梦想，然后，努力去实现它。结果如你们所见，我来到了梦寐以求的北大，现在在深夜敲着键盘和你们交谈。

我每天都坚持熬夜学习，为了保持清醒的头脑，我已记不得喝了多少袋咖啡。实在困了，就去洗把脸，对着窗户吹吹冷风，然后继续奋战。我有一位非常令我佩服的舍友，他真的是把学习当成了一种乐趣，晚上越熬越有劲，一天比一天晚。我有段时间试着和他的时间同步，但是第二天的听课效率直线下降，没过多久就放弃了。所以，学习方法和生活节奏还是因人而异，找到适合自己的最重要。白天的时候争分夺秒、见缝插针地学习，不浪费一点时间。我和我的小伙伴们不管是去吃饭、回宿舍，还是去别的什么地方，都是跑着去跑着回，甚至在路上还讨论着问题。我们会随时记下不解的问题，利用课余时间一起讨论，或是去问老师。举了这些例子，我想说的是，保持你学习的劲头，让自己变成一个为人生而战的无畏斗士！

积极的自我暗示对于维持自己的斗志是很有帮助的。我喜欢在自己的课桌上，在寝室的书桌前贴上一些自己喜欢的话，以此激励自己坚持努力、奋斗不止。

比如，我贴过乔布斯的：那些疯狂到以为自己能够改变世界的人，才能真正改变世界。说实话，如果让我当众把它说成是我的座右铭，我还不大有胆量，觉得似乎太霸气，至少我还没有那么自信。但是，我每次想到改变世界这个词就觉得好酷，然后浑身便像打了鸡血一样亢奋，有时候一冲动熬个通宵。再比如写一些给自己的话：抛弃杂念，心若止水，我要做自己的主宰！这也是在高考前出现在我的寝室书桌前的。这句话让我忘记了烦恼，让我想起了自己是一位处于决战前夕的斗士，想起自己仍然有着磨砺自己的机会，我便不去在意种种纷繁、种种羁绊。与其空想，不如让自己抓紧时间多学点东西。自信源于什么，自信不是说说而已，不是说"我要有自信"便有自信了，自信源自每天用功学习后一点一滴的积累。

最重要的一点，请你们牢记百日誓师时的誓言，牢记你们对自己许下的承诺。不要因为成绩好而骄傲，也不要因为成绩不理想而自暴自弃。放弃那些缥缈的遥不可及的念头，着眼于手头的事情，和自己比，每天进步一点点，就一定会有很好的结果！

最后，衷心祝愿各位同学能在高考中取得优异的成绩，圆自己的大学梦！

学霸心路阅读笔记

榜样的力量是无穷的

关键词	笔记内容
学习心态	
学习方法	
应试技巧	

总结: _____

_____

_____

Part 1 /
学霸档案

姓　　名：朱媛韬

毕业学校：内蒙古巴彦淖尔市第一中学

高考成绩：总分662（市状元）　语文116　数学136

英语135　理综275

院　　系：北京大学经济学院

Part 2 /
学霸格言

我开始尝试这种方法，也慢慢养成了用红笔在题旁把得出的总结和收获写下来的习惯。真正这样做了才发现，再看到这道题的时候，当时所有的恍然大悟都会清晰地浮现，辛苦得出的总结就不再是一句干巴巴的没有说服力的话。有时候一道题、一张卷子会因此变得非常有价值。

相信自己才能成就自己

对于已经迈入北大校园的我来讲，十二年的寒窗苦读已经过去。十二年的艰辛拼搏，终于圆了我的北大梦。

从小学到高中一路走来，我最信奉的一句话就是"相信自己"。相信自己是坚持下去的动力，让我冲破所有质疑和迷茫。

小学和初中时我的成绩很好，也有年少无知的轻狂，对赢定高考信心无限，甚至认为北大清华信手拈来，周围的老师、同学、家人、朋友似乎也都这样认为，生活中充斥着各种各样的夸奖与赞扬。中考过后，我对成绩没有一点担忧。但报考高中时，中考成绩却给了我沉重一击。我以为在众多的 A+ 等级学生中，我的实际考分也绝对有优势，进我最想去的那个班不成问题。但军训回来，却看到那个班的学生名单上并没有我的名字，我第一次感到惶恐。想起假期里听最仰慕的班主任老师的招生宣传，她举的两个初中时成绩相似，但因为高中进了不同的班，老师和周围环境不同而高考结果大相径庭的学生的例子。我突然对未来产生了巨大的担忧，看着那个班里的原来的初中同学开心兴奋的表情，我就好像看到了高考过后他们也是如此喜气洋洋，而我却面对着失败的分数独自痛哭的场景。我期待已久的高中竟然就这样在一种惴惴不安的心情中开始。

学|霸|秘|籍

高一刚入学时，突然加重的课业负担让我觉得很难适应，特别是在经历了一个零负担的暑假之后。虽然每天都忙忙碌碌，却没有任何充实的感觉。几次考试下来，成绩不算差，但离我的期望还很远。看着那个班里的初中同学仍然那么努力那么优秀，可我的状态还是调整不好，感觉自己对学习没有任何激情，也没有效率，和以前听到过的那种黑暗枯燥的高中生活一模一样，心情有时候会特别低落烦躁。

大概一个学期过去了，自己才慢慢想开：环境不应该成为阻碍一个人努力的借口，没有人生来就应该是最好的，岂能尽如人意，但求无愧于心。

我不断告诉自己忘掉分班的事情，把自己当作最好最优秀的学生来要求，和他们一样地钻研难题来提升自己，甚至比他们更努力，绝不因为外界因素降低对自己的定位和要求。摆正心态之后，学习明显比以前踏实不少，才让我有一点心安。

从初中开始我就有点偏科，可能因为从小爱看科幻小说的缘故，对物理情有独钟，对语文却提不起任何兴趣。一个女孩子理强文弱让很多人都觉得奇怪。我一度觉得自己真的不是学语文的料。写作文不知道怎样才能把自己的想法准确鲜明地表达出来，每次写得让自己和阅卷老师都很头疼；阅读题答案从来都答不到标准答案的那个深度；古诗鉴赏对我来说更犹如天书一般，我怎么知道一个古人当时的境遇和心情？面对语文我好像真的无计可施。直到高二下学期的一天，语文老师让我们把自己对高考各科预估分数和总分都写在小纸条上交上去，我怯怯地给语文写了 110 分。下课之后老师把我单独叫到办公室，问我觉得语文能考多少分，我不好意思地说出 110 分。她认真地说她很担心以我现在的状况高考怕是上不了这个分数，她不希望语文拖我的后腿，以后上课会多提问我，要我自己也努力。其实，我从来没想过自己这么烂的语文水平会让别人如此头疼，既然老师都在为我努力，我更没理由放弃自己。我开始认真对待与语文有关的一切，留心积累素材，多看古诗词中的常见意象，多了解文学的表达技巧，早操站队时手里也拿着文言文背诵小书。一段时间过后，我发现自己对语文没有那么抵触了，翻译一下文言文，分析一下作文材料，其实也挺有意思的，语文成绩还真的提高了不少。到了艰苦的高三下学期，语文竟然成了我最感兴趣的科目。只要不为自己找借口，踏踏实实地付出努力，相信自己能做到，世界上没有什么是不可能的。

好的朋友，是一生的财富。班里有很多学习很厉害的同学，我从他们身上学到了很多东西。记得有一次看到一位同学在卷子上的错题旁醒目地写着提醒自己的话，我当时并不理解，自己已经知道出错的原因为什么还要写出来。他告诉我每次看到这些话，就好像有一个经验丰富的老师在指导自己一样，会有种特别的感觉。我开始尝试这种方法，也慢慢养成了用红笔在题旁把得出的总结和收获写下来的习惯。真正这样做了才发现，再看到这道题的时候，当时所有的恍然大悟都会清晰地浮现，辛苦得出的总结就不再是一句干巴巴的没有说服力的话。有时候一道题、一张卷子会因此变得非常有价值。

到了高三，眼看着高考越来越近，自己的总体成绩依然没有起色，一模甚至连六百分都没上。那时听到周围人对我当时成绩的惊讶和感慨，再想想从前他们对我的期望，有时候我会觉得自己辜负了很多人的期待，莫名地给自己背上沉重的包袱。以前还总幻想着，等复习进行到模拟考试阶段的时候也许成绩就好起来了，但是现在模拟已经开始，曾经的北大清华梦却离我越来越远，远得色彩都淡了，轮廓都模糊了，远得我好像怎么跑都追不上。那时课间同学们讨论最多的话题就是大学，我的同桌是一个很积极向上的男孩儿，每次我们讨论起未来的大学，他总是态度坚定地说出最好的结果。尽管他的成绩也总是达不到期望，尽管他有时也为此而迷茫失落，但这从来没有影响到他对学习的热情。

积极进取的态度是非常具有感染力的，每当我心里不由自主地为即将到来的高考担忧时，他的这种态度都能感染我，让我再次相信自己，忘掉那些没用的担忧焦虑，专心学习。

大家都知道，高考时自己真正的知识水平很重要，心态和发挥也同样重要，可考试时放松心态是很难做到的。离高考还有几天时，我去问物理老师一道很难的题，讨论完之后，老师对我说："没事儿，要是高考真遇到这样的难题也别慌，你要做不出来别人也做不出来。"这样简简单单的一句话却突然给了我巨大的信心和勇气：一定要相信自己，就算现在的自己还不是成绩最优秀的，也一定要相信自己。高考能检验出自己的真正水平，用最平和的心态接受这场检验，不要总是焦虑不安地去想考不好的后果。好与不好是和别人比较，也是和真正的自己比较，难题大家都会觉得难，水平层次不会变。考前的几天我一直用这些话鼓励自己，考试时能够沉下心来答题也是得益于此。

十二年的亲身体验，也看到了周围那么多同学的不同状况，我认为现在学生最大的问题还是不相信自己，家长老师也不相信自己的孩子和学生。家长们害怕自己的孩子会输在起跑线上，争相给孩子们报名参加各种各样的兴趣班，而不管孩子是否真的有兴趣。原因就是他们不相信自己的孩子没有这些所谓的一技之长也不会在同龄人中被比下去，所以只好随波逐流，花钱花时间送孩子去上所谓的兴趣班。老师们要求学生放弃自己的兴趣爱好把所有的时间都用来学习，在假期开设补习班提高班，也是因为不相信学生们能合理高效地利用时间，不相信他们能自己协调好放松与学习的关系，只好强制性地希望用时间堆积出成果。学生更不相信自己，宁愿参加各种补课活动，买成堆成堆的讲解书和练习题，却不愿意留出时间自己思考总结，更不敢给自己放松一下的机会。他们总觉得老师多年的经验绝对比自己的想法更适合高考，这个观念在所有人的心中根深蒂固，让很多学生都不敢给自己的想法一个实践的机会。我们为什么就那么不相信自己？老师和教辅书纵然会告诉我们很多解题规律和方法，但自己认真思考后就一定会有收获，而且自己得出的总结印象会更深刻，应用得会更灵活。学习劳累了放松一会儿，做点自己喜欢的、轻松的事再继续学习，劲头和效率与长时间高强度用脑情况下的完全不一样。为什么就连抽点时间给自己尝试一下的勇气都没有？我们迟早都是要自己安排生活的，相信自己，是人生中必须要学会的第一课。

高中所有的开学典礼、成人礼之类的大型活动，学校总喜欢用零点乐队的《相信自己》做背景音乐："多少次挥汗如雨，伤痛曾填满记忆，只因为始终相信，去拼搏才能胜利。"这几句歌词激励了我三年，也希望它能激励更多的学弟学妹们，相信自己，勇敢地去追逐梦想！

Part 1

学霸档案

姓　　名：李鑫悦

....

毕业学校：江苏省南京外国语学校

院　　系：北京大学外国语学院

Part 2

学霸格言

感谢年轻的你不惧怕改变，跟着自己的心走，成了现在码着字的这位姑娘；感谢你不轻言放弃，珍惜每一次得之不易的机遇，愿你在今后的道路上坚持梦想，不改初心；感谢你拥有一颗善良上进的心和认真面对一切的态度，这样就算世界颠倒变成了另一个模样，我还是能找到你。

别说再见

坐在电脑前，好不容易把思绪拨回到那个阳光明媚，我拿着录取通知书，一路蹦跳着走进南外校园的日子，却又望着空白许久的屏幕阵阵惆怅。

好像还没来得及细细回味，我青春中最宝贵的六年就这样接近终点了。

于是和同学在QQ上你一言我一语地聊着，才发现面前的空白不是对于这六年的迷茫，而是一种仅用文字表达太过单薄的情感。比起大家保送出国时最后的一锤定音，这看似漫长实则匆匆流去的六年才意味着更多，让我收获了更多。

选择

在幼小的我的心目中，南外就像一个大染缸，仿佛在里面泡上几年，再一出浴，人人都变成了或是"模联达人"，或是"竞赛大神"，或是玩魔方进耶鲁那样的"不可一世"的人才。于是，在心里暗暗艳羡的同时，我也开始思考属于我的究竟是一种怎么样不凡的人生。

我带着满心的憧憬走进南外，伴随着繁重的课业负担和眼花缭乱的活动而来的是一系列迫切的选择。在有限的时间内，是两耳不闻窗外事埋头学习，做一个人人膜拜的"大学霸"，还是在这个广阔的平台上尽情挥洒汗水展示并锻炼自己？是在自己喜欢的方向坚持做到最好，还是尝试探索挖掘不曾被了解的自己？在这里，未来被更早更急迫地提上日程。是出国还是保送？从高一起也许每一个同学心中都萦绕着这个问题。于是我们辗转反侧，焦躁不安，一遍又一遍地和老师家长朋友讨论，一次又一次地扪心自问究竟想要怎样的人生。

迷茫有时，苦恼有时，也许不是每个人都做出了最正确的决定，都发挥出了自己最高的水平。但只要努力过，就不应该为了已经产生的新可能性而后悔。

六年后，即将离开校园步入大千世界的我们，因为心中已有的选择，不再彷徨。

习惯

我的初中数学老师常常念叨一句话："优秀是一种习惯。"时隔六年我还是没有明白优秀这种习惯究竟是一个怎样的概念，但在南外的这些年，的的确确让我养成了也许会受益终身的习惯。

为了达成老师的要求，我给自己定下了"今日事今日毕"的目标：能够在今天完成的事绝不拖到明天，需要在今天达成的任务绝不留下缺陷。

也许正是这样有些完美主义的习惯，让我在最初的磕磕绊绊中摸索着逐步提高自己的效率，渐渐地学会在有限的时间内，最大限度地扩充它的内容。渐渐地，我习惯于不满足，习惯于理性地给自己施压，习惯于不断发掘自己的潜力。在保持优秀课内学业的同时，我一步一步向着貌似未知的领域探索。在一场场体育比赛中，我挖掘身体的潜能，突破运动的极限；在筹备节目过程中，我锻炼自己的组织能力，时刻准备好应对突发情况；在与他人的交流中，我一次又一次更深刻地认识自己，明确目标和方向，一步一个脚印地逐渐朝着梦想靠近。

也许真的，梦有多高，心就能飞多高。

个中滋味

这里，记录着我第一次完整组织艺术节目的酸甜苦辣。有料峭寒冬的夜晚一字一句修改剧本的绞尽脑汁，有中午不吃饭抓紧一分一秒排练的筋疲力尽，有入戏极深时悲怆大吼的声嘶力竭，有被同学误解被老师责备时的委屈难过，而更多的还是我们成功时瘫坐在地相视而笑的默契和感动。

这里，充斥着我们也许一辈子都不会忘记的深厚情谊。在这里，我们或是探讨对于学术问题的不同见解，或是交流各自截然不同的生活经历，或是分享对于人生、对于社会的点滴感悟。或许多年之后，在异国他乡，仅仅是瞥见一抹熟悉的校服颜色，便足以让我们热泪盈眶。

这里，承载着激励我们、鼓舞我们的长存精神。求实、奋进、博学、谦逊，鞭策着一代代南外学子在今后的人生中奋发攀登学术的高峰，拓宽自己的视野，切实为我们的社会做出贡献。

又或许每个人立在青春的洪流中，个中滋味，也只有自己品尝。

感恩

以前看各类获奖致辞，感言都是以"感谢 ××"开头，当初还觉得做作，觉得那是故意做给别人看的表面文章。

谁知道真正到了这时候，心里装的都是对那些给过我帮助的人的感激。

也许是由于青少年特有的逆反心理，有时候明明看到父母为我所做的一切并且内心感激着，但就是没办法当面说出来，还会时不时故意说出些违背本心的话来，让他们伤心。这是多么不成熟的表现啊！后来上了民俗课，听了老师的分析才知道，原来逆反心理也是有益处的。毕竟越是故意跟家长对着干，就表明自己是非观越是分明，过了青少年这个阶段后，正确的价值观就会作用于独立的生活了。我十分庆幸出生在这样一个家庭，思想在这里自由地碰撞，观点在这里平等地交流。感谢我的父母在我懵懂迷茫时为我寻找到一个也许可以持续终生的爱好，感谢他们在我对这世界几乎一无所知的时候引领我走了进来，感谢他们让我知道今生今世不论我在哪里，混迹得如何，变成了一个怎样的人，身后都有最最坚实的后盾。在这里我有一个小小的希望，希望如果有一天你们能看到这篇文章，看到这段写给你们的话，看到那个民俗学的解释，能原谅青春期的我对你们的伤害。

小时候的我们一直接受着这样的教育：熬过高考，你们的春天就要到来了。可事实上，当真正成为一名北大学子，才发觉中学阶段是多么短暂而又珍贵的时光。

国庆时正值母校 50 周年庆典，我们刚刚成为北大校友的一批学生纷纷归宁，为母校祝寿。回去了却惊讶地发现，才几个月时间不仅桌椅全套变了，校园卡换了，设备更新了，校园里更是开辟出了好多新的区域，顿时有种"身在异乡为异客"的感觉。也许，许多年后我和我当初的同学们再回来这里，再也看不到一栋似曾相识的建筑，抑或是一位口音熟悉的老师。但目睹着新一批稚嫩的孩子做着我们当时做过的梦，经历着我们所有的曾经，必定也会相视而笑的吧。毕竟这里的精神会一代代流传下来，永不褪色。感谢母校在培养我学习能力的同时还教会了我如何书写大写的"人"字；感谢母校让我坚定了"做一个中国灵魂、世界胸怀的南外人"的目标；感谢母校在告诉我"人外有人，天外有天"的同时鼓励我勇敢，激励我坚强，支持我自信不悔地去追求梦想。现在，一首《北京东路的日子》就会让我轻易地落下泪来，是谁穿着熟悉的校服在陌生的地域出现，又是哪片落叶掉进了回忆的流年。

最后要感谢的是 18 年来一直努力着做个更好的人的自己。当那么多困难摆在面前的时候，你从未选择放弃，而是坚定地大踏步前进着。感谢年轻的你不惧怕改变，跟着自己的心走，成了现在码着字的这位姑娘；感谢你不轻言放弃，珍惜每一次得之不易的机遇，愿你在今后的道路上坚持梦想，不改初心；感谢你拥有一颗善良上进的心和认真面对一切的态度，这样就算世界颠倒变成了另一个模样，我还是能找到你。也许多年后，你再也找不回即使荆棘就横亘在眼前仍坚定向前走的勇气和信念了，但至少在必须放手前，能抓多紧就抓多紧。

收获

等你到了大学，你会发现原来父母为你做过的事情那么多，以至于一时间离开了他们来到另一座城市会倍加想念他们；等你到了大学，再也没有朝夕相处甚至整天都腻在一起的同学了，你会突然觉得每个人看起来都陌生又熟悉，唯一的共同点就是他们天天忙在你永远无法了解的小世界中；等你到了大学，一定会被纷繁复杂的活动迷乱了眼睛，倘若不能做出选择，便必须承受只睡几个小时的伤痛；等你到了大学，你会发现，眼前的路已经不止一条，或者说从未仅仅只有一条，只是表面上比较荆棘罢了。

但是不要担心，每一种选择后都隐藏着一种可能，别因为没有人探索过就认为它是错的。

不论你进来看到的别人有多么光鲜照人，也都是从零开始一步一步成长起来的。所以你一定要慢慢来。

尾声

差不多到结尾了吧，欣慰于自己还算能整理出一篇像样的六年回忆，也伤感于这六年的南外生活真的如同一本书一样不知不觉翻到了结尾。

但我依然庆幸，若干年以后，那一片银杏，那一缕金黄，又可以见证新一代南外人在北京东路的日子！

学霸心路阅读笔记

榜样的力量是无穷的

关键词	笔记内容
学习心态	
学习方法	
应试技巧	

总结: _____

_____

_____

_____

Part 1 / 学霸档案

姓　　名：葛紫蘅

毕业学校：上海市曹杨第二中学

高考成绩：总分516　语文117　数学125　英语125

政治139　加分10

院　　系：清华大学经济管理学院

Part 2 / 学霸格言

思考自己的梦想是什么，这是我高中的第一课，也是最重要的一课。学习的时候，很多事情在你身后鞭策着你。比如家长的要求、同学的竞争、老师的监督，为了满足这一切，你会逼迫自己往前，也许能学得很好，但你会觉得很疲倦。但是，梦想却在你的前方闪耀着光芒指引着你，就像一个渴极了的人会义无反顾、不知疲倦地冲向一汪清泉。

心随我梦

又是一季开学时，距离我离开上海曹杨二中，已近半个年头了。往事历历，我依然清晰地记得当时怀着忐忑的心情走进新学校的自己，也依然清晰地记得一身释然走出高考考场的自己。高中三年带给我太多的精彩回忆与启迪，再度回首，不觉分外珍惜。此刻，我安静地坐在清华大学的图书馆里敲打这些文字，不仅仅是写给可爱的学弟学妹们，也是写给多年前的自己。若说怎样过好高中的三年，怎样拥有一段理想的人生，我想是：心随我梦——跟随心灵的脚步。

"你的梦想是什么呢？"这是我进入高中后，一个老师问我的第一句话。当时我并没有立即回答。他笑着让我回去好好想一想，不需要答复他，但一定要答复自己。思考自己的梦想是什么，这是我高中的第一课，也是最重要的一课。学习的时候，很多事情在你身后鞭策着你。比如家长的要求、同学的竞争、老师的监督，为了满足这一切，你会逼迫自己往前，也许能学得很好，但你会觉得很疲倦。但是，梦想却在你的前方闪耀着光芒指引着你，就像一个渴极了的人会义无反顾、不知疲倦地冲向一汪清泉。对于未来的期待，会给你无穷的力量。你要知道，现在所做的一切都是有意义的，都是为了最终能够实现自己的梦想而打下的坚实基础。所以，再苦再累也是值得的。因此，请你认认真真地想一想：你的梦想究竟是什么，你要怎样去实现它？你现在所做的一切，究竟是在帮助你一步步走近你的梦想，还是让你离梦想越来越远？若你走错了轨道，请快快纠正；若你走得正确，请继续坚持！

学｜霸｜秘｜籍

回忆高中三年，忙忙碌碌、点点滴滴，但真正启迪我的却是几个简简单单的词。

首先，是意义。

不知道你可曾问过自己，学习的意义究竟是什么？我曾经历过一个模糊的阶段，没有认真审视这个问题，学什么都是碌碌而为，书不但没有读好自己还学得很痛苦。直到有一天，"意义"这个词突然蹦到我的脑海里，我终于开始很认真地梳理我的人生。我做过什么，我在做什么，我要做什么，我做过的事对现在有没有帮助，我正在做的事对以后有没有意义？就像我高三时的班主任讲过的那样，"我们要从一个宏观的角度俯瞰生活"。想清楚之后，你会发现：现在学的每一样东西都是为了最终能够实现你的梦想，都有其本身的意义。认清这一点之后，你就能够找到学习的动力，同时也能让自己少做一些无用功。

其次，是规划和执行。

不知道你有没有在网络上看到过清华奖学金一等奖获得者马冬晗的视频，她的一张精确到小时的日程表震惊了无数学子。然而，最重要的不是她怎样规划了时间，而是她在规划之后的执行力。相信你也会有相似的经验：考试前信心满满地为自己制订了一张详细的计划表，但最后，却只做了"思想的巨人，行动的矮子"，将大量的时间浪费掉了。不去执行的规划又有什么意义呢？另外，我觉得规划有宏观的也有微观的。首先，你必须对你整个人生有一个宏观目标；其次，再一步步计划在五年内、一年内、三个月、当天，你分别应该做些什么。所谓执行力，其实也就是你的自我要求，以及你对这个计划的重视程度。当你明白今天你所做的一切都会影响到你最终梦想的实现，那么想来你也就不会轻易浪费时间了。

最后，是心境。

不论此时的你正在读高一、高二，还是已经步入高三，心境对于你来说都是十分重要的。在你的内心，要始终有一个最坚毅的目标，不断朝之奋进。当你成功了，要明白这还不是最终的结果，只能说明你前一阶段的学习方法是正确的，你要继续坚持；如果你失败了，也不能气馁，而是要进行深刻反思。在总结问题的同时，也要告诉自己，这就是人生给你的考验，你要经历，要吞咽。不要轻易为得失而欣喜或难过，更不能轻言放弃。"当你想要放弃的时候，想想当初是什么支持你走到今天。"这句话勉励了我三年的高中生涯，希望也能激励正在奋战的你！

题目是永远做不完的。高中如此，对于你们几年后要面对的大学同样如此。不要为了做题而做题，你应该不时地从题海中逃脱出来，"俯视"你的学习。如果实现梦想是一生的事业，那么完成任务则是你每一个阶段都要做到的事。所谓"俯视"，则是你知道你做过什么，你在做什么，你要做什么。知道自己做过什么，即对于前一阶段学习的总结。哪一块学好了，哪一块掌握得不扎实，其实自己心里最清楚。这里便要提到大家对待考试的态度了。考试其实就是自我检验的过程，看一看你之前学得怎么样。我之前对于考试也是看得很重的，一旦失利就会觉得自己很失败，但经历了高三之后，就会知道，只要不是高考，任何考试的成绩都不重要。所谓不重要，是指你不必对那个分数的高低耿耿于怀，但是你必须搞清楚这个分数是怎么得到的。考得好，说明你前一阶段的学习方法是正确的，你可以想一想，到底是哪些方面做对了，之后要继续坚持做下去；考得不好，不仅要看哪些方面扣分了，要把相应知识点搞懂，同时，更要审视自己之前的学习态度，是不是哪里松劲了，及时改正。

所以，大家对待考试，大可不必如临大敌，而是要坦然地面对。知道自己在做什么，其实就是弄清楚自己现在做的事情到底有没有意义。懂得张弛有度，玩并不一定没有意义。学得没有条理，做题并不一定有意义。这些需要你自己去判断。

知道自己要做什么，即对时间有一个规划。这一点可以与"梦想的力量"相关联。你可以试着这样去想：为了实现你的梦想，十年内你必须做到什么，五年、三年、一年、一个月、一星期、一天，你分别应该做到什么。这样一步步推算，你就会非常明确你要做的事情了。另外，我有一个习惯，就是喜欢把时间按块来划分。可能在前一天，就已经基本打算好自己接下来的一天要把哪些事情按照怎样的顺序去做好（在考前复习和假期里，这样的规划极为重要且有效），在你们进入了高中乃至以后大学学习，养成这样的习惯也是很有用的！做过什么，在做什么，要做什么，搞清楚这三点，你基本就能"俯视"你的学习了。在这个基础上，再埋头于题海，才是效率最高的。

最后，还希望你能够珍惜此刻的年华。到现在我都清晰地记得，班主任老师跟我们讲的第一句话："我现在想想，我的中学生活真的是最美好的。"

在经历了高中，步入了大学之后，我也想对学弟学妹们说："中学生活自有其别样的滋味，请身在其中的你们细细体味，好好珍惜。"

一是身边的同学。现在跟你嬉笑打闹的死党，可能会成为你高三一起奋斗的战友，也可能就是你一生的朋友，也可能很快就天各一方。所以，无论如何都请你好好珍藏这份单纯透明的情谊。

二是讲台上的老师。在他们身上你可以学到很多东西。在你迷茫的时候，请试着跟你的班主任或者任课老师聊一聊，他们的经验之谈都是极其宝贵的，听取之后，日后一定会分外感激。

三是你的父母。现在的你可能还未感觉到，但是等你以后读了大学，离开家之后，你就会知道，能够天天回家和父母聊聊一天发生的事情有多么幸福。

四是此刻的你。在此刻，你的心是最透明澄澈的。相比小学生，你有更加成熟的价值观；相比大学生和成年人，你肩上的压力和负担没有那么重，你要解决的问题也是最简单的。学习虽累，高考虽苦，但终究都是你付出就会有回报的事情，是你争取了就可以有收获的事情。所以，也请你好好度过这段悠然的青春，好好守护这个美好的自己，留待日后回忆与微笑。

心随我梦！跟随心灵的脚步。不要让自己活得太累，但一定要让自己活得值得。你此刻拥有的一切都是日后的你极其羡慕的，所以请你郑重地经历。

Part 1

学霸档案

姓　　名：李孝严

· ·

毕业学校：河南省郑州市外国语学校
院　　系：北京大学外国语学院

Part 2

学霸格言

我早已想好，即使失败，我也不会后悔，不会感叹命运不公，不会怨父母当初没有坚决地阻拦，更不会认为生命失去了希望。因为我知道，无论现时的失败在你看来有多么痛苦与不可跨越，但在人生的长河中都不算什么，正所谓"看成败人生豪迈，只不过是从头再来"，只要心在，梦想在，就能远行。

岁月如画，青春无悔

学霸经验谈

　　有时无法相信，高中已经结束。似乎昨天我还是那个捧着鲜红录取通知书到高中报到的少年，忐忑而又兴奋地等待与新老师和新同学的第一次见面，今天，我却已踏上征途，准备迎接大学的洗礼。

　　岁月如画，往事如烟，过往那一幕幕仍历历在目，如电影般从面前闪过。毫不夸张地说，高中阶段是目前为止我感觉过得最快的时光，让我人生中第一次有了"时光如白驹之过隙，忽然而已"的感觉，似乎什么话都还没来得及说，好多事情都还没来得及做，很多经历还等着我去感受。然而它的的确确过去了，一去不返。

　　高中也是我最充实的一段岁月，是我人生中的一个小高潮。我不仅保住了学业，更成功地作为一名班级主要领导者参与到班级的建设与发展中去，既收获了经验，也收获了辉煌，更收获了成熟。我组织了运动会、歌咏比赛、外语角、篮球赛，导演了外语文化艺术节节目《哈姆雷特》并担当主演……一段段经历如一朵朵浪花在人生的海洋中闪出点点亮光，让我对岁月怀念，对青春无悔。

学霸秘籍

正确的选择

　　思绪回到刚入学的那一段峥嵘岁月。入学时，我选择进了学校的数学竞赛班。这并非一时冲动做出的草率决定。我从小就对数学很感兴趣，在小学和初中的一些数学竞赛如"希望杯""华罗庚杯"中也取得了不错的成绩，加上对数学竞赛的满腔热情，就理所当然地认为自己肯定能在竞赛班做得很好，毕竟有丰富的竞赛经验，能进数学竞赛班也说明自己有这个能力。在这一点上我毫不怀疑。

然而，生活并非一帆风顺，人对自己的估计也会因为对客观环境的不了解产生巨大的偏差。

正式开学后我才发现班里真是人才辈出：有综合成绩好的，中招考试状元、榜眼、探花都在我们班，全市前十五名班里有六个，更不用说来自省内其他地方的高手了（我校是全省最好的高中）；有的数学竞赛成绩辉煌，他们大多是外地生，由于在初中取得了令人瞩目的竞赛成绩，受到我们学校的重视，被特招过来；有的多才多艺，获得过多种专业证书。与他们相比，我太缺乏亮点了，没有哪一方面能够做到全班最好，总想争取第一的我有些沮丧。但我是一个自信的人，始终坚信我是最好的，即使有些人现在比我强，只要我凭借自己的聪明与努力一定可以超越他们。我是这样想的，也是这样做的。开学后第一次月考我就考了年级第十一名，班里第四名。这还是个不错的成绩，也让我更加自信。

这时候我却在考虑：我可以在此时退出竞赛班，进入平行班。为什么我会这样想呢？主要原因是竞赛班的模式让我担心出现偏科现象。竞赛班重点在于学科竞赛，对基础学科不够重视，而且竞赛作业极多，自己想提升一下其他学科也是有心无力。况且我从一开始就没有把赌注押到数学竞赛上，也不指望靠数学竞赛将我送至名牌大学，所以这种模式让我对未来有了一些担忧。但除此以外，还有另一个原因，就是我想参与班级管理工作。

初中时我没当过班干部，将主要精力都放在学习和运动上，对班级管理不感兴趣，也不相信自己有能力管理好班级。所以我想，进了高中以后，我是不是要勇敢地尝试一下？在军训期间的班长竞选中，我勇敢地站了出来。出乎我的意料，我的口才居然征服了班内的大部分同学，让我能够力压各路英豪，当选班长。

然而做任何事情都不是仅凭一时热情就可以做好的，荷尔蒙只能左右做与不做的问题，真正可以用来解决问题的是理智与经验。

很显然我极度缺乏经验，在这方面完全是空白。第一项大型活动是高一的运动会，我们要设计入场式，选服装，组织排练。由于缺乏沟通，很多情况下，我是在孤军奋战。因此，我抱怨他们不积极、不负责，结果起了争执，我心里很失落。我一次又一次告诉自己："没有关系，不要灰心，你只是缺乏经验而已，慢慢就好了。"工作渐渐有了好转，我也备受鼓舞。

但是，我纠结于究竟要不要退班。虽然，学业与工作都在不断向好的方向发展，我也变得更加自信。但是，我越来越清晰地感觉到竞赛班会影响我的前途，竞赛班并不适合我。在这里，我的视野会变得狭窄，我的综合能力会随着竞赛水平的提高而降低。最后，经过慎重考虑，我选择了退出竞赛班。

这个选择直到现在我仍然不后悔，这次选择是我高中阶段最为明智的选择。因为我转出后收获了更多的快乐与锻炼能力的机会，同时也让我得以进入北京大学。这次选择的经历给了我很大的启示：我们都会犯错误，可能都会走一些不适合我们自己的路。这个时候，第一要保持良好的心态，将损失降到最低，不能被彻底打败，否则，心死了，人就难以前进；第二，要明白什么是适合自己的，要学会安排自己的人生，发现存在的问题要及时解决，勇于做出改变。

快乐与烦恼

退出竞赛班后，我来到了一个新的班级。说是新班级，班里却有不少老同学。而且新班级的班主任是一位很出名的班主任，做事很有个性，也很有方法。在他的带领下，整个班级有一种浓浓的家的氛围，让我一来到这个班级就有一种归属感与亲切感。

心情舒畅了，加上"无官一身轻"，学起来更加有底气，也更容易沉下心去钻研。期中考试，我又取得了不小的进步，更加赢得了老师的青睐。成绩发布当天，老师宣布让我担任班长。这让我心情很复杂，一方面这是老师给我的肯定，当众宣布任命并给我"自由组阁权"更是我极大的荣耀；另一方面，当班长失败的经历始终如阴云般笼罩在我的头顶，毕竟这也是我退出竞赛班的重要原因之一。我究竟能不能当好这个班长，能不能不辜负老师的信任，我仔细掂量着。经过在这个班级一个多月的生活，我与同学们相处得很好，班级管理的体系已经形成，良好的氛围已经不缺乏。我从原班委那里学到了不少，加上老师让原班委成员辅助我的工作，种种因素让我接受了这个任命。

接下来的日子里，我慢慢学会了做一个班级领导者，越来越多地组织班级活动，并取得了骄人的成绩。当然，这和我们班形成的班级凝聚力有很大关系。同时我也能看到自己的成长，慢慢形成自己的班子，形成自己的体系，形成自己处理问题的一般程序。老师的管理越来越少，老班委完全退出班级的管理，我和我的小伙伴们终于成为班级运转的核心，我们取得了一个又一个团体第一名或是一等奖。

生活并不总是一帆风顺的，困难常相伴左右，其中最突出的矛盾就是学业与工作的冲突。

每周都有的班长例会占用了宝贵的自习；作业极多的某天，却被告知有一个很长的会要开，而且不能缺席；临近考试，紧张复习的夜晚，却收到紧急任务，要求马上完成，更不用说布置考场了。于是，就出现了这样的场景：周四周五月考，周三和周四晚上我们九个班委还在我的组织下开会安排周六全班的郊游；作为话剧《哈姆雷特》的编剧导演兼演员，用各种自习课、外教课甚至英语课（由于是英语剧，英语老师很支持）去英语老师办公室改剧本，然后用各种本该自习的时间排练，翘掉整个周六上午的课去市里挑演出服……

每个人在这时都会疑惑：学业还是工作？二者能兼顾吗？班级工作影响到了我的学业，这究竟值不值？我是否应该告诉老师我无力兼顾？但我从来不是一个轻易被困难打倒的人。困难是什么？不是阻碍我们前进的拦路虎，而是磨炼我们意志，使我们内心更强大并使我们有更大进步的动力助推器。没有时间，整日忙碌怎么办？不是逃避！不是无助！也不是迷茫！自己解决问题才是关键，提高效率，增加单位时间产出，才是问题的答案！

我坚信自己能兼顾。于是我养成了把事情做在前面的习惯，渐渐习惯于预留额外时间以防止突然情况的发生，我把复习工作更多地放在平时，而不是考试前临阵那一会儿……当然，有时候，工作与社会活动还是影响到了我的学习，在我的内心产生小小波澜。这时我不会再急躁，不会再焦虑，我知道，问题是不可避免的，人活着就会与困难为伴，对应的办法也总是有的。我相信，只要抛除杂念、理智分析、冷静思考，没有迈不过的坎儿，没有解决不了的问题。

最后的日子

高三终于来了，比预期的早一些，这可能是心理因素。没有人能真正做到心如止水，未来充满未知，谁能预料到下一次考试会是成功还是失败？一年前的今天，我还在忙碌着，为了大学而忙碌，却似乎又不知为了什么而忙碌，因为我无法知道能否被保送，也不知道能被保送到什么样的学校。那一段时间，为了外语类保送而背单词，却时常出神，不知道自己目前做的事有多大用处，因而常常感到迷茫。

生活充满选择，校内选拔考试成绩出来后，我在清华、北大、浙大之间犹豫徘徊。父母是主张我去浙江大学的，通过率极高（我们学校每年有二三十人参加选拔考试几乎没有被淘汰的），而且南方气候好，景色秀美。但我知道我不属于那里，北京大学才是我的真爱，它一刻不停地召唤着我，让我魂牵梦绕。于是，我人生中第一次真正为自己做出了选择。我不知道这个选择对不对，也不知道我的选择会产生怎样的结果，更无法预料我能否被录取。

我的脑海里已经给失败预留了空间，但我却成功了。

当我得知我被保送第一志愿录取时，内心有过一丝欣喜，但更多的是平静。我一直是按照一种顺遂心愿的方式来生活的。我相信，生活是不会欺骗一个努力的人的。

我早已想好，即使失败，我也不会后悔，不会感叹命运不公，不会怨父母当初没有坚决地阻拦，更不会认为生命失去了希望。因为我知道，无论现时的失败在你看来有多么痛苦与不可跨越，但在人生的长河中都不算什么，正所谓"看成败人生豪迈，只不过是从头再来"，只要心在，梦想在，就能远行。即使路上有艰难困苦，也无法阻止我前进的坚定脚步。生活就是这样，你想开了，负担就小了，成功也就来了。这次经历更告诉我：生活中总是充满选择，我们不求、也没法做到每次选择都是对的，我们所能做的不过是对自己的人生有个总体的规划，在充分了解情况的前提下果断选择，选择了就不再后悔，这样人生无论是否很成功都会很多彩，很有意义。而一旦这样做了，生活总会给你意外的惊喜。

学霸心路阅读笔记

榜样的力量是无穷的

关键词	笔记内容
学习心态	
学习方法	
应试技巧	

总结: _____

_____

_____

Part 1 /
学霸档案

姓　　名：王林怡

....

毕业学校：山西省运城中学

高考成绩：总分592　语文115　数学135　英语130
　　　　　文综212

院　　系：北京大学外国语学院日语系

Part 2 /
学霸格言

　　高四一年，也曾被很多人甩在身后，却也没有打消我对梦想的渴望，也没有使努力付诸东流。你能从中得出什么？相信学姐用血泪总结的这句话吧：高考一次的成功足以让人忘却你之前所有不忍直视的成绩，而高考一次的失败也足以抹杀你之前的一切努力。

我的梦，就在这里

我曾经千百遍地幻想，有朝一日，自己会走过红楼，闲游石舫，在未名湖畔驻足眺望，眺望博雅塔旁的朝阳。而如今，当一切倏忽于眼前，心头涌起的更多是对往昔的回忆。我开始回想我的高中，怀念与朋友一起并肩战斗的那些日子，惋惜那些不懂珍惜、不懂把握的年月。

今天，我之所以会写下这篇文章，和你们谈谈我的高三，就是怕未来的你们重蹈我的覆辙，怕你们还没有准备好，敌人就已到眼前，怕你们浪费了这可贵的青春。

年年岁岁花相似，岁岁年年人不同。我无法得知属于你们的6月7日，等待你们的将会是什么，但以我漫漫的求学之路可知，还是有一些包袱可以抖的，毕竟我是比你们老一些的。

学霸秘籍

梦想

梦想一词，如此沉重又如此轻飘，以至于我犹豫许久才敢把它放上来。什么是梦想？是头脑中一闪而过的光点，是虚无飘忽的磷火，是自习室永不会熄灭的灯，抑或只是心头那微微的痛。对于高中生而言，梦想究竟是什么？

　　难道我们的梦想只是一张薄薄的录取通知书，难道我们的梦想只为别人轻描淡写的一句恭喜，难道我们的梦想只止步于高考，难道我们终究还是要在迷茫面前低下头？

　　我们为什么要高考？为什么要不断鞭策懈怠的自己，以使自己得以进入高等学府？为什么要拼尽十几年的青春岁月，只为一夕梦圆？

　　目光移向窗外，我似乎明白了什么。无论物换星移，不论白云苍狗，燕园的万物永远静静地将自己温润的目光洒向身旁的这片土地，静静地看那早起的朝阳照耀早起的学子奔跑于未名湖畔，晚归的夕阳拂拭晚归的老师穿行于楼宇之间，看那代代北大人都在这里挥洒汗水、辛勤劳作，看到无穷的思想在这里碰撞。

　　我终于明白了重要的永远不是梦想本身，而是在追求梦想的路途中你收获了什么。重要的不是此刻的你在哪里，而是在走向这里的路上，你得到的朋友，遇到的挫折，收获的惊喜，感受到的爱意。

　　我们都是逐梦者，一路踽踽走来，无论骤风冷雨，山水烟尘。生活的理想是为理想而生活，当一个人心怀理想，哪怕他前进的过程有多曲折，遇到的阻碍有多强大，我相信，他一定是快乐的。一个有梦想，并愿意为之奋斗的人一定是快乐的。

原则

　　作为刚刚告别高中生活的学姐，我其实是没有资格为你们写下高三需要遵守的几项原则的。但最终还是下笔，其原因还是希望自己这么多年的经验或教训能使你们稍有获益。

人的一生需要遵守很多条条框框，这并不是对人的局限，正如自由与纪律的关系使得自由不能是绝对的，条条框框的划定对某一特定时期的人而言，或许未尝不是另一种自由。

我将自我圈定的规范主要分成三点，缩略成三个短句，即：抵得住诱惑、耐得住寂寞、经得起折磨。

首先，抵得住诱惑。诱惑在现在这个阶段指的应该是阻碍你实现终极目标的其他任何事物。比如男生的英雄联盟，女生的小说、韩剧，大众共同的早恋问题。作为一个自我控制力很差的不称职学姐，除了早恋，估计你们遇到的问题我都遇见过，但我庆幸自己没有逃避，而是选择寻求合适的方法解决它。抵制不了网游便选择在头脑发热的时候删掉游戏；忍受不了不去网吧就把钱交到一个高端大气上档次的同学手里代管，并向大家宣布自己再也不去的决心；离不开电子书中的小说就果断把手机等电子设备放在家里；总想和别人说话就搬着凳子找个没人的角落学习。

其次，耐得住寂寞。人在高三，有无数个夜晚你将属于黑暗，属于无奈，但你并不寂寞。看看你身边的好友，一个微笑，一个加油的手势，便足以支撑你的整个梦想。记得多少个坚持不下去的日子，我的好朋友握住我的手，坚定地看着我说，我们一定能坚持下去，实现自己的梦想，我们甚至可笑地给自己取名叫清北预备役。清晨，在校园里寻个僻静的角落，一起回忆前一天的收获，制订新一天的计划。深夜，一人在灯下琢磨着晦涩的高考题，一头雾水，满脸困意，但只要想到对方，想着彼此共同的梦想，这寂寞似乎也不那么难熬，高三的生活也可以很幸福。

第三，经得起折磨。高三一年，大考小考不计其数，你们定会身经百战。我认为这恰恰是高三最折磨人、最考验人心态的地方。就学姐自己而言，第一年高三，大考小考也曾百般辉煌，区第一、市第一的成绩也曾收入囊中，然而这些所谓的光环，并没能使我在第一年高考中正常发挥。高四一年，也曾被很多人甩在身后，却也没有打消我对梦想的渴望，也没有使努力付诸东流。你能从中得出什么？相信学姐用血泪总结的这句话吧：高考一次的成功足以让人忘却你之前所有不忍直视的成绩，而高考一次的失败也足以抹杀你之前的一切努力。当然，并非说要用高考代表一切，要将分数指望在虚无缥缈的命运上，而是告诉你们，不必在乎你这一年的各种分数，不论考好考差，对你高考起作用的，只有熟练掌握一道道的题，一个个的知识点。你听说过谁被名校拒绝是因为他某次神奇的期中考试没考好吗？你现在会问我某次奇妙的模拟考成绩吗？显然不会。那么当你回想曾为一次小小的考试失利抱头痛哭的时候，会不会觉得有一点点的可笑；回想你曾因一次测试的退步而郁郁寡欢没有食欲的时候，会不会也像我现在这般只能对此表示无奈。

未来

　　笔者的现在已成定局，而你们的未来还完全掌握在自己手中，未来如何，完全由你们自己决定。

　　可能在未来的日子里，你会迷茫，会犹豫，会徘徊，你会不知道属于你的将来究竟是什么样子，会对自己失去信心。可是，无论如何，都不要放弃自己的梦想。

　　在迎接高考的日子里，你会遇到数不清的困难，会遭遇无数次考试的打击，会厌烦到想要撕掉陪伴你几年的课本。可是，无论如何，你都必须直面自我，坚持实现自己多年的梦。我知道，属于少年的梦想，往往脆弱易碎，经不起风浪的洗礼，受不住岁月的侵蚀，然而，为什么还是有人能成功？因为他懂得坚持。实现梦想的唯一秘诀，说白了，就是坚持。坚持在遇到难题时不放弃，坚持写下一篇篇的书面表达，坚持在寒冷的冬天按时起床。

经常有人说，高三最苦。但我说，高三最甜。因为只有拼搏了的青春才是多彩的青春，只有饱含着泪水与汗水的收获才值得庆贺。

人在高三，收获的绝不仅仅是知识与答题技能，更多的是你对自我的清醒认识与深刻反省，你会静下心来，开始思考究竟自己要的是什么，你会开始考虑自己的人生。高三使人深刻，使人奋进，使人懂得感恩。经过高三，你要知道，别人的关心换来的不能只是你的无视，你的人生之页留下的不能只是空白。

祝福

又是一年秋风起，想起去年的此时，自己慢慢从第一年失败的阴影中走出，开始新的征程，内心由焦灼渐渐变得平静。

真正告别了过去，开始接受新的生活，有事没事就在门口的花店买一支花，装点自己的书桌，也顺便点亮自己的心灵。

每晚与同学一起去操场慢跑，或者听听音乐，在头脑中描画自己的将来。而此时，坐于宿舍，望着窗外路灯下散步的同学，听到风的双手穿过银杏树枝的声音，感受着燕园静谧安详的脉动，闻着空气中白果散发出的奇异味道，轻轻啜一口街景的罗马甘菊奶茶，仿佛梦想已然笼罩在我身边，晕开淡淡的光圈。

　　期待着自己能永远保持这份对梦想、对人生的憧憬，希望这份期待也可以影响你们，使你们在高考、在未来的日子里能够亲身体会属于燕园的美好，与我一同站在宿舍楼前，看随风飘落的银杏树叶如何染黄整个校园，听未名湖与博雅塔的百年之恋，谈未来度过得如何诗意惬意，品名师学者如何博学多才。

　　最后，仅以我最喜欢的一首歌作结，也希望你们可以来到这里，与我共同在未名湖的月光下放声高唱。

　　　　　　未名湖是个海洋

　　　　　　诗人都藏在水底

　　　　　　灵魂们都是一条鱼

　　　　　　也会从水面跃起

　　　　　　未名湖是个海洋

　　　　　　鸟儿飞来这个地方

　　　　　　这里是我的胸膛

　　　　　　这里跳着我心脏

　　　　　　就在这里就在这里

　　　　　　我的梦，就在这里

学霸心路阅读笔记

榜样的力量是无穷的

关键词	笔记内容
学习心态	
学习方法	
应试技巧	

总结: _____

_____

_____

Part 1 /
学霸档案

姓　　名：刘晟亚

··

毕业学校：北京师范大学第二附属中学

高考成绩：总分634　语文120　数学139　英语139
　　　　　文综236

院　　系：北京大学经济学院

Part 2 /
学霸格言

高三这一年似乎叫人迷茫不已：是苦涩还是昂扬？一路顺风还是艰险异常？过来人总是众说纷纭。其实，我认为至少从心理上我们大有可为：高三这段不寻常的日子是可以很主观的，是可以被我们掌控的，重在我们以怎样的心态去度过它。

用"心"备战

——关于高三备考心态的感悟及建议

即将面临人生的转折点，相信各位考爸、考妈以及学弟学妹们心中都有些打鼓。高三这一年似乎叫人迷茫不已：是苦涩还是昂扬？一路顺风还是艰险异常？过来人总是众说纷纭。其实，我认为至少从心理上我们大有可为：高三这段不寻常的日子是可以很主观的，是可以被我们掌控的，重在我们以怎样的心态去度过它。

作为一个在高考中小有成绩的过来人，我在此愿回首往昔，朝花夕拾之时萃取出一些感悟或建议，但愿能给各位以启发。

学｜霸｜秘｜籍

总述：高三心路追踪

首先从整体上看，高三上下两个学期是截然不同的两个阶段：上学期和高一、高二的延续性比较明显，自主招生、竞赛加分等工作尚未启动，因而心态上不会有太大的波动，总体上以稳中有进、渐入佳境为最好；下学期不仅考试的内容形式会有较大变化，各种工作也容易扰人心神。对一部分学生来说，心理上会饱受各种煎熬，学习的压

力，紧张、焦虑的情绪，对未来的憧憬等都会接踵而至，但于我，这同时也更是高考带给人财富的精华所在。

下面我们细细来划分，便于各位家长和同学做好心理准备。

9月：你会发现课程表上只剩下各主科的车轮战日程，下午、晚上也很可能一下子被各种统练和自习占满。有抵触和畏惧的情绪是正常的，但要尽量压制，增强自己进入高三的兴奋感，以更快地适应学习节奏。

10月：进入高三总复习的初步阶段，不求冒进只求踏实，因为往后就不会有人再带着你这样系统地复习了，要多发问多思考多总结，一步一个脚印地突破知识点，之后成就感便会迎面而来。

11月：期中考试。高三以来的第一次大考，抢占先机比较重要，更可能因为赶进度而考查未复习的知识，有些学校还可能将这次成绩作为保送参考，所以大家都有些焦虑。但是毕竟那些知识都是过去学过的，全力去准备，如往常一般应考就可以了。考后大家普遍会完全进入高三状态，干劲很强。

12月~次年1月：一轮复习进入尾声，期末考试在即。因其对知识的考查面很广而考查难度不大（这点与高考迥异），要以查漏补缺的心态去应对。但实际上结果和高考相差较大，不要过分在意。考好了固然好，那只能说明你复习中的知识漏点比较少，为下学期打下较好的基础；考砸了也不要失去希望，找到自己的漏点是再好不过的事。

次年2月：最后一个假期。学习的自主性显得极为重要，拉开差距极容易，切忌放松。

次年3月：自主招生考试和发榜，各类评优，二轮复习开始。前两件事对学生的考验很大。二轮复习重在查漏补缺和提升综合能力，但大家容易疲倦松懈。这个时候务必坚持，可以换换背书的方式，或将习题以不同方法归类来增加新鲜感。综合考试的来临或许让人难以适应，但要坚信其考查的内容自己已经掌握，只要多练多体悟，形式之难是可以突破的。

次年 4 ~ 5 月：一模、二模。重要的模拟考试，对之前的艰苦复习是很好的反馈，要寻求或被激励或被警示的效果。开始报志愿（我们当时是先报志愿再参加高考），而后因为大家各有了明确的目标，心情会安定一些。

次年 6 月：高考。但求小紧张 + 小亢奋 + 小释然，踏实走完高考之路。不要认为这几天反正也提高不了什么，就松懈下来，要知道手生可以令你功亏一篑。

享受心智的磨砺
——致各位勇士（学弟学妹）

恭喜大家进入了这足以令你加速成长的一年！在应战的过程中，你会体会重压之下的步步难行，体会进步以后的纠结欣喜，体会潜能爆发后的难以置信……不过一定不要怕。其实，这一年带给我们的真正的价值到底是什么？难道真是海量的练习题带给我们的小小领悟，抑或是成绩上升的片刻喜悦？知识会遗忘，回忆会淡漠，但你经历过的将会伴随你的一生。不管这一仗是成是败，都会带你飞得更高。记得周国平在论及青年人必做之事时有言：要经历一次巨大的磨难而不被打败。

所以与其对高三可能遇到的种种磨难怀回避的态度，不如勇敢地拥抱它，享受它给你带来的痛苦或沮丧——这是总的宗旨。下面是我想到的几点经验。

1. 整体脚踏实地 + 偶尔激情。

高三需要亢奋的、一往无前的心态，但绝不是说它足以支撑你的整个高三。这段征程类似跑步，若把短暂加速跑串联起来，无疑令人疲惫不堪。你要明白，在你身上虽然有着年轻人的朝气，但日复一日地复习、练习必定会令人感到力不从心。在朝气锐减的时候，不要认为自己能量殆尽而放弃，相信你也体会过长跑时双腿自主机械运动的感觉吧。类似的，高三的耐心远比激情重要，要承认有时必须苦熬。

2. 认识到考试的风险性，有"宁死勿尿怂"的胆魄。

我本人曾在二模数学失利后的很长一段时间里有心理障碍，以为是知识或状态上有问题但自己却找不到，故数次考试不是计算出错，便是满头大汗而无解，而后恶性循环直至高考前夕。后来我发现身边的许多同学都有这种状态，对某些科目并不是能力差，而是心理负担太大而导致恐惧，往往在自己有实际优势的科目上容易出现。其实，我们要认识到考试是有风险性的，不要执拗地认为这科曾经是我的优势，或是自己付出了很大努力，就一定能有多大收获，就一定要朝着满分去考，过分的完美主义会让你自己陷入旋涡。当时我走出这种状况的办法是：我发誓在三模时不再忧心忡忡，只要这一目标达到，就算考砸我也认了。有了这样的气魄，整张卷子我竟然觉得毫无从前之磕绊，我终于发挥出了自己应有的水平。确实，这种心理上的突破对于我们的人生发展，意义更为重大。

3. 调整比较的对象，关注自己的提高。

比较能使人进步，这点在高一、高二更为显著。或许你身边有个和你水平相当的伙伴，学习中你们相互竞争从而共同进步。而这种关系往往在高三便不太能维持，因为高三大家前进的脚步很难一致，暂时的水平落差如果处理不当往往成为后进者的心结。这时你应将眼光放长远，着眼于高三全体考生，相信自己虽然与大家的节奏不同，但最后是可以和你的伙伴一同爬上山顶的。同时要关注自己的进步而非他人的高度，这样才会使你心无旁骛，不在比较和纠结中浪费光阴。

4. 积极和老师、同学、家长沟通。

沟通太重要了，哪怕在如此紧张之时。你要知道这绝对不是一个人的战役，老师、同学、家长都在陪着你。高考这一年我们还是幸福的，可以找到他们任性地大哭一场，可以在无助的时候得到无上的关怀。但需要注意的是，高考对于他们同样是一场恶战，尤其是我们的父母，心里更是充满了恐惧和不安，他们急于为你做点什么却常常不知所措，你要理解他们同样是第一次陪孩子高考，体谅他们在压力下也会犯错误。你需要给他们机会去了解你的想法，而不是一味埋怨他们不理解你，你需要给他们机会哪怕来帮一帮倒忙，千万不要大门紧闭互相猜忌，或是让他们感觉不到作为父母的价值所在。如果有摩擦，你要承认差异存在的合理性，并想办法表明自己的立场，同时倾听他们的想法。你已经是 18 岁的成人了，要懂得与他们平等地沟通。虽说这一年事事以你为先，但绝不要把爱护和尊重当作纵容。

5. "裸考" 不可怕！相信自己。

我自己就是裸考拼进北大的，尤其作为班里为数不多的裸考生，心理压力会很大，但"相信自己"是决不能动摇的。

由于篇幅限制，有很多的体验建议都不再赘述了，路还是要自己去走，旁人多说又能助几分力呢？

只盼大家永远怀着乐观的心，去积极解决心态上或是学习上的各种问题，相信再多的道理也能不言自明了吧。希望各位勇士能突破自己，在这一年实现超越。

另有几本曾经对我有帮助的书推荐给大家：《哈佛积极心理学笔记》《心的出路》。

和孩子们并肩作战、共同成长
——致各位将领（考爸考妈）

作为一个考生，或许我无法将很具体的方法和亲身体验分享给大家，但我想，从孩子的角度来给各位叔叔阿姨提建议，更有利于您了解孩子的心理吧。

1. 无为还是有为？

陪考这项工作，伸缩性是很大的，静坐旁观而无为是一种态度，积极行动而操心也是一种态度，而如何把握一种平衡在我看来是很重要的。从分工上，建议父母双方只一方做积极分子，另一方旁观就好，孩子累时负责聊聊高考外的趣事，大事上提供些许建议即可。这样既可以节省父母的精力，又可以使孩子在满脑高考外找到一点空间。从具体操作上，的确是件很难的事。高考的孩子压力大，家长很有可能因掌握不好这点而徒增孩子的焦虑感。政策、消息、建议种种，家长自己吸收越多当然越好，但注意一定要有选择地透露给孩子。

2. 保持积极的心态，激励最重要。

我当时最怕的一件事并不是自己遇到困难，而是家长和老师对我失去希望。很多学生，包括初中时的我自己，学习不好并不是因为能力上有欠缺，而是遇到了自己难以控制甚至难以发现的心理难题。我相信凡是即将参加高考的孩子，没有一个不想好好学的，他们只是困惑于找不到正确的方法或没有养成良好的学习习惯。很多家长惯于将自己的孩子与别人相比，如若不及，便无论公开还是私下地重复"你瞧瞧人家""你怎么就不好好学""你是永远达不到的"。或许您说得没有错，但一味地强调消极的结果，在绝大多数情况下只能达到严重挫败自尊心及自信心的后果。有的孩子会在学习时毫无动力，因为我们的大脑会不自觉地认可重复的信息；有的孩子则干脆表现出玩世不恭的态度。实际上他们的内在逻辑则是，与其在努力后能力被人否认，还不如拒绝努力。各位家长一定要坚信，孩子在最后一年经过努力冲上来完全是有可能的，但求全力拼搏一把，高考便成功了。只有您心存希望，孩子们才会更有自信。若出了问题，家长们不要只关注目前的表象，而要帮助孩子一起发现他在学习方法、习惯、心理上的种种问题，找出解决的方法。同时，细心关注孩子的哪怕一点点进步，适当的激励是很重要的。

3. 做一名"猛将"。

高考这场恶战，家长是将军，孩子则是士兵。将军的表率作用不可小视。记得我校高三举行成人仪式时，学校邀请我妈妈在礼堂演讲，但从小就最怕公共演讲的妈妈竟然答应了。我看到整个准备过程中她的焦虑不安，上台时的微微战栗，成功后眼角的泪光，俨然就是我们高考过程的缩影。之后妈妈告诉我说，她何尝不想退缩？只是想到我也正面临着同样的艰难挑战，便知道她一定不能退缩，一定要为我的战斗冲锋。确实，每当我遇到困难和压力时，都会想到我的榜样妈妈，顿感士气大振。这种"将军"的表率，已然超越了琐碎的陪考工作，而在心理上找到了与孩子的共鸣点，足以支撑孩子勇敢地走下去。

4. 善于做遥感式家长。

高三的孩子学习紧，压力大，有时会莫名其妙地产生烦躁情绪，家长不必过分担心，更不必刨根问底地追问原因甚至胡乱猜忌。适当安慰、遥感对待这种情绪是最好的。如果这种状况持续时间较长，不妨找合适的机会和他耐心地交流一下，或是找老师问问孩子在学校的情况。有时焦虑的孩子也会冲家长们发脾气，您大可不必如往常般计较，待到孩子们控制了情绪，是经常会感到懊悔和自责的。家长们要学会远远地关心他们，体会他们的酸甜苦辣，并告诉孩子无论他遇到任何困难，你们都会在他身边，鼓励他们和您交流，毕竟主动交流的效果要远优于被动交流。

各位叔叔阿姨，高考固然辛苦，但经历这一年，你们会发现自己和孩子更亲近了，也和他们一同成长了许多。希望各位以及学弟学妹们都能在其中有所收获，预祝高考凯旋！

Part 1 /
学霸档案

姓　　名：哈尔西哈·库尔曼江

....

毕业学校：新疆生产建设兵团第二中学
高考成绩：总分665（含少数民族加分）　语文120
　　　　　数学137　英语125　理综233
院　　系：北京大学城市与环境学院

Part 2 /
学霸格言

　　在高三拼搏的日子里，这些更显得珍贵了，当然最终他考上了复旦，我考上了北大，我们都很优秀，我们的努力没有白费。我觉得很少有人能拥有像我们这样的友谊，我们无话不谈，彼此之间肆无忌惮，现在想想我们在一起的日子我都能笑出声来。感谢你，兄弟！

感恩那些年陪我走过的人

感谢我的父母，感谢我的老师，感谢我的朋友，感谢我的同学，他们助我实现梦想！

我是一名哈萨克族小伙儿，来自祖国边陲美丽的小城新疆伊宁，我在父母的呵护下度过了15年。因为初三的一次机会我幸运地考上了首府乌鲁木齐数一数二的高中——兵二，从此以后开始踏上异乡求学之路，来实现北大梦！

学霸秘籍

感恩父母——理解我

我最要感谢的是我的父母，不仅仅是因为他们为我提供经济支持，更是因为他们对我的鼓励，对我每次处于低谷时期的信任和劝导，对我每次选择的全力支持，对我生活的谆谆教导。我相信没有了这些就没有我今天的一切。

想想高一刚来兵二时我是多么想家，多么不适应宿舍生活，多少次想打退堂鼓，可是父母每次及时的电话中那一句"现在不学着一个人生活，什么时候才能长大"深深地震撼着我的内心，自始至终我都牢牢记住了这句话。但是即便如此，随着慢慢适应高中的生活，我也渐渐不太听父母的话了，每次电话打来，我都有点不耐烦，现在想来真是很愧疚。父母在外面拼命挣钱供我上学，每次都会关心地啰唆两句，但却成了我当时不耐烦的理由，我真的感觉很对不起他们。

但是到了高三，我却不由自主地喜欢和他们沟通交流，跟他们说说我一天的收获，说说我最近在忙什么，这对于我这个每天没日没夜学习的人来说，真是最好的放松方式，很感谢父母每次都认真聆听我的倾诉。

整个高三一年，他们没给过我一点压力，我觉得这是我能成功的重要因素之一。每当我忧虑自己考不上理想的大学的时候，他们总会安慰我说："尽力就好，能考哪儿是哪儿，我们没有要求你非要考哪儿。"我很欣慰，心里总会充满拼搏的力量，就为了能让他们安心，能让自己对得起他们！

感恩老师——支持我

我很幸运，在我的高中，在奥赛班（我们学校最好的班级之一）能遇上一位对班级管理比较松的班主任，我们亲切地叫他老崔。

他的宽松和其他所有班主任的严厉形成鲜明对比，我认为正是因为如此，我们班才创造了更好的成绩。他这样的管理方式也让我感到十分轻松自在，没有感觉到太大的压力。

作为班上的少数民族学生之一（共有两个），我和班主任的关系也很融洽。可是在高一，我大概是因为没跟上高中学习的节奏，期中、期末考试成绩都很糟糕，我本以为自己会被踢出这个班集体。可是第二天放学老崔把我单独叫到办公室，跟我认真地交流了一番，足足有两个小时，我深深地感受到了他对我的关心。当我听到他想让我考北大时我愣住了，一个从来没敢想过的大学，一个奢侈的梦想，感觉突然离我很近。也是从那时开始我有了这个目标，在我看来那次谈话真正改变了我的观念想法。

第二个我想要说的是语文老师，我对她既有感谢也有一点抱怨（感觉这个词用得有点过分）。语文课的主角永远都是她认为的"好学生"，像我们这样的语文"差生"基本上得不到什么锻炼的机会，语文课上和老师争辩的结果往往是被老师损得一无是处。

可能以上描述带有个人的感情色彩，或许不是很准确，我并不是出于对她的报复，只是陈述我所经历的事实。

但是她却在私下给予我很大的帮助，每次大考结束后，她都会叫我到办公室，跟我讲很多课堂上学不到的东西，一些值得我为未来思考的东西，我认为这些很重要。她很相信我，也经常鼓励我询问我的情况。有一次清华北大负责人来校招生时，她把我介绍给他们，给了我很大帮助，真的十分感激她，同时我也用自己的成绩回报了她。

我再说说我们的年级主任。高一到高三，我不知道因为手机问题被她抓了多少次，每次的宽恕都会让我感到愧疚，每次经过她办公室时也会被叫进去告诉我努力冲清北，他们如此信任我，也使我充满动力。

我很佩服我们年级主任的敬业精神，也十分尊敬她！在高三最后的日子，她时常为我加油鼓气，很感激她！

感恩朋友——关照我

刚来这里我认识了我们班的另一个哈萨克族男生，后来我们成了很好的朋友，确切地说应该成了真正的兄弟。到了高二，我和他分到了一个宿舍，从高一到高二几乎每天都是和他一起去上课，一起去吃饭，一同自习，可以说是形影不离吧。

我们不仅仅是哥们儿，更是学习上的帮手和对手，互相鼓励，互相学习，相互之间也免不了竞争。

正是我们之间这无形的比拼，无形的努力，无形的相互促进，才让我提高得更快，我想如果没有认识他，我今天或许不会有这样好的成绩。

我很感谢他，在我学习低谷时拉我一把，在我身体不适时细心照顾我，在我松懈时主动给我施压，让我努力。朋友不在多，而在知心，我觉得能认识他这样一个朋友，一生都值了。当然我们之间也会有争吵，也会有些许不和谐，在我看来这些都是正常的，说实话高一时特别不适应和他一起学习，毕竟我会感觉压力很大。但是到了高二高三，我们之间就不再是单纯的比拼，更多的是理解和谐。毕竟我们慢慢长大，一些东西也看开了，我不希望因为学习的原因破坏我们真挚的友谊，这种难能可贵的友谊是我们青春的见证，也是日后我们对高中生活的一种美好回忆。

在高三拼搏的日子里，这些更显得珍贵了，最终他考上了复旦，我考上了北大，我们都很优秀，我们的努力没有白费。我觉得很少有人能拥有像我们这样的友谊，我们无话不谈，彼此之间肆无忌惮，现在想想我们在一起的日子我都能笑出声来。感谢你，兄弟！

在这里我还认识了另一个朋友，我们关系也很铁。可能是因为他高一高二没住校的原因，那时我们只是普通朋友；到了高三，每天下课我们三个总是围在一起，有说有笑，各种吐槽，各种开玩笑，和他们在一起我永远都是很轻松的，这也让我释放了不少压力。他虽然年纪比我小却像大哥一样，每次都会很认真很有耐心地跟我讲道理，在我烦躁的时候开导我，每次我都会为他的那股严肃劲所感动，在我心中他真是一个大好人！学习方面，由于我生物不太好，他也会主动给我找题让我做，也会每次跑到我的教室或宿舍给我讲解题目，每次我的心里都装满了感动。真的很感谢他。他的负责和耐心也深深地影响了我。总之他是一个值得学习，值得结交一辈子的好哥们！

再来说一下我的舍友。高一时的一个室友每天都很"二"，更确切地说是乐观的"二"，虽然成绩有点不理想，但是丝毫没有影响到他的心情，我也时常被他感染到，开开心心地过每一天。我们会一起打球，一起开玩笑互相损对方，有他的地方永远都有欢笑，高三也因为他我释放了很大压力。

高二的两个室友就是那种"学霸"类型了，是年级中的佼佼者，而且人都好得没话说。但凡我们有不会的题，他们都会耐心地讲解，每次都让我们获益匪浅。高三那段每天熬夜奋斗的日子至今历历在目，我们一起努力，互相加油打气，偶尔学累了，也会把学习放一放，开始各种胡侃，一聊就是深夜，等笑够了聊够了就睡觉，当时真的很享受这样难得的闲暇。

宿舍四个人的关系一直都是很和谐融洽的，也正因为如此，我们创造了高考宿舍之最：一个清华，两个北大，一个复旦。我们感到骄傲自豪，我们是最棒的！

感恩同学——帮助我

虽然是最好的班级，但并不是传统的那种只学习不参加其他娱乐活动的班级。班里有很多活跃的人，也有像我这样能调动班级气氛的人，我们有说有笑，学习之余也会有很多欢笑声。

我们学得很轻松，每天的生活丰富多彩，并不是只有单调的学习，即便是到了高三，虽然课间少了很多嬉闹，但是大家也都在很轻

松地学习。

我很享受这种氛围，感觉十分轻松。每周六下午放学后是住宿生最欢乐的时光，那一晚我们都会在班里的电脑上看电影看美剧，一看就是好几部，其他班的同学都会过来凑热闹，整个教室真像是电影院。

在学校举行的运动会上，我们班是实验班中唯一一个拿到前三名的班级，可以说是史无前例，我们学习好，体育也很好。平时在班里，同学之间相处得很好，我人缘也比较好，总会和同学有共同语言，总能和他们打成一片，能在这样一个和谐的班集体中学习生活，我真的很幸福。

再来说说我的同桌。高中前两年，我们一直坐一起，生活上我们互相帮助，学习上互相鼓舞，互相促进，就这样我们都取得了很好的成绩，这是我们共同努力的结果！现在的我很怀念那时的日子，毕竟同桌陪我度过了我的青春时光！

我感谢每位陪我度过高三的人，正是因为你们的存在，我才能让北大这个理想不再是梦想！我坚信只要有梦想，并且朝着梦想始终不渝地努力下去，终会有见到彩虹的那一天，等那天真正来临的时候你会感叹自己的伟大！在这里希望还在高三拼搏的学弟学妹们能够继续加油，把学习坚持下去，熬过这艰难的高三，你们就会成功实现自己的理想。相信自己，扬帆远航！

学霸心路阅读笔记

榜样的力量是无穷的

关键词	笔记内容
学习心态	
学习方法	
应试技巧	

总结: _____

_____

_____

Part 1 /
学霸档案

姓　名：唐　墨

毕业学校：四川省遂宁市安居育才中学

高考成绩：总分674（市状元）　语文120　数学143

　　　　　英语136　理综275

院　　系：清华大学工程物理系

Part 2 /
学霸格言

　　同学们对学习的关注程度尤其高，大家把学习当成最重要的事，其他的一概不管；走路只谈论学习，每次考完试发试卷第一件事是看自己的成绩，第二件事就是看其他人的成绩；要得到其他人的尊重，只能靠学习。

青春无悔之感悟

坐在清华的逸夫楼，伴着秋天老树落叶的沙沙声，偶然想起余冠英先生的《清华不是读书的好地方》，不禁想到，当初就是这篇文章，坚定了我报考清华的信念。余冠英先生也完全没有戏言，因为清华，真的处处是鹅黄细柳与笑靥迎人的碧桃，极平常的马路，也偏偏罩着翠柳的凉荫，更不必提那宿雨初晴与夕阳西下了。也许这正印证了学校通知书上所写的：清华是你一生的骄傲。

于是，思绪回到了三年前。因为初中一直稳稳地保持年级前三名，所以直升到特尖班。刚刚进入高中，没有压力，也没把学习放在心上，但第一次考试就被吓倒，拿到年级 28 名的成绩。但是我更在意的是父母的反应，他们变得很介意我的成绩。后来我才明白，那时候自己的成绩是达不到他们对我从小的要求——进入清华大学的。我所在的城市，每年只有个位数的人能考进清华北大，如果有突发状况，更可能爆出零的成绩。升学的压力，慢慢地来了。

学霸秘籍

日子就这样过着，期中考试的成绩依然不见起色，我心里也有了忧虑：老师没有像初中那样重视我了；父母看到成绩脸色很沉重。这次，他们决定减少我的游戏时间。年纪尚小的我当然不理解，因为住校，只能每个周末回家，游戏成了我唯一的放松活动，但父母没有理会。在学校里，得不到老师的重视；

在家里，没有父母的理解，自己真是迎来高中第一个低落期了。

那时候在学校住校，一个寝室 6 个人。因为学习方法不同，和同寝室的人有点格格不入：我喜欢轻松式的学习，努力提高学习效率，该玩的时候认真地玩；而同寝室的人却把每时每刻都用在了学习上。由于自己的成绩没有提高，我不禁想到：难道自己也要像他们那样戴上厚厚的眼镜吗？一次午休偶然的，我和室友闲聊，看到他床上放了厚厚几本我从没见过的书。一问才知道，他除了老师教授的内容，自己还看很多辅导资料，并且有自己的改错本，上面密密麻麻写满了错题。我被吓倒了，原来自己做的事情这么少，原来我根本就没有"方法"可言，因为自己根本没有投入到学习中。于是，我主动减少自己的玩乐时间。既然效率得不到提高，我就从时间上下功夫！上课，我尽量不落下老师讲的每一个知识点；下课，我在放学前就完成作业，回到寝室就开始查漏补缺。功夫不负有心人，我的成绩有了起色，父母紧锁的眉头渐渐舒展，自己和老师的交流也多了起来。高一结束的时候，我进入了年级前 8 名，努力向初中的排名靠拢。现在想起来，当时的自己真是明智，因为不管怎么说，投入学习的时间始终是应该放到第一位的。

进入高二的时候，我的成绩稳定在年级前 5 名，偶尔能考到第 3 名。我读书较早，那个时候才 15 岁，刚刚进入青春期，个子长得很快，也开始注意异性了。不知从何时起，发现自己上课总不能集中精神，脑子想的全是其他的事情，眼睛也总往女生那里瞟。高二后，对大学的憧憬慢慢加深了，同班同学下晚自习后，回寝室的时间开始拖后，早上来教室的时间渐渐提早了。甚至体育课，女生也是全部回教室学习，和我一起打篮球的男生也变少了。我开始变得莫名烦躁。看小说的时候看到努力学习的同学，心里总是有股厌恶情绪（现在想来，是当时对自己不能努力的失望折射在他人身上的表现），想到："我没你那么努力，成绩还不是比你好！"看到比我成绩好的同学，就想："我只是不努力，努力了肯定比你厉害！"（也许当时自己是没办法努力，抑或是怕自己努力后反而得不到预想的成绩）因为期中考试时发挥得不错，家长会时被多次表扬，妈妈的脸上洋溢着欣慰的微笑（其实，父母要的不多。他们倾其所有，只是为了我们有个美好的未来，唯一的希望是我们成绩好，希望我们能进入理想的大学）。期中考试后重新分了寝室，我和初中的同学住到了一起。寝室里，我们谈论的话题由学习变成了讨论女生和宣泄对老师的不满，我们的宿舍也成了老师最头疼的寝室。这个时候，我和班里的一个女生谈起了恋爱，心思更不能放在学习上。另外一个变化是班主任换成了另一个任课老师，我高一时多次在他的课堂上捣乱，自然不受欢迎。

恋爱的分心，老师的打击，与同学的矛盾，我在迷惘中努力寻找解决问题的方法。

对于高中生来说，有迷惘、有问题是难免的。遇到问题，我们都会不知所措，都会迷惘，甚至会放弃，但最重要的是我们能找到解决问题的方式。有人和老师起了矛盾，选择逃避老师，逃避课堂，还逃避这门学科，最后跟不上这门课程；有人早恋了，就沉迷于恋情中，忽略外面的事情，最终自食其果。如果我们能选择更聪明的方式呢？也许老师看你"不顺眼"，那么你就认真听他的课，在他的学科里取得好成绩，这是不是一种"回击"呢？也许你喜欢上了某个同学，你不是总想着和她在一起，而是努力让自己变得优秀，把其他追求者都比下去，这是不是一种恋爱的方式呢？

只要选择理性，这些似乎"大逆不道"的事情，也没那么可怕。

所以即使遇上这些"棘手"的事情，我的成绩不退反进，在高二期末，也就是第一次全市统考，我考到了年级第一名。也正在这时，发生了可能让我跌入谷底的事，我转学了。

高一的时候，我们看着高三的学长高考，这是几年来学校考得最差的一次：最好的没有进入全市前十名，只去了复旦大学一个并不理想的专业；第二名去了上海交通大学，后面的同学更不理想。这时社会上已经有了"传统名校光辉不再"的传言。高二那年，号称近来最强的一届也算是出了唯一的一个北大生，去了北大医学部。这时家长里面失落的情绪已经越来越浓。而一个新建的学校，也是我后来去的学校，却连出佳绩，高二那年更是有4个学生考上了清华北大（在我所在的小城市，这是很大的新闻了）。在一番挣扎中，我还是收拾书包去了新学校。

新学校在乡村，同学们都很淳朴。暑假，城里的学校还都处在假期的时候，这里已经开始上课（这相当于我放弃了高二的暑假），学校对我很好，专门给我安排了一个小房子学习，还有房间让父母照顾我。为了缓解我的生疏感，第一天，妈妈带了一大包吃的来给我打气，我们在学校外的小饭馆高喊："为了理想，加油！"

第二天，6点一过就响起了闹铃，习惯7点起来的我根本睁不开眼睛。到了学校，迎来的是陌生的面孔。由于同学们的学习进度要快很多，于是每天晚上，我不得不抽出时间去办公室"开小灶"。我还发现，农村同学的数理基础非常好，并已提前进行理综测验，以至于我的第一次考试考得很不理想。另外，同学们的英语基础差得惊人，对我英语成绩的提高也是个不小的挑战。每到晚上，我就想起以前学校的同学们，开始几周更是周周打电话，表达对他们的思念。新学校的教学方式是模仿衡水中学的，当时转来也是希望能够被约束一下，这与我以往的学习方法简直大相径庭。每周只有星期天上午的时间休息，而这个时间也被新同学利用起来，而我依然每天上完晚自习回去上网看新闻；午休时间学校规定不能回寝室，只能在教室趴桌子上睡，而同学们是不睡的，我却申请回家养足精神；下课也没有像以前一样去阳台聊天，午饭大家更是冲向食堂，害怕浪费一点时间。来到这里本来准备补的理科进度缓慢，自己也是靠英语才能保持在前几位。最无法理解的是，同学们对学习的关注程度尤其高，大家把学习当成最重要的事，其他的一概不管；走路只谈论学习，每次考完试发试卷第一件事是看自己的成绩，第二件事就是看其他人的成绩；要得到其他人的尊重，只能靠学习，这都是我以前所不能想象的。再加上家境上的一点优越感产生的自责，我刚来的日子是很痛苦的。

　　在学校里待了不久，学校便组织学生去成都进行自主招生培训（高三自主招生培训，飞行员选拔贯穿了我的整个高三，以至于自己的学习时间减少了很多），培训中，我也收获了很多友谊。我在高三才接触到自主招生，相比同学们，水平差了一大截，再加上自己本来就不拔尖，看到他们顺利地写出我毫无头绪的自主招生题，更是惊得瞠目结舌。在培训期间，我的恋爱也结束了，这对我算是不小的打击。不过我也认识到，这时期的恋情算是美好的回忆，自己不应该沉浸在失落中，把美好的事物变成动力才是我应该做的。回到学校，班上挂起了高考倒计时的牌子，预示着地狱般的生活开始了（300 天还觉得正常，200天稍微紧张，100 天后日子就是在飞了，30 天更是胆战心惊。10 天就麻木了，三四天就笑着迎接高考）。在高三期间，我看了很多励志的文章，如有名的《花开不败》，还有《100 天提高 200 分》，以及上文提到的《清华不是读书的好地方》。同时也学着网上把理想刻在桌上，把清华海报贴在床头。说来好笑，高考前的日子，同学有去拜佛的，甚至有买神药的，真是让人啼笑皆非。现在回忆起来，高三上学期过得不算紧张，记忆却很模糊，大概是因为努力的日子更刻骨铭心吧。总而言之，我的高三始终沉浸在拼命做事还觉得不够，总感觉别人做得更多的心态中。卷子做了一套又一套，辅导书翻烂了一本又一本，同样的东西一错再错，水平却感觉止步不前。高三上学期开始前，我们又去一个旅游景点培训，虽没学到什么，不过心情倒是调节好了。因此出去培训都是我们最期待的日子。期末考试倒是正常发挥，但唯一难过的是寒假假期全用来补课了。

进入高三下学期，学习进入水深火热的阶段，这个时候迷惘达到

空前的顶点。

　　教室里弥漫着窒息的气氛，书本成了唯一，在家吃饭的时间也被我一压再压，每次多吃 5 分钟都会自责不已，因为楼上一个女生每次都是在我拿起筷子的时候就出发去学校了；永远有比你睡得更晚的，有比你起得更早的，我们要做的就是相信自己，不被他人扰乱自己的节奏，适合自己的才是最好的。买各种辅导书也成了风尚，成堆的书占满了课桌。稍微一点浪费都会使人陷入自责；老师的办公室总是被同学挤满；每天的时间过得飞快，感觉自己做得太少太少。迷茫，是高三的主旋律。

　　一模开始后，高考的感觉终于来了。先是每月考，然后每周考，最后每天考；一轮复习，二轮复习，三轮复习（后来在自主招生考试前，我们被关在实验室一个星期，每天都是不停地做题。每当要放弃的时候，只要想起父亲说的，他永远相信他的孩子，我就能继续坚持。虽然结果是失败，这却成了我不可磨灭的回忆）。忙忙忙，忙得没有了方向。两眼一睁，学到熄灯；两眼一闭，还在记忆。这个时候，我的脾气变得空前火暴，对父母也不尊重，偶有小事，都是一阵大吵大闹。但是父母从没有怨言，他们总是默默捡起我发脾气扔掉的书，努力满足我的学习要求，不开电视，睡觉不敢打呼噜，在我回家前准时做好饭菜。现在想起，都是满满的爱意。每次模拟考试后大家都要对比成绩，全市排名成了我们的命根，老师把学生们视如骨肉，和学生在一起的日子比与自己的孩子在一起的时间更多。我经常与各地的同学打电话对比成绩并互相鼓励，聊以慰藉。

**　　最后，课堂已经全部由自己支配。老师让我们根据自己的情况安排复习。**

　　我把书看了一遍又一遍，生物书被我用三种彩色笔做满了笔记；试卷做完后装订成册，叠起来可以与课桌同高；两天所用笔芯围起来都可以绕教室一圈了。进入最后 10 天，需要做的就是每天练题保持感觉。10 天的安排被我密密麻麻写满了，但是在高考结束前，自己还是有很多书没看，很多东西没做完。

高考是在本校考的，我们被安排在小学部进行复习。复习的时候，意外地没有急躁，照我自己来说，考前的复习时间是最重要的，我一步一步、有条不紊地进行基础知识的复习。那几天父母特地请了假过来陪我，吃饭的时候他们绝口不提学习的事，而是和我聊聊生活的趣事，我知道他们是为了不给我压力（真正高考的时候，每考完一科，回到家看到他们疲惫却又强打精神的脸，故作轻松的神色，还有他们充满爱意的双眼，即使是过了近 5 个月，现在坐在电脑前的我，想起来也满含泪水）。考试的前一天晚上，我看了一部电影，老师在晚自习的时候走进来和我们聊天，并嘱咐我们不要在意结果。主任更是开玩笑道，考好了送手机。第二天早上，我早早来到教室，和大家一起接受考前动员，拿好笔、准考证，信步走进了考场。

考试的过程波澜不惊，尽管这是我 12 年努力的结果，却意外地没有紧张。在考试结束铃响起的时候，我坐在座位上，长舒一口气，并对自己说："不能做得更好了。"

最后结果出来的时候，得知自己是市状元后，我没有把持住，直接在街道上狂奔了起来，把路灯、夜色都抛到脑后。是的，我没有辜负自己，这就够了。

现在能够在紫荆公寓里写这些文字，是我的幸运。感谢我的父母、老师及同学们的陪伴。"暗透了更能看得见星光"，谨以此文，与君共勉。

Part 1 /
学霸档案

姓　　名：王　季

毕业学校：江西省临川一中

高考成绩：总分631　语文129　数学140　英语138
　　　　　文综224

院　　系：清华大学经济管理学院

Part 2 /
学霸格言

就像经历了一场苦苦坚持、长途跋涉的梦。梦醒了，却仿佛有万般委屈囤在心头，一旦安全了，放松了下来，却失去了坚强的外壳，柔软得唯有大哭一场，方能解脱。

青春，在路上

不知道该用怎样的文字叙述那一年的日子。那一年，我实现了清华梦；那一年，我高四。

一幕幕黑白色彩的画面交织成了我的回忆：那些为了一个纯粹的目标起早贪黑的日子，那些珍惜时间在食堂中狼吞虎咽的日子，那些因为考卷上的红灯偷偷抹眼泪的日子，那些为了实现梦想奔走在路上的日子，那些真正感受到青春在燃烧的日子……在真实的生活面前，语言总是会或多或少地限制情感的表达，就像再精致的画笔也会在大自然的悠然神韵中留下抹不去的雕琢痕迹。老师们都说，所有人毕业后一定会怀念这段高中的时光，当时深深的不解早已沉淀为如今脑中定格不去的画面。每一个经历过高四的人，都品味过它的酸甜苦辣，都流过泪，却也咧开过嘴；都攥过拳，却终有舒开、击掌之时。但每一种滋味正是青春燃烧留下的印记，抹不去的火般热烈。青春伴着我们，青春走在路上！

学霸秘籍

寂寞空庭春欲晚，梨花满地不开门

高考失利。天塌了，我无处可逃。

一时间，好学生的形象、乖乖女的形象，一直以来骄傲而又自信的形象，被摔得粉碎，无情地散落一地，就像重重落在地上的玻璃碎片，闪耀着好看的银色光泽，美丽得像天上的星星，但扎人的痛却是钻心。紧接着，假期旅游计划忽遭意外，实践预约又长期未果，一系列打击让我已经不清楚我是真的发挥失常，还是能力不行；我无法确定自己之前是真的优秀，还是仅仅是运气好。我害怕怜悯的安慰，但更害怕怀疑的目光。复读？似乎是我唯一的选择，可是我不敢，怕的不是又一次失利，而是没有勇气面对，担心又一次失败却成为证明自己真的不优秀的证据。

我开始把自己关在房里，不愿意见任何人。我不想面对大家的劝说，连最后一丝尊严也没有。

人往往是很奇怪的。摔倒后，宁愿躺在肮脏的泥泞里，也不愿再试着站起来。意外毕竟是完美的借口。

出乎意料，却很体谅的是，没有人问我也没有人逼我。

差不多一个月后，在家人的半哄半劝下，我同意到临川"玩一玩"。下了客车，竟然有几个老师在等着我。抬头看着爸妈歉疚的目光，我明白了，"复读"这两个一直小心翼翼避开了许久的词，终于，还是炸开在脑子里。

晚上，在早就预订好的宾馆里，我只问了一句："你们是想让我复读吗？""不是想，而是我们知道你的实力，我们相信你。"爸爸看着我，做出振奋的样子。

我笑了笑，点点头。

只是发现，太久了，我都只沉浸在自己与别人的悲伤里，没注意到妈妈多出来的白发；没注意到爸爸为了我复读的事总是整天整夜不停地打着电话；没注意到，他们睡得越来越晚；没注意到我从小到大的成绩单都被找了出来。我不知道，他们是咽下了多少疑问，挡住了多少"关心"；更不知道，他们找了多少老师，问了多少学校。一直以来，只顾着自己躲在家里清净，却忘了天天要买菜上班的爸妈。在外面，他们不得不面对无数人的询问和消息；在家中，还要绕着弯地安慰我。甚至，到临川还要绞尽脑汁编一个理由。

一直以来，爸妈总说我是他们的骄傲。最难受的，或许，不是我吧！

第二天，我们回家拿了行李。

手持行李，笑着送爸妈离开，挥手再见，听着一句句叮嘱，只是乖乖地不住点头。"如果又失败了呢？"终究没有问出口，我不能让他们看见我的胆怯。

坚定地转身，开始了一个人在异地的高四生活。

我一直在心中默念着：必须打赢这场战役。因为，我知道我输不起。

因为，我知道，我不是一个人。

既然选择了远方，便只顾风雨兼程

这里陌生的环境，陌生的人群。我换了手机号，切断和过去所有同学朋友的联系，手机里永远只有和爸爸妈妈极短的通话记录。

搬到了一个只有我一人的宿舍里。真正地用心读书，只有孤独。空荡荡的屋子，大大的床，盛着一颗满满的心。

曾经高中的我，是极其不安分的。上课找人聊天，下课围圈谈八卦新闻，考试就开"茶欢会"，抽屉里永远睡着一本漫画书；即使读书，也不会静心，只是把一本书草草看一遍，作业会做就行，草草了事。只是因为成绩好，被人捧着，一直飘飘然不知所以，天真地认为，读书上学，不过玩玩罢了。

可是那段时间我表现得无比耐心沉稳，就像一只永远不知疲倦的老黄牛，推着磨，一圈又一圈，虽然慢，却绝不会停下前行的脚步。

因为，在这样一个高手如云的学校，几次回答问题后便知道了自

己与别人的极大差距。

原来，高考失利真的是我自己的原因；原来，我真的还需要努力。

累，磨还得转；停下，就失去了一切。失败的人，没有停下来休息的资格。只是，从来不知道，我可以把自己逼到这个地步。食堂、寝室、教室，我只去过这几个地方。厕所，也要计算好时间。

一年后，走出校门，仍会迷路。校外的世界？我不知道。

4本高中政治书早已被我翻散，翻来覆去背了十几遍，插画、注脚都烂熟于心，连人物都可以打招呼了。记得考前，老师要求我们厘清课本思路，我仅花了10分钟就背完了一册书的所有知识重点和结构。在回寝室的5分钟路程中，便完成了对整个政治课的三轮复习。地理，盯着看图，只是看图，一直看图。一个个纸上的圆形地球在我脑中飞快地转动，正着、倒着、斜着、歪着，怕是早跳进了我的心里；中国那堆缠在一起的铁路，硬是在我一次次描摹和拆解中被捋顺了，"枝枝相覆盖，叶叶相交通"也终见明月。古文、名言一字都不放过，最后连《人民日报》评论都背了10多篇。每天一张试卷，365天，不知道做了多少套，只记得，做到眼睛发疼流泪，却还是咬咬牙做完了——坚持住，不就一年吗？直到高考前，一张两个半小时的语文试卷，我只需1小时便可轻松完成。

那个夏天，爱臭美的我不知道流行什么裙子与颜色，不知道骄阳下的我会晒得有多黑；那个秋天，不知道又出现了什么明星与绯闻，不知道叶子什么时候离开了大树妈妈的怀抱；那个冬天，不知道为了上自习，湿了多少双鞋；那个春天，不知道一抬头，一抹粉红早染上了嫩绿的枝头。只是静静地看着右手中指，一个老茧竟渐渐凸起；只是慢慢发现，黑眼圈再也遮不住，痘痘因熬夜却纷纷探出头来。

我要一步一步往上爬，在最高点乘着叶片往前飞，任风吹干流过的泪和汗；我要一步一步往上爬，等待阳光静静看着它的脸，小小的天有大大的梦想，总有一天我有属于我的天。

一个月，开始改变作息，调整时间表，夜夜安眠。

高考前一天，我找到了一间闲置的教室，坐在考场对应的位置，坚持把前一年的高考题全做一遍。外界兴奋担忧，我独在奋笔疾书。

越是最后，越是关键。静，方能稳。

晚上，我躺在床上，合上双眼，只想到了一句话："尽吾志也，而不能至者，可以无悔矣。"

一夜，无梦。

宝剑锋从磨砺出，梅花香自苦寒来

走出考场，一切了然于胸。面对所有人急切的目光，我笑了，大家舒了口气。那晚，却止不住地哭了，一整夜，竟停不下来。

就像经历了一场苦苦坚持、长途跋涉的梦。梦醒了，却仿佛有万般委屈囷在心头，一旦安全了，放松了下来，却失去了坚强的外壳，柔软得唯有大哭一场，方能解脱。只记得拿到清华录取通知书时，第一瞬间出现在眼前的却是去年的一幕幕，今昔对比，就像黑白照片与彩色电视的悬殊，恍如隔世。

静静地呆了会儿，随即大笑起来，现在，还有什么不满足的吗？

爸爸拿出了珍藏的好酒，妈妈换了新衣裳，亲戚朋友喜笑颜开，大家都很开心，这就够了，不是吗？

从为自己到为家人，从一味地逃避到勇于面对：高四一年，我走向成熟。

只会在水泥地上走路的人，永远不会留下深深的脚印。倒在泥坑里，哭后再站起来吧！磕磕绊绊，才有滋有味；跌跌撞撞，才是青春！

握紧通知书，大步踏上征程。只有脚踏实地的人，才能够说：路，就在我的脚下。别人笑，是羡慕；我笑，是自信。

自信：青春，在路上！

学霸心路阅读笔记

榜样的力量是无穷的

关键词	笔记内容
学习心态	
学习方法	
应试技巧	

总结: _____

_____

_____

Part 1

学霸档案

姓　　名：郜雪菲

毕业学校：河北省石家庄市第二中学

院　　系：清华大学生命科学学院

Part 2

学霸格言

有这样一个用滥了的比喻——高考，就好比千军万马过独木桥。每次听到这句话，我眼前就会浮现出马嘶刀挥、水急尘扬的场景；而竞赛却好像走钢丝，少了拥挤，多了艰险，走得好了，满堂喝彩，跌下去了，等待你的便是深渊。

有多少爱可以重来

　　谨以此文献给我的一段不会再来也不会忘却的青春时光。

　　有这样一个用滥了的比喻——高考，就好比千军万马过独木桥。每次听到这句话，我眼前就会浮现出马嘶刀挥、水急尘扬的场景；而竞赛却好像走钢丝，少了拥挤，多了艰险，走得好了，满堂喝彩，跌下去了，等待你的便是深渊。

　　在省一等奖名单公布的时候，在省队结果出来的时候，在我真实地感受到全国竞赛金牌重量的时候，在清华大学保送生预录取协议上印下我名字的时候，我知道，这一程钢丝我终于走过，有惊无险。

学霸秘籍

　　动摇过吗？有人问我。说没有一定是假的。高中三年，有太多的选择：有人高考，有人竞赛，有人出国；有人玩命，有人玩闹，有人得过且过。爸爸妈妈起初并不支持我竞赛的决定，因为在他们眼中竞赛太过冒险，何况生物竞赛在学科竞赛里并无优势，而我并不偏科，有不错的综合成绩，高考对我来说是最稳妥的选择。稳稳当当地成长，该是父母永远的心愿吧；班主任也笃定地对我说"我觉得你最后还是回来高考"。一次我指着教室地图上的安徽，说八月的我想站在那里，因为这年的生物国赛在马鞍山举办。我看到了别人看我像看着一个爱幻想的孩子一样的目光，毕竟我们校区还没有学生走进过生物国赛的考场。而高中之前，我并没有接触也没有考虑过学科竞赛，当初选择竞赛的原因，有对生物的热情，有对竞赛的好奇，有一路走来初进高中对自己的信任，还有一点对于大学保送资格的渴望和幻想。而上了"贼船"才明白生物并不等同于生物竞赛，明白了新奇和热情会降温，甚至会消磨殆尽。竞赛的艰险残酷步步显露，将自己定在教室里把书翻得卷边，学业水平测试一样要准备而且要考好，其他科目一样要抓，也要做好接受成绩下滑的准备，"鱼和熊掌不可兼得"是最古老朴实的道理。明白了不是努力就看得见回报，永远有人做得比你更多，拼得比你更狠，你付出的相对价值可能是零甚至是负值……"挺住！"我告诉自己。记得吗，里尔克的那句话："哪有什么胜利可言，挺住意味着一切。"心里面是一点点的坚持，我不想让自己的努力白费；一点点的不服气，我就是要看看，如果我拼尽全力，毫无保留，赢来的会是什么，如果只能有一个省一等奖，只能有一个省队，只能有一个金牌……那个人为什么不能是我？

从高一那年的 10 月阶梯教室里竞赛教练的第一节生物课开讲，上百名学生听得热闹新奇，到高三那年的 5 月 13 日，当初的竞赛教练和我们 15 人，15 个用青春做了场豪赌的热血战友，举着大大的校旗，在生物联赛考场外合影留念。那一张张青春洋溢的笑脸，是多少个月没有过的灿烂。近两年的时光，我挺住了；在当初的新奇热情渐渐降温，消磨殆尽，竞赛的艰险残酷显露眼前的时候，我挺住了。

"挺住意味着一切。"而时间告诉我，一切都是值得的。值得，不只是一张证书，一块奖牌，一纸保送，我觉得自己就像是故事《谁动了我的奶酪》里的小人唧唧，在迷宫中独自探险寻找奶酪的过程中，他渐渐清楚使他快乐的不仅仅是奶酪，其实他已经找到了他一直在寻找的东西。我的值得，是把《动物》《植物》《生理》《生物化学》《遗传与进化》……十几本我都不曾想过会看完的大学教材读了一遍又一遍，新知的愉悦畅快，生命世界的绝伦精彩，是近两年的竞赛时光带来的拔节般的成长，是一路收获的无价情义，是一场燃烧了的青春。

没有用日记记录下那段日子的点滴是一种遗憾，少了一份青春纪念。即便再来，如果每天再赐予我一个小时，我面对的也将是生物，生物……竞赛的日子里，睡眠都是一种奢侈。

只幸好，记忆足够深刻。

我们的考前 100 天，是真正开始冲刺的日子，没有什么举拳宣誓的庄严仪式。因为不需要，重要的东西不必说出，早以万钧之力扎根心底。

宿舍里，熄灯后和生活老师斗智斗勇，偷偷进行却总难免叽喳的夜谈悄悄消失。竞赛生可以开灯看书，是我们争取又争取，珍惜再珍惜的福利。困了爬上床倒头就睡。你常常会不知道最用功、最晚睡的那个人是几点把灯熄灭。我们学会了静悄悄地做一切事情，最真最深的懂得不是换位思考而是亲身经历，静悄悄地关灯，静悄悄地洗漱，怕惊扰了隔壁宿舍，心疼熟睡了的室友。睡眠，是一件太奢侈、太美好的事。

竞赛的学生，早上可以晚起一些。记着，是"可以"。这一种宽容和默许，也能什么都不是，因为你也"可以"照样早起。习惯有时候是一件可怕而可敬的事情。习惯了早起，习惯了早早地解决早饭来到教室，把大家留在教室的水瓶打满，习惯了晴朗的早晨、安静的教室、清醒的头脑，习惯了桌上摞着的十几本大学生物教材，习惯了装在纸箱里的卷子和每一套 100 多道的选择题，习惯了讨论问题时没有托词寒暄的直接……习惯了，就没有什么大不了，没有抱怨和牢骚。那是我们燃烧着的青春，为了我们的热爱，还有那个在远处闪着光的未来。

还有，习惯了在每天晚上 8 点的课间到操场上跑步。其实，那也是每天最轻松的时光，心里名正言顺地把学习踢出脑海。跑步，不光是为锻炼，也不只是为放松，还因为，这个时候是真的困了。跑两圈，吹着风，仰头看看星星，给自己充满了电，投入下一次运转。偶尔会边跑步边发狠地说："这样的日子，不管怎样，以后不要再过了。"

总有人说，所谓的考前就已定型，应当尽量放松休息。可那时，每一秒的功夫，每一分的差距，都是资本。

考前一周，我们所有人在河北师大参加考前培训。没有怨言，没有懈怠。

每人拉着一个大行李箱，很沉。不是衣装，是满满当当的竞赛书卷。一次次的外出培训，总有人的行李箱因为承受不住书卷的重量而半路罢工。

我们住在师大的研究生宿舍，原因只有一个，研究生楼晚上不限电。那是我格外亢奋的一周，半夜12点，1点，2点，本该是睡觉的时间，常常会因看书看到毫无困意，看着表告诉自己不能再熬了，才熄灯睡觉。宿舍里有一个小露台，站上去吹吹风，看看星星和亮着的灯光，给家人打个电话，报一声"爸爸妈妈，我很好"。时间不会太久。

早晨上课时间是8点，过了7点走进教室，前排的位子就已经有人稳坐读书。全省有实力的学生都在这里，暗自较劲，"杀气"十足。起床的时间越来越早，校园很美，活动很多，太极、跑步，与我们无关；食堂很大，早饭很多，我们却常常拿杯豆浆带个饼子进了教室。去得早了，大家就都有好位子听课，看得清板书和讲义，来得及提问。课间休息，学生层层围拢上去，拿着教材中勾勾画画的疑问，模拟题、练习册、下载打印的习题……这样的阵势大概老师都不常见。一些尚未解决的问题，偶尔会把大学老师问得语塞，那真的是一双双闪着光的眼睛。

近两年的努力，真的与身等高，但熟稔于心的资料考试只有两个小时。然后默答案，估分数。标准答案一改再改，老师时时刻刻刷新着网页。对于结果已无力改变却还要苦苦等待的感觉很痛，很难。省队也好，名次也罢，有人说："如果告诉我，我是省的最后一名，我睡觉都会笑着醒来。"我们祈祷着自己的精彩，期盼着每个人的精彩，而心里都做好了接受一切的准备。成功或失败，输赢与否，三毛讲过："一场付出了努力的失败就是另一种成功。"其实我们都已收获成长。

在我写下这些文字的时候，又是一年春末夏初，新一年的高中生物联赛将至，2013 年的高考步步紧逼。许多人，对于我们这些大学的保送生，羡慕嫉妒而不恨。

我常常想起，去年此时在操场上跑步的时光，边跑步边发狠地对自己说："这样的日子，不管怎样，以后不要再过了。"其实怎可说是"不要"呢，而是不会，也不能了。想要大声地吼一句已经老到很少被人提起的歌词，"有多少爱可以重来"。因为爱、恨、人、蜡烛以及燃烧过了的青春时光，不可以再来，只能怀念。

感激与我并肩走过的爸爸，妈妈，老师，朋友。

最感激的，还是那时，那个头破血流也在拼命向前冲的自己。

Part 1

学霸档案

姓　　名：郝　鸣

毕业学校：河北省唐山一中
院　　系：清华大学机械工程系

Part 2

学霸格言

　　犹记得在数学课上我们的激烈"斗争"，因为一道题，我们可以争论上半节课；因为一个数据，我们可以分毫不让；因为一道难题，我们可以从不同角度各抒己见；因为一道好题，我们可以各种改编拓展……难忘那些在教室里与你们相伴的日子！

遇见你们，是一种幸福

那些日子里，我们在最美好的岁月中相遇；那些日子里，我们一起哭着笑着前行；那些日子里，我们"晨兴理荒秽，带月荷锄归"。那些日子是我一生难以磨灭的回忆，是我今生的幸福。

那些日子里，我们共同享受教室里的欢声笑语。虽然我是以保送生的身份进入清华园，高考前很长时间就远离教室扎入竞赛自习室学习，但是在教室的那些屈指可数的日子，仍然是我今生最美好的回忆。犹记得在数学课上我们的激烈"斗争"，因为一道题，我们可以争论上半节课；因为一个数据，我们可以分毫不让；因为一道难题，我们可以从不同角度各抒己见；因为一道好题，我们可以各种改编拓展……难忘那些在教室里与你们相伴的日子！还记得，数学课上，数学"大牛"们对一道压轴题提出了各种令人叹为观止的解法。明明是一道代数题，却可以有着丰富的几何背景；明明是各种复杂的形式，却可以通过换元转化成简洁的表达形式；明明是一道新颖题目，却可以在已经做过的题目中找到它的影子……原本枯燥的课程，也可以在你们的陪伴下变得丰富多彩；原本困难的试题，也可以在你们的陪伴下变得新奇有趣！是你们，让我知道了更多的知识；是你们，让我学会了更多不同的学习方法；是你们，让我的生活充满欢声笑语；是你们，让我的生活从此焕发光彩！在清华园的每一节课，我都经常会有一种错觉，想起那年的高三，想起那年的你们。

学｜霸｜秘｜籍

那些日子里，我们共同奋战在竞赛教室。从不后悔走上竞赛这条路，因为它将我引入清华园，也因为它让我拥有那些美好的回忆。那些值得纪念一生的共同奋战的朋友，因为它给我留下了一生难以磨灭的回忆。相比其他教室，竞赛教室更多了几分自由自在。这一偌大的教室，只有我们十几个人，每个人都可以占用好大空间，虽然厚厚的竞赛参考书被随意堆在一个个角落，各种生活用品充斥在我们周围，但是这样的生活满是充实与快乐。静下来时，大家一起刷题，空气仿佛凝固，只剩下思想拔节的声音；动起来时，教室成为笑声的海洋，一件小事也可以为我们带来持久的快乐。临近复赛的日子里，虽然压力一天天在加大，但是因为有了这些朋友，生活并不痛苦。犹记得外出培训的时候，虽然人已经离家很远，但是家的感觉却从不曾远离，只是因为有无微不至照顾我们的教练，有互相扶持的你们。有人觉得，所谓同学不过是同时学习一场，聚了，再散了，不留一丝痕迹，没有一丝波澜。但是，在我看来，同学是一种命中注定的生命轨迹的交错，是一种温馨的生命的相依相伴，是一种在回忆里最有声有色的环节。

在清华园已经一年多，我却依旧能在梦中找到那年竞赛教室的影子，隐约看到一些伏案的背影，听到一些干净得没有一丝尘埃的笑声。

那些日子里，我们共同在操场上挥洒汗水。操场上新铺的草坪，最适合惬意地躺在上面了。虽然是高三，每周依旧有雷打不动的体育课和活动课。青春激扬的我们肆无忌惮地在这里欢笑奔跑，无所顾忌地挥洒汗水，自由自在地放飞梦想。绿茵场上奔跑着的不是一个个被压迫的学生，而是一个个青春的少年；篮球场上跳起的不是一个个挣扎在题海中的学生，而是一个个心中充满梦想的少年；体育馆中挥舞着球拍的不是一个个痛苦的学生，而是一个个"书生意气，挥斥方遒"的少年……总之，在这里，没有了高考笼罩的乌云，没有了竞争的浓烈硝烟，只有快乐，只有放松。最后一段时间，学校开始要求跑操，围着教学楼、科技馆、体育场、停车场、阶梯教室、礼堂、行政楼跑整整一圈。本来枯燥无味的活动，却在大家的"共同努力"下变得趣味盎然：跑步就像旅游时欣赏风景，研究着平时没有留意过的一个个角落；又像每天闲暇时的散步，享受着温和的阳光与新鲜的空气。我们现在的口号是"为祖国健康工作六十年"，每次喊这个口号，我就会不由自主地想起当年的那个操场，那些茵茵绿草，那些明媚阳光，那些自在笑声，那些熟悉的面庞……

那些日子里，我们共同播种爱心。社会实践永远是我们生活的一部分，不管是在高中还是在清华园。

还记得那年的我们，会在拥挤的路边协助交警疏导交通，会在清明节去烈士陵园扫墓，会在植树节种上我们自己的小树苗……现在的时间比当年高三时空闲了很多，有很多时间可以搞社会实践，但是高三时的一次次实践却依旧扎根在我的心间。现在的实践虽然多了，但给我带来的快乐没有成倍增加。那时的我，确实活得简单、率性，做什么事都不知疲倦，做什么都不会考虑成本与收益。也正是因为这样，那时的社会实践虽次数不多却是真心为之。也许真正的快乐就是和许多相似的人一起做很多想做的事。我很幸运，因为无论做什么，我的身边都会有好多陪伴我的朋友，他们永远与我比肩，一同追逐我们的梦想。也许是真的在清华园长大了吧，现在回过头来想想，其实所谓"爱心"也很简单，无非是你在做自己想做的事的时候，也为别人谋得了福利，无关利益，无关目的。最简单的生活方式就能创造最原始的幸福，最原始的不掺杂质的爱心。

那些日子里，我们共同参加劳动。

　　犹记得那些周一的下午，例行的大扫除也是我们的快乐时光。看那些仔细擦着玻璃的女生们，神情像极了创作艺术品的大师；看那些拎着扫帚、拖把的男生们，酷似征战的将军走上沙场。没有劳动任务的可以三三两两去泡泡图书馆、打打球。虽然是短短的一节课，但等大家回到干干净净的教室时，心里还是多了几分新鲜。犹记得那些雪后的日子，大家一起"清扫"积雪，是把雪"清扫"到其他同学身上吧！雪后的阳光分外明媚，折射在雪上将整个世界映衬成了空灵的世界。大家穿得并不多，所以一张张还写着稚嫩的脸都变得红通通的，在一片白茫茫的世界里分外耀眼。雪球有时候被砸到脖子里，冰凉感激发起更高的"斗志"。一直到清扫得差不多了，依依不舍地回到教室，还不忘留下一个并不漂亮的雪人——不过，这毕竟是大家七手八脚一起堆的，有极其深远的意义！我的生命里还会有许多场雪，但是高三那年的雪地与笑声，将是我今生的唯一，永远不会被替代的唯一！

　　恍然间，离开唐山一中已经一年多了。还记得毕业的那几天——高考华丽地结束了，最后的钟声响起标志着我们高中生涯的结束，大学生活的即将开始。虽然对大学的向往是那么强烈，但是兴奋之余，还是夹杂着失落。因为我们的生命即将延伸到不同方向。毕业典礼上，回想起昔日的点点滴滴，回想起这些融化在生命里的美丽碎片，有些人哭了，笑着哭；有些人笑了，哭着笑。我们的青春旅程最重要的一段，就这样落幕，落幕在炙热的盛夏。穿着博士服，我们争抢着互相拍照，只希望在彼此的生命中留下一抹绚烂的痕迹，然后，消失不见。拍毕业照的时候，我们笑得都很灿烂，没有一丝别离的伤感，没有一丝落寞的忧郁。那张照片，大家都隐藏起失落，展现出快乐。可是，拍完毕业照，当各自走向不同的方向，步履却又是那般沉重！走出校门的一刹那，鼻子陡然涌来一阵酸酸的感觉：就这样结束了？一切都结束了？神情有了一丝恍惚，昔日的画面像过电影似的出现在脑海中，一幅幅都那样清晰，像发生在昨日，却又缥缈得遥不可及。

毕业了，当天晚上我们举行了聚餐。笑着当年的自己，笑着当年的别人，笑着当年的事。笑过之后，心底里又泛起了一丝惆怅。大快朵颐之后，又在KTV肆意大吼，宣泄着得意与失意。那是最无拘无束的夜晚，那样的夜晚，一生中不会有几次吧。

不得不说，遇见你们是一种幸福。上天让我们相遇、相交，再相离。因为你们——我的同学，我的朋友，我的生命在那些年绽放光彩。

Part 1 /
学霸档案

姓　　名：刘晨迪

毕业学校：新疆生产建设兵团第二中学
高考成绩：总分651　语文115　数学141　英语125
　　　　　理综260　竞赛加分10
院　　系：清华大学工程物理系

Part 2 /
学霸格言

同学们，你们都不是小孩子了，不要让关心你的人为你担心，这是成长的最基本标志之一，你们要学会自己面对一些东西。不要忘记，在自己最痛苦的时候还有你的心在陪伴着你，一定要将自己从深渊中拉出来。只有经历过最痛苦的磨炼后，才能坦然面对生活中的一切，这本身也是对自己提升的过程。

一起走过的日子

记得在高考前的日子里，虽然每个人都在忙着自己的学习，但是每个人也在和同学、老师、父母有着不时的交流，在交流中得到迅速的成长。有几件事，我会永远记在心里。有几点建议，也想借此告诉学弟学妹们。

学霸秘籍

同学篇

当时我们班里有一个物理学习小组，是由班里的两个物理较好的同学组成，每周负责给班里物理相对较弱的同学出一份试卷，并在平时督促那几个同学自己做一些题，有不会的来问。试卷可以讲某一个容易混淆的概念，也可以针对某种题型专门出几道题。我虽然是其中的一位负责人，但是我觉得我付出的努力其实远远没有另一位同学多，他有时为了讲清楚某一个概念，往往要写好几页纸。要知道在高三大家都抓紧时间复习时能有这样无私奉献的精神是十分难能可贵的。事实证明付出总会有回报，那几个同学的物理成绩最后都有较大的提升。同时，我在每次出试卷时，由于要查阅大量资料，也使自己的物理功底又加强了一些。

还有就是关于同学之间互相讨论问题，对于学得比较好的学科，比如数学，我经常拿一道自己已经做出来的但又觉得方法不太好的题去问三四位同学，听一听他们的方法。

在问每一个人时，我都会将已经得到的全部方法和那位同学交流一遍（这其中也包括我自己的方法）。在讨论时我们的思想互相交流，往往能产生新的更好的方法。高中数学看起来每一块比较独立，但是最后综合性题目往往用的是一种整体的观念，我在交流中发现一道题往往能得到很多种方法，最后再整理下来，又发现竟然在某种程度上这些方法都是等价的。在这个过程中，我体会到了一种体系观念慢慢建成的美妙感，就像当发现万物间的一些联系时，你会为人类思想的结晶而感叹。对于比较薄弱的学科，比如英语，我常问一位学得较好的同学，由于我经常给她讲物理题，所以她每次也都认真给我讲她是怎么学英语的。在这个过程中，我感受到了同学之间互相帮助的美好。学习上的好方法一定要大家共享，独孤求败只会闭门造车，最后与同学脱离。尖子生抱团永远是最好的策略。还有一位同学每次总是来问我问题，但是当我要问他时，他却总是退在一边。不过这没关系，我依旧给他讲题，最终，他慢慢地开始了解我、接受我，也给我推荐一些好的学习方法。这样看来，最强大的竞争对手，只要你相信，一定也可以是最真挚的朋友。人与人之间是相互的，你想让他人怎样对你，取决于你怎样对待他人。高中不是利益社会，要懂得付出，没有不可感化的对手，只有自私建立起的高墙。但是也要注意，如果你自认为某一科学得足够好，也千万不要掉以轻心。当时我觉得自己物理较好，但是当别人来问我题时，有时会忽然发现自己的知识体系竟然已经在最基础的地方出现了缺失。在给同学讲题的过程中，我也在思考，将自己的知识漏洞慢慢补全了。后来我总结发现，如果你自认为某一科学得足够好，长时间的练题反而会让你忽视一些本质的问题，而这样的问题学得不太好的同学往往能问到，在思考这些问题时，你又会重新审视到自己知识体系中不完善的地方。想到这儿，我不禁感叹道：如果不是你为同学的付出，怎么会有如此意想不到的收获？

记得当时在冲刺阶段，我们给数学老师建议，一道题如果讲完，某个同学有更好的方法，可以直接在班里提出来跟大家一起探讨。有一次我的方法提出来后，一节课上先后经过了三位同学的改进，最后老师都说最终合成的方法是现有方法中最好的。那堂课让我受益匪浅，不仅感受到思想交流带来的智慧火花，更加感受到同学们一起思考、一起探讨带来的收获。

除此之外，更重要的就是同学间心灵上的交流。在看似漫长的奋斗过程中，不要在忙碌中迷失了自己，朋友就是在并肩战斗时互相给予温暖的伙伴。

在疲劳时，同学的一句"加油"，往往能使自己再次充满斗志；在交流心灵感受时，往往能重新审视自己的不足，从而提出更好的改进方案。我经常和几位同学在每天吃饭时聊聊最近的学习、生活、心理，我们一起分析，一起努力，时刻保持了一股持久战斗的冲劲。但是如果是和异性同学交流，也一定要把握好度，要知道，如果交流影响到他人，没有让双方得到提高，还是不交流为好。当时我也经常和同桌的那位女生交流，针对我们心理上和学习上遇到的问题表达自己的看法，在奋斗中相互鼓励，现在大家都成了很好的朋友。有时在交流中同学的一句话也许就会成为你的精神动力，一位同学曾对我说"在绝望中寻找希望"，直到今天我还记得。同学奋斗的身影本身对你也是一种激励，因为你们都在同一条路上，有最相似的感受。

老师篇

老师们很无私，他们永远把学生放在第一位，我们的班主任多少次中午只能靠在办公椅上小憩，多少次给我们补课时她那才上小学的孩子只能在我们教室的窗户外张望。

看着所有老师辛勤付出的汗水，我们也渐渐被他们感动，其实他们和我们一样，都在为着一个共同的目标奋斗，我们要走近他们。在某次考试失败后不妨去找老师分析，让他们帮你重拾信心。

最后一次模拟考试，我的成绩很不理想，当时我心里十分难受，甚至有些怀疑自己的能力。但是通过和各科老师的交流，包括告诉老师自己是怎样复习、做题的，让老师帮我分析我的方法有没有错误，只有让他们更好地了解了你，才能帮你提出更好的解决方案。我十分感谢我的班主任，那时候她对我说，我的方法没有问题，让我坚持，她相信只要我坚持下去，最后一定能看到自己想要的结果。现在看来的确如此，同学们一定要相信，只要你足够认真，把该做的事做好，真正高考前的任何一次成绩，都无法代表你最后的水平，高考时一定能考出你应有的成绩。

还有那次模拟考试，平时我最拿手的物理居然连连丢分，110 分的卷子以 60 多分的成绩排在了班里物理单科最后一名。那次考试之后，物理老师找我谈了话，仔细分析了我的问题，我也将当时自己考试时的情形，做题的思路、步骤甚至心态告诉了老师。老师听完，说我其实是太急于求成了，让我追随着自己的内心走，相信自己的实力。在那之后，我不断地找感觉，找一种自信的感觉。最终高考，我还是以物理满分的成绩为自己的高中物理生涯画上了圆满的句号。

父母篇

那时候我和同学在学校附近合租一套房子，妈妈每个周末都坐公交车来看我，单趟就要坐 40 个站才能到学校这边，为的只是能看看我，帮我整理整理宿舍。我们为了高考，其实很多本来应该自己做的事情都由父母代劳了，他们这么做，只是为了我们能更好地投入学习，有更多的时间来复习。

我们一定不要忘记他们的付出，一定要尽量减少和父母的冲突。我们压力大，父母都能理解，他们想让我们的压力小一点，想和我们谈谈心，可是我们总是以忙为借口来回避他们的关心。

其实，我们能做的就是让他们知道我们在干什么，我们在这里都很好，每天很充实，请他们放心。他们是最无私的，想帮助我们减少压力，却一次次被我们忽视；默默地支持着我们，却无法和我们一起并肩战斗；在心里祝福着我们，却无法得到哪怕我们对陌生人说的那一句感谢。同学们，你们都不是小孩子了，不要让关心你的人为你担心，这是成长的最基本标志之一，你们要学会自己面对一些东西。不要忘记，在自己最痛苦的时候还有你的心在陪伴着你，一定要将自己从深渊中拉出来。只有经历过最痛苦的磨炼后，才能坦然面对生活中的一切，这本身也是对自己提升的过程。清华校训中的"自强不息"也正说明了这一点："一刻自强易，一生不息难。"同学们，如果你能够一生都保持一种不息的自强状态，我相信，你的人生，一定是最辉煌的！

没有一个人的成功只属于他自己。同学们，在你们每个人的身后，一定站着一批人。他们中有的人不论你在什么状态下，或悲伤，或喜悦，都会永远站在支持你的这一边，与你在一起奋斗，创造着属于你们的奇迹！加油！

Part 1 /
学霸档案

姓　　名：王子涵

毕业学校：广东省珠海市第一中学

高考成绩：总分706（广东省第二名）　语文131　数学144

外语139　理综292

院　　系：清华大学土木工程系

Part 2 /
学霸格言

同学聚会最热闹的时候我往往最孤独，翻开手机的通信录却发现此时此刻的想法没一个人能懂，指着天上的星星告诉身边的人今晚夜空多美却只被草草应答一声。其实这些经历在现在看起来很正常，但那时候没长大，便十分天真地哀怨一个夜晚，也算是浪漫。

在星空之下的我们

——高考完后，在清华的随想

　　此刻，我正坐在电脑前静静地打字，宿舍的窗帘拉得很紧，但我总觉得夜空上有星星在盯梢；想写点东西却写不出来，总觉得高三还烙印在我的身体上。

　　高考已经过去很久。高考结束后，我的生活转换得十分顺畅，顺畅得让我有点恐慌——原来高考就是这样结束的，原来我们期盼的自由就是这样到来的。

　　说到期盼的自由，我不知道我该从哪里开始讲我们高中的故事了。

学|霸|秘|籍

自由、梦想、青春、成长

　　高中时的第一节语文课留在我脑中的只有梦一样的色调，却没有任何内容，只觉得从那以后我彻底地接触到了自由、梦想、公正这些青春热血的概念。我记得有一段时间，班里充满了自由与梦想的氛围，同学们会为应试教育愤愤不平，会为机械式的教学方法抱怨不停，会因为周末补课而冲动不已，而现在的我再看这些，总有一种悲哀的感觉，因为我成长了，但我又怀念过去。

现在的学弟学妹们也在重复着同样的轨迹：因为下午加了一节自习课缩短了洗澡吃饭的时间，因为学生会面临封杀就抱怨校长……但我觉得对学弟学妹们的"可笑行为"没有指责的必要，因为在所有人的成长轨迹中总存在一段时间，在这段时间里世界是属于年轻人的，年轻人也认为他们拥有世界。他们认为吉他、舞鞋、电脑、社团、球队就是自己的一切——其实这就是梦想。如果我们对这种躁动偏执的激情加以包容和谅解，并创造出能让这种激情保温发芽的土壤，我想我们的国家就会有我们自己的披头士、迈克尔·杰克逊或乔布斯。

或许我离题了，只记得那一段如梦幻般的日子最后是在不甘中结束的。我记得老师告诉我先去适应这个体制，然后再用"良币驱逐劣币"。于是，我按捺住热血，开始用心学习成人的世界，理解成人的价值观，我想总有一天——可能就是高考之后的那一天，只要我想去找回原来的赤子之心，就一定可以再次上路，就一定能用"良币驱逐劣币"。但现在我发现不是这样，尽管我依旧坚持自由、公正，但我开始为了利益和安全，以学长的姿态嘲笑学弟学妹们的梦想。或许有些东西只有在特定的时期去坚守才会完整，而像我这样丢掉了再捡回来，到那时才发现当初的梦已经残缺不全。

现在的青少年比大多数成人想得更远，顾虑更多，但可惜成人比青少年更懂现实，更有经验。而且可怕的是成人不想让后人受同样的伤，于是告诫他们哪些路不要走，他们的开拓精神就这样一点点消失殆尽。

虽然他们成长了，但哪个更有价值呢？是背负起现实责任走平坦大道，还是沉醉于乌托邦挑战那悬空的阶梯？

期盼的自由没有我想象的那么美妙，因为我没有完整地去忍受不自由的苦难。我适应了这种体制，并在苦难中唱歌跳舞，真正地唱歌跳舞。这不是对不自由的蔑视，而是对不自由的顺从。苦难就应该用眼泪去浇灌，否则等到解脱之时我们也不会再懂得何为喜悦的哭泣。

说这些话不是想要我们的后辈们哭泣，但我想总应该有人坚守一个信念——现在的教育体制有问题。就算我们是体制内的强者和既得利益者，也应该坚持这种看法，那就是我们需要改变。很庆幸我没有丢弃这种价值观，也没有完全顺从于这种体制。如果有人在走我们走过的路时遇到了同样的迷茫，我不主张完全地梦想化，而应该去经历梦想破碎的痛苦，学会在这个社会上立足的技巧，然后再捡起碎片。因为就算不完整了，你我也依旧能用"良币驱逐劣币"，哪怕只坚信一点点新的东西，我们也在推动这个社会的进步。

而我们真正的梦想会是什么呢？或许就是有一天我们的孩子们不用再丢弃自己单纯又错误的梦想了吧，他们的父母会告诉他或她去追求乌托邦吧，因为你们不用害怕受伤——这个社会很宽容，你可以既背起现实的责任，又追逐那只属于自我的梦想。

但其实自由追梦是很累的，也是孤独的。

孤独感、无力感、绝望感、幻灭感

高中有很多机会让人体会到深深的绝望，尽管这种绝望的对象比较狭隘或者可笑，比如一段破灭的恋情，一次失败的考试或者是一个错过的机会，甚至一点点被人看低的自卑感，这些都会给身处敏感期的我们造成莫名的伤痛。每个读过高中的人都会有一段自我放逐的经历。记得那时，我会半夜一个人坐在天台看月亮看星星，或者单独走夜路细嗅校道旁的花香。这种文艺范的行为，完全就是为了保护自己不深陷于挫折的泥潭。而当我们把这种痛苦讲给别人听时，就不要强求别人的理解了，因为不是每个人都有同样的心情，所以我们如此眷恋那种自我对话、品味孤独的感觉。

高中时的夜晚，我有一半时间是近凌晨一点才睡着的，其中又有一半完全是早早躺下了却忍不住和自己对话，或突然大笑或突然掉眼泪。作为一个理科男，老是在窗边听雨声是很让人匪夷所思的，但那无处不在的孤独感总是会蔓延到一切存在上。同学聚会最热闹的时候我往往最孤独，翻开手机的通信录却发现此时此刻的想法没一个人能懂，指着天上的星星告诉身边的人今晚夜空多美却只被草草应答一声。其实这些经历在现在看起来很正常，但那时候没长大，便十分天真地哀怨一个夜晚，也算是浪漫。

至于幻灭感，就无法描述了，我觉得不要抑制自己的白日梦或看似无意义的随想，那是大脑给我们的最好的宝藏。我以为成长的实质就在于价值观的不断变化，而孤独、绝望和幻灭都是一种破而后立的价值观的升华，对我们的思想方式有极大的帮助。

但我体会最深的是无力感——

有一些事，很艰难，但我知道我可以用我的努力去做到，我知道我可以把这件事分解为一个个小目标慢慢达成，我知道这种事是符合"有付出必有回报"原则的，这种事情完全不是真正的难事，有心人自然可以战胜它，高考也是如此。

但又有一些事，无法判断它到底是简单还是困难，而你投入再多，等到最后也完全得不到回报：这才是真正腐蚀我们、腐蚀社会的无力感。比如先天的样貌身材，比如先天的家庭背景，又比如运气，再比如爱情。

为什么如此多的平民对富二代、官二代心怀怨恨？因为确实有一部分人一出生就拥有别人一辈子也无法拥有的东西。现在有的贵族子弟标榜自己独立创业或者有高级学位，却不知这本身就是无力感造成的一部分。至少我无法十多岁就留洋，最后拿到各种艺术鉴赏和经济管理的海外文凭归国后直接当高管，至少这个国家中城乡教育机会的差距还在不断扩大：这都是无力感蔓延的诱因，身处青年时期的我们暂时没有能力去改变社会，还有一大批在工作生活高压下的前辈们：这就是网络上最活跃的两个群体。因为被无力感腐蚀掉了信心，不敢再活跃在现实中。

我还记得我被拒绝后的无力感。因为有永远无法用努力得到的东西，而怨天尤人，愤世嫉俗，这种危险的冲动往往是"大多数暴力"发生的前兆，或者是激情伤人的预演。但是正如我们以积极的姿态去面对孤独与绝望，我想无力感的宣泄也是相似的：幼稚一点，文艺一点，自我一点，找个朋友夜聊到深夜两三点，或者坐火车的时候单独拿一罐啤酒走到吸烟区喝半个小时。类似地放纵一下吧，这种看似愚蠢的行为，要远远好过在无力感支配下自以为看透了这个世界。

最后要记得回头。因为不管是怎样难克服的情绪，多么复杂的心理，时间是站在我们这一边的，所以不要因自己一时激动就切断了自己前方的道路。

而时间又不是站在我们这一边的，所以要记得回头，不要遗忘了这些我们黑暗的一面，并要学会感激它们的存在。

书、球队、电影、漫画

看书是成长最普遍的方式。正如我坚信成长就是价值观的不断变化，书就是价值观交换的媒介，所以我觉得看书不在多，而在看得进去。每看一本书要试着去相信作者，去理解作者的价值观。我们说的批判性思维，不是在于批判文字，批判文意，而是在于对一本书中作者传达出来的意图进行客观思考。换句话说，看书绝对不能固执，不然就会把书读成和自己一个模样，那么这种阅读是很少有收获的。

警惕惯性思维，这是读书、看报及运用一切传播媒介时必须警醒的一点。任何作者的价值观相比于任何读者一定会有超越的一点，所以我们对书恭敬，并通过书来一步步超出"命定的局限"。

读书强悍的"学霸"总是被群嘲为书呆子，但我从小看球，所以偶尔被人说"学霸"还是很意外的。球赛与球队总给我一种雄性特有的荣誉感，因为那是在残酷的争斗中得到的胜利，有赢者有输家，用学科思维讲就是符合了男人好斗的本性吧。但我更喜欢追忆一个过去的伟大球员，或者伟大比赛，然后在激动的回忆中感到那一阵阵的伤感——时光不再，也喜欢看现役的球员为了荣耀奋战的那种执着不悔，然后感到热血与向上的动力。我记得高中三年看到了科比的坚守，看到了梅西的王道，看到了纳达尔和德约的创纪录鏖战，看到了热火和马刺的时代更替，看到了老爵爷的伤别，看到了整个球场的爱尔兰球迷一起放声高唱：原野上空始终有小鸟飞过。这句话伴随我看完了多少悲喜交加的比赛。

记得班里的足球、篮球、排球班队，都是以伤感结尾的，但我喜欢这种经历。体育，是取舍的艺术，是坚守的体现。人类所能想到的所有美德，我们都能从体育中以无形的方式深切体会到，体育能给我们的也是无价之宝。

有时候一部电影的影响会胜过一本书。其实电影的价值观输入十分有效并集中，而高中学会看电影是让我十分庆幸的事。当时艺术老师朱老师带着我们看了《勇敢的心》，从纯电影艺术的角度，到剧情的理解，到各种灯光手法的解析，最后一幕看哭了多少亲爱的同学，而我也在那时起真正理解电影是如何成为一种艺术的。此后又重新看了以前草草看过的许多经典影片，《泰坦尼克号》3D 重制以后我们组了十多个人一起去影院看，出来一片红红的眼圈。在高中我成了班里组织看电影的专门人员，最后还客串了御用摄影师的职位。电影中的绝望削弱我们自己的痛苦，电影中的快乐加强我们现有的欢乐。

电影是被普遍认同的艺术，我却还想说一个在高中很有争议的话题——

日本漫画。我高中时才开始看漫画，追了三年《海贼王》。看了海贼对梦想的理解会改变很多，我们这些祖国的花朵以身犯禁，结果看到了一个为希望而奉献一生的傻医生，结果看到了一个为国家拿着炸弹直冲九霄的傻武士，结果看到了一个为后辈而永不后退战斗到死的老人，结果看到了一个用自己的一条胳膊换来"新世界"的男人，结果看到了一个为守卫真理而牺牲的学者，结果看到了一个立志环游世界完成对伙伴约定而寂寞苦等数十年的亡魂，结果真的看到了一种超越式的梦想。

现在官方对电影、动漫都有着十分严格的管制。我觉得如果我们真的需要出口我们的价值观，就不应该筛选外来的价值观。我始终觉得权威的经验只能相信一半，因为世界在变化，不要总是担心我们的孩子如何娇嫩，这样只会让前辈的担忧成真。

最近的《进击的巨人》很好看，绝对的现实主义。如果我们觉得现在的高中生还不适合接触这些东西，那就不用谈坚强和光明了，没有见过黑暗的人怎么可能理解光明的真意呢？就像没有勇气承认自己错误的人或组织或更大的存在，那他们自称的美好也是不会被相信的。

友情、爱情、亲情

电影中的反派总是说"情感束缚你变强"，然后正义的主角总是在最后用行动颠覆这个论断，在友情、爱情、亲情的鼓励下使小宇宙爆发。亲情是无所不至的，是关乎传承的，但亲情也是直接而粗暴的。不知何种原因，我无法理解"谁言寸草心，报得三春晖"的感恩之情。我们欠父母的，最终会补偿给我们的孩子，所以亲情不完全是双向的，更多是单向的流动。我们对父母的爱，对前辈的感激，最后会让我们去学着像父母前辈一样对待我们自己的孩子与后辈。这种理解比较西式，也可能跟年龄有关吧，现在的我追求自由与独立。

我认为亲情不高于一切，亲情也不适合露骨的表达，学会感恩更不是学为父母洗脚、学给父母写信。我父亲常说等你自己有了孩子就会理解我们的辛苦，但到底什么时候我们才能理解亲情，是因人而异的，也不必强求。在真正理解之前我们依旧可以让家庭充满快乐，这本身就是所谓的最好的回报。

在高中，我们接触得更多的是友情与爱情。我的班级是给我带来改变的地方，有些事情父母无法理解，以前的朋友对我们的认识也已经定型，所以会需要一个新的环境从头再来。我的同桌，也是我的好友，在高中三年里让我深深感动，不是说友谊的关怀多么无微不至，但作为一个人，被他人需要和相信的感觉是十分重要的。很庆幸我的班级能让我们互相交换这种信任感，此刻我的朋友们正在 QQ 上谈论大学的分布，有人说北京的大学很近，骑一辆单车 10 分钟就能互相找到彼此；有人说大学联系要写信，要学会等待；有人说我们的专业要百花齐放，这样以后在更大的世界上将会有相互照应：是啊，我们都厌倦了离别，就让这个班级的梦想一直延续下去吧。正如我们的班级口号"世界没有奇迹，我们因此而生"；正如每一个同学的生日我们都会全班传着写"班级特制贺卡"；正如我们男生在高考前几天还像个小孩一样折飞机扔纸团；正如我们暑假一起卖书，一起旅游，一起在酒店里面三国杀、打牌、大冒险。青春的记忆就是这些，与亲情不同，这种高中纯真的友谊在以后怕是难寻，所以显得格外珍贵。

父亲也曾经跟我说不必太在意同学之间的友谊，因为总是要到站的。但我觉得正因为总会要到站才会更加重视友情，这是人生中一段特殊的时光才孕育出的情感。作为一个站在离别的门槛前的人，自然会有更多的爱与珍惜。

　　而爱情总是被我们自己或其他人嘲笑，因为没有人敢说自己真正懂，只有自以为真正懂的人。老师与前辈当然是坚决反对在高中谈恋爱，谈恋爱也确实会对青少年造成十分大的情绪波动，但我觉得爱情会让每一个青年人更加完整。高中的爱情比大学要单纯很多，大部分男生选择了暗恋的方式，这样挺好，我也一样。因为一个特别的人，而拥有了更大的动力，有了她会自认为无所不能，直到高考后才被无力感吞没，这是用痛苦来换取经验与成长的经历。高中的压力是很大的，没有适当的情感寄托，我们的心理极易走向极端，产生一些永久性的扭曲。抓紧时间浪漫一把，也让我们学会适应落差，适应孤独绝望，适应梦想破灭以后的事，让我们足够坚强而自认为不会再被打倒。

　　这确实是很青春的想法，用放大镜把几种情感放大，来支撑我们12年的最后一搏，来为我们的人生立起后盾，我们还是要有一些自信的。而这几种情感都让我们可以对着蓝天张开手臂，人与人之间的羁绊是力量之源，因为他人，我们存在的意义才被回答，而不至于迷茫。

仰望星空

　　我的习惯是走在夜路上抬头问候月亮与星星。其实完全是没有意义的举动，但是夜空是唯一让我们有梦想的即视感的景观。不论是我们人眼所及的地平线，还是蓝天白云，都比不上夜空那黑暗的无穷无尽。在高中待久了，内心深处的压迫感和怨气是我们无从察觉的，只要看一看月亮与星星，就无从察觉地被它震撼，而更专注于眼前。

　　"记得我们70岁一起去看哈雷彗星。"这句话是我说的，现在送给我在清华的未来。

Part 1 /
学霸档案

姓　　名：薄子豪

- -

毕业学校：河北省石家庄市第二中学

高考成绩：总分701（河北省第二名）　语文115

　　　　　数学150　英语138　理综288　加分10

院　　系：清华大学电子工程系

Part 2 /
学霸格言

　　考场上的我，细数这三年走过的路，心头不禁划过一丝不易察觉的悲伤。是留恋，是珍惜，还是两者都有，我不愿分辨。高考带给我的，不仅仅是科学之峰上最重要的一段攀登，更是对我心灵的一次塑造。

高中，那个神圣的字眼

依稀记得，那是个飞雨的季节，我踏上了通向高中的道路。天，是灰色的，或许是因为时间尚在清晨，毕竟，我即将要背井离乡，独自一人拼搏在300公里外那个遥远的地方；又或许，离别时的辛酸压抑在心里，连乌云都不忍消散。我向车窗外望去，家乡从来没向我展示过它的美丽，但今天却也变得慷慨，只可惜它渐行渐远了。雨，落了下来，在车窗上划过一道道织帘，我静静地闭上了眼睛，任雨声肆意在我的耳畔回响。我明白，无论是否情愿，我的高中生活就要开始了。

之所以选择在外地上学，是因为可以接受更好的教育。我的初中是县城里的一个中学，不过，凭借我过人的毅力和头脑，中考时取得了全市第一的优异成绩。但我从未出过远门，并不太容易接受即将独立生活的事实。更重要的是，在那个高手如云的神话高中，我对自己是否能做到不因失败而堕落甚至缺乏自信。长辈的殷切期待依旧，我对自己说："硬着头皮上吧……"很难想象的是那雨下了一整天。

学|霸|秘|籍

不出我所料，开学考试给了我当头一棒，年级91！我依旧像往常那样在哪里都保持微笑，可内心却如海啸翻滚。"冷静下来，你要适应！"那时候我才明白什么叫"站着说话不腰疼"，尽管做好了充分的心理准备，我仍旧差点没爬起来。

军训是一个缓冲。在日复一日的汗水中我逐渐让自己平静，结交更多的朋友，尽量改变自己的性格。那段日子的确成为我高中三年里最值得回忆的一段时光，不仅仅是它带给我意志的磨炼，更是我性格上的一次修补。

我们军训结束后有一次队列表演，我很幸运地当上了班里的队长，想必是教官见我正步踢得还可以吧，总之那是次不错的经历。或许我现在都该庆幸争取到了那次机会，否则如今大学里的国旗仪仗队中还没有我的身影呢！当然这也是后话了，暂且不提罢。

第一个月很难熬。我不仅要适应独立生活带来的孤独，更要平衡我那颗好胜的心。还好我认识了许多新朋友，虽然他们不会每天对我嘘寒问暖，但在与他们的交谈中我总能变得开朗活泼。我第一次感受到同住屋檐下的室友之情，因为这群可爱的人，我的心时常能感受到温暖。可即便如此，我依然摆脱不了回家的迫切心情。我们每个月放一次假，一次只放两三天。为了这仅有的回家机会，我几乎提前半个月做准备，包括物质上的和精神上的，把要带的东西写在纸上，每天看着日历计算着还有多少天放假……如此种种，一次假期过后又陷入下一轮的循环，留下深刻印象的是假期和上学期间似乎不同的时间流逝速度。熬过了那段"断乳期"，我才回到了生活、学习的正轨上。

终于要面对高中的学习了。我一向对课本知识感到得心应手，之前9年的学习中，我感觉自己是一条鱼，而游泳是与生俱来的能力。但在第一节数学课上，我有一种从来都没见过数学的强烈感受，即使我不断暗示自己我可是听了9年课的。我希望身边的人跟我都是同样的体会，可又不禁嘲笑自己心理的畸形。还是有厉害的狠角色，能够以我想象不到的速度赶完作业，然后抬起头告诉旁边的人他要预习了。我埋下头，装作听不见他们在说什么，努力地写作业，祈祷可以有朝一日赶上他们，却又对此不太有信心。这时候，老师告诉我们，有兴趣的人可以选择竞赛，大家一开始都可以去听听竞赛课。我心里突然升起了一股莫名的敬畏——奥林匹克竞赛，在我们那个县城连这种辅导书都能数出有几本的领域，却毫无征兆地跳到我面前。听听吧，这也是一个机会。那天晚上是化学竞赛课，大家都到一个大的阶梯教室上课，足有 200 人的规模。我选择在教室的左侧位置，不太靠前，心里想着前面的位子就留给那些"大神"们吧，他们会把老师的提问回答得如行云流水一般。事实上也确实如此，不过令我胆寒的不是"大神"们优异的表现，而是老师讲课的进度。一共只学过初中一本化学教材的我，惊讶地发现这一节课讲完了大学课本第一章的内容。我又陷入了一个自卑的境地，幸好老师说最终坚持学下去的不会超过20 人。于是，我暂且把竞赛抛在了脑后。

这就是高中，它在我心中似乎有那么一股神圣的气息，就像登山者拼尽全力，抬头时远望的山顶那样朦胧。

第一次考试的成绩，我记得清清楚楚，地理考了年级第一——尽管总成绩仍然没进前 50，但那却给了我莫大的鼓舞。的确，我对自然地理有着浓厚的兴趣，它来源于我从小对天文学的热爱，因为自然地理也很接近近地太空的领域。那次年级表彰会上我领到了高中以来的第一张奖状，兴奋的同时，我在心里对自己说："不抛弃，不放弃，我不想认输！"不过，那段时间最令我惊讶的是，每次考试我的政史地都是帮我提分的，但由于我早就给自己一个理科男的定义了，所以心里总有种不自在的想法，好像有一只蚂蚁在我后背上爬，我却总也够不到它。即使有一次小考，我的物理出其不意地拿了 61 分（满分 100

分），但这都没有动摇我选择理科的决心。如今我为我的选择庆幸。人的一生总有那么几次抉择伴随着各种干扰，有时是显而易见的误导，有时却让人很难判断，只有真正了解自己的人，才能拨开眼前的阴霾，找到那条正确的道路。

适应了高中的节奏，我也渐渐找回了久违的状态。高一时的我可以说诠释了什么叫作"逆袭"——第一次考试全班39，第二次27，第三次20，第四次12，第五次就进入了全班前五名。兴奋的同时我也看到了成功的希望。记得班主任在开学初曾给我放下狠话：你必须进入班里前五名！那时认为这是个不可能完成的任务，但一个学期就成功了，令我自己都有些不知所措，当然可以说是飘飘然。于是，在第二学期奇迹般地拿到全班第一之后，我放松下来。这种放松不是像一个优秀的白领偶尔坐在电视机前惬意地喝着咖啡，而是对自己从内心上降低了标准，尽管表面上依旧认认真真地听讲，保质保量完成作业。于是，我第一次感受到，在高中一个人的态度决定他的高度，真正的高手不在于比拼学习多卖力，不在于要在表面上给人认真的感觉。心理上松劲了，无论肢体做出多大的贡献，他也一定不会进步，或者说，不会比别人进步更多。之所以深刻体会到如此，是因为由高一下学期到高二全年我一直在班里十几名徘徊。我的班主任也看出了我的问题，经常质疑我是不是只用了80％的精力，"或许吧"我口头上这么回答，心理上却没有任何的异议。同时我也深刻体会到，比起身体上的疲惫，精神上的疲惫更加难以调整，后果也更加严重。

事实上，我并不想否认我的叛逆性格。比如说，我认为对的事情，无论别人怎么说，都不会改变我的行为。在物理上出现过几次这样的情况，老师讲的同我想的例子截然不同，要么老师做出让步，要么我们各持己见，总之我很少有低头的时候，除非我犯了严重的低级错误。再比如，我一直支持课间睡觉，虽然几乎所有老师都劝我们课间多出去活动活动，驱走困意。因为我坚信，困意是永远驱散不了的，即使获得了短暂的清醒，也只是暂时的。缺觉就是缺觉，强迫的清醒过后会袭来更强烈的困意——课下睡总比课上睡好。于是，经常见到老师下课把大家"轰"出教室，而我却舒舒服服地趴在桌上睡觉的情形。不过至今我不曾为做这些事后悔过，因为一个希望做出一点事情的人从来不会甘于做一棵墙头草。

敢于坚持己见的人不一定能成功，但没有自己坚持的想法的人一定不会成功。其实，高中也是个塑造人一生性格的关键时期，我经常这样想。

可以说我的高二是在浑浑噩噩中度过的，因此在即将迈入高三的时候，除了学校给我们做了次效果似乎不错但却很形式主义的升高三动员大会（我一直不太喜欢形式的东西），我也给自己放下狠话：一定要拼一年，这是最后的一年了！我发觉我越来越喜欢这样一句话："高三是人这一生中最幸福的一年。"再没有哪一年能让人为了一个单纯的梦想奉献出全部的精力，彻彻底底的充实是一个高三学子对于每一天的真实感受。从这个意义上讲，高三完全符合幸福的定义，即便我一直反对应试教育培育出一个又一个"聪明的傻子"。高二的最后一次期末考试，我考了年级第五，也算是为最后一年开了个好头吧。人们都说悬崖勒马，我终于在最后一年里找回了让自己紧张起来的精神状态。这不是一件容易的事，所以说我一直劝别人尽量不要让自己松懈，一旦松下来就很难紧张了。在高三的一次又一次的考试中，我总结出一点，就是"状态"这个词确实占据了举足轻重的地位，它可以让人飞速计算每一道题，并且一个失误也不发生，却也能够让人即使检查两遍依旧漏洞百出。拼到最后，直到高考，在高手们都快将书啃了三遍的时候，谁摸透了迅速找到状态的方法，谁就能笑到最后。这方法对每个人来说都有所不同，我有一个同学喜欢通过刷卷子找回手感，而我倾向于翻出曾经的错题难题，仔仔细细地演算一遍，大概这样能让我充满信心。

　　高考那天，依旧是细雨连绵。考场上的我，细数这三年走过的路，心头不禁划过一丝不易察觉的悲伤。是留恋，是珍惜，还是两者都有，我不愿分辨。高考带给我的，不仅仅是科学之峰上最重要的一段攀登，更是对我心灵的一次塑造。我从此变得坚忍，自信，更加成熟，更加幸福！我不是个喜欢沉默的人，但当河北省第二名的成绩被我知晓，清华向我抛出橄榄枝的时候，我却突然默不作声了。因为，我想到了我的高中三年，它的确没有白过。

　　高中，这个神圣的字眼！

学霸心路阅读笔记

榜样的力量是无穷的

关键词	笔记内容
学习心态	
学习方法	
应试技巧	

总结: _____

_____

_____

Part 1 /
学霸档案

姓　　名：莫兴武

....

毕业学校：甘肃省陇西县文峰中学

高考成绩：总分648　语文117　数学134　英语128
　　　　　理综269

院　　系：清华大学机械工程系

Part 2 /
学霸格言

　　小时候就常听长辈们谈起清华。每当他们谈论清华的时候，我总在他们身边，聆听他们讲述清华园的故事，从庚子赔款到清华学堂，从"五四"热血到艰难联大。那时候还懵懂无知的我，便暗暗立下了要上清华的志愿。

梦·清华

记得自己从小就有一个清华梦。

小时候就常听长辈们谈起清华。每当他们谈论清华的时候，我总在他们身边，聆听他们讲述清华园的故事，从庚子赔款到清华学堂，从"五四"热血到艰难联大。那时候还懵懂无知的我，便暗暗立下了要上清华的志愿。每当长辈们问起我想上哪所大学的时候，我都会响亮地告诉他们两个字——清华！清华梦的种子，从此在我心中埋下。

时光荏苒，转眼间我已经经历了小学和初中。在小学和初中我一直是出类拔萃的，这不禁让我信心满满，我自信一定能够实现自己的梦想。因而，在高一军训前的自我介绍时，我骄傲地向我的同学宣称：我的梦想，是考上清华！

这是梦想的宣言，更是逐梦的开始。

学霸秘籍

梦·扬帆起航

然而，刚上高中的不适应是我始料未及的。曾以为，高中可以像初中一样，上课略微听一下，下课做一点题就可以了。然而，现实却给了我无情的打击。有一段时间，我真正开始怀疑自己能否轻松度过高中的学习生活，步入理想的殿堂，怀疑自己是否还能够支撑逐梦的脚步继续前行。

但是这种情绪并未持续太久。我开始重新审视自己，重新审视高中的学习生活。

我暗自忖度，高中的学习与初中学习的不同之处在于：初中的知识重在运用，重在从现实中抽象出问题来考查；而高中的知识则是抽象的，重在理论的计算，以研究科学的规律。

因而我开始逐步改变我的学习习惯。我不是一个天赋异禀的人，所以我开始刻意加强自己在逻辑思维方面的能力培养。我在课余时间，不再像从前那样在休闲娱乐中度过，而是整天泡在书堆里，阅读自己喜欢的自然科学类书籍，边读边思考，遨游在知识的海洋中，感受知识的乐趣。

就这样，我的学习生活逐渐步入了正轨，我的自信心也得以逐步恢复。我告诉自己，梦想就在前方，只有努力的人才能收获最后的胜利。我向自己宣称：追风少年，扬帆起航的时候到了！

梦·尝试与失败

高中前两年的生活无疑是轻松的。在掌握正确的学习方法之后，我的成绩开始稳定下来，虽然不再像初中那样出类拔萃，但对自己的状态是满意的。我内心充满着自信，我暗下决心，在最关键的一年里发挥自己的最大能量，实现自己的梦想。

我所面临的第一个挑战就是自主招生考试。虽然我所在的高中只是一所普通中学，但信心满满的我自然不愿意放过这个可以更接近梦想的机会。在得知自主招生的消息之后，我立即着手准备材料。我自知作为一个落后地区的学子，和发达地区的学子有着不小的差距，但我相信凭借我自己的努力，可以实现对自我的超越。我开始收集报名的相关材料，准备考试题目。在炎炎烈日下，在萧瑟秋风中，在寒冷冬夜里，我疯狂地做着准备，一切只为了心中的那个梦想——清华！

然而，最终我还是败了，彻彻底底地失败了。尽管在其他人面前我表现出一副满不在乎的样子，但在我内心深处却总有一个过不去的坎。我不断告诉自己，这只是一次尝试，一次简简单单的尝试，你还有高考，那里才是展现你风采的舞台。但是我不甘心自己那么多天的努力付诸东流，不甘心自己错过一次接近梦想的机会。我是灰心的，但是我并没有绝望，因为我知道，明天又是新的一天！

梦·友情中的坚持

坦率地讲，在高中能交到一个知心朋友是很难得的，但是我很庆幸，我居然交到了五个知心朋友。每天放学之后，陪我一起回家，陪我一起谈天说地，畅聊人生。最让我难以忘怀的是朋友们给予我的鼓励。

在自招失败之后，有一段时间我一直很不开心，每天都愁眉苦脸的。这并不是我内心脆弱，而是我从小争强好胜，不甘心自己的努力白费。我担忧高考也会像自招一样让努力付诸东流，毕竟，清华是我从小的梦想！

这一切，我的朋友们心知肚明，他们用各种方式默默支持我，鼓励我继续逐梦。

还记得那是个早春的夜晚，我的一个朋友陪我上完自习，在回家的路上突然问我："你知道什么是梦想吗?"我顿感语塞:"梦想,不就是实现自己的目标么。"他抬起头看着我:"我觉得梦想其实不仅仅是实现自己的目标。"他还告诉我,他希望能够成为一名化学老师,尽管这条路很艰苦,尽管他的家人都反对,尽管几乎所有的人都对他的梦想嗤之以鼻,但他从未放弃过,因为那毕竟是他的梦想啊。梦想怎么可以随随便便动摇呢!我顿时感到自己的软弱,遇到挫折就想退缩。是啊,梦想就在那里,坚持了那么多年,我为什么不继续坚持下去呢!

梦·风雨飘摇

全身心地投入到高考备战中确实是不容易的。在刚刚进入高考复习的那几周我还觉得没什么,到后来才发现自己身体有一些吃不消了。我从小身体比较单薄,缺乏体育锻炼,加上我们当地气候寒冷,我患上了严重的感冒,一个多月都没能痊愈。虽然我坚持去上课,但每天总是在昏昏沉沉中度过,身体和心理都疲惫到了极点。我的学习状态开始一路下滑,成绩越来越差,开始在课堂上走神,放学后也懒得写作业,当时心情糟糕透顶,和父母老师总是闹别扭,觉得一切都在和自己作对。其实自己内心也是很焦急,压力也越来越大。结果,一连几次模拟考试,成绩一次比一次差。当时总在想,就这样的成绩,清华还有什么希望!

梦想,在风雨中,开始飘摇不定。

梦·亲情中的奋起

当我陷入越考越差,越差心理压力越大,压力越大考得越差的怪圈之后,拯救了我和我的梦想的是母亲。从小我的母亲就不怎么管教我,她总是让我独立寻求解决事情的办法，然而这一次，她用母亲的温暖，融化了我心中的寒冰。

母亲找我进行了彻夜长谈，告诉我说她知道我从小的梦想，也知道我为此付出的努力，但是每一个人都应该清楚，努力不一定可以成功。但是，不能成功又有何妨呢？只要努力了，就不必太在乎最后的结果，太在意最后是否有回报，只会让自己背上沉重的包袱。这时候，不如放下包袱，向前看前方的路，有多少别样的美丽在等待我啊！

于是我开始调整自己的心态，不再在乎考试成绩，而是学着放松自己，不去想将来还会怎样，而是享受自己当下的奋斗。我的母亲每天晚上都在陪伴我，鼓励我。母爱，激励着我，向着自己的梦想，勇敢前进。

梦·决战高考

时间终于流转到了 2013 年的 6 月 7 日，高考的第一天。早上刚起来，心情是有一点点紧张的，但一踏入考场我就放松下来了。这里，是我展现自己的舞台，是我实现自己梦想的舞台，我这样告诉自己。虽然高考题目是陌生的，但我心里却把它们当成熟识已久的老朋友，用心和他们交流，尽自己的最大努力去享受高考，享受这人生中不可或缺的经历。

高考结束之后，我没有去估分，因为我觉得已经没有必要了，我知道自己已经尽力了，所以最后的结果如何已不再重要。我也没有想过是否考得上清华，但这并不是说我觉得梦想已与我越来越遥远，只是，我不再那么刻意去追寻。只要努力了，梦想，自然有花开的时候。

梦·梦里花开

高考成绩出来的那一天我反倒是平静的。当父母开始欢呼的时候，我并没有太多的激动。我知道，我的梦想，一个在心里发芽滋长了十多年的梦想，终于开出了最美丽的花朵。我在心中暗暗告诉自己，你可以上清华了，从小的梦想实现了，但这仅仅只是一个开始，在你的面前，还有更多的未知等待你去发现。

填报志愿的时候，我没有犹豫，毅然选择了机械工程专业，这也是我的志向之所在，我希望能够尽自己所能，振兴我国的制造业。我希望自己能够在大学四年的时光里，汲取更多的知识，为祖国建设贡献出一份自己的力量。

梦想，已然花开，风中摇曳的美丽，召唤着一个新的未来。新的梦想，再次起航！

尾声

我写这篇文章的时候，已然是深夜了。深夜的清华园，是如此安宁静谧！也许，在这耐人寻味的安宁背后，诉说的是一个个清华学子追逐梦想的故事吧。

学霸心路阅读笔记

榜样的力量是无穷的

关键词	笔记内容
学习心态	
学习方法	
应试技巧	

总结: _____

_____

_____

Part 1 /
学霸档案

姓　名：田　肖

毕业学校：新疆乌鲁木齐市第一中学
高考成绩：总分611　语文123　数学138　英语141
　　　　　文综209
院　　系：清华大学经济管理学院

Part 2 /
学霸格言

五道口的生活永远是那么多姿多彩，东门外有精致的小店，嘈杂的地铁站边有好吃的鸡排，麻雀瓦舍在好远好远的地方，阿甘告诉我她会等我，明年我们一起去各种好玩的地方。他们用这些载着爱意与鼓励的小卡片给了我坚持下去的理由。

无悔

学霸经验谈

又一次高考结束了。

我坐在空旷的教室里，翻开了答案册，忐忑到双手微微颤抖。这一幕已经发生过一次，不同的是，这一次我微笑着合起了答案册。

千军万马过独木桥的高考过后，总是几家欢喜几家愁。在7月如愿以偿地拿到清华的录取通知书之后，有很多学弟学妹向我咨询学习方法，也有很多人问我他们要不要复读。对于复读，我给他们的回答总是以一句话开头，也以这句话结束。这句话就是：人生只有一次，复读与否，都不要让未来的你后悔。

在2012年6月7日之前，我从没想过我会复读。三次月考排名都在年级前七，二模更是冲到了全市第一，我很自信地认为清华、北大已是囊中之物。甚至在三模失利总分只有六百整的时候，我都安慰自己这只是黎明前的黑暗。然而正如前辈们所说，高考是真正检验你的时候，你有没有踏踏实实地积累点点滴滴，有没有把知识点烂熟于心，有没有做足够的练习来强化自己的心理素质，只需要两天四场的考试，你就很清晰地明白了。

高考结束后的整整一个月我都在悔恨中度过，度日如年，分分秒秒都是煎熬。后悔为什么当时自己不能坚持练习文综选择；后悔为什么空白了那么多张试卷和练习册；后悔为什么当时那么早就去睡觉；后悔为什么在考场上不能再从容一点；甚至后悔自己当初为什么放弃复旦的保送名额执着去清华……

学 | 霸 | 秘 | 籍

高中的生活虽然结束了，已经不再需要每天早早起床拿着政治线索表一张一张地背，也不再需要周末把自己关在屋子里解决一堆堆的作业，然而我的心里总是空空的。在那个沉闷的夏天里，沉浸在失败痛苦中的我，根本没有心思像其他同学那样狂欢玩乐。我窝在家里疯狂地看书，一天我翻出很久以前从杂志上截取下来的一篇文章《高四，只不过是从头再来》。作者在第一年以考不上北京任何一所好大学的分数惨败在高考的考场，于是回到高四从头再来，终于进入魂牵梦绕的北京大学。我和作者第一年的考分一模一样，我告诉自己：我也可以。

每个人总要有一个被原谅的机会，只一年，可以让我的人生改变很多，可以让我在不同的校园遇到不同的人，为什么不再试一次呢？人生只有一次，我绝不能让自己后悔。看着房间里没有整理的一摞摞书和练习册，我决定昂首再次走入这个战场。

联系好复读的学校之后，我并没有立刻开始暑假的补课。那一个月，家人带着我去各地散心、放松，为未来的战役积蓄能量。当我站在清华东门大门口时，我多么希望我的书包里装着那份淡紫色的通知书，可以自信地从美丽的银杏树、优雅的法桐、肃穆的古柏下穿过，清华的一草一木、一瓦一石都那样深深地吸引着我。从那时起，美轮美奂的伟伦舜德楼、古朴精致的红色西区、整洁诗意的紫荆生活区刻在了我的脑海。从此我只有一个信念：我要考上清华A。

回家之后我整理了高三留下来的学习资料，把各科试卷、习题册、讲义、笔记分类，并制定了9月到第二年5月的复习大纲。清华之旅重建了我的信心，让我斗志昂扬。我在心里告诉自己：过去的事情就让它过去，我要原谅自己，但是绝对不会再让自己后悔，所以这一年我要绝对地专注。开学之前，我去营业厅注销了手机号码，把人人网账号停用，把QQ空间关闭，保证自己安静地学习，不会被外界打扰。

9月1号，我又回到了校园，高考后我曾做梦都想的时光倒流真的发生了。来到陌生的学校，面对学弟学妹和陌生的老师，多多少少还是会有一些对未知的担忧。好在同学和老师都很理解我，给了我很多鼓励，很多支持，让我少了很多焦虑情绪。

每一个周末我都会制订出下一周的详细学习计划，每一天按照计划的内容学习。高四的学习可以说是无孔不入，忙碌到"丧心病狂"。

早上从家里步行去学校，路上一边快走一边跟着新概念的听力背原文。回家路上拽着同路的同学一起背诵诗词文言文。早读时和前桌的同学一起大声地背政治历史线索表。四级辅导书、课本、报纸、阅读文章……只要见到不认识的单词我也会把它记在一个小本子上，在去水房、食堂的路上、在排队等待的时候我都会拿出来看几眼。甚至在吃饭的时候我都会拿出随身记的小本子看地理，而午休的那半个小时我也会利用起来自测一套文综选择题。零碎的时间基本上都是在做作业和整理错题，这一年结束时，我的数学好题、错题记了厚厚一本，将近两百页；英语零碎知识点记满了三个小本子；文综笔记、线索表、错题、好题知识点记了整整五个活页笔记本。学校对高三抓得很严，每周都有三次全年级统一考试，各科老师安排的考试更是数不胜数。我还记得最夸张的一次是周五只上了一节课，其余的时间都在考试，加上自习总共考了五场。周六日我还会按照高考时间的高考模式给自己一次完整的自测考试。我体验了从未有过的充实生活，这种感觉很好。每天看到待办事项的表格中打了满满的对钩会非常开心，我再也不觉得生活有多苦，当你把学习融入生活之中，把学习当作一种习惯，你会觉得快乐非凡。

在大课间时，我会听着歌跑八百米，锻炼身体，放松大脑，毕竟健康的身体才能在强压下支撑你走得更远。跑完步回到教室，有时会收到好朋友们从远方寄来的信和明信片。五道口的生活永远是那么多姿多彩，东门外有精致的小店，嘈杂的地铁站边有好吃的鸡排，麻雀瓦舍在好远好远的地方，阿甘告诉我她会等我，明年我们一起去各种好玩的地方。他们用这些载着爱意与鼓励的小卡片给了我坚持下去的理由。

我是压力一大就容易过敏的体质，然而在高四，就连秋冬春换季时我也没有过敏。我想这除了和锻炼身体提高免疫力有关，心态平稳、及时释放压力也是必要的因素。

复读的学生往往会面临很多心理问题，比如害怕会受到歧视，比如会更加害怕考试出问题，他们的压力比应届生更大。压力能给一个人动力，也能把一个人压垮。一模之前我的数学遇到瓶颈，做题做到想掉眼泪，于是我扔下笔，戴着耳机出门，在冬日的阳光里没有目的地沿着马路一直走下去，一直走到微微发汗，回到家倒头就睡。第二天开始只做错题集上的题，一个星期之后就找回了数学的感觉。有人羡慕我说我心态真的特别好，如果换作他肯定笑不出来。其实之前的我心态很不平稳，患得患失。选择复读之后，我决定改变这种心态，大不了脸皮厚一点。同学们问我复读的原因，我从不避讳，甚至会用调侃的语气自嘲一下。有时考试分数会比同学的低，有时排名甚至到了三十几，我看到了也许会难过一下，但仅仅是一下，之后我就会无视那个数字，开始整理错题。

渐渐地，我不再在意那些表面上的东西，不再浮躁，并学会了时常反省自己。学会静下心来，变得更加成熟更加沉稳，这是我复读最大的收获。

我想，所谓心态好，就表现在知道自己要什么，却又不怕过程的失败吧。当你一步一个脚印地走过，是不会惧怕路上的磕磕绊绊。

平淡充实的时光总是过得飞快，对上一次高考的记忆还没淡化，我又走入了熟悉的考场。只不过这一次我成竹在胸。虽然最后的分数没有月考模考的高，但我觉得能够进入自己梦想的大学，能够读自己喜爱的专业，这已经足够圆满了。

当时很多人劝我不要复读。他们说复读失败的例子太多，很多人复读后的成绩比之前的还低；他们说复读还不如以后去考研；他们说大学都是一样的，重要的是你自己的能力……而我选择听从自己内心的声音，它让我放手一搏，它说你不会后悔。我们每个人都能拥有一个强大的内心，它会不辞辛苦地支持着你。

此刻，我被清华的浓浓秋意包裹着，落叶纷飞，路边一丛丛的月季还未凋谢，四处都是绝妙的景色，冷风都无法压抑我满腔充溢着的幸福。

愿你的青春无悔。

Part 1 /
学霸档案

姓　　名：刘书田

．．．

毕业学校：山东省济宁市第一中学

高考成绩：总分686　语文132　数学124　英语132

　　　　　文综201　基本能力52　自主招生加分45

院　　系：清华大学新闻与传播学院

Part 2 /
学霸格言

　　如今，我已成为清华园里的一分子，如盛开的花终被清华园里清新的风轻抚。清华人行胜于言的学风深深地感染了我，"自强不息，厚德载物"的校训激励着我不停息逐梦的脚步。

你若盛开，清风自来

　　机遇从来都是留给有准备的人，正如清晨的第一缕微光总是投射在早起者的面庞。回顾我的高中生活，它开始于我人生节点的第一个辉煌之峰，随之跌入深深的低谷。但我始终向上攀爬着，伸展着，直到登上一个又一个小小的成功之脊，绽放出瞬息的荣光。在途中，虽有迷茫、失落、彷徨，但我始终坚信着，你若盛开，清风自来，我不能选择最好的，我用努力等待最好的选择。

学｜霸｜秘｜籍

一、破土而出，摸索高中的学习方法

　　以状元的身份进入市重点高中，自然是一腔凌云壮志，信誓旦旦地在日记本里写下"何人不起燕园情"的豪言壮语，结果在第一次的期中考试中就被狠狠地打击了一番。我想我永远都不能忘记那个时刻，当广播里表扬全校前十名的优秀学生时，没有我的名字。虚荣让我难堪，而更重要的是，如果连前十名都保不住，梦会是多么遥远甚至难以企及。

　　内心对梦想的渴望给了我方向，而周边亲友的帮助给了我力量。拿着惨不忍睹的卷子，我开始找各科老师去分析，或讲评试卷的问

题，或交流学习生活的困惑，或聆听老师的建议与教诲。

有时，打满红叉的试卷比一张满分的试卷更有价值。高中阶段，每个人都会遇到自己的低谷期，或长或短，不过请一定要记得汪国真那句"既然选择了远方，便只顾风雨兼程"。无论是刚入学时的彷徨，还是冲刺高考时的辛苦，没有什么值不值得，只有愿不愿意。只要你的答案是肯定的，便会等到属于你的机遇。

开始学着不去在意别人的看法，实际上，我们所谓的虚荣与面子，都只是心理学上的焦点效应。你的好与坏，成与败，终究是你自己看得最重，终究和你最息息相关。

当抛弃这些杂念的时候，物理中的受力分析也没那么复杂了，化学方程式也没那么难记了，就连最头痛的数学也不是全然的手足无措。每天都会给自己定个小目标，不去看自己哪些还没有做好，只需要看自己已经做了哪些。这样日积月累，收获满满。

然而期末时的成绩却并不是预想的那样，甚至比期中还要糟糕。那一个假期，我没有像以往一样出去疯，而是宅在家里。我想不明白付出努力为什么没有回报，想不明白症结出现在哪儿。人闷久了需要去外面透透气，生理上是这样，心理上亦是如此。打开了关闭多日的手机，看到了好朋友们发来的短信。"努力之后会有回报的，可能它反射弧太长有些延迟啦。但是，总是会有的。相信自己，加油！"这条略带有学术意味的短信打动了我，我又想到了楚庄王"三年不飞，一飞冲天；三年不鸣，一鸣惊人"的典故，"哪怕只有最后一次的辉煌，三年的默默无闻，我认了"，我对自己这样许诺。

但这个诺言很快被打破了。高一下学期的期中考试，全校第二名。老师们激动地找我谈话，鼓励我继续努力，让我冲击第一名；同学们也说我终于找到状态了，鼓励我祝我早日回归第一名的宝座；亲人朋友们也长舒了一口气，他们知道这段时日我是如何熬过来的。不过，我心头只是稍稍涌起小小的波澜，便回归了平静。

虽然仅仅是第二，但名次于我而言不再是外在的荣誉，而是对我付出努力的肯定。后来我才意识到，名次很多时候都是有偶然性的，但只要肯努力，方法正确，就是在为高考夯实最牢固的基础。

二、生根发芽，在人生的第一道岔口选对了方向

文理科从来都不是一种简单的兴趣选择，更是一种艰难的人生抉择，尤其是对于不太偏科的学生来说。高二分文理科时，我才意识到这句话的分量。

重理轻文早就成为一种风气，学文风气差、就业面窄、考试不易拿高分、竞争压力更大……理科老师们的苦苦相劝，身边亲友的好心忠告，使本来对理科不太感冒的我真的犹豫了。虽然我不得不说自己并不聪明，在数理化课堂上从来都不是活跃分子，难题常常靠步骤准确得分，只是按部就班地好好学习和做题而已。总之，学理我真的没有太多兴趣，更无优势可言。但考虑到学校每年都会出理科的清华北大生，而文科生考上清华北大的希望渺茫的大环境，我还是在填报分科志愿的表上写下了小小的两个字——理科。

可当我交完表格准备离开学校的时候，命运巧合，我碰到了最喜欢的地理老师。那是一次长谈，他没有评判学理究竟是不是最明智的选择，只是问我，你的梦想是什么？你希望未来的你是什么模样？你觉得究竟高中打下什么样的基础，才能对你的梦想实现更有帮助？

沉浸在学海里太久，反而忘了学习的初衷了。难道只是为了高分和名次

吗？也许这是浅层次的。只是为了理想的名牌大学？这也不是终点。高考只是一个跳板，较满意的成绩只能说可以给我们一个更高的平台，去展示自我、充实自我，更加靠近人生的梦想。

对当时的我而言，北大中文系，是外公的遗愿，也是我的向往。我希望未来的自己更多地和人打交道，和文字打交道；不喜欢理工科高端却枯燥的程序化生活，我渴望每天都是新的，诗意地栖居在这片热土上。何必去过分强调环境呢？人的成功更多地取决于主观能动性吧。

想通后，飞速跑回去，划去原来的字迹，写下了大大的"文科"二字，如释重负。

对于自己喜欢的科目，学起来是很轻松的，我又如鱼得水般地重回到了第一名的宝座。文科的学习较灵活，给了我涉猎更多书籍的机会，也让我得以参加各种写作和英文演讲的比赛并屡获佳绩，还忙里偷闲学习了扬琴，生活从容不迫，有滋有味。而与此同时，当初许多学理的同学因无法适应理科的节奏，在干瘪的一摞摞习题卷里挣扎，名次一落千丈后纷纷"理转文"。如果当时我也执拗着背离自己的所长所爱，也许是一样的痛苦。所以，对文理的取舍，遵从内心的选择吧。不管外界的学习环境如何，只要你心中有明确的目标，只要你有源源不断的热爱，你就能走出自己的路，靠近成功的彼岸。

三、开花结果，痛并快乐着的满满收获

回首高三踏过的路，不是一马平川，而是曲径通幽。高三第一天，我对自己说，哪怕这是最煎熬的一段时光，我也要把它过得诗意盎然，充实精彩。

有人说，高三的日子要学会坐一年的冷板凳，埋头苦读。而我的高三恰恰是在各处奔波，艺术特长生和自招的考试贯穿了忙碌的准高考生活。

艺术特长生的考试是由一时的肾上腺激素分泌过多冒出的想法。虽然我的成绩还算理想，但距离清华北大也有一定的距离。面对山东极高的录取分数线和极低的录取率、庞大的 50 万考生大军和零星的招生名额，我不得不去想更宽的道路，为煌煌上庠做好双保险。之前有学姐参加过北大的艺术特长生考试，加分条件很是优厚。心想既然我有些乐器的基础，那为何不去尝试呢？

我是说干就干的性格，热血劲儿一上来就停不住。父母、老师都支持我去尝试，但前提是不能过多地耽误学习。虽然最后还是受到了一些影响，但这些经历丰富了我的人生，让我的高三那么与众不同。

投寄各种报名表，准备各种获奖证书与视频资料，这些无不是烦琐的心细活儿。在这个过程里，爸妈也花费了大量心血。由于我只想去北京上学，便把特长考试的学校锁定在了北京。北大、清华、人大、北师大、北科大、外经贸，凡是招扬琴与主持的心仪学校纷纷投寄了资料等候初审。

功夫不负有心人，翔实的报名资料让我如愿通过了每个学校的初审。最后一关就是 1 月份赴京赶考。为了准备考试，每周末我都不能参加学校里的测验，而是要去北京找更专业的老师去学习；每天不能上晚自习，而是要在家里练琴。高强度的训练使得水平确实提高许多，然而自信满满地去考试时才发现竞争如此激烈，并且高手如林。

当时也正值艺考，看到美术生们背着画架画板，又看到爸妈帮我拖着巨沉的扬琴，我们一起走在大雪纷飞的时节里，穿越拥挤的地铁、热闹的校园、嘈杂的人群，真正感受到：世上是没有捷径的，每

条路都有独特的风景，每道风景背后，都有难言的苦衷与付出。

有自知之明的我没对结果报太多奢望，只有北科大一所学校抛来了橄榄枝。尽管这和我最初的想法有些落差，但它却抚慰了我的内心。高考是命运的大洗牌，学校里那些有实力冲击清华北大的学长学姐并不全能如愿，反而会因为压力过大，最终去了所平庸的大学。而有了这所"211"学校的保障，我不再惧怕每次模拟考成绩的起起落落，但我知道自己不能停滞不前，因为更远大的目标时刻警醒着我做最后的冲刺。

高三的打击也是一串数不完的念珠，艺特失利，自招也不那么遂人意。精心准备的自荐材料，将它编排整理、设计封面、装订成册，我一向是不熬夜的，但那段时间，每天都是深夜一两点还在忙碌着。但希望和失望有时是成正比的，没有通过北大自招的初审，看到"未通过"三字时，泪水迸涌而出，被自己心仪已久的大学拒绝，像是梦的花瓶被推倒摔得粉碎，扎进心头着实疼痛。并且，这意味着我连去尝试的机会都没有了，考上北大的希望又涂上了渺茫的阴影。可就当我万念俱灰之际，清华给了我惊喜——我通过了清华大学新百年计划之拔尖计划。至今我仍感谢这个惊喜，它给了我全新的机遇与挑战，改变了我的人生选择与人生轨迹。

作为一个文科生，我从来没有想过自己会和这所中国的顶尖学府有什么交集。刻板印象里，总以为清华是强大的工科学校。但在之后的接触里，我了解了它文科的辉煌曾经和如今的蓬勃兴起，我渐渐爱上了这个园子。水木清华，是值得托付大学四年的理想学习圣地。

自招的笔试和高考风格大不相同，加之今年自招改革，一批及早做准备的同学都偏离了方向。作为过来人，我觉得自招尽管难于高考，但也不是完全脱离高考，应在高考的基础上拓宽知识面，自招才能游刃有余。

面试更是靠平时的积累与锻炼，关乎个人追求、时事热点分析、专业基本素养等多方面的考核，这些都是难以突击的。展现最真实的你，才是面试老师们想看到的结果。

贯穿我高三的一个关键词，是等待。每一个环节都要经历半个月的等待，这段时间极大地考验了我的心理承受力。心里的石头放不下，又有许多的学习任务等待着自己。这时，淡化宏远目标，着眼于做好每件学习上的小事，才会有种踏实的心安。

历经各种考验后，最终我获得了清华 45 分的加分。这在学校引起了不小的轰动，很多人甚至提前祝我考入清华。但在微笑表示感谢之后，我冷静地告诉自己：一切都还未结束；行百里者半九十，大胆去闯，实现完美的落幕吧。

再度回想高三最后的日子，一模全市第一，二三模险些滑出班里前十，大起大落的考试成绩，却不再如此惊扰我的心智。因为之前已经经历了大喜大悲，所以才能达观地看待每次的结果。

每个人都是如此，纵然高中生涯起起伏伏，坎坎坷坷，但只要你坚定地向前看，不懈地进行调整与努力，等待你的会是你想要的，煌煌上庠。

如今，我已成为清华园里的一分子，如盛开的花终被清华园里清新的风轻抚。清华人行胜于言的学风深深地感染了我，"自强不息，厚德载物"的校训激励着我不停息逐梦的脚步。尽管没有进入北大中文系延续外公的梦想，但我找到了自己的方向，我更愿意从书本里慢慢走出，投身现实，做"铁肩担道义，妙手著文章"的新闻人，做这个社会的瞭望者，发出中国好声音。

尽管，在清华园里随处可见各路"学霸"牛人，但我不盲目攀比，依旧坚守自己的梦想，坚持做独特的自己。不必忧虑太多竞争压力，不必在意周遭的顺心或不如意。因为，只要你努力了，机会会垂青于你；只要你一天天变得优秀，量变会引起质的飞跃，这是颠扑不破的真理。

又是一年风起时，我想起了那句陪伴我三年的话语——你若盛开，清风自来。

学霸心路阅读笔记

榜样的力量是无穷的

关键词	笔记内容
学习心态	
学习方法	
应试技巧	

总结: _____

_____

_____

阅读笔记

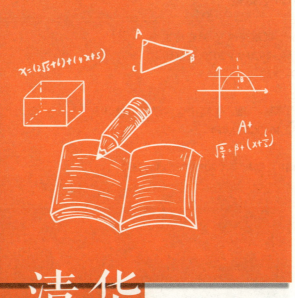

清华
北大学霸日记

QINGHUA BEIDA
XUEBA RIJI

疑难突破

YINAN TUPO

梁岩涛　　<<<<<<

主编

北京时代华文书局

图书在版编目（CIP）数据

清华北大学霸日记. 疑难突破 / 梁岩涛主编. — 北京：北京时代华文书局, 2020.9（2020.12重印）

ISBN 978-7-5699-3827-2

Ⅰ.①清…　Ⅱ.①梁…　Ⅲ.①高中生－学习方法②高考－经验　Ⅳ.①G632.46②G632.474

中国版本图书馆CIP数据核字（2020）第133955号

清华北大学霸日记：疑难突破
QINGHUA BEIDA XUEBA RIJI YINAN TUPO

主　　编 | 梁岩涛

出 版 人 | 陈　涛
责任编辑 | 张彦翔
装帧设计 | 尚世视觉
责任印制 | 刘　银

出版发行 | 北京时代华文书局 http://www.bjsdsj.com.cn
　　　　　北京市东城区安定门外大街136号皇城国际大厦A座8楼
　　　　　邮编：100011　　电话：010-64267955　64267677
印　　刷 | 德富泰（唐山）印务有限公司　022-58708299
　　　　　（如发现印装质量问题，请与印刷厂联系调换）
开　　本 | 710mm×1000mm　1/16　印　张 | 52　字　数 | 708千字
版　　次 | 2020年9月第1版　　　　印　次 | 2020年12月第2次印刷
书　　号 | ISBN 978-7-5699-3827-2
定　　价 | 198.00元（全4册）

目录
CONTENTS

Part 1 /
学霸档案

姓　　名：苏 玥

毕业学校：江苏省苏州中学

高考成绩：总分401　语文132　数学162　英语102

　　　　　物理A+　化学A+　加分5

院　　系：清华大学建筑学院

Part 2 /
学霸格言

积累的过程要有耐心，要关注细节，不放过任何可以学习、借鉴的地方。同样的，我也正是本着锱铢必较的心态，才会想要查歌词、电视剧中诗句的出处。

善文之论

　　我不是一个从小写作就很好的才女，可以说高中以前的写作都如同挤牙膏般困难；语文成绩也很一般。最差的一次是高二期末的全市统考——92分，作文40分，班级倒数第三。由此我深刻地意识到不能再对语文放任不管了，尤其是作文。在我后来的努力下，最终在高三的一模、二模都保持作文在60分以上，高考总分132分，在全苏州市名列前茅，估计作文在65分以上。如何完成这个逆袭？我愿意把我的经验倾囊相告。

　　鉴于目前高考作文大多是议论文，我先谈一谈写议论文的方法。

学霸秘籍

一、厚积而薄发

　　对于写作，没有什么比积累更重要。相信不止一个老师督促过学生看书。说实话我高中三年一本"正经书"都没读完，但是积累何必非要靠书呢？

　　记得我的高一第一节语文课，老师就告诉我们学语文的秘诀：爱美、多情、好奇、热爱生活。其实生活中的素材无处不在，哪里都能

积累素材。

我回忆了一下我在高考作文中用到的部分议论文素材及其来源：

贝克汉姆退役——时事新闻。

钱钟书的一句名言——我考前在复习资料上看到的。

陆羽的诗《六羡歌》——我在一首古风歌曲《风华录》里听到的。

《史记·屈原列传》的部分段落——老师要求我们背诵的课本内容。

愿得一心人，白首不相离——因《甄嬛传》而走红的一句诗。

梭罗、沈从文等被我在排比举例段中一笔带过的例子——各种道听途说，或从别人的优秀作文中看到的。

这些材料来自各种地方，无论你是刷微博、听歌、看电视、看报纸、读杂志，都可以有意无意地找到可用的素材。发现素材后，可以把它记录下来，日后再用。

但是我还想说下面几个素材密集地。

1. 语文试卷：做题的过程本身也是积累的过程

做古文翻译时可以遇到可用的事例、句子。比如我很喜欢的一个句子："然而松柏后凋于岁寒，鸡鸣不已于风雨，彼众昏之日，固未尝无独醒之人也？"该句出自顾炎武《廉耻》，是我在做模拟卷时看到的。若用在自己的文章中，不仅显示出你满腹才气，而且文势大增，激情澎湃。

阅读中的很多散文都有可取之处，要学它的语言和内容。比如陈蔚文的《溯水而上——夜读〈诗经〉》（读者可自行查阅），文章语言优美，有诗意，内容有深度有广度，可用于很多话题，如：对文化的理解、对经典的传承、细微之美、平凡中的大道等。有时候我会在看完一篇佳作后仿照它的风格自己写一篇考场作文，当作练笔。

许多作文题本身就是素材，这些素材不但新颖别致，而且往往可适用于多角度、多方面。如 2007 年北京考题：刘长卿的诗句"细雨湿衣看不见，闲花落地听无声"；2011 年上海考题：一切都会过去，一切都不会过去。

2. 他人的高分作文

看他人的文章时，要看他和你的文章有何不同。除了积累名句、例子。也要学习语言、构思、层次。每一篇高分作文都有你可学的地方。

如我读 2005 年江苏高分作文《善始之论》（当年主题是凤头猪肚豹尾，文章读者可自行查阅）。此文以古文写作，比较小众，又说理颇多，语言难以学习，但仍有可取之处。我的高考作文采用了和它类似的结尾。它的结尾是："愿斯志之永固兮，乐终古而未央！"我查了这句话的出处，是曹植《铜雀台赋》，原句为："愿斯台之永固兮，乐终古而未央！"（后半句是说快乐将延续千年不绝）而我写的结尾是："愿斯志之永固兮，静终古而未央！"这个句式只需稍改两个字就可以适用于许多不同主题，不仅有诗意而且豪迈有气魄，可谓万能金句。但万能金句如何拾得？其实考前我和一些同学都欣赏了这篇文章，也许他们只是感叹了一下作者扎实的古文功底，就弃之不顾，而我耐心地看完了这篇作文，并查阅了其中典故、诗句的出处，因此我得以把这个句子收为己用。

由此看来，积累的过程要有耐心，要关注细节，不放过任何可以学习、借鉴的地方。同样的，我也正是本着锱铢必较的心态，才会想要查歌词、电视剧中诗句的出处。

二、苗言

白居易言著文：根情、苗言、华（花）声、实义。优美的语言可以弥补、粉饰许多硬伤，如立意较偏、举例不当、结构混乱。

1. 华

我的老师说作文有三境界：朴 1、华、朴 2；或者说：简 1、繁、简 2。在这个螺旋式前进的世界里，朴 2 是一种清丽脱俗的表达方式，简洁流畅，多见于乡土题材，优于华丽的措辞，更优于朴 1 那种小学生作文的单纯无知的尘土气。有的同学可以做到朴 2，但我还是推荐写"华"。也许不是每个老师都能立刻识别朴 1 和朴 2 的区别，但华美的语言如烈酒、似强光，总不会被老师忽视。

举一例，2007 年山东卷《永远令人陶醉的王朝》是我见过最华丽的高考作文，没有之一，第二段甚至押韵，做到了"华声"（受篇幅所限，读者可自行查阅原文）。全文立意毫不出众，思想较浅，过于华丽，有堆砌之嫌，像用珠宝淹没了一个瘦小的人，但它的缺点都被语言掩盖了。此处有珠宝，你不妨拾取些，多读多背，以留作己用。

这里的华丽指多用诗句、比喻、排比，化抽象为具体，或化具体为抽象。记叙文比较容易做到，但议论文一样可以华丽，比如以下两种表述：

面对多难的生活，我们要持有乐观的态度，积极抗争，无论有多坎坷，也要坚定信念，勇往直前。

若我们能把生活这颗酸涩的柠檬切片榨汁，以微笑为蜂蜜，以乐观为砂糖，以阳光做点缀，那么这一杯柠檬水，哪怕原本再酸涩，我们也可欣然饮下。

同样的意思，前者干瘪无聊，后者生动丰满。如果我们能把说理都用诗化或俏皮的语言表述，议论文也能意趣横生。

2. 善问

用疑问句或反问句会引发读者思索，也可引出下文，或留下余韵，重要的是能为平实的议论语言增色，好像走在康庄大道上突然有坑洼或小丘，使原本单调的旅途变得有趣。（可参见《拒绝平庸》，2011 年江苏高考满分作文）

还有一种使用问句的方法，是我自己常用的，即在写最后一个论点时用两三个长问句结束。这几个问句类似排比，一层进一层，内容常常是批评时下的奇怪现象，简要提出改善的做法。这种问法如果写得好，不仅能收到振聋发聩、发人深省，使读者热血沸腾的效果，而且使文章达到全文高潮。

三、标题

我一模和高考时都是以诗为题，或改写诗的一两个字，这种方法最好。用老师的话来说："以诗为题直接加 5 分。"

有一些适用性比较广的诗：

水穷之处待云起。

细雨湿衣看不见，闲花落地听无声。

何妨吟啸且徐行。（可把"吟啸"改换成"击掌"等，视作文要求而定）

当然大部分诗的适用性窄，如能用一些很恰当准确的诗为题，那最好不过。如我们当时二模作文给出的材料是：耶鲁毕业生秦玥飞当村干部，被人质疑、嘲笑。我们班一个同学的题目是"猜意鹓雏竟未休"。这个题目既贴切又俏皮，七个字揭示了文章主旨，可谓最佳标题，但这是建立在大量积累之上的，如没有背李商隐的《安定城楼》，没有理解诗意，怎么可能写出这样的标题？

四、凤头

由头式的开头最讨巧。一般我的标题就是从由头提炼出来的。所谓由头，就是用和主题相关的素材开头，我觉得以热点新闻最佳，再者如人、事、物、诗句、名言。举个例子，2011 年江苏高考满分作文：拒绝平庸——风沙渡，以店名引出下文。

对于材料作文，不用再概括材料了，只需点几个材料中的意象，简要说明由头和材料之间的相似之处。这种开头引人入胜，生动丰富。但开头不可太长。

举几个适用面很广的标题或由头：

纪伯伦《朝露里的光明》：千百年来我仅仅做一颗朝露／你知否，千百年的光明不都在你的圆周里闪耀吗？

纪伯伦的《沙与沫》中也有不少富有哲理的诗句，意义深刻，又适用于很多话题。

有两个相对的意向的标题或由头一般都很好用：

心有猛虎，细嗅蔷薇。——萨松

蒲苇与磐石。（出自《孔雀东南飞》，适用于变通和坚守、柔与刚等）

五、豹尾

简洁为好，不可太长。点题，或慷慨激昂，或余韵无穷。我常用的一种形式是以改编名言结尾。

举几个万能金句：

愿斯志之永固兮，× 终古而未央！

司汤达曾说：活过、爱过、写过。而我要说：××过。（如：变通过、反省过，据主题而变）

但更多的佳句要靠自己积累，大部分句子只可适用于有限的主题。

还有一种方法适用于想不出佳句的情况，那就是创设一个情境，像拍电影一样。如：前文讲述苦难对于磨炼人生的意义，结尾这样写："罢了，这一杯苦丁茶，我且饮下。"再如改写自陈蔚文《溯水而上——夜读〈诗经〉》的结尾：前文讲中国古典文化始终影响世人，结尾这样写："四书五经，是铺陈的香火，是清静的素食。沿着《蒹葭》中的水路溯流而上，如同被沿岸庙宇中缭绕的香烟之气深深地抚摸。"

最后，再次使用标题或由头。如我的一模作文，题为《水穷之处待云起》，结尾是"……行到水穷处，坐看云起时，好一派绝妙的风光"。

六、排比举例

即连举三个例子，构成排比。这要求学生对关于这个主题的例子储备较多。这个结构最好自成一段，放在文章中后部分，增强语势，显示出深厚的积累，可有效增分。

七、进击的第三论点

通常我写三个论点，一个论点一段。第一论点是为什么，如：为什么苦难可使人进步；第二论点是怎么样，满足什么条件，如：唯有乐观的人可以化坎坷为动力；第三论点是作愤青状，抨击当代社会或当代青年，如：当代人缺乏挫折教育。

文似看山不喜平。尤其是议论文，易沦落为平庸之流。前文是一马平川，顺流而下，平坦如常，如何使文势陡增，进入高潮，点燃读者的热血呢？

这第三论点尤为重要。谁的内心深处没有点愤世嫉俗的想法呢？如能剖析社会现象，指出毒瘤所在，开出一剂良药，那就会使文章更上一层楼。不仅使立意更深刻，展示你的忧国之思，而且这种热血的沸腾会延续到老师给你打分的时刻，能有效提高分数。

但是单纯地在内容上联系现实还不足以带来激情，语言表达也至关重要。前文是诗意的、典雅的、平淡的，第三论点一段应该是有时代感的、激进的、呐喊的。人评苏轼之文"爽如哀梨，快如并剪"，本段也最好要达到那个程度。要做到句意连贯流畅，多说现象少说理，多用排比、比喻、反问、疑问句。我常用多个问句结束本段。

如何从第二论点过渡到第三论点？老师曾给我们一个万能金句：既罢牢骚须自省，此间风气然来无？即从对前人的分析过渡到对现今的反思。用闵老师的话来说：写到这个句子就加 5 分。

我也积累过一个类似的句子："然而，承平日久，何苦之有？"用时可以把"何苦之有"改换。

后来又有老师给出一个相关但不类似的句子："牢骚太盛防肠断，风物长宜放眼量（毛泽东）。"但这个句子用于从牢骚到展望未来过渡，也许可用于从第三论点到结尾，不如上面那些有深度。

因此我给出一种我常用的议论文结构：

段 1 由头式开头

段 2 简要叙述主旨

段 3 为什么（长）

段 4 怎么样（长）

段 5 排比举例

段 6 联系现实（长）

段 7 结尾

八、字是硬伤

如果说佳作是"白富美"，那么"富"的是素材，"美"的是语言，"白"的就是卷面了。卷面的清爽离不开清晰的字迹。字不求有美感，但要横平竖直，少连笔，写大一点；用 0.5 毫米的中性笔，别用 0.38 毫米的细笔；少涂改。

以上是我对议论文的看法。对于其他文体，我有以下看法：

1. 记叙文

虽然老师都说能写记叙文就尽量写记叙文，记叙文能得高分，但我依据实践经验不同意这种看法。高分段作文以议论文为多。有因为写议论文自成一体而常年拿高分的同学，没见过写记叙文常年拿高分的人，反而有因为写记叙文偏题而在高考中发挥失常的同学。如今材料作文盛行，议论文的优势更加明显。

在是否扣题上，如果说作文是块布，命题作文只是一个点，而材料作文是几个点，布覆盖到大多数点才算扣题。记叙文情节、人物是既定的，布的形状大小在起笔时已定，而议论文可在框架内自由调配论点的内容，布的形状可以更改，如写到一半觉得偏题，可以往回拉，挽狂澜于既倒。

记叙文的主旨是朦胧的，隐晦的。同样的立意，如果有点偏，议论文不算偏题，而记叙文就是偏题，毕竟翻译这个主题还要拐个弯，给老师的感觉就是偏了。

在表达上，记叙文没文采没细节就像小学作文，而议论文没文采可以用精准的选例、深刻的思考来弥补，不需要细节。

我以前也积累优秀的故事，为写记叙文准备，但不如收集的议论文素材多。素材适用性也低，涵盖不到所有的点。有时可以写出高分，但要靠运气，要碰到能有感而发的题目，记叙文不如议论文考实力。

2. 小说

小说和记叙文一样对灵感的依赖性大，但灵感一旦来了，挡也挡不住。成者为王，败者如同小学生作文。举一个成功的例子：主题"真与假"，我班有一个同学写的是明星和替身演员之间的对话，各有心酸。扣题之准令人叹服。

有的人背了很多素材，但抱怨说考试时想不起来用。学以致用，掌握素材的最好方法就是自己写一篇作文。可以把相关素材都准备好，找一个恰当的题目，按考场作文的要求写。自己练习的时候也要写慢一点，把字写好。一周练一篇差不多。

以上只是个人见解，总结出属于自己的好方法才是取得高分的必由之路。君姑妄看之，姑妄信之，如不赞同，一笑了之。

疑难突破阅读笔记

独学而无友，则孤陋而寡闻。

关键词	笔记内容
学科特点	
备考方案	
重点难点	

总结: _____

_____

_____

_____

Part 1 /
学霸档案

姓　　名：刘　畅

毕业学校：黑龙江省大庆市实验中学

高考成绩：总分642　语文130　数学126　英语136

文综250

院　　系：清华大学人文学院外文系

Part 2 /
学霸格言

我并不是个聪明的学生，在学习方面总是比别人慢半拍，但最后的高考成绩还是比较理想的。现在想来，我能考上清华大学靠的就是坚持不懈的努力和正确的学习方法。

我的文综学习心得

清华在我心中一直那么神圣，神圣得让我觉得自己太过平庸，平庸得无法踏入这样的学术圣地。而现在，作为清华大学的一名学生，我想说，只要付出努力，用心去学习，我们就会变得优秀，清华就不再是可望而不可即的梦想。

我并不是个聪明的学生，在学习方面总是比别人慢半拍，但最后的高考成绩还是比较理想的。现在想来，我能考上清华大学靠的就是坚持不懈的努力和正确的学习方法。

学 霸 秘 籍

文综对于文科生来讲是至关重要的一科，很多同学的分数就是因为文综一科拉开的。

根据我个人经验，文综不是仅凭上课认真听讲、课后背书就能拿高分的，文综的学习也需要技巧，而且现在的文综题出得很灵活，没有开阔的思维是答不好的。

在文综训练题的选题方面，首选当然是各省历年的高考真题，其次是近几年的模拟题，因为这些题无论是在选题还是在答案的制作上质量都很高，问题和答案的风格都很符合高考的导向，大部分答案也经得起推敲。其他的练习册我个人认为里面可能会有一些好题，但有很多题都没有高考题那么新颖，参考价值没有真题大。

现在的文综选择题出得很灵活，有很多题都是给出材料考查我们对材料的分析学习能力。此时不可先入为主，生搬硬套书上知识作答，而是要顺着材料的思路，有时甚至会出现和教材不太相符的结论，这并不能代表我们的思路是错误的。

答题时对于答文综的非选择题，有个很有效的方法就是看分答题，比如10分的题基本上会有5个采分点，少于5个说明自己答得一定不全，但也不是答得越多越好，答得太多会减少答其他题的时间，所以如果是5个采分点可以先写6个最重要的（多写一个备用），其余不太重要的可以等到答完卷之后写。答题时要条理分明，层次清晰，重要的观点写在前面，次要的观点写在后面，答案要序号化，这样看起来比较一目了然。同时，答题语言要用专业术语，答案是否规范，是否接近标准答案，能否用科学的术语、书面语言进行知识迁移、无缝对接，关系到我们能否得高分。所以就要认真理解、记忆课本规范语言。

我学习文综的时候每科都会准备一个改错本，将自己做错的并觉得很有价值的题剪下来贴到本上，写出错误原因、正确的分析方法和正确答案，还会把一些相似却答案不同的题进行对比，这样对知识的理解就会更深入。

下面我分别说说政治、历史、地理三科的学习方法。

首先说政治这门科目。在平时的学习中，做问答题时要将一些经常出现但老师又没归纳过的问题记在笔记本上或书上，然后背下来，以后遇到类似的问题才有语言可组织。另外要养成看报纸的好习惯，要保持对时事的敏感性，了解国家的大政方针和时事热点，这些往往都是试题的来源。

在高三复习政治时我们先复习的是教材。开始的时候，每个单元我都做一个知识结构图，以各个考点之间的联系为线索，将整个单元都串起来。等复习完整本书之后，我又做了整本书的知识网络图，这样就能很好地掌握知识点之间的关联，而且可以从宏观上把握教材。我还针对自己薄弱的非客观题，按照热点归纳了几个专题，有"物价""消费""企业的经营""合理有序的分配秩序""食品安全""贸易保护""农业""社会主义民主政治""民族""教育""十七届六中全会"等专题。每个专题都先把教材上相关的知识点整理下来，然后再总结一下这个专题都容易从哪些角度出题，之后每当做到有关这些专题的比较好的题时我都会把题和答案剪下来贴到这个专题的位置，分析相同专题的不同问题组织答案的角度，经过对比就更容易把握这些问题的答法。

在做政治非选择题时，读题时要仔细读材料，材料会提示我们答题的角度，答案一定要在材料中找到依据，切记不可抛开材料空谈。在回答问题时也要结合材料。此外，还要知道一些政治问题的答题模板，比如说明类问题、依据类问题、措施类问题、原因类问题、意义类问题、启示类问题、评价类问题等，这些问题的答题步骤都需要明晰。

在高考之前我还把"两会"文件及中央一号文件打印出来，仔细阅读，用课本所学的知识进行分析，找出其中的重点，在做题的时候也会格外留心关于这些文件的题目，重点分析。

其次是历史学习方法。在高三复习的时候，如学习政治一样，每学习一个单元我都会列一个本单元的知识结构图，总结本单元的重点知识之间的关联。在学完一本书之后也会列一个整本书的知识网络图，这样就能更好地掌握书中知识而不是简单地机械记忆。因为黑龙江省的历史教材是专题史，所以我对通史的掌握就不是很好，之后我借来了按通史讲的旧教材，自己看完之后也会将每个时代总结一个知识结构图，并分别从政治、经济、文化角度用一句话概括当时的时代背景。这样系统总结过后，头脑中就会形成完整的知识网络。总结完知识点之后就是整理相似的练习题，我将一些常出现的相似的题都贴在一起，总结成一个个专题，分析相似题目的不同答案的由来，虽然这样做需要花费一些时间，但绝对比盲目做题效果要好。

历史非选择题的答题也是有一定规则的，所以要总结一些常用的答题模板，比如措施类、背景类、原因类、比较类、意义类、评价类、启示类等问题，明晰答题步骤，答题才不会混乱，即使不会答，按照步骤写也会得一些分。

第三是地理学习方法。地理的学习我觉得跟政治和历史有很多相似之处。首先课本中讲的概念和原理要牢记并熟练应用。非选择题的回答和政治、历史一样，首先要总结答题模板，比如特征的描述、判断类、原因类、措施类、评价类、意义类等问题，明晰答题步骤才能规范地答题。有些问题的答案在课本中不可以直接找到但又很有价值，答案有普遍性，就可以简洁地将答题点抄到课本中相关知识点附近，复习的时候当作知识点一样记忆，这对拓宽思路很有帮助。

学习地理时仍要保持对时事热点的关注，涉及地理知识的热点更要关注，这些热点很可能就变成高考试题的材料了。

在临近高考的时候我并没有做太多的练习题，而是反复研究近几年我们省的高考题，不断丰富我总结的专题，并认真总结老师上课讲过的知识点。

心态方面，我想就是放宽心，不要计较每次考试的成绩，而要多关注一下每次考试之后暴露出来的知识漏洞。而且我一直认为好成绩不是熬夜学出来的，所以我一直保持规律的作息，提高平时的学习效率。

　　对于文综卷面来说字的工整是很重要的。有些同学因为平时急于做题不注意自己的书写，以至于形成一种写字乱的坏习惯，这样是不对的。平时写作业或做题的时候注意规范自己的书写，最后考试的时候也会自然而然地写出整洁的字。答案条理化也会使卷面看起来更整洁，工整干净的卷面会为考试增分不少。

　　因为有着充分的准备，所以在踏入考场的时候我是有信心的。答卷的时候也没有感觉太艰难，特别是非选择题，好多题型都是我总结过的，甚至有的题和我总结的题的答题点基本一致。这说明我的复习思路是正确的，所以答卷时很有信心。对于考试的时间安排，我在模拟考的时候就计算好每道题用多长时间，高考的时候也是按照自己事先计算好的时间答。我的时间分配是这样的：选择题 40 分钟，然后地理非选择题和地理选修题 30 分钟。虽然地理后面就是政治题，但我一般是答完地理就答历史和历史选修，因为政治的答案一般很多，不太容易控制答题时间，所以我先答历史，时间是 35 分钟。之后答政治，基本上要 40 分钟，最后留出 5 分钟检查。考试时如果到了预定时间有的题还没答完，我就选择不再纠结于这道题而是接着做下面的题，等后面的题写完之后再回来写剩下没答的题，这样就不会出现因为在某些题上耽误时间而答不完卷的情况，答题的时候也比较从容，不至于乱了阵脚。

　　曾经那份憧憬如今已经实现，再回首，发现梦想并不是那么遥远。只要有一颗追求的心并且有一股不懈的勇气，就没有什么做不了的梦，没有什么实现不了的愿望。

Part 1 /
学霸档案

姓　　名: 张　楚

毕业学校 中央民族大学附属中学

高考成绩 总分646　语文108　数学145　英语118

理综255　加分20

院　　系: 清华大学新闻与传播学院

Part 2 /
学霸格言

掌握良好的方法是很重要的,但又不是一件容易的事。这需要付出艰苦的努力,需要持之以恒的精神。只有每天坚持不懈,日久天长,数学学习才可能成为自觉的行为,你才得以掌握数学学习的主动权。

汗水成就数学，坚持成就梦想

　　我不是神童，也没参加过奥赛，甚至在高中之前都一直不被重视，但是我却凭借着自己的努力考取了清华大学这所名校，实现了自己的清华梦，成了一名清华人。在高中这三年艰辛的学习之路上，不仅洒满了我的眼泪和汗水，也在高考的最后时刻开出了胜利的花朵！

　　我的数学成绩虽不能算是特别拔尖，但却也从未跌出过班级前十名，这主要是因为我有适合自己的学习方法。我的考试发挥也很少失水准，这是因为我有好的数学应试技巧。我只是一名普通学生，却因高考而不普通。在此，我想跟学弟学妹们分享我的一些学习经验及应试技巧，希望能对你们有所帮助，使更多的人实现自己的清华梦！

学霸秘籍

　　数学学习方法是数学学习时采用的手段、方式和途径。方法是在学习过程中产生和运用的。掌握良好的方法是很重要的，但又不是一件容易的事。这需要付出艰苦的努力，需要持之以恒的精神。只有每天坚持不懈，日久天长，数学学习才可能成为自觉的行为，你才得以掌握数学学习的主动权。

关于学习方法，我想强调四点，那就是培养学习兴趣，吃透课本

知识，多做练习深化以及形成数学思维。

　　首先，我觉得兴趣是最好的老师。当你对数学感兴趣，你才会主动去接触它，而非被动接受。我觉得这是学好数学的前提，而且也同样适用于其他学科。因为如果你一心要做成某件事，你总会找到办法；如果你非常不愿做某件事，你总会找到借口！那么怎样才能培养学习数学的兴趣呢？我觉得需要做到以下三点：第一，多做些符合自己能力的练习题来增强自己学习数学的自信心。在我看来，如果你认为自己有能力学好数学，这说明你至少已经成功了一半。第二，多和同学讨论数学问题，这是一个把自己的观点分享给别人和吸收别人观点的好方法。这样你不仅能学到别人的经验，同时也能加深自己的印象，一举两得，何乐而不为呢！第三，多和老师交流。老师的经验肯定比学生丰富，老师不仅可以给你纠正这道题的错误，甚至还可以指导你做这一类题的方法。如果你对某些题有自己的观点不妨多跟老师交流。

　　其次，要把书本吃透。书上的基本知识点，如概念、定义、定理、公式等是基础，这些点理解不透，一切免谈。高中数学本来就概念多并且较抽象，而解题方法通常就来自概念本身，所以要重视数学概念的理解。学习概念时，仅仅知道概念字面上的含义是不够的，还须理解其隐含着的深层次的含义并掌握各种等价的表达方式。例如，你必须知道每一个数学公式是如何得来的，拿来有什么用，怎样用。现在有很多同学（包括一些成绩很好的）在并未真正掌握这些基础知识之前，就拿公式、定理等去套题。这样也许能做出不少简单的题，但只要遇到一些综合性稍微强一点的题便不会做了。有些同学高一、高二数学成绩还较好，而到了高三总复习时成绩就不行了，这与他们没吃透书本有着莫大的关系。题是永远都做不完的，随便从网上下载一些就能做上很长时间，更何况还有各种各样的参考书。数学是变化多端的，也许这个题你会做，但是稍微变换一下形式你又不会了。其中的根本原因便是你没有吃透课本，没能掌握最基础、最根本的知识。

　　在你吃透课本之后，做练习题也是必不可少的，否则你在考试时遇到的都是一些陌生题，看起来简单却做不出来。我做题有个原则，那就是做一道题就要会十道题甚至几十道题。因为每一道数学题（母题）都会涵盖几方面的数学问题（子题），做出母题，由它繁衍出来的每一道子题也就会了。那么，凡是属于这一类型的题就不必一一去做而浪费有限的宝贵时间了。定量的习题训练能让你保持对数字的敏感度。数学与其他科目不一样，如果平时没怎么动手练习，即使明白思路也不一定能正确计算，所以需要做一定量的题来提高做题的熟练度、速度和正确率。另外，做题能使你更熟悉考点，更易明白出题者想考你什么，便于你更快地找到答题的方向。

　　最后就是要在做题的过程中形成数学思维，这和培养数学兴趣同等重要。数学思维包括数学思想与数学技能。数学思想如方程函数思想、数形结合思想、对称思想、分类讨论思想、化归思想；数学技能如配方、待定系数法等。对于这些思想以及技能，你必须要做到烂熟于心。另外，你还可以记住一些常用的数学模型与中间结论。数学模型就是具体题目的解题套路，中间结论可使学生减少解题步骤，加快解题速度，减少出错率。有了这些数学思想与数学技能，就能在答题的时候事半功倍。

　　数学思维不是一朝一夕就能形成的，只有通过大量的练习、看书、总结，才能慢慢地积累起来。要想快速形成数学思维，一定要勤于思考。每做一道题，你都要快速思考一下这道题究竟要考我什么，这里面用到了哪些知识，还有没有其他解答方法等。这样你才能跳出这道题，把握出题者的思路，更快地提升自己的成绩。平时要多总结方法，特别是一些常规题型。刚开始总结时，最好将一些你认为好的方法、好的题型写在笔记本上，抽时间拿出来看看（最好是考试前）。而当你达到一定水平时，就只需在心里总结一下就行了，不必再在总结上浪费过多的时间。"山不在高，有仙则名"，题不再多，进步就行。

如果你只知道练题而不去思考总结，那么，即使你练再多也不会有大的进步，数学思想也很难形成。特别是在高三总复习阶段，多思考一定能帮你更快地进步。

还有就是一定要做一本个人错题集，因为少错就等于多对。如果做错了题目，不管是什么错误，都应一并收录进来。我想如果真的用心去做，你就会吃惊地发现，你的错误并不是更正一次就可以改掉的。相反，有很多错误都会犯第二次、第三次，甚至更多次！越往后复习，在知识上取得突破的可能性就越小，而若能纠正自己的错误，这实在是一个不小的增长空间。

高考要想取得好成绩，仅有扎实的基础知识、熟练的基本技能和长年累月的刻苦钻研中培养起来的数学能力还不够。同时，还取决于临场的发挥。正确运用数学高考临场解题策略，不仅可以预防因各种心理障碍造成的不合理丢分和计算失误及笔误，而且能运用科学的检索方法，建立神经联系，挖掘思维和知识的潜能，考出最佳成绩。那么高考数学的应试技巧又有哪些呢？

首先，考前要提前进入"角色"，高考前一个晚上要睡足八个小时，吃清淡早餐，按清单带齐一切用具。最好能提前半小时到达考区，一方面可以消除新异刺激，稳定情绪，从容进场。另一方面也留有时间提前进入"角色"——让大脑开始简单的数学活动，进入单一的数学情境，如把一些基本数据、常用公式、重要定理"过过电影"。最后看一眼难记易忘的结论；互问互答一些不太复杂的问题等。这样不仅能够转移考前的恐惧，还有利于把最佳竞技状态带进考场。

其次，开始考试后，精神要放松，情绪要自控，多给自己些正面暗示。刚拿到试卷，一般心情比较紧张，这时不要着急作答，可先从头到尾、正面反面通览全卷，尽量从卷面上获取最多的信息，为实施正确的解题策略做全面调查，摸透题情后稳操一两个易题熟题以振奋精神，鼓舞信心，让自己产生"旗开得胜"的快意，从而有一个良好的开端，很快进入最佳思维状态。有了良好的开端，就能做一题得一题，不断产生正激励，稳拿中低，见机攀高。

第三，答卷时，见到简单的题要细心，莫忘乎所以，谨防"大意失荆州"；面对偏难的题要有耐心，不能急。要求做到：坚定信心、步步为营、力克难题。考试全程都要坚定"人易我易，我不大意；人难我难，我不畏难"的必胜信念，使自己始终处于最佳竞技状态。

最后，不要与小题纠缠不休。每道选择题的平均时间控制在一分半内，这样可以保证在有限的时间里多拿分。坚持"522 原则"，即把眼睛盯在选择题的前五个、填空题的前两个到三个，解答题的前两个上，因为这些题都是送分的，不会很难。对于难题，可使用缺步解答、跳步答题、退步解答、逆向解答等方法来分段拿分。心算与笔算相结合。心算在特殊环境下容易出差错，一定要心算与笔算相结合，确保运算正确，争取一次性成功。最后要留出检查时间，对于实在不会做的题，应果断舍弃，保证前面简单的题拿到分数。

以上就是我复习数学的经验及在高考时的应试技巧，希望能对学弟学妹们有所帮助，祝你们高考顺利。

Part 1 /
学霸档案

姓　　名：陈博贤

毕业学校：甘肃省靖远二中

高考成绩：总分655　语文105　数学131　英语136

　　　　　理综283

院　　系：清华大学环境学院

Part 2 /
学霸格言

成功一定有方法，失败肯定有原因。吃一堑，长一智。考完后总结反思固然重要，但是更重要的是找到新的起点，以一个好心情，用一种平常心投入到下一轮的学习当中。

理综学习中的"懂、会、对"

理综是高考中占分数比例最大、所考内容最多的一门学科，因此学好理综是至关重要的。学好理综，做大量的题是必不可少的，但也应结合适当的学习方法。

学习理综，要先懂，懂了之后通过练习达到会，之后在考试中再做到对。这三个词说起来简单，做起来却十分不容易。

学霸秘籍

先说"懂"。理综的知识点比较多，所以上课一定要做到专注。我认为记住知识点轻松的方法就是上课做好笔记，将笔记所记知识点整理为系统的知识网络，在看的时候能大大提高效率，更加容易"懂"。

认真将每一章每一节的笔记做好，最后整理为系统的学习框架，消化起来就较快。我在高二的时候迷恋上玩手机，在物理课学电磁的时候没有认真做笔记，导致做题时常常思维混乱。因为没有完全弄懂，所以复杂的题目就不会，更谈不上对了。高三时我专门花时间重新整理了这一部分的笔记，打牢了基础，才真正理解了这几章的内容。

简单的知识点要懂得完全。"懂得完全"可以理解为记得牢固。理综考试常常会在简单的题上失分，一个原因是知识点没有记牢，将知识点记偏、记错，甚至记反。比如物理中的 e、h、G 等常数分别等于多少、化学中周期表的规律及元素性质、生物中动物培养基、植物培养基的区别。这些都很简单，但需要记得牢固。

难的知识点要懂得透彻。对于难以理解的知识点，需要多翻书、多看笔记，必要时一定求助于老师。可能第一遍看完不能全部理解，多看、反复看总会有效果，然后找一些题目多做一做。一定要把知识点理解透彻，不然考试的时候依然不懂。

同时要懂得联想记忆、重点记忆。联想记忆分三点：

（1）站在系统的高度学习知识，注重知识的整体结构，经常进行知识总结。

（2）寻找新旧知识的联系与区别，挖掘共性，分离个性，在比较中学习新知识。

（3）注重知识的纵横联系，在融会贯通中提炼知识，领悟其关键、核心和本质。重点记忆的内容不要放在与考试联系不大的知识点上，大脑容量毕竟有限，如果你不是"学霸"，建议将精力放在重要的知识点上。

再说"会"。要做到会，就离不开做题。

我在物化生三科上，除学校的资料外，都只用一本《五三》。在学校第一轮复习的时候就基本上把《五三》做完了。第二轮复习的时候就做理综套卷。《五三》讲得比较全面，而且题目由易到难，非常适合在第一轮复习时与复习内容同步做。同时《五三》上有各种专题，如选择专练、实验题专练等，用于逐个突击攻破也是十分有效的。看完《五三》就要开始刷题了，如果想让理综上

280分，疯狂的刷题是必不可少的，"学霸"们可以刷到凌晨三四点，但我个人认为身体要紧，不至于熬到这么晚。我做理综最勤的时候每天夜里十一点半开始做，做完后简单批改，然后赶紧睡，第二天再好好分析卷子。我见识过最勤奋的人，除做了学校的题外，他在一个月内还做了30多套题。虽然他成绩不算太好，但能够从200分左右提高到250分，其学习效果还是惊人的。所以勤奋是必不可少的。

最后说"对"。当练习了大量的题，已经具备了不错的理综能力，却总得不到高分，即"不对"。我认为原因主要有两点，一是时间分配问题，二是失误问题。关于时间分配没有固定的方法，适合自己的才是最好的，觉得怎么分配效率高就怎么来。

我在高考前一个月还改变了做题顺序，因为感觉以前的方法节奏不太对，做起来不是特别顺利。但不建议经常改顺序，定下固定的做题顺序就坚持这样做。经常改顺序会找不到做题的节奏。

再说说失误的问题。失误的原因一是不够仔细，题目看错、看漏会经常发生。只能说失误是不可避免的，要尽量减到最少。失误跟平时没有养成仔细、认真的习惯有很大关系，你可以尝试一下把自己曾经做错的题整理成集，时刻提醒自己。做题的时候总是漏审某个题干，你可以试试每次做练习多读几遍题目。做题时经常回过头看看，如果集中不了精力，可以用笔多画几次，或是尝试深呼吸。在做完一道大题时，可以试着望望窗外的事物3~5秒，换一下思维，对做下一道题会好很多。还有一个原因就是不善总结，总在同一个地方失误。下面整理一些总结的方法。

平时考试不要太在意分数。其实分数只不过是对你这一阶段努力的一个评价，考完后不是要盯着它，而是要弄清失分的原因，及时弥补这一阶段的不足。学习的过程，也就是不断发现问题并解决问题的过程。成绩不理想的背后，就是问题的暴露，我们必须立即总结反思，采取措施并加以补救，才能在高考中创造辉煌。

至于考试反思，首先反思的就是平时的学习态度。

如果在考试中，记忆性的题目失分过多，那显然就是投入不足，是学习态度的问题。如果许多简单的知识应用中，出错较多，运算能力欠缺，即反映平时训练不够，这也是学习态度有问题。反思自己平时是否自觉地进行学习、复习，是否心存侥幸心理，认为平时拖拉点没事，只要考试前几天认真一点就可以应付；反思自己是否盲目地学习；反思自己的学习是否扎实，对于新知识是否只是停留在了解、识记的层次，有没有掌握和灵活运用。大多数同学对知识的理解处于一知半解状态，在解题时不知从何下笔。其实，学习态度是决定成绩好差的前提条件，要想取得好的成绩，必须要有一个良好的学习习惯，端正的学习态度。

其次同学们应反思一下对考试技巧的把握。

每次考试总能发现一部分同学缺乏一定的考试技巧，如：觉得考试时间不够；字迹潦草，连自己都看不清；答案由于写在密封线内而被装订上以至于阅卷老师看不到；甚至有学生独辟蹊径，先从最后一道题开始做，等等。作为考试的基本常识：先易后难、规范书写、合理分配时间，这些习惯，都应该在平时的测试中养成。

最后，同学们还应反思一下自己的考试心态。每次考试结束，总有同学说，自己太紧张了，没有发挥好，这就是考试心态的问题。

这中间有急于展示自己以致眼高手低的；有没按老师要求做好充分复习，害怕考试的。没有一个良好的心态，就无法发挥出正常的水平。考试时，过分地看重分数、名次，无疑会增加紧张情绪，影响考试效果。如果把考试作为找出自己存在的问题、便于今后学习的一种途径，那你就不会紧张，反而会喜欢考试，会把考试作为检验自己学习效果的一种手段。其实过程是最重要的，只要过程当中尽心尽力就不怕没有好的结果。

成功一定有方法，失败肯定有原因。吃一堑，长一智。考完后总结反思固然重要，但是更重要的是找到新的起点，以一个好心情，用一种平常心投入到下一轮的学习当中。学会总结，做到细心，失误是可以大量减少的。减少失误，合理安排时间，那么离"会"就不远了。

理综多做题永远是硬道理。不要总听老师说"题不在于多，而在于精"。这些话有时对，有时也不对。"精"的意思是你每做一道题就能提炼出其中通用的规律，一些悟性高的学生做一道题就能归纳出其中的规律，但是理解能力一般的学生还是要多做题。所以你要做的就是多做题，同时还要总结规律，再按你总结的规律去做题，做完后再补漏洞，补完漏洞后你就可以只看不做了。只要一看到相同类型的题你马上知道思路在哪里，陷阱在哪里，这时你就成功了。

有的同学现在偏科不一定意味着以后理综就都考不好，理综是需要大量练习的。基本上化学失分在于漏洞，生物在于背书，物理在于建模，这几个是考卷中的难点，高三时每周最少做两套理综卷，一套是连着做完，一套是每天做一点，还是很有效的。

其实高考没要求你有太多能力，"懂、会、对"就是最基本的理解能力、应用能力与总结能力。只要勤奋好学，成功并不遥远。

　　希望大家好好理解以上方法，能够做到"懂在课堂，会在练习，对在高考"。

疑难突破阅读笔记

独学而无友，则孤陋而寡闻。

关键词	笔记内容
学科特点	
备考方案	
重点难点	

总结: _____

_____

_____

Part 1 /
学霸档案

姓　　名：刘嘉倩

毕业学校：江西省新余市第四中学

高考成绩：总分650　语文128　数学120　英语139
　　　　　理综263

院　　系：清华大学环境学院

Part 2 /
学霸格言

　　高考英语就是要多练多做，多读多写。长期不间断地练习有助于培养良好的语感，对提高成绩及今后的英语学习也有较大帮助。

高三一年的英语学习

一转眼，进入大学已经两年，但高三似乎从来不曾远去，恍若昨天。最记忆犹新的，是对梦想坚持不懈的追求。最终我能如愿进入清华大学，除了我的刻苦，还得益于好的学习方法。

这里我主要谈谈英语的学习方法。就我个人来说，我高一、高二的英语成绩并不好，语法学得比较混乱，全靠高三一年将英语补上来。不过我高一、高二的英语成绩虽然不好，单词却没少背，这也为高三英语的突飞猛进打下了基础。

学霸秘籍

我背单词主要有两个途径：一是遇见生词赶紧记在自己的单词积累本上，二是按计划背四级单词。背单词要抓住零碎时间，下课、吃饭或睡觉前的时间都可以好好利用。背单词也是有很多技巧的，我的那本四级单词书就讲了词根记忆法，相信很多人都知道这个方法，但很少有人能好好掌握并熟练应用。

再给大家介绍下我的高中老师总结的背单词三大原则：

循环模糊记忆原则

循环模糊记忆原则，是指对要记的单词采用先记大概意思，日后再反复记忆的原则。部分同学有一种似乎很可贵的精神，即希望一遍就把大纲词汇全部记牢记死，口号是：一遍过后，生词熟透。事实上，这种希望一遍就完成任务，一劳永逸的思想是极其错误的。这好比我们记几个朋友的电话号码，如果你连续记忆几个小时，但以后就不拨打这些电话了（即不复习了），那么也许一个星期之后你就把这些电话号码给忘了，但是如果能在以后不时拨打这些电话（即日后复习），就很可能在很长的时间里都不会忘记这些电话号码。这样一来，第一遍记大纲词汇会很难记得精确，这没有关系，只要先让自己的大脑有一个模糊的大概的意思就可以了。因为在日后必须做的练习（如阅读、翻译等）中，单词的意思就会逐渐精确明朗起来。

对比记忆原则

对比记忆原则，是因为单词量的增加而迫不得已的办法，也是自然而然会想到去用的原则。比如记过 contribute，又记了 distribute，我们或许不会搞混淆，但如果阅读中出现 attribute 就会既熟悉又陌生；再比如背了 attitude，latitude, aptitude, longitude，就很可能导致看到 altitude 便认为是 latitude 的意思。看到 adopt，就会想到自己似乎背过这个单词，仔细回想查阅过后，才发现其实原来背的是 adapt。所以为了提高单词在阅读中再认知的准确率，只能把这些词型相近、容易混淆的单词放到一起对比记忆。这就像到记忆的海边去捡海螺，如果只捡几个海螺，我们就能轻而易举地辨认出来，但如果我们要捡 6500 个海螺，再想一一辨认出来，就要下功夫去反复对比一些很难区别的海螺。单词也一样，一个基础差、词汇量小的人往往认为单词好背，因为他不了解随着单词量的增大所带来的困惑和区分的困难。考试大纲中近形异义、长得类似的单词有很多，它们好比孪生姊妹，不加以对比区别，就会认错对象，就会在阅读翻译的时候，让自己的思绪越走越远，影响理解速度。因此，在背大纲词汇的过程中，不能偷懒，要自觉地把那些似曾见过，熟悉而陌生，容易产生混淆的形近、音近、义近的词汇放在一起对比记忆，从而把它们真正记住，否则永远别想把单词记精确。

联想原则

联想原则适合那些屡记屡忘、屡忘屡记仍然很容易遗忘的单词。有些联想是比较合情理的，有的联想是比较怪诞的。比如通过词中词、分解、组合、词缀等方法把已学过的单词和生词联想起来是一种比较合情理的办法。其实我们上面讲的对比原则就是建立在联想的基础上的。先端详生词，然后联想到自己似曾背过的单词，这样才能找出来加以对比记忆。另外，联想相关领域的知识也是一种途径。有的同学总把 if only 和 only if 搞混淆，其实稍加联想就不会记错。联想到 if 开头是虚拟语气的象征，所以 if only 一定是虚拟的，但 only if 是表条件的，这样自然就记住了。大纲中有个好单词——indispensable，不少同学写作都想用它来代替 important，但每次都写成 indispensible。这个单词是以 able 结尾的，可以联想记为"有能力的人才是'不可缺少的，绝对必要的，重要的'"就不会写错了。比较怪诞的联想因人而异，比如 compliment 和 complement 两个词，差别是前者中间是字母"i"而后者是字母"e"，有人就联想得很有意思，把"i"联想为汉字的"爱"字，只有爱一个人才会对他"恭维；称赞"。有的同学就联想 complement 是由 complete 变来的，所以是"补助，补足"的意思。还有 adopt, adept, adapt，有的同学把它们的意思串成一句话来背，"我们要采纳专家的改编意见"。其他怪诞的记忆的例子还有，比如有个学美术的同学，把 blend 记为 b（谐音是"不"），lend（借），联想为"不借"自己的彩色颜料，因为自己要"混合；调配"。所以，由于每个人的思维习惯、周边环境的不同，就自然会有不同的联想。这似乎有点无厘头，但能在背单词的苦海中找到背单词的乐趣，何乐而不为呢？不管联想是否合理，不管联想是否健康，不管"黑猫白猫"，只要记住记牢大纲词汇，做到一个也不漏掉，就算达到了我们的目标。

首先，高三上学期复习完所有语法，我用的是一本《五三》，讲语法的大概有十几个单元，一周一个单元绝对足够。

这项任务贵在坚持，不能因为月考或其他情况而断掉某一周的学习。多练多做是少不了的。一定要准备好纠错本。多练多做，足以应对所有基本题型和典型题型，用好纠错本，就不再害怕高难度的题，同时错误率大大降低。在高三下学期将语法学习分为两轮，第一轮是简单复习一遍，看看知识点，不用花太多时间；第二轮就是冲刺，在最后一个月的时间每天做三十道语法题，发现虽然题目都会做，但总有一些粗心或误解题意，经过最后的冲刺，基本做到单选全对。

高三我才开始高强度的作文练习，有了词汇和语法基础，练习作文会轻松很多。最好做到两天写一篇作文，之后一定要去找老师指导，这样才能知道自己的不足之处。写作文也是有许多方法的，我的方法总结起来有以下几点：

一、明确高考写作评分标准

评分标准中最关键的一条是"语言形式的丰富多样性"，即正确使用所学过的必要的词汇、短语、结构，并且能够避免重复；句式结构丰富多样：简单句、并列句、复合句应有尽有。这其实提供了写作的第一条思路"选取各类句式，写出对应句子"。这就需要语法过关了。

二、坚持练习提纲作文

（1）确定写作内容层次及写作要点；

（2）选取所学对应词汇及结构、句型；

（3）按照要点，逐条转换，用正确的英语句子表达要点；

（4）联句成篇，适当过渡。

刚开始写提纲会觉得麻烦，但经常写提纲会发现它能大大提高写作效率。其实写好高中英语作文最重要的是把基本的语法掌握好，不需多么复杂高级的语法（作文想得满分另当别论）。主要是条理清楚，也就是把问题分析清楚。高中英语作文主要是议论文，我常用的结构是：

第一段：描述一下题目的问题，适当引申一下。

第二、三段：从正反两方面论证问题，不要夹杂个人的感情色彩。

第四段：写出个人看法。

加上字迹工整，这样的作文不会得低分。

另外，完形、阅读必须每天练，我一般每天用二十分钟做一篇完形、两篇阅读。我做阅读一般先看题再看文章，看一遍题能了解文章大概意思，再读起来就更好理解。做完形我会先看选项再通读文章，道理跟做阅读类似。

最后说说听力。有时觉得听力练了许久，总不见提高，特别是能看懂的英语也听不懂，问题一般出在发音上。缺少发音练习，对英语发音不熟悉，听起来当然觉得费劲。只有能发准英语音，才能彻底听懂英语发音，就像只有会打篮球的人才能当篮球裁判员一样。英语发音里的细节和奥秘很多，如舌位、语调、省略、变音等，只有亲自学会了英语发音，体验了其中的奥妙变化，才能听懂。看篮球看不懂还可以看个热闹，听英语要是听不懂就热闹不起来了，一个关键的单词没听懂这段话就算白听了。因此提高听力要从学习发音做起，听、说混合练习。另外若想彻底提高听力，仅听、说混合练习还不够，要听、说、读、写四项混合练习。听、说、读、写，就像是一辆汽车的四个轮子，要么四个轮子一起跑，要么都不跑，不可能一个轮子跑，其他的轮子停下。若非要一个跑，其他都停下，则这个轮子跑起来也一定十分费力，而且肯定也跑不了多远。听、说、读、写一起学，四个轮子一起跑，哪个都容易进步。

　　另外选好练习听力的材料也很重要，千万别选太难的材料，一定要选择你勉强可以张口说出来的材料来听，这样听几遍说几遍，听、说能力同步提高，很容易就取得双向进步。

　　总之，高考英语就是要多练多做，多读多写。长期不间断的练习有助于培养良好的语感，对成绩提高及今后的英语学习也有较大帮助。

　　关于英语，我要说的就是这些，希望对大家有所帮助。

疑难突破阅读笔记

独学而无友，则孤陋而寡闻。

关键词	笔记内容
学科特点	
备考方案	
重点难点	

总结: _____

_____

_____

_____

Part 1

学霸档案

姓　　名：刘晓松

....

毕业学校：山东省东营市胜利第二中学

院　　系：清华大学新闻与传播学院

Part 2

学霸格言

再跟大家说说英语给我带来的回报吧：关于考上清华大学这点不需再多提。我自己感到最自豪的就是，现在我已经认识了英、美、意、西、法、俄等许多个国家的朋友，有些是在高中毕业后的云南背包旅行中认识的，有些是在大学结识的，但共同的一点就是我们都是用英语交流。

让我们一起学好英语，拥抱全球化吧

作为高中理科生的我参加了高考前一年12月的文科类保送生考试，并被成功录取到清华大学新闻与传播学院。或许作为保送生的我，没有太多资格去谈论关于如何备战那场激烈甚至说惨烈到血肉横飞的高考，但我想跟大家聊聊我高中学习英语的方法。

作为高中用了大约所有的课余时间去准备竞赛的理科生，在决定参加清华文科类保送生考试时，说不心慌是骗人的。因为文科类只考语文、英语和文综，我一个理科生要如何去跟众多外国语学校的同学竞争？准备过程的艰辛与劳累是不用多说的，但最终我因为英语分数上的优势，成功通过保送考试，却也不是侥幸。

因为在整个高中，英语一直是我花了最少力气却学得最好的学科。所以，我觉得我在英语学习上的一些技巧，还是有些跟大家分享的价值的。

学霸秘籍

我并不太了解正在读这本书这篇文章的你年龄多大，那么我就从小到大来说吧。其实我个人开始学习英语的时间并不算早，甚至可以说很迟。在小学毕业我的很多同学都可以说上几段流畅的英语对话时，我的英语水平大概还集中在苹果之类的词汇上。而上了初中，一开始又因为音标的枯燥对英语产生了一段不短的厌恶期（不知道你是不是也很有同感）。庆幸的是这段厌恶期，在开始学习词汇时结束了。

虽然没怎么好好地听音标，但我却找到了背英语单词的小诀窍：分段。

大概是从小学奥数的原因，我对一些有相似性的东西特别敏感，可能一些最基本的单词还找不到什么共通性（因为毕竟就那么三五个字母），但一旦这个单词稍微长一点（七个以上字母），基本上它们都是由好几个部分组成的了。我曾经目睹一个很要好的朋友记 helicopter（直升机）这个单词，生生在本子上写了 30 遍，才算勉强记住，但是第二天听写的时候还是把 e 写成 a，而我只是看着课本最后的单词表上的词念了三遍，到现在我也依旧可以很轻松地把它拼出来。

举个很简单的例子，就是你想要吃一只烧鸡（因为我是个很爱吃的人，所以估计例子都会跟吃有关），很简单的方法自然是把它分解成几部分去吃，这样你只需要在分解它的时候费一点点工夫，就能很轻松地吃掉整只鸡。而那种靠死记硬背记单词的同学，就像不会吃烧鸡的人，满把抓，想一气儿把一整只鸡都塞到嘴里咽下去，也不想想喉咙能不能承受得了，最后很可能整只鸡都给吐出来……

还是以 helicopter 这个词为例吧，嘴里发着音，我想大家应该都可以很轻松地分出节奏来 he ／ li ／ cop ／ ter。当然这并不一定是唯一的分割方法，但你只要找到属于你的合适的"撕鸡肉"方法，然后最终把它记到脑子里，下次需要写出的时候就一边在心里默念，一边把分解开的一个个字母段放回原位，不是很轻松的事吗？同理，比如说最近我背过的一个单词 encyclopedia（百科全书），它看起来真的长得有点过分，但其实道理还是一样的，en ／ cy

/ clo / pedia，一边读着一边分着段，这个单词很轻松就背下来了，也不会轻易忘记。还有我个人非常讨厌那些宣传得神乎其神的"联想记忆法"，有工夫记下来那一大串联想的东西，早就能记三个单词了。

除了英语最基本的组成元素——"单词"，学习英语让很多同学痛苦的一点就是语法了吧！

但不得不承认，对语法的理解，对复杂句型的分析，很大程度上是不太能用具体的方法讲述出来的。因为老师讲语法、分析句式的时候，是向全班同学讲了一样的内容，有的同学很轻松地就理解了，而且可以"举一反十"，而有些同学就是听不懂想不清。我是属于前一种，但这也算不上什么智商或是基因的问题，仔细想想应该还是语感的问题吧。

前段时间网上很流行一种说法：这么多年来我从来没搞清楚过英语的语法，就是靠着语感支撑我活到现在。听起来貌似很戏谑，但其实是在变相炫耀。因为，就如同我们作为中国人在讲汉语的时候也不会去纠结说"刚刚那句话是什么从句啊""某个词前面用形容词还是副词啊"之类的，就可以很流畅地说出想要表达的意思。而拥有了英语的语感，你就不用在语法上纠结，遇到那些语法题想都不用想，就知道正确答案。

大家肯定要问：那语感是怎么培养的呢？这个问题我觉得是可以给出一个确切但是残酷的答案：多读。

我觉得我的语感大约是在初中二、三年级通过不断地背课文、做阅读培养起来的。当时的确很痛苦，早读时常常为了背下来一篇英语课文，要反复读十多遍。但是在这个过程中，有些句子结构自然而然就清晰了，有些词汇搭配就在脑海中留下了印象。而做阅读，则会极大地锻炼长难句分析能力，而且因为妈妈是高中英语老师的缘故，我在初三就做过了若干高考英语的阅读。当时我课外并没有怎么背单词，因此要用初中的词汇量去做高考阅读是非常痛苦的事情。但硬着头皮啃下来，一篇、两篇、三篇……渐渐地那些长难句就不像开始时给我带来那么多的障碍了。这个过程还极大地锻炼了我猜测陌生词汇的能力，有时这个词本来不认识，联系上下文我也能猜个八九不离十。

就因为有了这些重要的能力，在高三上学期准备清华大学保送生考试时，在两周时间内，我硬是在家做完了近五年来的六级全部题目，把六级单词从头到尾捋了一遍（只是为了能认识，有利于阅读的流畅性）。

我一直信奉的一个观点就是：除考试外，平时做的英语阅读最好以难度高于自己现在水平为好。

也并不是说每个同学都要在初中做高考题，在高中做四六级，但是向上跳一跳总是没有坏处的。一直习惯于做自己熟练难度的题目，只是不停地查漏补缺而没有本质能力的提升，可以说是时间的浪费。

今年许多省市的英语在高考中占的比率都在降低，也许从短期利益的角度来说应该减少在英语上投入的时间，但我认为如果从长远来看，英语的重要性绝对没有降低。高考制度的改革仅仅说明了当下英语考核制度并不能完全反映一个人的真实英语水平，中国传统的"读写为王"的英语学习模式与现在的英语交流需求不那么相适应。

而前文所提到的方法基本都是从应试的角度提高词汇与阅读的能力，但即使我们有了很大的词汇量、很强的阅读能力、不错的语感，并不等于拥有了能够流畅地与外国人交流的能力。这种现象广泛地出现在中国的各个地方，甚至是在清华，我的一些小伙伴也不敢开口说英语。

那么究竟怎么提高英语的口语水平呢？这种问题上百度大约可以搜到几百万条结果，但我还是要讲讲个人的感受。

首要的，也是被提过无数次的，就是敢于开口说。

只要说了第一次，你就会发现外国人绝不是洪水猛兽，他们听到你努力地用他们的语言跟他们沟通，即便再不流畅，他们基本都会被感动，而且很乐于跟你交流。很简单的换位思考就是，假如你见到一个金发碧眼的老外努力地用不怎么熟练的中文跟你交流，你不会感动得心都要化了吗？

但是如果仅有了开口说英语的勇气，而一直用捉襟见肘的口语跟老外交流，估计时间久了对方也会坚持不下去。所以更重要的还是实实在在地提高口语水平。要提高口语水平，前文所提到的语感自然必不可少，而通过持之以恒地训练听力与跟读也是十分有效的。我个人常常在课余时间看一些美剧，最适合训练口语的就是已被封为"圣经"的《老友记》，既能休闲放松又能潜移默化地提升语感。而且最好是看完每集之后在网上下载一些 MP3 的音频文件，可以随时听一听，跟读着回忆剧情，寓学于乐，口语水平自然就提升了。

再跟大家说说英语给我带来的回报吧：关于考上清华大学这点不需再多提。我自己感到最自豪的就是，现在我已经认识了英、美、意、西、法、俄等许多个国家的朋友，有些是在高中毕业后的云南背包旅行中认识的，有些是在大学结识的，但共同的一点就是我们都是用英语交流。这绝不是说中文不重要，但不论你是什么国家的人，都会使用英语作为全球性交流的语言。

所以，不论是往小了说，为了高考取得好分数，上个好大学，还是往大了说，为了结交国际友人，传播中国文化，了解外国文化，学好英语都是非常重要啦！

Part 1 /
学霸档案

姓　　名：惠泽华

....

毕业学校：陕西省西安市西北工业大学附属中学
高考成绩：总分652　语文134　数学141　英语141
　　　　　文综236
院　　系：清华大学经济管理学院

Part 2 /
学霸格言

　　道近乎技，既而优于技。题海无涯，刷题有限，我认为还是应当从根本的知识原理入手，弄清知识框架体系，归纳反思，交流获得新知，轻松而高效。

高中文综学习方法及经验体会

想必同学们已经听过老师、学长学姐无数次强调"得文综者得天下"。事实诚然如此。

在数学、英语省自主命题题目较简单的省份，如陕西，同水平的学生能力相差不大，很难在这两科上获得绝对优势；而语文能力是日常训练出来的，想短期内获得较大提升是很困难的一件事。那么对于文科生来说，迅速提升成绩、拉开差距、持久有效获得绝对优势的做法自然是专注于文综，力争占领文综的高地。

《庄子·庖丁解牛》一章中，庖丁以高超的技术为文惠君解牛，每个切割声都无比精准地切合音律。当被问到何以练就此功时，庖丁这样说："臣之所好者，道也，进乎技矣。"庖丁以神遇而不以目视，官知止而神欲行，依乎天理，故恢恢乎其于游刃必有余地矣。道近乎技，既而优于技。题海无涯，刷题有限，我认为还是应当从根本的知识原理入手，弄清知识框架体系，归纳反思，交流获得新知，轻松而高效。下面我将从"道"——大的方法策略来分享我的高三文综学习体会，希望能对学弟学妹们有所帮助。

学 | 霸 | 秘 | 籍

道——提纲架构

> 始臣之解牛之时，所见无非牛者。三年之后，未尝见全牛也。方
> 今之时，臣以神遇而不以目视，官知止而神欲行。依乎天理，批大
> 郤，导大窾，因其固然，技经肯綮之未尝，而况大軱乎！
>
> ——《庄子·庖丁解牛》

对文科学科而言，总结知识体系、整理提纲架构是我认为最重要的一点，也是我一直坚持的方法，边际效益远大于边际成本，在这里与大家分享。

所谓提纲架构，要在仔细研究考纲的基础上，发现上达领域模块，下至具体知识概念的内在联系，用几条线索把一个个零碎的点串起来，形成几条主线，再发现主线间（此时大多为模块之间）的联系，纵横交错的主线构成知识网面，再按时间空间维度排序，将这张知识网向四周扩散，就构成了空间三维立体的知识体系。如果有需要，你还可以根据具体情况，将它拓展到 n 维……是不是觉得它很强大，又有点玄而又玄、无从下手的感觉呢？下面我将以政治学科为例，与大家分享我的结构框架图。

首先从整体来看，我们的高中政治学科有经济生活、政治生活、文化生活、生活与哲学四个板块。四个板块中，经济、政治、文化是具体相连的，与现实生活直接相关，而哲学则体现在经济、政治、文化具体措施之中，是总的世界观与方法论，因此我们在构建知识体系的时候，可以将哲学单独列出，置于具体的经济、政治、文化内容之上。

具体模块以经济生活为例，它可以概括为四个环节、两个背景和一个总体目标。四个环节即生产、分配、交换、消费；两个背景指的是国内背景即社会主义市场经济，国外背景即经济全球化；一个总体目标是坚持可持续发展观、促进经济又好又快发展。单元概述列出来之后，我们就可以补充进来知识细节点，如消费涉及消费的影响因素、如何提高消费水平、消费类型、消费观；分配环节分为初次分配与再分配，初次分配涉及生产决定分配、影响财政收入的因素、效率与公平的关系，再分配涉及财政与税收作用，最终上升到总的问题——如何促进收入，分配公平。知识点罗列完毕之后，最后一步就是补充具体的知识细节，如消费环节影响消费的因素有：①经济发展状况；②收入，分为当前可支配收入、未来预期收入和收入差距；③物价总水平……就这样，自上而下，一条条知识主线就连起来了。

上面说的只是主线，我们还需要寻找知识间的逻辑关系、相关因素来织线成网。还是以影响消费的因素这一知识点为例，其中影响因素①（经济发展状况）可连接到第九章"社会主义市场经济"和第十章"如何又好又快发展"；影响因素②（收入）可连接到第五章"劳动就业与当前可支配收入"、第七章的"收入分配公平与收入差距"以及第八章的"财政作用与未来预期收入、社会保障"。而这一问题本身也可以跨模块连接到政治生活中的政府职能作用、宗旨原则，在文化生活中即表现为影响文化产品消费的因素，可联想到文化如何发展的问题……

通过消费的影响因素我们联想到上至经济、政治、文化、哲学四模块，下至这一问题的具体知识细节，牵连出一连串内容。其实每个知识点都是这样的，总是与其他内容存在千丝万缕的联系。同学们在学习过程中不妨找找看，这是一个颇有趣的过程，也是对知识全盘整理、熟悉度快速提升的过程。

道——归纳反思

> 良庖岁更刀，割也；族庖月更刀，折也。今臣之刀十九年矣，所解数千牛矣，而刀刃若新发于硎。彼节者有间，而刀刃者无厚；以无厚入有间，恢恢乎其于游刃必有余地矣，是以十九年而刀刃若新发于硎。
>
> ——《庄子·庖丁解牛》

当我们花很大力气整理出知识框架体系后，能觉得从此就大功告成，自此如获珍宝，守着这张表直到高考吗？

当然不是这样。知识是需要不断翻新整理的，我们的体系表格也是这样。听新课时和复习时的感受肯定不一样，第一轮复习和第二轮复习对同一问题的理解也有所差异，有什么新想法、新认识，不妨用另外一种颜色的笔补记在旁边吧。

感觉原来写得有问题或是已经确定当初理解错误的内容也不要直接涂抹掉，我们可以让它一直保留在那里，每一次翻阅都不断提醒自己，每次都去想想它为什么是错的，当初为什么会那样想，现在又是什么让自己改变了想法。

这样反思过去的过程不仅能避免我们再犯同样的错误，还可以让我们加深理解，温故而知新。

道——交流知新

> 你有一个苹果，我有一个苹果，我们交换后，每人还是一个苹

果；你有一种想法，我有一种想法，我们交换后，每个人便都有了两种想法。

——犹太人古语

精明的犹太人非常看重交流的价值，他们往往能团队协作，分享每个人的想法与创意，最后汇集成一个最佳方案，这种集体智慧的结晶往往能获得成功。

我们的学习也是这样，每个人的文化背景不同、看问题的方式不同，想法也不尽相同。当不同的思想交流碰撞时，往往能产生出人意料的思维成果。多和老师交流，可以获得前人经验，执教多年、经手大批学生的老师总是明白哪里是易错点，哪里是难点；多和学长学姐交流，作为同龄人的他们刚刚经历过你们正在经历的东西，会以同龄人的视角给出你们切实可行的方法建议；多和同学交流，你们正经历着同样的环境，感同身受，有什么想法不妨和他们分享。你有好的方法，我有实用技巧，相互分享，大家一同进步。他们是你的竞争者，更是携手前行的同伴，这种战斗友谊在日后越发弥足珍贵。

道——逻辑思维

学习重要的是掌握学习方法，培养思维逻辑。以读题为例，逻辑问题大致可分为三类："是什么""为什么""怎么办"。面对题目，我们要做的第一件事自然是读题。但是，这并不代表把题目的每个字读完就可以说已经完成了这一步；更重要的是去看题目的出题逻辑、设问方向，然后才是从大方向联系所学内容，寻找对应点作答。

"是什么"类问题是三种逻辑中最简单的一种，通常表现为"……反映了……现象""……体现了……原理"，这要求我们扎实掌握基础知识，具有一定的归纳能力，注意把握从现象到本质的主线即可。

"为什么"类问题常用的是因果分析法。即前因后果：我们（不）这样做的原因，这样做的后果影响。前因多侧重知识层面，理论性要求高；后果则侧重现实，要求结合材料分析，分析的过程中要注意利弊双方面考虑和主体分析，如果能加入一些现实时政性语句，一定会让人眼前一亮。

"怎么办"型问题分析方法较多，这里介绍几种最常见的方法。①主体分析法。事情总是通过其特定主体来完成、显现作用的，大致可分为宏观主体（如国家、社会等）与微观主体（如公民、企业、社会组织等）两类。这件事情怎么办只要想想有关各方应怎么做，汇集起来就是整体措施，这样可以简化问题、降低难度。②根据现状提建议、根据目标提建议，这两类问题都有较强的针对性。③通用逻辑：主体＋方法＋途径＋媒介……展现出事情进展的每一环节，展现出完整的横切面来。恰如其名，这种逻辑的适用性非常强，但要注意有重点，有层次，切忌全盘堆砌。

从根本的知识原理入手，弄清框架体系，归纳反思，交流知新，培养思维逻辑。这是我高三文综学习的一点感悟，写出来与大家分享，愿有所裨益。

疑难突破阅读笔记

独学而无友，则孤陋而寡闻。

关键词	笔记内容
学科特点	
备考方案	
重点难点	

总结:

Part 1 /
学霸档案

姓　　名：赵芙愉

毕业学校：广东省中山纪念中学

高考成绩：总分677（广东省第二名；中山市文科状元）

语文132　数学139　英语141　文综265

自主招生加分25

院　　系：清华大学经济管理学院

Part 2 /
学霸格言

学习方法以适合自己为重，不能照搬照抄，邯郸学步最终只会害了自己。但是也应多与别人交流学习心得，博采众长，不断调整自己的方法。

关于高中语文学习的心得体会

总的来说，第一，高中的学习重在讲求效率，注重方法。就拿背诵来说，心不在焉地对着书本看一个小时肯定不如全身心地投入十分钟更有效率。学习方法以适合自己为重，不能照搬照抄，邯郸学步最终只会害了自己。但是也应多与别人交流学习心得，博采众长，不断调整自己的方法。

第二，题海是绕不过去的。但是不能为了做题而做题，一定要注意总结归纳，建立自己的错题本，做一道题要有做一道题的收获。同时还要保持良好的心态，平时练习成绩比较差的时候不要气馁，更不能自暴自弃，而是要不断鼓励自己，平时就把问题暴露出来，把不会做的题目都解决掉，到了真正显身手的时候就会取得巨大的进步。

第三，多和老师交流。每次考试过后都要积极主动分析优点和不足，写成属于自己的经验总结，这便是以后每次考试前的绝密撒手锏，因为避免重复犯同样的错误便是最大的赢家。在通往成功的道路上不需要过多地和别人比，你要做的就是战胜自己。战胜过去的自己便是最大赢家。

学霸秘籍

一直以来，我对语文学习比较有心得体会，也很幸运碰到了很多优秀的语文老师。那么我就详细谈谈自己对语文学习的一些看法吧，仅供学弟学妹们参考，具体的还是要靠大家自己在实践中摸索出适合自己的方法！

众所周知，语文学习并不是一蹴而就的。语文大厦的构建需要从小就为它添砖加瓦，那么成功才会是水到渠成的事情。

但是如果你觉得自己以前不够努力，也没有关系，从现在开始永远不晚。语文之花只要你从心底重视她，呵护她，对她施以正确的适当的营养肥料，她便能够茁壮成长。就拿广东高考语文为例说说具体的做题方法吧。

基础题里面关于字音、成语等知识重在积累，最好是放在平时零碎的时间来做。比如说，每天早读抽出一点时间来巩固，中午在食堂排队的时候再拿出来看一看，晚上熄灯睡觉前再拿出来看一眼，这样下来，一些零碎的不容易记住的基础知识就能在潜移默化中被攻克。在这个过程中，有一本专门用来记录易错字词的笔记本是十分必要的。在平时做题的过程中遇到不会的就随手记下来，然后用不同颜色的笔进行标记，哪些是重复记忆后攻克的，哪些是反复记忆后仍然记不住的，也就是说要定期进行大清理，这样能带给自己心理上的成就感，同时也方便日后的记忆。

对于文言文，我觉得多读是最重要的。不仅是书本上学过的文言文要定期拿出来反复读，每一篇做过的文言文也要在当晚或者第二天早读时拿出来从头到尾读一遍。在读的过程中要注意把其中的重点字词顺带着回顾一下。当然，这要求在做完一篇文言文之后最好能自己进行认真的批改，对照参考注释翻译全文，圈出其中实词、虚词、特殊句式等的重要考点，这样再拿出来复习的时候就会一目了然。多读可以培养语感，而语感在做题的时候是非常有帮助的，特别是在你不会做的时候。遇到不会做的题还是有方法可循的，不能胡乱猜，而是要在迁移书本知识的基础上猜。也就是说，出题人不会平白无故地考你一些非常难非常偏门的题目，而是根据你在书本上学到的知识，对它们进行一定的升华之后来考你的。这时，我们便运用通过多读训练出来的语感来帮助我们很快地联想到书本对应的知识，从而正确地做出这道表面看上去很难的题目。实词、虚词释义题还有一种简单有效的答题方法即代入法，直接将词语意思代入原文中，凭借对句子整体的理解来做题。至于翻译题，建议一定要打草稿，不能拿来就在试卷上写。翻译要注意以直译为主，重点字词一定要翻译到位，然后把整句话意思理通顺后再写到试卷上。

诗词鉴赏这道大题是有一定难度的，所以首先我们要摆正心态，争取完整丰富地回答每一问来尽力拿到更多的分，而不要总是想着"我肯定做不好""糟了，又要失分了"等。不过，经过系统的总结和做题归纳，诗歌鉴赏还是可以很容易就攻克的，一定要有信心：付出努力，就会得到好的结果。具体来说，分类有几种，按题材、体裁、朝代等，每一类都有一些固定的答题模式，这在做难度比较大的诗歌鉴赏题时是很有帮助的。比如说咏物诗，也许你对诗歌不是太理解，但是只要你能从题目或某一两个字眼中看出这是在写一种物，那么对于诗歌的主旨你就应该向这种物寄寓了诗人怎样的情怀上面思考。我们要做的就是多归纳这种思路，对每一类题型都有了思路后就会对做题充满信心，能以不变应万变。当然，也不能生搬硬套，还是要实践和理论相结合才能得出最满意的结果。

论说类文本的阅读题重在细心、静心。所有的答案都可以在文中找到，两道选择题要注意选项经常设错的点，比如说张冠李戴、无中生有、绝对化等。杜绝粗心，最好是在文中画出每一个选项对应的语句，逐字对照，不仅能提高做题的正确率，最后检查起来也方便。问答题的回答要完整，一定要把观点阐释清楚，当然，并不是鼓励啰唆，而是要让你写的每一个字都具有意义，这样高分才会手到擒来。

选做的阅读要根据自己的特点，擅长哪一种题型就果断地选择它，然后调动所有的知识，完整丰满地呈现出自己的答案。无论是文学类文本还是实用类文本，每一种题型都有固定的模板，比如说小说中环境描写的作用，传记中刻画人物的方法，这些基本的知识一定要烂熟于心，这样才能运用自如。不过，在大家都记住模板的情况下怎样脱颖而出呢？秘诀就是要具体——把模板的语言和文本内容有机结合，详细解说，这样才能写出完整的答案。比如，侧面描写的作用，不能仅仅说是突出人物形象，而是要具体说明突出了人物怎样的形象。只要我们多解说一点，具体一点，答案的完美度就会大大提高。

语言运用方面有很多种题型，高三总复习前老师一般都不会太系统地讲，这个时候就需要自己平时在练习中每见到一种类型就有意识地总结一下，起码要时常复习一下，要不然一种题型太久不练是会生疏的。到了一轮复习时，老师会系统地讲解每一种题型的答题方法，这个时候更要认真做笔记，认真做练习，把每一种题型都弄懂。比如说图表题，应该怎么归纳图表内容，从哪些角度归纳图表的变化等。这类题的形式比较多变，所以见到新题型不要怕，要相信考的都是你学过的内容，要有信心、耐心，还要细心。

最后便是作文了，这应该是主观性最强的一道题，所以我说的也只是我自己的方法，具体的还是要结合自己老师教的和自己的经验总结吧！广东省高考作文这几年都在考查材料作文。材料作文，顾名思义，就是要体现材料，结合材料，万不可脱离材料，跳出材料。首先，标题是文章的眼睛，所以标题最好能比较直白地体现你文章的中心论点。当然，这都是针对议论文来说的，其他文体就另当别论了。在清晰明了的基础上再考虑适当地运用一些修辞手法使标题变得更生动些。其次便是开头，开头最好也使用一些修辞手法，吸引老师的眼球，引用、排比、比喻、对偶等等，这些修辞都是比较容易写出彩的。然后便是主题部分了，主题部分一定注意结构、思路要清晰，每个分论点最好放在段首明显的位置，甚至可以单独成行。分论点最好要有文采，同样可以采用修辞手法。具体的论述里要注意事例的丰富性和多样性，举完例最好要有一些自己的见解和看法，呼应主旨的句子等。结尾处最好能吸引人，发人深思。

这样，一篇优秀的考场作文就出炉了。当然，还是那句话，作文的主观性非常强。以上说的仅仅是我个人的经验之谈，具体的还是要视每个人的实际情况而定。

把每种题型都简单地分析了一遍之后，我觉得最重要的还是要把握好整体，注意一些考试的小细节。比如说时间的控制，最忌讳的是出现作文写不完的情况。但如果感觉自己真的写不完，一定要果断结尾，一篇匆忙结尾的文章总比一篇没有结尾的文章好。在平时的练习中一定要控制好自己的做题节奏，一般前面基础题用多久，做到阅读题时剩下多少时间，留多少时间写作文等，这些都是要在无数次考试的历练中形成的。还有就是诸如不要忘记涂答题卡、不要忘记写名字、尽量不要写错别字、注意卷面整洁之类的问题，这些都是考试中不可忽视的细节。

说了这么多，总的来说，就是方法虽多，但适合自己的才是最好的。在高考中注意细节，力求清晰完整，熟记答题思路，就一定能取得优异的成绩。愿大家在语文的海洋里尽情徜徉！

Part 1 /
学霸档案

姓　　名：童　心

··

毕业学校：重庆南开中学

高考成绩：总分650　语文128　数学120　英语139

　　　　　理综263

院　　系：清华大学环境学院

Part 2 /
学霸格言

　　我们在抓住问题的本质特征和规律，灵活运用基本原理和公式进行分析解答的同时，还要注意讲究一些解题策略和方法技巧，使一些看似复杂的问题迎刃而解。

数学学习之我见

　　数学是最基础的一门学科，尤其对理科生来说，扎实的数学功底对理综的学习也有莫大的帮助。所以，学好数学是十分必要的。

　　撇开数学学习不谈，先谈一下我曾看过的一篇讲苦学、好学、会学的文章。

　　第一种为苦学：提起学习就讲"头悬梁，锥刺股"，刻苦、刻苦、再刻苦。这种同学，觉得学习枯燥无味，对他们来说，学习是一种被迫行为，体会不到学习中的乐趣。长期下去，对学习必然产生恐惧感，从而滋生厌学的情绪。结果，在他们那里，学习变成了一种苦差事。

　　第二种为好学：所谓"知之者不如好之者"，达到这种境界的同学，兴趣对学习起到重大的推动作用。他们对学习如饥似渴，常常达到废寝忘食的地步。他们的学习不需要别人的逼迫，自觉的态度常使他们取得好的成绩，而好的成绩又使他们对学习产生更浓的兴趣，形成学习中的良性循环。

　　第三种为会学：学习本身也是一门学问，有科学的方法，有需要遵循的规律。按照正确的方法学习，学习效率就高，学得轻松，思维也变得灵活顺畅，能够很好地驾驭知识，真正成为知识的主人。

学 霸 秘 籍

其实学数学就是这样，先是苦学，做大量的题来磨炼自己，训练自己的数学能力；但题做多了难免枯燥甚至反感，这就需要好学，要真正体会到数学中的美感，对数学产生兴趣；接着要会学，掌握高效的学习方法。

下面为大家介绍一些我高中时学习数学的方法及心态调整的经验：

首先讲解析几何，针对解析几何各种题型提出一些方法。

题型一，中点弦问题：具有斜率的弦中点问题，常用设而不求法（点差法）。这个方法要好好地训练，还要理解方法的本质及内涵，比如利用点差法解决相关的曲线上是否存在一点关于某直线对称的问题。

题型二，焦点三角形问题：椭圆或双曲线上一点与两个焦点构成的三角形问题，常用正、余弦定理搭桥。三角形是最基本的几何图形，而焦点三角形是圆锥曲线定义和正余弦定理的最好载体，应予以重视。

题型三，直线与圆锥曲线位置关系问题：解决直线与圆锥曲线的位置关系题目的基本方法是解方程组，在转化为一元二次方程后，利用判别式，应特别注意数形结合的办法。在利用本方法的时候要注意两点：第一合理假设直线方程，不要忘记斜率不存在的情况；第二是在转化为一元二次方程时要验证"△"，特别是在解决下面题型四的时候切记！

题型四，圆锥曲线的有关最值（范围）问题：圆锥曲线中的有关最值（范围）问题，常用代数法和几何法解决。若命题的条件和结论具有明显的几何意义，一般可用图形性质来解决。若命题的条件和结论体现明确的函数关系式，则可建立目标函数（通常利用二次函数，三角函数，均值不等式）求最值。在建立目标函数的时候一定要有定义域意识，所以在我们建立了目标函数之后，一定要求一下函数的定义域。最值定值问题都是这几年考查的重点，要好好地训练。

题型五，求曲线的方程问题。分以下两种情况：

（1）曲线的形状已知——这类问题一般可用待定系数法解决。

（2）曲线的形状未知——求轨迹方程，可用相关点法等。

一定要重视一般轨迹的方法，所以曲线与方程这一节课要特别重视一下。

题型六，存在两点关于直线对称问题。在曲线上存在两点关于某直线对称问题，可以按如下方式分三步解决：求两点所在的直线，求这两直线的交点，使交点在圆锥曲线形内（当然也可以利用韦达定理并结合判别式来解决）。点差法的应用一定要熟悉。

最后，向量的工具性是解决解析几何问题必不可少的内容。所以我们一定要重视向量的转化和处理，如以线段 AB 为直径的圆过点 O 转化为向量的数量积为零等。

总之，在解决解析几何问题的时候一定要细心，因为它考查了我们的计算能力。

其次讲一些排列组合的解题方法。

（1）是使用"分类计数原理"还是"分步计数原理"，要根据我们完成某件事时采取的方式而定。可以分类来完成这件事时用"分类计数原理"，需要分步来完成这件事时就用"分步计数原理"。那么，怎样确定是分类还是分步呢？"分类"表现为其中任何一类均可独立完成所给的事件；而"分步"必须把各步骤均完成才能完成所给事件，所以准确理解两个原理强调完成一件事情的几类办法互不干扰，相互独立，彼此间交集为空集，并集为全集，不论哪类办法都能将事情单独完成。"分步计数原理"强调各步骤缺一不可，需要依次完成所有步骤才能完成这件事，步与步之间互不影响，即前面步骤用什么方法不影响后面的步骤采用的方法。

（2）排列与组合定义相近，它们的区别在于是否与顺序有关。

（3）复杂的排列问题常常通过试验、画"树图""框图"等手段使问题直观化，从而寻求解题途径。由于结果的正确性难于检验，因此常常需要用不同的方法求解来获得检验。

（4）按元素的性质进行分类，按事件发生的连续性进行分步是处理排列组合问题的基本思想方法，要注意"至少""至多"等限制词的意义。

（5）处理排列、组合综合问题，一般思想是先选元素（组合），后排列，按元素的性质进行"分类"和按事件的过程"分步"，始终是处理排列、组合问题的基本原理和方法。通过解题训练要注意积累和掌握分类与分步的基本技能，保证每步独立，达到分类标准明确，分步层次清楚，不重不漏。

（6）在解决排列、组合综合问题时，必须深刻理解排列、组合的概念，能熟练地对问题进行分类，牢记排列数与组合数公式与组合数性质。容易产生的错误是重复和遗漏计数。

总之，解决排列组合问题的基本规律，即：分类相加，分步相乘，排组分清，加乘明确；有序排列，无序组合；正难则反，间接排除等。

我们在抓住问题的本质特征和规律，灵活运用基本原理和公式进行分析解答的同时，还要注意讲究一些解题策略和方法技巧，使一些看似复杂的问题迎刃而解。

第三讲讲高考心态调整。

加强自我暗示。就像有一年春晚的黑马节目《今天的幸福》中，女主角说的一句话："别总想着自己没啥，要多想想自己有啥。"考生们也是一样，别总觉得自己不行，越消极越没有自信，要多看看自己的优势，比如答题时很细心，不会因为细节而丢分。给自己正面的、积极的心理暗示，告诉自己"你最棒"，这样才能够有昂扬的斗志来支持你完成考试。

提升自信心。 相信很多老师都会教给学生一个提升学习成绩的方法，那就是把每次做错的题都记录在一个小本子上，平时多花点时间在这些曾经做错的题目上。这个方法在平常的模拟考中能够有不错的效果，但是我个人认为，临近高考的时候，还是要多做一些基础题。一是因为近年来的考题还是有偏向基础知识的趋势；二是做一些一般难度的题目，可以让自己觉得能够解决问题，加强自信心。若是钻牛角尖，非要做偏题、难题，则会让自己感觉自己很没用，一道题也答不出来。一旦情绪变得低落，答题时何谈正常发挥甚至超常发挥呢？

学会自我减压。 不要把高考看成是人生的唯一目标，这样的想法会给自己的思想压上一个极大的包袱，人也会变得患得患失，甚至觉得如果高考失利，人生也就完了。这种极端的想法一定要摒除，要告诉自己：高考并不是人生的全部，高考也不能决定一个人的命运，只要尽力做到最好，让自己没有遗憾，那就是高考最大的意义和收获。

专注眼前之事。 有的同学心思很重，一天到晚总是想着"我这次能考个什么大学啊""这个大学的专业以后能不能找到好工作啊"等。说好听的是懂事早熟，说不好听就是庸人自扰。在这些想法的驱使下，往往会使自己的学习节奏越来越乱，抓不住重点，结果本末倒置，忽视了眼前最关键的事情是如何沉着应考。建议同学们不要想得太多，把心思放在当下，切记一步一个脚印，踏实地走好每一步，这样才能够为更美好的明天打下坚实的基础。

做到好学会学，有了好心态，离高考成功就不远了。

Part 1 /
学霸档案

姓　　名：曾楚元

....

毕业学校：福建省厦门外国语学校

高考成绩：总分691（福建省高考理科状元）　语文125

　　　　　数学135　英语147　理综284

院　　系：清华大学经济管理学院

Part 2 /
学霸格言

　　学习的内容和空间应该并不局限于英语课本，而是以提高自己的英语应用能力为目的去学习。不用担心自己不专注于考试内容会"吃亏"。其实，在高中阶段学习英语的同学如果能把眼光放到高考外，放到课本外，练习口语练习听力，着重锻炼自己的实际应用能力，高考成绩必然是不会差的，至少不会低于135分。

论英语的正确打开方式

高考的英语科目我拿到了 150 分中的 147 分, 也是我最满意的一科。回顾高中三年的英语学习经历, 我认为很值得拿出来与大家进行分享。

先简单介绍一下我在这方面的经历吧: 高二时, 我获得了全国中学生英语能力竞赛高二年级组一等奖, 两年后, 我又收获了 "中信杯" 厦门市第三届双语之星英语口语大赛三等奖等荣誉。我在中央电视台英语演讲大赛中表现优异, 临场发挥大方得体, 才思敏捷, 语音清晰, 发言流利, 获得评委的一致好评和参赛选手的认可, 在高二那年的中央电视台 "希望之星" 英语风采大赛福建省决赛中收获高中组一等奖并位居福建省总分第七名。在高二, 我还利用课余时间参加了 TOEFL 的考试并获得 109 分的成绩, 其中阅读和写作都获得了 29 分的高分。在高二的暑假里, 由于成绩优异, 我有幸作为年级代表前往香港, 参加港大建校 100 周年庆特意举办的 "Tasters" 夏令营。在为期三天的短暂行程中, 我接触了来自五湖四海的同龄人, 我们共同完成合作项目, 交流自己的生活和感想, 建立了友谊, 更让我切身感受到国际视野的真正含义。

正是以上的经历让我感受到, 自己高考英语的得分不是一个偶然。高中三年, 自己在英语方面得到了长足的锻炼和广泛的积累, 因此才能在高考中考出让我满意的分数。

学|霸|秘|籍

　　首先我想谈一下我对英语这门课的理解。英语和高考的其他科目不同，它是一门语言学科，而且不是中国人的母语。也许有的同学在大学选完专业之后就基本上用不到物理化学生物了（比如我就是这样），但是英语，作为世界最通用的语言，无论身处任何领域，只要想有好一点的发展，都是必须掌握的。高考结束后，很多人还将使用英语至少二十年。

　　因此，英语不仅是学来用于应付高考的。我们不应该抱着一种功利的、应试的角度去看待英语，而应该真正把它当作一门能力去学习。

　　学习的内容和空间应该并不只是局限于英语课本，而是以增长自己的英语应用能力为目的去学习。不用担心自己不专注于考试内容会"吃亏"。其实，在高中阶段学习英语的同学如果能把眼光放到高考外，放到课本外，练习口语练习听力，着重锻炼自己的实际应用能力，高考成绩必然是不会差的，至少不会低于 135 分。成绩不好的同学恰恰多是"效率至上"，只练习高考要考的内容和形式，不注重其他方面，结果在考题的变化中找不着北。

　　正是基于这些想法，以下我将谈两点经验方法：第一点是关于如何提高英语能力；第二点则是关于高考应考。

像科学健身一样学英语

　　人的身体是一个有机的整体，因此在锻炼的时候要注意整体的协调性和对称性。比如说，有人健身的时候只练胳膊，那么过一两个月，他的整个人会看上去非常不协调，同时身体其他部分的力量匮乏也会导致他无法发挥出胳膊应有的力量。结果就是刻苦训练了很久，但既不好看又没有用。

学英语也是一样的道理。想当年，好记星的广告红遍大江南北，靠的就是"听说读写译"的噱头。

其实这和健身类似，一定要均衡地发展自己英语的各项能力：比如听和说的能力很容易一起训练，读和写的能力很容易一起训练，英译汉和汉译英的能力很容易一起训练。每天给自己一些英语氛围，交叉进行各项训练，英语能力很快就可以获得提升。

下面具体介绍每一项的训练方法：

听和说：当然，和 native speaker（母语使用者）聊天永远是最好最有效最正确的办法，但是并不是所有人都有 native speaker 的资源；有的同学喜欢去 omegle（一个匿名和随机的全世界网友聊天的网站）这样的网站随机找外国小伙伴聊天，但这对英语提高并无好处。一方面你找到的外国小伙伴不一定是 native speaker，比如找了个俄罗斯的，那你俩谁的英语比较正宗还很难说；另一方面，其实英语是有阶层的，在英语国家，不同社会背景的人接触到的词汇量并不一样，而有些英语词汇你是用不到的，有些人不良的语言习惯还有可能影响你自己的语言学习，降低语言质量和品位。除了跟比较正宗的 native speaker 飙英文，最好的办法就是找一些地道的材料来听，这里推荐 VOA，即 Voice of America（不是"美国好声音"啦，人家叫"美国之声"，是一个广播节目。相信我的推荐和很多权威推荐是一样的，这就对了，因为很有效）。VOA 的特点是有速度的分层，并且语音语调非常正宗，适合新手循序渐进。每一段新闻稿可以听三遍，第一遍记关键词，第二遍记框架，第三遍补细节。争取三遍听完之后用你的笔记复述出整个录音内容，你就合格了。口语，当然是模仿了。听过几遍之后，相信你对这段新闻的语音语调都有了比较深刻的印象。此时去模仿，当然会起到最好的效果，模仿的关键——出声！沉默练习法永远无法带给你一口流利的口语。

有很多同学想用看美剧的方法来练习听力，美其名曰"我把字幕关掉然后相当于练听力了"。错错错！美剧是个很大的坑。首先很多美剧词汇的专业性和生僻性不适合用来练习听力。比如《The Big Bang Theory》，其中出现大量的科技词汇，不但听不懂还会影响连贯性和自己的心情；再比如《2 Broke Girls》，其中有很多的"荤笑话"和暗喻，以及 native speakers 才能理解的笑点，也不是很合适的听力材料。再者，一般这样想的同学看着看着就会专注剧情或者演员，跟看正常电视剧一样了，并不会集中注意力去训练。最后，这会带给你一种"我在学英语"的错觉，但是实际上你并没有得到提高，这才是最危险的！

读和写：一般来说，阅读和写作比听、说要枯燥一些。当然了，每个人都只愿意动动嘴皮子，不想去动手。但听力和口语就像是植物的花朵，阅读和写作能力才是根基。因此一定要练好。

和听力一样，阅读材料的选择比较关键。说到这里，请各位同学不要再局限于英语课本上的课文了……中国的英语教材基本都是中国人撰写的，对中国学生来说相对容易读懂，却没有读懂的必要，因为其中很多词汇的用法生涩，表达不地道，颇有中式英语的风范。其中的很多用法 native speaker 一辈子也不会这么使用，学来自然不正宗。目前国内能接触到的英语原版材料已经很多了，所以资源已经不再是问题，在这里推荐的是《纽约时报》之类英文报纸的电子版，词库比较日常化，表达也不会故作高深，比较地道，通过它还可以每天在学英语的同时关心一下美国又发生了什么大事。系统的阅读材料推荐《新概念英语》，可以根据自己当前的水平在其中任选一本来读。每本书的课文长度由短到长，单词量也不是很大。虽然《新概念英语》是一套很老的教材，但其课文依然十分经典。文中的句式、短语、俚语放到现在来看，也是非常地道的英语表达。要学英语当然是从老外那里学最地道的英语。

阅读成绩好，写作水平自然会不断提高。这个道理在任何语言体系中都是通用的。见得多，自己会用的就多。平时阅读的时候注意背诵读到的让自己眼前一亮的句式和表达，写作时它们就变成了你的素材，用起来自然得心应手。

"实在的"高考应试相关内容

这里介绍一下高考应试的相关内容。其实，如果你坚持了我前面提到的英语训练方法一到两年，这部分就可以略过了。因为高考这点难度完全 hold 不住你。你已经站到了比高考还高的山峰上，向下俯瞰，高考想玩点什么小伎俩当真是一览无余。所以此部分，适用于英语能力并不强，但是想在高考的最后时刻瞄准分数进行冲刺的同学们。

福建高考英语分为听力、单选、完形、阅读、填词、写作六部分。下面我针对这六部分分别进行题型分析和临考经验分享。

听力：应该算是整个高考中最简单的部分。平时练习听力的时候主要练习做笔记的能力，争取一遍过去能够记下听力录音中的关键信息点，例如时间、地点、人物等，好让自己做题有记录可依。听力开始前要看一遍至两遍听力题，对听力题有足够的印象，才知道听录音时要注意的重点是什么。另外，要特别留意出现的人名，别让人名干扰了你的信息获取。

单选：考查的主要是语法，看你平时背语法够不够用心，也看你的运气怎么样（是否会遇到自己不熟悉的语法点）。语感这种东西，如果你没经过我以上所说的训练，还是不要盲目相信的好。如何复习语法？首先是要背，然后是针对每个类型做足够的练习。这跟复习数学的方法类似，也正因为如此，单选题绝对不能成为丢分点。考场上要注意，不要"想当然"地陷入思维定式，因为很多题目就是这样丢分的。再有，一定要有做句式分析的良好习惯，碰到自己没见过的复杂句，首先要标出主谓宾，确定句子成分，一般能收到茅塞顿开的效果。

完形：考查阅读能力、观察细节的能力及说英语的地道程度。完形填空非常讲究上下文的呼应，很多你不知道怎么写答案的题目，其实答案就藏在上下文里。很多同学觉得完形很难，经常出现"不是排除两个就是排除四个"的情况，这要么是因为你没有发现上下文里的玄机，要么是你在纠结哪种表达更合适——后者的问题就属于"英语学得不地道"的情况。我们经常看到完形填空答案里的"习惯用法"四个字，并大呼"坑爹"。其实这种答案真的没法解释，因为老外就这么用，所以答案是这个。没有做出来，只能代表你见得少了，到了高考的时候也没处说理去。对于没有时间再做积累的高三学生来说，多练完形填空可以使你提升做题技巧，锻炼更好地联系上下文的能力，使你在习惯用法方面积累更多。考试时做完形填空建议读三遍：第一遍不做题，在缺了词的情况下弄清楚文章大意；第二遍边读边做题，记得联系第一遍读完之后的印象；第三遍从头至尾检查一遍，看看哪里读起来很别扭，同时在脑海里再现故事的画面，看看哪里不符合逻辑。

阅读：建议先弄清楚文章每一段的大意，方便做题的时候快速定位。如果是能在文章中找到答案的题目（除主旨大意题和词汇推断题外的所有题型都能在文章中找到答案），直接找到相应段落画出相应内容进行选择。需要注意的是，有时候题目选项和文章中对相同内容的表达方式有差异。词汇推断题并不难做，只需联系上下文进行理解即可。

写作：读得多就写得好。尽量使用自己背诵的经典句式吧（注意不是原句照抄），如果没有，就尽量写长句子（总不能让老师觉得咱三年啥都没学吧），多使用高中阶段学到的词语（比如 I am、I think 这些就别满天飘了，会给老师留下很差的第一印象）。

最后是一些关键问题。

单词要不要背？——需要。不管你是什么水平的学生，扩大自己的词汇量都是学习英语最有效的方法之一。要应付高考的话，起码"3500 词"应当掌握得非常熟练。如果有条件的话，强烈建议你背完大学四级的单词。这样一来，一是可以站在比高考稍高的角度来参加高考，二是进了大学之后不用重新背单词，一举两得。

需要题海战术吗？——需要。除去前文提到的语法部分，多做阅读理解和完形填空也有利于你更深刻地理解高考出题人的出题套路。经常进行套卷练习有益于调节高考时的时间分配（当然，英语考试一般会剩下一些时间，不像数学理综之类的节奏那么紧）。

以上就是我对英语学习的一些心得，希望能给挣扎在词海中的同学们一些帮助，也希望你们能在高考中考出自己满意的成绩！

Part 1 /
学霸档案

姓　　名：贺渝淼

··

毕业学校：四川省达州市第一中学

高考成绩：总分641

院　　系：清华大学生命科学学院

Part 2 /
学霸格言

学习不是平步青云，而是一件需要长久坚持的事，不仅要肯下功夫，更要戒骄戒躁。毕竟成绩的提高不能立竿见影，如果一时半会儿看不见成效也千万不能懈怠，只要持之以恒地下功夫，最终一定能从量变促成质变，让你的成绩更上一个新台阶。

不积跬步，无以至千里

——语文学习经验

相信对于大部分同学来说，语文算得上是一门中庸的学科。在这个科目上，一般不太容易与其他人拉开差距，这也说明了想要在语文上有所提高也并不像数学、英语那样容易。《荀子·劝学篇》中说道："不积跬步，无以至千里；不积小流，无以成江海。"可以说，这就是学习语文的奥秘。

不管是从平常的学习，还是从试题的类型来看，我们可以明显地看出语文的基础是"字、词、句"，夯实基础之后再要提高就得从"章"来入手。正是这四个部分几乎构成了语文学习的全部。下面我从试卷的角度来谈谈怎样具体地锻炼语文的答题技巧，从而提炼出事半功倍的学习方法。

学｜霸｜秘｜籍

四川卷语文试题的第一部分是选择题，其中又分为基础知识、科技文阅读和文言文阅读三个部分。

基础知识共四题，一般是对字音、字形、成语和病句的考查。显而易见，这个部分的题属于记忆型而不是技巧型，所以是不允许失分的。这就需要平时大量积累、背诵正确的字音字形和成语，并掌握常见的病句类型。我的建议是，可以在早读时抽出时间读一下容易读错音或者写错形的词语、成语及它们的意思，一来长期读诵可以留下一定的印象，二来可以培养出语感，而语感对于判断病句又是十分重要的。另外，通过大量的练习我们可以发现，各套试卷的前四题存在着相当分量的重复，也就是说，我们可以提炼出一些常考点、重点词，可以在上面多下功夫。在归纳重点考点方面，各大教辅资料都做得很好，我们应该学会有效地运用资料。

接下来是科技文阅读。给出的文章是说明文，内容一般都与科学技术或者环保相关，考题大致分为细节题和归纳题两种类型。所谓细节题，就是可以在文章中找到答案，但是答题时不可能在找细节上花费太多时间，所以我建议大家在阅读文章时，可以一边读一边根据自己的感觉勾画出一些重点词句，这样在你返回文中找答案时，可以省下不少时间。而归纳题需要的是你对文章内容的理解，一般不会有太大的问题，但是需要小心一个陷阱，绝对不能有先入为主的思想，一定要根据文章本身传达的意思来理解。

再之后是文言文阅读。试卷给出的是一篇课外的文言文材料，多为人物传记。虽然是课外的文言文材料，但其中的难点词语其实都是课堂上学过的文言词汇。这就要求我们平常在学习文言文时不能一味地死记硬背，要学会活用文言词汇，尤其是文言虚词，毕竟文言文阅读三题中的两题都是对文言词汇的考查，不仅要记住这些虚词在课文中的意思，当它出现在陌生的句子中时，也能辨别出它的正确意思。第三题则是对文章大意的理解，一般是要求选出关于文章内容正确或是不正确的一项。这个可以采用排除法，即使不能准确了解每句话的意思，也可以比较容易得到正确答案。而之后的文言文翻译，才是真正考验文言文功底，不仅有对大意的理解，更有对关键字的正确翻译，所以大家在答题时应当尽量做到直译而不是意译。

诗歌鉴赏可能对于很多人来说是一个难点，毕竟古诗不是一种浅显易懂的文体，阅读和理解的时候需要透过现象去看本质。古诗当中的现象就是所谓的"意象"，每个意象都反映出不同的意境。在平常的学习中，我们可以积累出不少古诗中常用的意象，比如"明月"一般表达思乡之情，"杨柳"一般抒发离别之意等。这样，在我们阅读一篇陌生的诗歌时，就可以帮助我们更好地理解诗歌大意。另外在答题时，更要学会运用试卷上给出的信息——注释。要知道，试卷上的每一字每一句都是十分宝贵的，如果试题给出了注释，就说明一定与诗歌的内容有着重要的关系。一般来说，给出的注释或者是某个词（一般都为全诗的诗眼），或者是作者的一段经历，从中都可以提炼出诗歌的基调或情感。

古诗词默写虽然只占 5 分，但要拿到这 5 分还是要下一番功夫的，而且并没有捷径可以走，只能通过平常的熟读、背诵，将课文中的古诗词、文言文名句烂熟于心，考试时才可以做到得心应手。能够背诵只是一个基础，更要能正确地写出来，注意不要写错别字。所以在平时背书时，要注意手、眼、口、心并用，不仅要多读多背，还要多写。现代文阅读是答题相当主观的一个部分，占的分值也比较大，答题的时候也比较容易摸不着头脑。对于这个部分，我的技巧有两点。一是可以通过平常练习中的参考答案来提取经验，即将自己的答案与参考答案做比较，学习参考答案的叙述方法和组织结构，这样就更容易踩中得分点。二是培养出答题模式，不要想到哪儿写到哪儿，答案一定要条理分明，最好是能分点作答，一目了然。

语言运用题是相比之下较灵活的题型，考查的不仅是同学们的语言运用能力，更是创造力和想象力，因此，只能在练习中多思考，逐渐培养出解答这类题的能力。另外，在平常的练习中，可以将一些精彩的句子、段落摘抄出来，适当记一记，对于答题也会有一定的帮助。

最后，也是最重要的一个部分，就是作文了。作文并没有一定的范式，在这里我想讲一下关于我自己如何纠正"偏题"这一毛病的例子。高考前一段时间，我写作文偏题的问题还十分严重，甚至在一次月考中还因为偏题致使作文只得了及格分。就要高考了，这个问题必须解决，可是复习的时间有限，要通过大量练习来改善的话，写一篇作文又需要花费不少时间。怎么办呢？于是我找了语文老师共同商量这个问题，找出了一个巧妙而高效的办法——我每天找一个作文题，审题之后告诉老师我写作的想法、文章的构思，再由老师来评判一下我的思路是否可行，如果有偏题的苗头就及时纠正过来。这样，每天大概只花十多分钟，就相当于练习了一篇作文，而且通过大量练习之后，我从中受益匪浅，不仅偏题的问题基本解决了，在文章构思、事例运用方面都得到了提高。所以，对于作文是弱项的同学们来说，不妨试一下这个方法。

除此之外，字迹一定要工整，最好不要出现大篇幅的改动，保持卷面整洁是非常重要的。所以写作文时，一定要先有一个比较成熟的思路再下笔，但也要注意把握好度，不可浪费过多时间。

以上是我根据高考试卷的各种题型来分析的答题技巧，属于"应试"的部分。下面我再简单谈一下平常学习中需要注意的一些地方。

有些人认为语文课上老师讲的课文并不重要，因为考试时不会直接考到。我并不同意这种看法。如果说数学老师讲课是在传授技巧，那么语文老师讲课就是在引领同学们思考。每一篇课文都相当于一篇范文阅读，从中我们不会学到条条框框，却学到了阅读文章、理解文章内涵的方法，得到了真切的体悟。

我想这正是语文的魅力所在。汉语作为我们的母语，我们不需要去学习使用它的技巧，我们要学的是如何去感受它的魅力，它的包罗万象。

对于学习来说，不管你是否喜欢语文这个科目，最重要的、最首要的是要摆正态度，相信自己只要用心，就一定能学好它。就算你是一个对语言文字不感冒的人，或者是你对它的灵活变换捉摸不透，也可以通过背诵、练习、有技巧地答题来学好它、掌握它。"蚓无爪牙之利，筋骨之强，上食埃土，下饮黄泉，用心一也。蟹六跪而二螯，非蛇鳝之穴无可寄托者，用心躁也。"说的正是这个道理。

学习不是平步青云，而是一件需要长久坚持的事。也就是说，不仅要肯下功夫，更要戒骄戒躁。毕竟成绩的提高不能立竿见影，如果一时半会儿看不见成效也千万不能懈怠，只要持之以恒地下功夫，最终一定能从量变促成质变，让你的成绩更上一个新台阶。正所谓"谁无暴风劲雨时，守得云开见月明"。

最后，希望我对语文学习的一点经验之谈和应试技巧能够给面向高考的同学们带来帮助和启发。学习并不是那么枯燥，高考也没那么可怕，最重要的是保持一份平和的心态。祝同学们都能拥有这份心态，考入理想的大学。

Part 1 /
学霸档案

姓　　名：周正颐

··

毕业学校：四川省达州中学

高考成绩：总分655　语文122　数学142　英语127

　　　　　理综264

院　　系：清华大学电子工程学院

Part 2 /
学霸格言

数学城堡的构建不是一朝一夕就能完成的，它需要我们持续、稳定地投入精力、时间。数学分数的获得还需要关注自己笔下的每一道题目，特别是每一道错题，更需要自己的信心、恒心和永不服输的精神。

思维高度成就更闪耀的辉煌

——高中数学学习的新思维

　　自从文理分科以来，我的数学成绩一直都走在年级的前面，高考中也取得了不错的成绩。回想起来，我认为并不是我比别人聪明，而是因为我对数学的学习有了一个更高的认识。这样的认识让我摆脱了作为一名答题学生的被动，使我能够站在出题人的高度来审视我做的每一套题，以老师的高度来审视我的发挥。我真的要说思维高度能够帮助我们成就更闪耀的辉煌，让我们赢得更高的分数，为我们走进清华、北大等名校铺平道路！

　　其实数学并不算特别难。我相信每一位同学只要肯下功夫、花时间，就一定能够战胜它！但是尽管它不算难，却仍具有很强的区分度。这不仅体现在它能通过分数反映出不同学生数学能力的高低，还体现在它对于一个学生的高考总分起着至关重要的作用。

　　下面，我以我高三备考数学的一些心得体会和一些学习经验来说明思维高度如何成就我们更闪耀的辉煌。

学 霸 秘 籍

一、明确练习与考试的差距

首先，要明确我们做一张试卷、参加一次数学考试的目的是什么。

毫无疑问，我们的回答都是得分。那么什么是得分，如何实现有效的得分呢？这需要我们找准分的本质——它就是一张 150 分的卷子你做对了多少。可能你觉得这样的本质太无意义，但实际上如果你知道了这个本质你就知道了你准备数学考试需要面对两个问题，即考试考什么和你会什么。

其次，我强调一个差距分析的过程，尤其要重视"为何会而不得分"这个问题。

从我的经验出发，造成这个问题的原因是平常练习与考试脱节。因此我们要认真审视考试失分的原因，注重平常练习，要实现练习为得分服务的目标。

最后，我强调一下套题的作用。

套题对于我们能力提升的作用体现在三方面，一是做题效率方面，通过套题训练可以提高我们做题的速度与准确度；二是分类能力方面，市面上的辅导书是编者来帮助你分类的，实际上仅仅接受别人的分类并不一定能收到好的效果，只有你自己分类才有更好的作用，当你能够自己分类你做的题，你就能在战术上藐视出题者了；三是日后的努力方向方面，通过套题训练你能知道什么题让自己丢分，从而重视那些题，重视相应的知识，重视该做的工作，最终各个突破获得更高的分数。

二、高三如何填补自己的知识点差距

首先，我提出一个理论——"错题本谬论"。

高中时班里常常有人花很多工夫去做错题集，昂贵的韩国进口本子、工整的誊写、精心的评注却陷入了重过程而不求效果的陷阱，失去了错题本的意义，让抄错题变成了一种强迫症式的思维懒惰。错题集本身是学习过程的一部分，它的功用在于帮助你更好地学习，弥补你的知识漏洞，提升你解题的能力并最终提高你的学习成绩。但这样的错题集却变成了一种炫耀做过多少题的工具。这是本末倒置的，我们要相信只有让你真正能提分的错题集才是好的错题集。所以我建议同学们不要做精美错题选，而是做一本实实在在、为自己所用的错题集，只要自己能看懂，能帮助自己找到漏洞、找到不足，为自己提供一个温习错题的平台即可。

其次，我建议大家要仔细分析各板块的知识差距是如何产生的。

数学试题中解答题最费时费力，而解答题中又以导数求导类试题和解析几何类试题最容易难住我们。上高中时，常常听同学抱怨自己几何能力差，所以导数类的代数问题自己会做，但解析几何就是理解不了。也有同学抱怨自己图形能力好，但就是不会算。而实际上真是这样吗？回忆我们初学这些知识的情景，反思自己当时是否因情绪干扰、训练不足导致对该部分的基本方法、基本知识、基本能力、拓展方法、拓展知识、拓展能力的掌握不牢。如果是这样的问题，我建议大家回归同步练习，找到自己有漏洞的那一部分的同步练习来进行训练，从而突破自己的知识障碍、心理障碍。如果不这样做而是全面撒网，其实只是一种自我安慰，让自己表现出努力学习的精神头，实际上却没有任何作用。最后，我建议大家要对试题进行"精耕细作"式的归类分析，做完一套题，要学会总结出让你失分的知识属于哪一本书、哪一板块、哪一小点。例如，一道解析几何题要具体到是对圆锥曲线的定义理解不到位，还是对其性质理解不到位，或是对其计算不到位。并且，还要学会厘清各知识板块的关系，错的是这一部分的知识，其知识漏洞却可能跟其他知识板块共同作用有关。所以，数学教材和考试说明也需要我们细细研究，找到数学知识的根本与联系。

三、对数学尖子生精益求精的建议

第一点是在提分受到局限的情况下要尽量减少自己成绩的波动，稳步提高自己学习数学的效率。争取减少在数学上花的时间，为提升其他学科的成绩提供时间上的可能性。

第二点是要学会积极帮其他同学解决各种问题，这样可以训练你面对各种题目时从容应对各种问题的能力。它的原理在于，当别人问你题目时，你会觉得烦躁，且这些题目常常是一些较难的题，这恰好模拟了高考时可能出现的有题不会做、心情烦乱的情景。

最后一点是，要做到足够自信、对任何题目无畏。只有这样，面对千变万化的数学题我们才能从容应对，最终获得胜利！

四、冲刺阶段的数学安排

以我的实践经验来看，在考前 100 天的冲刺阶段，数学需要把握两个方面：一方面是状态的保持，另一方面是查漏补缺。

首先说第一方面，状态的保持与重复的套题训练是分不开的。因此，我建议大家，特别是数学不太好的同学，保持每天一套高考题的训练强度。但这样的计划需要和老师的安排结合起来，如果老师能保证大家每天进行一套题的训练，就不用再另加训练。对于数学更好的同学，我的建议是两天一套。一天做选择、填空等题型，训练速度，训练精确度；一天做解答题，训练步骤，训练解题过程，训练速度。另外一周再安排一次全套的训练。总之我们的目标是花更少的时间保持更好的状态，保持考前的兴奋感。当然如果你有更好的保持状态的方式，这些方式让你在模拟考中有出色发挥，坚持便是。

然后我们来谈查漏补缺的问题。在高三的备考复习中，我们既积累了众多知识、方法、策略，也积累了许多小漏洞、错误的认识、不完整的解题步骤。最后 100 天是我们向这些小错误宣战的时候了。首先我们需要让这些小错误充分暴露。我的建议是平常做数学试卷不要进行二次复查，竭尽全力的快速做完。这样的方法不仅可以训练你的解题速度，更重要的是在这样的快节奏和第一印象中极易暴露你很多隐藏的错误。而只有当你知道了这些错误，你才能找到自己冲刺阶段努力的方向，最终解决这些错误，从而获得更高的分数。再谈怎么解决这些小错误，我的看法是：对每一点错误都要回扣教材和考试说明，找到错误的方法、错误的习惯、错误的知识认识的出发点。这一过程相对烦琐，需要你投入一些时间静下心来思考教材、思考过去错误的认知，最终才能实现新的突破，超越自己，获得更高的分数。

　　数学城堡的构建不是一朝一夕就能完成的，它需要我们持续、稳定地投入精力、时间。数学分数的获得还需要关注自己笔下的每一道题目，特别是每一道错题，更需要自己的信心、恒心和永不服输的精神。数学是我们的工具，我们也应该充分认识数学的作用，不断提高我们的数学知识、数学能力、数学思维甚至是数学意识，只有这样我们才能够更上一层楼，对数学的领悟有一个新的战略层次，最终实现数学学习的成功！

疑难突破阅读笔记

独学而无友，则孤陋而寡闻。

关键词	笔记内容
学科特点	
备考方案	
重点难点	

总结: _____

_____

_____

Part 1 /
学霸档案

姓　名：张　维

毕业学校：山西省怀仁一中

高考成绩：总分664　语文114　数学146　英语134

理综270

院　系：清华大学机电系

Part 2 /
学霸格言

在学习上，不付出辛勤的努力，就不可能有好的收获。过程决定结果，细节决定成败，就高考来说，学习和高考成绩就是这样一种关系。我之所以能够进清华，靠的就是这个理念。

书山有路勤为径，学海无涯苦作舟
——语文学习经验

"书山有路勤为径，学海无涯苦作舟。"在学习上，不付出辛勤的努力，就不可能有好的收获。过程决定结果，细节决定成败，就高考来说，学习和高考成绩就是这样一种关系。我之所以能够进清华，靠的就是这个理念。对于语文学科的学习、复习和考试，有许多不同于数学和理科综合的地方，数学和理科综合有较强的科学性、逻辑性、规律性和严密性等，而语文学科则有较强的艺术性、想象性、多元性和可变性等。语文，特别关注平常的积累和运用，它不可能在一两周内得到较大幅度的提高，也不可能在短期内有较大的进步。下面我就语文的学习、复习及考试等方面谈谈自己的学习体会，供学弟学妹们做简单的参考。

学霸秘籍

一、语文的学习要多读、多写、多积累，侧重打好基础

语文是一门最为基础的学科。离开它，就谈不上学其他的学科。要学好语文学科，就要较好地、较清晰地理解语文学科的构成和层次。简单地说，语文就是"读"和"写"；复杂点说，语文就是字、词、

句和语法的综合运用，也就是阅读和写作。

针对这一点，在平常学习中我们应该做到以下几点。

（1）**注重平时的字（含拼音）、词、句和文章的积累。**语文的字（含拼音）、词、句和文章的积累不同于去记住电学中的几个公式或化学中的元素周期表那样是有限的，语文中的字、词、句和文章的积累没有极限，是无穷多的。"读书破万卷，下笔如有神"这一名言的精髓正充分体现了这一点，不要"书到用时方恨少"。在平常学习中，要时时加强拼音、识字（字形、字义）的理解性学习和积累运用，同时多阅读各类文章（含文言文），打好最关键的基础，达到充分理解、熟能生巧和运用自如的目的。

（2）**注意掌握各种语法知识和文章体裁知识。**语法和文章体裁是语文学习中最有规律和最为关键的基础内容之一。再好的字、词、句和文章，不通过恰当的语法和体裁来组合和表现，也不可能写出好的句子和作文。在学习语法时，要多读多练习，不仅要做到理解，而且还要自如地运用。这个方面，在平常的学习中，要做好计划，至少要做到每周两次有针对性地学习或练习，不能"一日曝之，十日寒之"，要达到温故而知新、熟能生巧的程度，不断提升自己的理解和运用能力。

（3）**注重平常的阅读和写作。**课本仅仅是语文学习中极小的一部分，它主要起到提纲挈领的作用。如果语文学习仅限于课本，那你很难学好语文。平时要尽量多阅读中外名著，阅读各种体裁的文章，拓宽自己的知识面，提高自己的语文素养。在阅读的过程中要学会做读书笔记，包括自己的独立思考所得、阅读中遇到的生字生词、好词好句等。平时要多多练笔，不一定都要写成完整的高考式作文，可以是一段话，可以是几句诗。当然，对高考作文的专门练习也必不可少，要在一段时间里练习写几篇高考作文。如果平时只阅读不写作，就好比纸上谈兵，到考场上很难有好的语文成绩。

（4）**在日常生活中学习语文，培养语文学习的兴趣。** 在我们的日常生活中，语文无处不在，有趣的语文现象更是时时可见。家门口的对联，人们口中的俗语、歇后语，中国特有的文化传统和习俗，人们的沟通语言，广告和标语等，都是很有趣的语文知识，也是很重要的考试内容，比如对语言表达得体的要求就是经常遇到的考点。所以，语文学习并不仅限于课堂和书本，我们要学会在生活中学习语文，提高自己的语文素养。

二、关于语文的复习

（1）**端正对语文的态度。** 在高三繁重的复习任务中，很多同学会轻视语文，甚至放弃对语文的复习。因为和数学、理综等学科相比，语文看似更为"简单"，语文考试中很难出现你根本无从下手的难题，考完语文你也很难有"考砸了""会不及格"等感受。于是，大部分人不会自己做计划复习语文，甚至连老师布置的语文作业也不认真完成，把本该复习语文的时间也献给了其他科目。其实，这些想法和做法都是错误的，同学们需要端正对语文的态度。

语文是三大主科之一，分数也很高，而且语文要拿一个比较理想的分数也并非易事，但经过认真系统的复习也并非难事，至少和数学、理综相比确实如此。所以，一定要重视语文，在高考中拿到一个比较高的分数。

（2）**制订合理的复习计划。** 首先，自己的复习计划要和老师的复习计划相适应，避免出现对相同知识点反复多次复习，而疏漏了某些知识点的情况。其次，要根据时间和自己个人的情况来制订可行的计划，计划中要突出重点内容，突出自己的弱点，加强复习。最后，计划需要根据实际情况不断进行调整，每天都应该对自己的进度做出一定的总结和反思，保证自己的整体进度。

（3）复习一般进行三轮。

第一轮：①复习课本，要熟悉相应的文学知识背景、作者简介、文章体裁知识等，要记忆文章中的字词及其解释；②认真仔细地复习课本文言文，除文章背景、作者简介外，要认真对照课本注解逐字阅读文章，注意重要文言字词及用法，注意不同的句式，文言文部分复习完后，要结合参考书总结一词多义、词类活用、句式变换等内容；③对课本中要求背诵的篇目，要认真记忆，尤其要注意难写字、易错字的书写，最好能自己默写几遍以查漏补缺；④课本中的习作最好都认真思考一遍，即使不写出完整的作文，也要写一下总体构思、题目、开头、结尾。第二轮：①根据考纲，按不同的题型来复习；②在复习某一类题目时，一般先从往年高考题入手，并结合参考答案认真分析总结，厘清答题思路，掌握解答该种题型的基本方法；③复习时要亲自练笔，多做一些题目，做完之后要认真核对答案，总结自己的不足之处，把易错点认真记录下来，要真正做到"三分做题，七分思考"；④对于作文的复习，首先要多阅读优秀的高考作文，尤其要注意构思、标题、开头、结尾几大部分，认真学习借鉴；其次要多练习，多练习并非是多写作文，鉴于高三时间紧张的情况，同学们可以采取一个方法——认真阅读分析作文题目，写出自己的构思、标题、开头、结尾，写完后可以自己参照例文修改，也可以请老师同学帮助修改，这样可以大大降低考试时的偏题率，并且能让你在短时间内迅速构思并写成一篇好文章。第三轮：①对一、二轮中的重点、难点知识再进行回顾；②坚持两天到三天完成一份试卷（作文题可参考二轮复习中的方法），要注意时间的安排，核对参考答案时要多思考，多总结；③坚持对背诵内容的反复记忆，避免遗忘。

三、关于语文考试

（1）要注意时间安排，不要纠结难题，先易后难。

（2）书写要认真流畅，答题注意条理性，保持卷面干净整洁。

（3）选择题一般要相信第一感觉，如果不是特别肯定，一般不要轻易更改。

（4）审题要认真，切忌匆匆忙忙。

总之，语文学习说难也难，说简单也简单，但它的确很重要，它是你生活和学习的重要基础，一定要重视它，学好它，这样才能使你真正受益。

Part 1 /
学霸档案

姓　　名：刘意岚

....

毕业学校：黑龙江省佳木斯市第一中学

高考成绩：总分641　语文127　数学134　英语137

　　　　　文综243

院　　系：清华大学人文学院外文系

Part 2 /
学霸格言

我不去想最后会有怎样的结果，而是不辜负自己拥有的每一天时间，这样对我而言就足够了，因为我的每一天都是充实的。

我的数学学习心得

有时候别人问我为什么要这么努力地学习，我也不知道该如何回答，只是觉得这是我这段人生的使命，觉得在读书学习的时候我的心才会真正沉淀下来，觉得如果我能通过自己的努力走入清华、北大这样的学术圣地会感到很幸福，觉得这就是我人生价值的体现。所以，即使这样的学习生活很单调我也从不厌倦。在这跌跌撞撞的学习之路上，我用心体会自己的成长。

然而学习并没有想象中那么简单，尤其是对于我这种并不聪明的学生。但我恰是那种不服输的性格，即使刚上高中时成绩并不理想，我也从未想过要放弃，而是不断探索一些好的学习方法。

学霸秘籍

数学对于很多文科生而言都是软肋，我也不例外。为了学好数学我下了很大功夫。

首先，我认为数学教材很重要。很多人都认为教材里没有多少要背的内容，所以很少看教材，但是高考试题都是依据教材出的，如果不看教材就会忽略教材上一些重要的细节和例题。教材上的课后练习题在学完一课后一定要做，而且做的时候一定要想想这些题都

考的什么考点，要把这些题理解透。

我个人认为，数学基础比较薄弱、经常跟不上老师思路的学生课前应该预习一下下节课的内容，这样在上课时就可以带着问题听课，能更好地利用课堂时间。但最重要的还是上课时一定要跟着老师的思路走，准备好笔记本和草稿本，记老师讲的书上没有的一些便捷的方法、规律和给出的例题。例题不一定很难，但一定对理解本课内容很有帮助，学会解例题是做其他练习题的前提。而且例题还有一个特点就是稍微做一些变动解题方法就完全不同，这个一定要重点记忆。必要的时候可以背一背例题的解题方法、理解思路。草稿本用来演算不是很重要的题；这些题没必要写在笔记本上，但是一定要跟着算，算一下记忆就会更深。

课后一定要及时巩固，如果数学比较薄弱的话就尽量多做一些练习题。在做习题时，要认真审题，认真思考，应该用什么方法做？是否有简便的解法？做到边做边思考总结，通过练习加深对知识的理解。

在老师讲解练习题时也要认真听讲。不要认为这道题自己会做就不听了，同样一道题不同的人会有不同的方法，认真听老师讲解的做题思路对拓宽自己的思路是有帮助的。我的数学也和其他科一样，有个错题本。这个错题本用来将错题分类，为了方便分类，我还专门用了活页本做错题本，将错题分为函数与导数、解析几何、三角函数、立体几何、向量、数列、不等式等专题，每个专题还会总结出一些容易错的点。此外，我还会把题目相似、解法却完全不同的题总结到一起，比较它们之间的异同，这样总结后对书上的知识点理解就会更加深入。有些题有很多解法，我会把这样的题写到本上，把我能想到的所有做法都写上，再比较这些做法，找出一个最简便的。这样做虽然会花费很多时间，但效果很好，对知识的理解很透彻，比只是盲目做题效果要好。

有不会的题要及时请教老师和同学。有些学生不愿去请教同学，怕同学的解题方法不如老师的好，其实同学们的解题方法有时要比老师的简洁，在请教同学的同时可以发现同学一些好的解题思路。总之，不论是请教老师还是同学，有问题的时候一定要问，不能不了了之。

在练习题的选择上，我个人认为历年各省高考真题是首选。因为高考题是经过专家反复斟酌的，在出题质量上远胜过其他习题。其次，高考题更具有导向性，通过对比分析近几年的高考题，我们会发现高考倾向于考什么样的知识点。如果认真总结会发现各省都会出一些相似的题型，题目虽不一样，但解题思路很相似，这就提示我们这个考点是复习的重点，下一年还有可能考到。做完高考题可以再做一些各地模拟题，这些题的质量相对也会高一些。

在基本掌握了学过的内容，有了一定的题量的积累后，我还会做一些理科数学的题。不是做那些我们文科生没有学过的有关知识的题，而是做我们学过但只是难度比文科数学大一些的题。做过这些题，思路会更加开阔，再做很多文科数学题都会感觉很轻松。

在高三复习的时候，每复习一个专题我都会做这个专题的知识树，即将这个专题的知识完整地总结一遍。首先是这个专题的知识点，之后是这个专题的典型题型和典型解题方法，最后是这个专题的易错点。总结后你会发现再做题时思路变得更清晰，更容易找到正确的解题思路。

数学解答题，有的时候我们可能不会做，在考试的时候如果遇到不会做的题也要尽量把大概会用到的公式和步骤写上，尽量多得一些步骤分。有时会不知道其中一个步骤该怎么求，而这个步骤关系到下面的步骤，比如已知三角形一个边长是 3，一个边长是 4，只要求出另一个边长是 5 就可证明这是个直角三角形，就可以接着往下做。可考试时不知怎么求那个边长是 5，实在没有办法时就可以这样写，因为那个边长是 5，所以这是个直角三角形，然后就接着往下做，即使被批卷老师发现也不会把分全扣掉，可能会扣掉 2 分步骤分，但这比空着不做强得多。

在考前 100 天的时候我并没有做太多的练习题，但每天会按高考时间做一套题，找到一种高考答卷的感觉，尽量使自己保持做题的惯性。之后我还会看自己高中以来总结的错题和专题知识，高考之前复习了一遍书上的公式和概念，避免因忘记重要公式而导致丢分。对于心态方面，我从未要求自己一定要考上清华、北大或别的哪所大学，而是每天都认真地做好该做的事，坚持早上 6 点 20 起床、晚上 11 点半睡觉的作息时间，从不熬夜，因为这样才能保证第二天精力充沛地学习，做到良性循环，并且不会因为给自己施加的压力太大而过于焦躁。我不去想最后会有怎样的结果，而是不辜负自己拥有的每一天时间，这样对我而言就足够了，因为我的每一天都是充实的。

在踏入考场的时候我是有信心的。因为在高中这 3 年我已经做了充分的准备，对高考的认真分析让我对考试更有信心。对于考试的时间安排，我在模拟考的时候就计算好答每道题用多长时间，高考的时候也是按照自己事先计算好的时间答题，如果到了预定的时间有的题还没答完，我就选择不再纠结于这道题而是接着做下面的题，等后面的题做完之后再回来做剩下没答的题，这样就不会出现因为在某些题上耽误时间而答不完试卷的情况；答题的时候也比较从容，不至于乱了阵脚。我在答高考试卷中的两个压轴题之前，先做了最后的选修题，因为这道题比压轴题简单些，更容易得分，以免因为在压轴题上花太多时间而导致最后没有时间答选修题。

对于答卷而言，字的工整是很重要的。字可以不漂亮，但一定要工整。而这个功夫是要花在平时的，平时写作业做题的时候都注意字体的工整，答卷的时候自然就会写得工整，并且不会因为写得工整而减慢速度。答卷时要条理清晰，做题之前最好在演草纸上将题演算一遍，确定这个解题方法无误后再写到卷面上，免得写上去之后才发现方法不对，涂改会使得卷面很乱。工整干净的卷面会为考试增分不少。

大家都说我们为了考大学是寒窗苦读，但现在想来，那个时候的日子真的很美好。虽然每天都是单调的学校、家之间的两点一线式的生活，但日子却很充实，因为每天都想尽自己所能多学一些知识，希望通过自己的努力考入一所理想的大学。这一路走来有过欢笑也有过泪水，有过得意也有过失意，有过快乐也有过苦闷，都记录了我们成长的点点滴滴。在这个过程中，我们学会了与同学和谐相处、共同努力，学会了为了梦想而奋斗，学会了为了解决问题而认真思考，学会了在失败中坚强地站起来，迎接接下来的挑战。

高考是我们成长过程中必然要经历的，我们所要做的就是走好这一程，无论结果怎样都不会遗憾。

Part 1 /
学霸档案

姓　　名：庄一帆

毕业学校：四川省成都市石室中学

高考成绩：总分645　语文108　数学124　英语133
　　　　　理综280

院　　系：清华大学信息学院自动化系

Part 2 /
学霸格言

发卷之前的那段时间，脑子里一片空白，心里有一种莫名的恐惧，但很快理智占了上风，心里想着把高考当作自己的舞台，展示自己的实力，自己是最优秀的，这样信心和冷静就又回到了身边。

理综成就我的清华梦

众所周知，理科综合 300 分，是高考中分值最大的一门，如果这一科发挥失常，将会导致全局的失利，所以理综必须引起足够的重视。理综三科的具体学习方法，下面我将分别阐述。

学 霸 秘 籍

一、物理

因为自己以前动手能力就很强，所以对于很多物理现象都比较有兴趣，自然也就想解释这些现象。也因此，一进入高中就去了物理竞赛班，一年的竞赛学习使我的高中物理有了非常扎实的功底。每当解决一道题，都会有一种成就感激励着自己去解决新的问题，如此往复，题做得多了，思路也就打开了，正所谓量的积累才会有质的突破。学习物理，纯粹是自己的兴趣所致，即使考试不理想，也会努力去学习，从来没有灰心过，高考时也取得了比较好的成绩。

物理比较讲究实际应用，高中阶段没有纯粹靠想象的问题，大多物理现象都与生活联系在了一起，所以不要惧怕物理，应该感到很亲

切才对。平时就应该多把所学的知识联系实际，做到活学活用，这样才能加深对知识的印象。

　　高中物理可以分为以下几个方面：运动学、静力学、动力学、能量、动量、热学、电磁学。其中热学比较简单，就一个公式 pV=nRT，基本可以解决所有的问题。剩下的几部分有着紧密联系，每一部分都需要熟练地掌握。首先，我们要记住书本上的概念，一切题目都源于书本教材，这一点我们不能忽视。很多同学觉得书本上的概念非常简单，只是记住了一个大概，但在运用时却忘了许多限制条件，例如动量守恒定律的适用条件有一条就是合外力为零，没了它动量守恒定律也就不适用了。对于高三的同学们，复习的第一步就是回归课本，切记不要忙着刷题。其次，要做典型例题并且总结方法，做到一题多解、一题巧解，拓宽自己的思路，这样在碰到真正的难题时才能迅速想出合适的解决方案。觉得自己哪个方面不熟练，就做一些练习题，五六道就可以了，做过后再总结，这样循环往复，便可以很好地掌握某一类型的题目。还有就是重视每一次作业、每一次考试。因为里面的题目都是老师精选出来的，很有代表性，比我们自己找的题目质量要好，所以不要一天到晚只顾着做自己找的题而忘了老师的作业，这样做是得不偿失的。

　　我觉得对于高中物理，即使最后一个大题也是有门路的。仅以四川卷为例，最后的大题一定是一个除热学外的综合题，但也无非就是先受力分析，判断是否匀速运动，接着又弹性碰撞，动量守恒加能量守恒，最后或许需要再分析一下运动轨迹，判断传说中无所不能的小物块的最终位置。对于很多题，那些公式摆放的位置都不会发生改变。所以当你们"卡壳"的时候，看看还有什么公式没有用，试着从其他方面想想，可能就找到了答案。

二、化学

我本人其实不是很喜欢化学，只是当作一门必须掌握的学科来学习。因为高考要考，所以也不能懈怠。

不要因自己不喜欢就产生厌恶的情绪，要知道掌握化学知识，对于生活是很有意义的，至少食品成分可以大概看得懂。我觉得化学就是围绕着实验现象展开的，当掌握好了实验现象，很多问题就迎刃而解了。

同物理一样，化学也是一门实验性科目，需要通过实验得出结论。但鉴于高中的学习时间与条件有限，不可能每个实验都去完成，所以书本上的很多实验现象必须牢记，例如酚酞遇到碱性物质变红。而且许多实验现象是类似的或者相通的，这样我们就要进行归类，找到其中的异同点。这时候一个笔记本就是很必要的了，好记性不如烂笔头，每当有遗忘的时候，翻看一下笔记本比翻书查找的效率要高。化学最复杂的题目无非是根据现象推导反应和生成的物质，所以化学反应的现象必须牢记。其次便是化学反应方程式，很多反应其本质都是一样的。例如酸碱中和反应，虽然酸碱不一样，但本质都是水合氢离子和氢氧根的反应。了解了反应本质之后，就可以只记住一些基础的反应，其余的便可以自己临时推导，这样既减轻了背诵压力，又提高了正确率。对于书上的一些比较特殊的反应就需要单独记忆，而对于平时做题遇到的，知道即可，没有必要花大量的时间去记。因为这些反应都是随资料出来的，考查的是你对它的理解与运用能力，而不是知识的储备。

高考并不会考查超纲的内容，而是考查你灵活运用已有知识的能力。那些看似超纲的内容实际是已学内容的一种转化，所以当遇到这种类型的题目，不要惊慌，从自己已学知识出发，找到联系点。这样，基本所有"科幻"的题目就都可以解决了。每当完成一道这样的题目，我们应该关注的是"我"如何找到突破口，而不是知识本身。

三、生物

高中的生物其实更加类似于文科，它不需要数学的大量计算，也没有很复杂的推导，唯一像理科的只有遗传部分的患病概率计算。

我对生物的态度其实和我对语文的态度差不多，虽然感觉很枯燥，有很多需要记忆的内容，但却很有用。往大了说，作为一个高中毕业生，我们应该对人体有一定的了解，从而能爱护自己的身体，为祖国健康工作五十年。

既然类似于文科，就说明生物有很多知识点，而且知识点很琐碎，分布于书的各个角落，首先需要用"放大镜"去筛。所以课本要多翻，每当自己有不确定的地方，务必查询课本，同时把该知识点记在笔记本上，供最后阶段查找复习。对于生物，不要嫌看书费时间，因为生物的很多题目就是抠字眼，对能力的要求并不高，知识点记熟了，你会发现很多题目就是把一个知识点翻来覆去地说，再把其中的某个字稍做变动。万变不离其宗，如果连书都没有读透，任何的刷题都是徒劳，纯粹是浪费墨水。其次就是错题的整理，错题代表概念不清的地方，也就是容易失分的地方。生物考的就是概念，通过整理错题我们会发现自己知识点的漏洞，这样对提高成绩非常有效。盲目地大量做题其实效率是非常低的，因为对已经掌握的知识点我们没必要再反复地巩固。由于时间有限，对不熟悉的知识点的理解或者记忆势必会受到很大的影响，所以要多总结错题。

综上所述，理科综合的学习，首先要回归课本，如果书本上的基本概念都没掌握，那么到大量练习阶段，你会发现自己漏洞百出，也会感到不知所措，所以要先打好基础。再有就是做题之后的总结，总结的是方法和思路，而不是知识本身。总结一道题的收获远比再做十道题的收获多，而且可以达到举一反三的效果。

高考最后 100 天的学习可谓是整个高中阶段学习的重中之重，但也不必慌张。在这段时间里，想让自己的解题能力再有很大的提高几乎是不可能的，因为这都是前几年积累的结果，我们能做的只是让自己解题更加熟练，知识漏洞更少，心态更好。所以在这 100 天里，我们主要的任务肯定就是做题和看知识点。其实学校每天发的题目已经很多了，我们首先要高质量地完成这些题目，如果还有时间的话，对自己的薄弱环节，可以做些针对性练习，选取的题目以高考题为主，省市的模拟题为辅，其余的题目看看就是了。因为高考题目出的是最规范的，很少会有超纲的或者有漏洞的题目。我高三的时候基本把近六年的高考题和近三年比较好的模拟题都做了一遍（不推荐学弟学妹们照做，因为后来发现这样做效率比较低），发现有些模拟题不是过于"科幻"，就是题目叙述有漏洞。所以最后的练习应该以历年高考题为主，注重一题多解。至于看知识点，临近高考，重新翻一遍书是不可能的，这时候就需要借助以前耗费心力写的笔记本，那上面应该集中了该科目最易错的知识点。如果以前偷懒了没写，建议去借那些笔记记得比较好的同学的笔记本复印，然后自己反复看。

当解题能力完善和知识漏洞弥补得差不多的时候，调整心态就显得非常重要了。

临近高考切记不能慌张，即使你有一万个问题，也要一个一个去解决，到高考时，解决几个算几个，如若慌张，一个也解决不了。还有，不要去想高考这件事，更不要去想高考如果考砸了怎么办！我们没必要杞人忧天，只要关心当前的复习、当前还有哪些问题需要解决，因为对于没有发生的事情，我们无法提前完成，我们能做的只是高质量地完成正在发生的事情。要相信自己这么多年的努力是会有回报的，对自己的实力要有信心。老天爷是公平的，当你付出了这么多是会有回报的。100天，非常短暂，我们稍微一点的松懈都会让其白白流逝，所以这时候更没有精力去担心未发生的事情了。

对于那些过于紧张的同学，应该适当地放松一下，弦不能绷得太死了，一是效率太低，二是容易造成精神错乱。比如看看自己喜欢的杂志或者出去跑跑步，这些都有助于缓解压力。不要吝啬休息的时间，看似这段时间没有学习，其实下个阶段学习的效率会相当高，我们追求的是效率而不是时间的多少。

合理的休息是必不可少的。在百天冲刺的时间里，应该保证充足的睡眠，熬夜是没必要的。我以前一般是六点四十起床，中午睡半个小时，晚上十一点半准时睡觉，这样基本可以保证我白天有充足的精力去解决问题。如果晚上没有休息好，第二天注定是头昏脑涨，复习的效率会非常低，完成相同的复习任务所花费的时间也会更长，形成一个恶性循环，而且在这种状态下的复习质量比较糟糕，难以达到预定的效果。还有作息要有规律，我觉得宁可把未完成的任务放在第二天，也要按时睡觉。当然，尽量不要出现这种情况，这就要求我们复习要有效率，前一天的充分休息就是其必要条件。

经过一年的准备，来到了最后一关——高考。如果说不紧张，那肯定是假的。面对高考，内心是既兴奋又焦虑，兴奋是因为要解放了，焦虑是因为这好似一场"赌博"，没有人知道结果。夹杂着这两种心情，我上了考场。发卷之前的那段时间，脑子里一片空白，心里有一种莫名的恐惧，但很快理智占了上风，心里想着把高考当作自己的舞台，展示自己的实力，自己是最优秀的，这样信心和冷静就又回到了身边。

考试开始，按照自己的节奏完成每一道题。当遇到难题时，如果五分钟之内没有思路，迅速跳过，不要纠结于此，相信我难别人也难。不要去想别人是否做出来了，"大牛"始终都是存在的，但只是极少数，对绝大部分人最后的大学录取是不产生影响的，顶多是你报不了最热门的专业。与其把时间花在难题上，不如给简单的题足够多的时间，保证不丢分。

高考比的是总分，而不是你做对了几道难题，考完试发现简单题失分才是最大的遗憾。有点小紧张是可以的，适当的紧张有助于更好地发挥，关键是要相信自己的实力，注意细节和保证计算的准确率，时时刻刻提醒自己。

祝愿大家圆梦！

Part 1 /
学霸档案

姓　名：王　鹤

毕业学校：中央民族大学附属中学

高考成绩：总分660　语文120　数学132　英语130
　　　　　理综278

院　系：清华大学人文学院外文系

Part 2 /
学霸格言

　　学习不是一个自我封闭的过程，而是通过与别人不断交流而吸取别人优秀经验后使自己进步的过程。希望学弟学妹们在学习的过程中不断与同学、老师、学长学姐交流，多了解对自己有借鉴作用的经验，正如那句诗所说："好风凭借力，送我上青云。"

我的语文学习心得

　　刚踏入高中的时候总觉得清华是那么遥远，觉得那不是我这种并不聪明的学生所能去的地方，清华是那么令人向往却又是那么遥不可及。现在回首自己的高中生活，我想说，只要有坚定不移的信心，坚持不懈的努力，考上清华就不是梦。

　　刚上高一的时候，我的语文功底很弱，语文成绩一直不好，所以我不断摸索学习语文的好方法。在高中的学习生活虽然跌跌撞撞，但在这一过程中我也逐渐总结了一些好的学习语文的方法。希望能对学弟学妹有借鉴作用。

学霸秘籍

　　先就作文而言，我认为作文最重要的是思想深度。好多人都说现在的应试教育让学生写的都是一些没营养的议论文，与八股文无异，还要按套路走，这样会束缚学生的思维，而我却不这样认为。

　　做一切事情都要有规范、有章法，写作文也不例外，它无非是教会我们如何在规矩的范围内让别人听到自己的想法。真正有思想的人不是只对一两件事有见解，而是即便面对社会上最司空见惯的现象，也能发出自己独到的见解，振聋发聩，掷地有声。

现在议论文仍是高考作文的主流，但其实议论文的写作并不简单，一篇优秀的议论文对作者的综合素质要求很高。首先要求作者有很强的逻辑性，有严密的思维才能写出好的议论文。其次，它要求作者有很强的分析问题的能力，对一个问题要有独到的见解，不是人云亦云，也不是总要与别人背道而驰，不是说反叛主流就叫个性，而是能提出别人不容易想到的有建设性的观点。而这思想性的来源就是书籍和生活。首先要多读书，读一些富有思想性的散文集、好的期刊、报纸等。就我个人而言，我很喜欢龙应台，所以我读了龙应台所有的散文集，还有史铁生的散文和小说，余秋雨、林清玄等名家的作品，对提高思想深度、个人修养都有很大帮助。我读文章有个习惯就是把文章上好的句子和段落摘抄到本子上，考试之前都会拿来读一读，反复记忆之后不仅能在写作文的时候自然地引用名家的语言，而且能逐渐形成自己的写作风格。此外，我很喜欢读一些杂志，比如《散文》（海外版）等，读完后我也会把其中值得再读的文章和段落剪下来贴在摘抄本上。还阅读了一些时事方面的报纸如《环球时报》《参考消息》等，当代的学生应该是"家事国事天下事，事事关心"，多了解国内外新闻眼界才更开阔，思想才更深远，写出的文章才会更有深度。

为写作文做了大量阅读和积累后，就是经常要进行写作训练了，可以找一些比较普遍的话题，比如"信任""尊重""爱"等，写一些阐述观点的段落或辩证性的段落；之后不断修改，反复斟酌字句，成形后再背下来，考试的时候可以根据所给题目做一些改动后用在作文中。因为虽然作文题目不会是相同的，但核心总是那几个话题，或是把那几个话题做一些变动，这种情况虽不是每次都有，但还是比较普遍的。把自己之前准备的段落用到考试中，不但节约了答卷时间，而且因为经过自己反复修改过，所以质量也会比在考试现场发挥的要高。

为了使作文语言更优美，还可以多背一些古诗词，古诗词用在文章中会增加文章的底蕴。另外，适当运用修辞手法也会为文章增色不少。

文言文阅读也是一个长期积累的过程。首先应将高考大纲中的文言实词和文言虚词的常用义记住，此外还应找出这些实词、虚词的各个释义在课本中对应的例句，这样才更容易记住这些词的用法。以高考题举例，文言文阅读考实词释义的题，4个选项中总会有书本上学过的，所以考试前要将课本上的文言文注释背下来，这样做此类题应该就不难了。其次还要多读文言文，多做近几年的高考真题，找出经常考的知识点并加强训练，这样想必就能从容应对考试了。文言文阅读中的翻译题大部分采分点也来源于课本，所以背课本注释是必要的。

古诗词阅读虽然并不简单，但其实也是有规律的。我们可以在反复做高考题的同时将问题归类。首先是对题型的归类，比如，常见的问题有："……描绘了一幅怎样的画面""……是个怎么样的形象""主要运用了哪些表现手法"等，我们就可以根据高考题的答案和老师讲的内容总结出这些题的答题模板并记住这些模板，考试时即使不能回答得很标准也能得一部分分。其次就是对诗词类型的归类，比如"咏史怀古诗""羁旅诗""咏物诗""哲理诗"等，每个题材的诗在写作意图、思想感情和写作手法等方面都有一些相似性，归类后更有利于我们把握试题。

现代文的阅读与古诗词的阅读有一定的相似性，一些常见问题都有一定的答题模板，总结出模板就不难答题。

语文阅读题还有个答题特点是看分答题，比如一道题是6分，那么它一般会有3个采分点，也有6个采分点的可能，这个就要具体问题具体分析。答题的时候要将答案序号化，一、二、三点列清楚，避免书写太乱导致不必要的丢分。

考试之前的准备固然重要，但是在考试过程中的时间安排也是很重要的。对于考试的时间安排，我在模拟考的时候就计算好每道题用多长时间答，高考的时候也是按照自己事先计算好的时间答。如果到了时间有的题还没答完，我便选择不再纠结于这道题而是接着做下面的题，等后面的题写完之后再回来写剩下没答的题，这样就不会出现因为在某些题上耽误时间而答不完卷的情况，答题的时候也比较从容，不至于乱了阵脚。最后写作文时，我先是仔细读材料，确定立意后先列一个提纲，对文章整体进行构思，这样就不会因为情绪紧张而把文章写得很乱。

以上就是我高中语文学习的经验，只是我的个人观点，不一定会适用于所有人，只是希望能为学弟学妹的学习提供一些借鉴和帮助。学习不是一个自我封闭的过程，而是通过与别人不断交流而吸取别人优秀经验后使自己进步的过程。希望学弟学妹们在学习的过程中不断与同学、老师、学长学姐交流，多了解对自己有借鉴作用的经验，正如那句诗所说："好风凭借力，送我上青云。"

我曾经的那种"我这么笨的人是考不上清华的"的想法现在已经荡然无存了，我相信只要我们用心去学习，不是把学习当作任务、当作负担，而是当作一种生活方式，一种人生必经的洗礼，一种充实生活的手段，学习就不再辛苦，我们也会自然而然地用心去体会学习的方法和技巧，清华北大也不再是梦，而是我们人生最美好年纪时的梦之所在！

疑难突破阅读笔记

独学而无友，则孤陋而寡闻。

关键词	笔记内容
学科特点	
备考方案	
重点难点	

总结: _____

_____

_____

_____

Part 1 /
学霸档案

姓　　名：徐佳倩

毕业学校：湖南师范大学附属中学

高考成绩：总分643　语文111　数学121　英语143

理综268　自主招生加分60

院　　系：清华大学环境学院

Part 2 /
学霸格言

回首高一时自己在日记里写下的"想要进入清华园学习"的梦想，居然在三年后遗忘了。这个梦想如今悄然成为现实。所以还在读高中的你们一定要珍惜现在的时光，不要害怕做梦，但更重要的是脚踏实地地实现梦想。祝愿大家都能实现自己最初的梦想，我会在美丽的清华园里等着你们的到来！

在最后一刻来临之前不要轻言放弃

在动笔之前一直在思考要给文章取一个怎样的题目比较合适,鉴于我是一个典型的理科生,笔下生不出多少华丽的文字,倒是这样一个朴实的题目能表达我最真实的感受。

从初三接触化学学科开始,我就对这个学科充满了浓厚的兴趣,无论是写在纸上的复杂的化学式,还是装在试管里的五颜六色的化学试剂,这些东西在我的眼中都是灵动的、富有生命的。化学中有一些与平衡、整体、能量(如能量最低)等有关的原理,这不仅仅是化学学科中的原理,也是这个世界运行的原理,这个学科是蕴含了这个世界的美。俗话说,兴趣是最好的老师,这话一点也不假。在初三下学期的时候,学校组织大家参加了长沙市的一个化学竞赛。为了准备这个竞赛,我在初三紧张的复习之余,抽出时间做了一整本相当有厚度的初中化学竞赛题。那些题目的难度远远超出了中考的化学题难度,包含了许多高中化学的思维和计算方法,但是我非常享受思考化学题目的过程,这一段经历,为我的高中化学学习打下了坚实的基础。

学霸秘籍

我的高中——湖南师范大学附属中学,以25块国际奥林匹克竞赛金牌的成绩稳居全国高中奥赛金牌数量榜首多年,学校关于学科竞赛方面提供给普通学生的机会和资源也是相当多的。我作为一个普通班的学生，以全校第二名的成绩通过了化学竞赛组的选拔并进组学习。虽然后来因为我把更多的精力投入了学生干部工作上而选择退出化学组，但是化学组在知识和能力上的超前培养，也为我高中的化学学习加分不少。再加上我的高中班主任是化学老师，由于"班主任效应"，我们班级的化学学习氛围也是很浓的。

高中头两年的学习就这样平淡而自然地度过，其中我也总结了不少经验。关于化学学科的学习，我认为特别重要的是在脑海中构建出关于这个学科的一些整体思维，正如我前文中提到的化学中有许多和这个世界运行类似的原理，它是遵循一些例如趋于稳定、趋于平衡的原理的。这样的思路能够帮助我们整合脑海中关于这个学科的某些知识，并且在解某些题的关键时候，能够给我们提供重要的思路。化学和物理不太一样，它偏识记的东西还是很多的，比如说一些化学物质的颜色、性质等，这就要求一定要记准确、记熟练，只有达到了准确和熟练才能在解题的时候做到信手拈来，节省很多时间。在具体方法上，大家可以用归纳总结的方法，将一些类似的东西类比起来记忆。这样既能记住它们之间的联系和相似之处，也可以记住它们的区别和不同之处（进了大学学习了心理学才知道，这样的分组记忆是有科学依据的）。

同时，化学和生物也不太一样。化学需要运用原理来解决的问题很多，比如一些涉及反应原理的题目，还有一些实验题，这就需要熟练题型。我是一个很反对题海战术的人，尤其是在高一、高二的基础学习中，我觉得还是对基础知识的掌握更为重要。但是即使有良好的化学学科素养和基础，我还是会经常碰到课本内容上的问题。例如在学习化学反应原理的内容时，关于水解和电离的一些计算我刚开始总是弄不明白。我选择的方法是在做完作业之后，另外再做重难点手册上与这部分内容有关的题目，并且这本书上有这类题目的题型归纳，也给我提供了一个整理这部分知识的思路。所以，大家即使是分析自己在某门学科的强弱时，也要分部分，因为可能你只是对于某一个内容或知识

不清楚。这个时候，对症下药专攻那一个知识点，比笼统地复习整理全部知识效率要高得多。当你越过这个坎之后，你会感到豁然开朗，这也是非常有成就感的。

以上是关于化学学科的一些学习方法，不过有的方法对其他学科也是通用的。下面要说的主要是关于应试时候的心态问题，这个问题就更加是放之四海而皆准了。由于我高中组织过许多学生活动，也多次上舞台主持重大的活动，因此我在一些关键时刻的心态调整能力比普通同学要更强一些，所以大家平时也不要放弃一些锻炼自己心理素质的好机会，指不定这些东西在关键时候就能帮上忙。

理综合卷考试在刚刚开始的时候，最难的就是如何分配时间，时间不够也很容易导致做题的时候紧张。不过这个问题所有人都难免碰上，哪怕是你们年级里成绩最好的同学也会遇到，所以一定不要慌张。

高三理综合卷的考试一般不下 20 次，一般经过头两三次之后就能适应这种节奏了，但是也不要忽略自己平时理综合卷的训练。

接下来要讲一件我高三考试时经历的真实事情，也是我给这篇文章取这个标题的最大原因。一模、二模的连续失手，尤其是化学学科，平时一般能考90 分以上，这时都只有 70 来分，这对我的自信心造成了很大的打击，因为平时理综都是靠化学来拉开与同学的距离。幸好平时周考（即每周进行一次的理综考试）的化学成绩还比较出色，才让我不至于对自己的能力产生怀疑。总结一模、二模失败的原因，主要还是粗心，在一些明明很简单的细节和计算上出现了问题导致失分。但是粗心的主要原因是在考试的时候太过注重结果而忽略了题目本身，导致做题时分了心。所以在三模的时候我下定决心要恢复我在化学学科上的优势！一旦有了目标就会有压力，拿到理综卷子的时候，我的心情是非常复杂的，既充满了希望，又害怕结果会让我失望。当我答完选择题和生物大题开始做化学大题时，我着实捏了把冷汗——这次的化学大题一点都不简单！我已经记不太清楚试卷上具体是什么题目了，只记得第一大题和第二大题后面比较有难度的几个问题，我思索了好一会儿都没有找到解题的思路。我让自己尽可能地保持冷静，先放弃这几问去做后面的。当我把后面的化学大题做完以后，又回到了这令人纠结的几个问题上。那个时候预留给做化学题的时间已经不多了，我的脑子里却出现了一片空白的情况。我是一个偶尔性子很急的人，那个时候一个非常可怕的念头在我脑海里浮现——大笔一甩，不写了！但是彼时的我坐在第二考场第一的座位（我们当时是按上一次考试的成绩排名来安排考场，以往我都是坐在第一考场的），这样一个令人尴尬的座位，让我的理智将这个邪恶又冲动的念头扼杀在萌芽状态。要争一口气重回第一考场是内在驱动力，我调整了一下心情，重新冷静地从另一个角度来思考这个问题的解题思路，果然没用多久，剩下的那几个问题便顺利地解决了。这也让我能够用更轻松的心态来解决后面的物理大题。最后这次考试的结果令我非常满意，我考出了高三所有月考、模拟考试中的最高分，同时化学单科年级第一的好成绩（后来我才知道那次的化学题是三次模拟考试中最难的一次）。这次考试作为高考前的最后一次大型考试，也带给了我许多信心来面对高考。当年湖南高考试卷的难度比前一年提高了很多，很多同学对于试题难度的预测都产生了失误，导致高考时心态和分数都受到了影响。但是我对于自己的高考成绩还是比较满意的，或许也得益于最后一次考试让我得出的"不畏难"的经验。回想起这次考试，如果当时真的把笔一甩，放弃了，是不是整个结果都会不一样。所以在最后一刻来临之前一定不要轻易说放弃，只要还有机会，只要还有时间，就不能放弃任何的可能。我想这点也适用于生活中的很多情况。

同时，在备考期间和老师的交流也是非常重要的。那几次考试的失利，虽然班主任也批评了我在考试时比较浮躁，但是更多的是给我鼓励和信心，让我慢慢学会去忽视过去的考试，用更好的心态来面对即将到来的考试。我的高中实行导师制，我也有一位特殊的导师，他是我们年级的理综组组长，一位非常有经验的生物老师，也是湖南省理综科目评卷生物学科的督导（就是所有改卷老师的头儿）。我在每次理综测试结束后都会去找他分析试卷，哪些地方不应该失分，哪些地方做得好要继续坚持，他都会给我一一指出。在面对很大压力的时候，找他聊聊天也能很好地释放自己。我觉得在高三，同学们要学会找一个释放压力的出口，比如可以和父母、老师、同学聊天，觉得找谁聊舒服就找谁，千万不要找错了人给自己添堵，那样只会适得其反。

　　高三那些极其有规律和明确目标的日子已经过去，进入大学的我面对的是更广阔的专业学科、科研能力的培养和日后发展道路的选择。回首高一时自己在日记里写下的"想要进入清华园学习"的梦想，居然在三年后遗忘了。这个梦想如今悄然成为现实。所以还在读高中的你们一定要珍惜现在的时光，不要害怕做梦，但更重要的是脚踏实地地实现梦想。祝愿大家都能实现自己最初的梦想，我会在美丽的清华园里等着你们的到来！

Part 1

学霸档案

姓　　名：吴天悦

··

毕业学校：上海市七宝中学

高考成绩：总分526

院　　系：清华大学社会科学学院心理系

Part 2 /

学霸格言

　　机会永远垂青有准备的人。当你费尽工夫准备了这么多以后，有一天自然会有"馅饼"砸中你，清华、北大根本不是梦。

学习语文的技巧、心态和考场发挥

　　说到学习语文，可能不少语文好的同学都会摇摇头，觉得学习语文没什么方法，自然而然就很好；而语文不好的同学则会非常苦恼，因为他们觉得似乎语文的学习无法用"技巧"来弥补。有的时候甚至觉得语文根本没必要复习，裸考也能考好，有的时候甚至是无意，语文成绩会突然一落千丈，有的时候又会突然崛起。如何学好语文，如何稳定语文成绩，如何做好语文的复习，如何做到临阵不乱，如何游刃有余地做完一张题量极大的语文试卷：这些，就是我想讲的有关语文学习和考试的技巧和方法。

　　首先必须要明确的一点是，学习语文是必然有方法的，也许自身的语文成绩不能在备战高考的日子里有所提高，但是应付语文考试还是很有可能的。

　　对语文成绩不太好的同学来说，如果你的其他成绩已经不错了，请你毫不犹豫地放下刷题的笔，不要以为其他的好成绩可以补救你的语文，在顶尖的较量中，少一分就是少一分，别的成绩再好都可能会被这瘸腿的一门拉下水。更何况作文所占分值之大，很有可能一个偏颇就拉开十分的差距。语文的重要性就在于，它很少能帮你拉分，却很容易拖你的后腿。

　　针对语文成绩已经不错的同学，如何保证你的语文成绩每次都稳定，让你无后顾之忧，不拖后腿，有时甚至可以成为你意料之外的助力，这是一个很重要的问题。很多同学都出现过一上考场大脑一片空白的情况，导致无法准确审作文题，把握不好时间。这对语文好却无法正常发挥的同学来说是很可惜的。

下面我就来谈谈这些问题。

学 | 霸 | 秘 | 籍

一、如何挽救语文

高考是一场"一考定终身"的考试，所用的方法有时候是具有一些功利性的，无论哪个省市都是这样。我这里介绍的既有一些针对高一、高二学生的培养型方法，也有针对高三学生的高效的方法。如果你是高一、高二的学生，恭喜你，你还有很多的机会。建议大家最好先练练字，卷面永远是一个很重要的因素，尤其是像语文这种主观性很强的科目，印象分会让你有意外之喜。

挽救语文第一步，陶冶性情型：积累。

语文试卷的大头无非两项：阅读和作文。如果你想挽救你的现代文阅读，首先可以多读一些经典名家的小说，中篇或短篇为佳。注意小说中的伏笔和线索，注意体会作者描写人物时蕴含的情感，注意通过人物心理活动描写来推测这个人物下一步的行为。渐渐地，我们就可以慢慢学会揣摩作者的心意，当我们可以做到通过前文推测这个人物下一步的行动时就说明已经懂得了"揣摩"二字，而现代文阅读的精髓就是揣摩。然后可以开始读一些散文，仍然利用之前学到的揣摩的方法，通过作者的语气、用词、句式来揣摩散文中作者的情感和想表达的内容。散文一般都是有深意的，体会深意往往也是现代文阅读经常考查的内容。如果你的薄弱部分是文言文，也不用慌张。买一本《文言文精编》之类的书，里面有三百来篇文章，全是小故事，每周做三篇，从特殊字词解释（陌生词汇、古今异义、特殊含义等），特殊句式，虚词和可以化用的典故四个方面进行总结。我高一的时候做完了这本书，真是受益匪浅，高三的时候明显感到当初积累的作用，三百篇做完后，原本记下来的字词句意可能也都不记得是什么了，但关键的是三百篇做下来以后的手感和语感。以至于我高三的时候文言文阅读从来没有被扣过两分以上，断句题除句子有歧义外从来不出错。这完全是靠自己的积累。等到高三再去做这件事，先不说工程浩大，也无法积累出如此手到擒来的语感。

如果你的作文是大问题，在高一、高二的时候，有意识地积累绝对是必不可少的。我在前面提到，做文言文时不妨记下那些可以化用的典故，这些都是写作的素材。相信老师们也都会布置摘抄的作业，同学们切记要认真对待摘抄，等到高三，每到考语文前，把积累的摘抄从头到尾翻一遍是我必不可少的复习步骤。

挽救语文第二步，功利型：巧妙利用。

有了积累，就要学会巧妙利用已有的武器。做每一篇阅读的时候都不可天马行空地乱写，每一篇被选来做考试阅读的文章一定有独特之处，出卷老师不会出那些只需要套一套思路就可以写出答案的题目。一定要记得运用揣摩的方法，顺着作者的思路往下想。题目中出现了文章中的词句一定要返回原文中找，题目中需要我们体会的地方一定要带到原文中去体会，入乎其内又要出乎其外，既要进入文章，顺着作者的思路想，又要跳出文章，从高空俯瞰，把握全局。

因此我建议，每次做阅读的时候，先抛开一切学过的答题套路，只是泛读文章，然后带上揣摩的心思，开始慢慢地读文章。这时候，每当读到一些别有深意的地方就要开始警惕了，要顺着作者的思绪往下读，就好像这篇文章的作者是你。两遍读完之后，开始做题，每做一题就去找与该题相关的段落，并把段落所在的上下文一并来读，防止以偏概全。做题时千万不能抛开原文，不能凭着自己的直觉写，因为我们的语感还没有好到这个程度，必须有意识地揣摩才行。

做文言文时，把每个虚词都圈画出来，这样有助于厘清语序，方便断句。有的时候，即使没有读懂这篇文言文的意思也不要着急，因为很有可能题目和意思没什么关系。如果有一两个实词从来没见过，但是却让你写含义，就更加不用着急了，因为考查学生完全不会的东西是没有价值的，所以你一定可以通过上下文推断出这个词的意思。只有这样，这个题目才有价值。

挽救语文第三步：高三功利法。

如果你已经高三了，之前说的方法都基本不切实际了，那么这个方法是最功利也是非常有效的：刷答案。语文固然不像理科刷题效果好，但是刷答案却是很有效的方法。每做完一套题，把参考答案抄一遍，然后体会你的答案和参考答案的区别在哪里，总结参考答案的答题模式。语文的答案虽然内容各种各样，但是答题的模式却是极为相近的，比如都要回答描写了什么内容，体现了什么情感，在结构上起了什么作用，在内容上有哪些特点。总结出有相似类型的答案的题目，并记住这些答案的组织模式，只要理解还算到位，几个点答到了，又由于语文是踩点得分，就基本可以不被扣分了。

二、如何稳定语文

这是针对已经有不错的语文成绩的同学来讲的。稳定语文成绩的关键在于心态。语文学习是一个过程，你掌握住的就是你的，但有时忽高忽低的成绩（先不谈作文）不是实力的问题，而是心态。心态指导下行为的直接体现，就是思维的缜密程度。所谓思维的缜密体现在答题的方方面面。比如，选择题漏看关键字眼，考完痛心疾首；默写名句时突然大脑一片空白，错失到手的分数；古诗赏析因为漏看注释或者没有留心某些字眼而一分不得；做现代文时思维短路不知道该回答什么，到处被扣分，最后就所剩无几了。

在平时语文无大碍的情况下出现以上情况都是心态问题，焦灼状态下人的注意力无法集中，就往往会出现错看、漏看题目的情况。因此，考试之前不妨喝口冷水冷静一下，拿到卷子，首先做名句默写题，利用这个不需要动脑子的时间平静一下心情，再开始答其他题。一旦开始做阅读就要把心放在文章里面，不要再想其他的东西了，把自己的思路和作者的思路融为一体，无论答什么题目都从原文的角度去想答案，不能主观臆断。

当碰到答案模棱两可的题目时，千万不要紧张，不要总逼着自己立刻选出一个答案来，也许后面的题目反而会给你点启示。但是一篇阅读做完后，最好能把这一篇的答案都填上，因为在紧张的两个多小时中语文是很难能留出时间来慢慢检查的。

作文的临场发挥更是要守住"稳"字，千万不能一味求新求奇，成则已，不成则会害了自己。稳中求变才是作文高分的王道。写作前，首先要平心静气地审题，既不能因为做过类似的题目而沾沾自喜，也不能因为看上去难就丧失信心。做过的，一定要忘记以前是怎么写的，完全把这个题目当成新的题目，等自己确定了新的思路以后，反倒可以想一想当初自己是怎么写的，哪些例子可以继续用，是否可以借鉴一下以前的思路。人不可能写出两篇一样的文章，照猫画虎很可能不伦不类。

三、重视考前复习，切忌裸装上阵

我以前凭借自己文科好，考前很少用心复习，但是到了高三以后反而觉得语文考试前的复习必不可少。进入高考备考阶段以后，所有的模拟考试中语文永远是第一场考的，因此，考前的晚上和考语文前的早上都最好只看语文。看什么呢？

（1）语文课本中的重点篇目的大意，了解其中的人物形象、作者形象，防止出现联系课本内容时自己完全答不上话的现象【前一晚】。

（2）背诵篇目。晚上主要是抓易错字，写在纸上【前一晚】；第二天考前一定要仔细看这张纸，再将古诗文都默背一遍【当天早】。

（3）整理过的古文典故，最好能总结成词，方便自己记忆，并灵活运用【前一晚】。

（4）重点：自己曾经做过的摘抄、剪报，作文积累的素材。一边复习一边想，这些素材应该如何运用【前一晚细看，当天早略看】。

（5）重点：自己整理好了的答题模式【当天早】。

以上是我总结的多年语文学习的经验，而我自己也一直因为这些方法受益匪浅。希望看到这篇文章的学弟学妹们能真真正正地运用好技巧和方法，不要怕麻烦，做到不抛弃，不放弃。

机会永远垂青有准备的人。当你费尽工夫准备了这么多以后，有一天自然会有"馅饼"砸中你，清华、北大根本不是梦。

疑难突破阅读笔记

独学而无友，则孤陋而寡闻。

关键词	笔记内容
学科特点	
备考方案	
重点难点	

总结: _____

_____

_____

Part 1 /
学霸档案

姓　　名：任浩楠

毕业学校：中央民族大学附属中学

高考成绩：总分661　语文117　数学133　英语131
　　　　　理综270　加分10

院　　系：清华大学材料学院

Part 2 /
学霸格言

　　高考中该题型的题材丰富，体裁多样，所以在平时备考时就要养成好的习惯，如精泛结合、扩大视幅、不点读、不出声读、不过多回读；能根据上下文猜词、乐于分析长难句、坚持做好读书笔记、不断扩大词汇量等。

注重细节，突破英语

　　我的英语底子还是不错的，只是在由初中向高中过渡时，没有应对好英语这一学科的变化而导致英语成绩直线下降。幸而到了高二，文理重新分班，我有了新的英语老师，她帮助我克服了许多困难，于是我凭着一股不服输的韧劲努力地学习英语，终于使自己的英语成绩稳步上升并名列前茅。所以，我觉得英语确实是一门凭借汗水和智慧就能学好的科目，因为我能，你们更能！

学霸秘籍

　　首先，我想先跟大家分享一下我的复习经验。

　　英语一科的复习可能是大家倾注时间最多的科目，它和语文一样，要靠平时的积累。学习英语需要做到每日读、每日写，因为这是一门需要一定记忆密度的科目。

　　如果你以日或两日为单位来复习英语，那我劝你改成每日分散时间复习，因为这样你在英语上花的时间差不多，效果却更显著。我在高三时就对自己十分严格。比如说我每天都会做英语听力，选取的是有针对性的强化练习的高考听力模拟试题，我甚至会在做完听力后复述听到的内容来提高口语表达能力；

又比如我每天限时完成 3 ~ 4 篇 400 字左右的阅读，并在之后整理出文中的高级词汇及短语为我的作文所用。就因为我能每天都抽出时间复习英语，我的英语成绩才能逐步上升并在后来居高不下。

在复习阶段，我认为课本还是很重要的。前面说了英语是需要每日读的科目，那么每日都读些什么呢？我认为最好的便是课文了。我曾把初中、高中的课文全部背诵了一遍，听起来很吓人，但由于课文是已学过、读过，并且大部分背诵过的，所以工作量并不算太大。为什么非要背诵呢？背诵的目的是培养对外国语言的感应能力，即"语感"。一旦形成初步的语感，做题便比较得心应手了，正确率也比较稳定，这是一个有效的速成法，供大家参考。此外，还有不少提高语感的方法，如每天抽出半小时（最好在早上）坚持读读或背背做过的完形、阅读等，虽然短期内可能看不出效果，但是坚持下来就会有明显的体会。因为这不仅能帮你较快地提高语感，还能帮助你回忆起曾经做过的题并警示你曾经犯过的错误。又或者在课外时间找一些英文发音的好莱坞大片或一些有趣的美剧如《生活大爆炸》等来看。这并不是要求你要听懂每一词每一句，只是希望你能在观看中感受他们的思维方式与发音方式，从而获得在课堂上学不到的语感。

课本还有一个用处，就是可用来梳理语法。通过课本梳理从初一到高三的语法，注意归纳分清各种时态、语态的变化，并将从初中到高中的课本上的常用词组、重要句型、重点词的惯用搭配等做系统的整理。尤其是动词、形容词的用法，可以通过归纳的方法来自己梳理并记忆。例如主要动词和不同介词搭配各有不同的意义，如与 get 搭配的可以有 get on、get out、get in、get off、get up、get over、get across 等。整理完后你必须把它们读熟，能背下来最好。这项工作的工作量比较大，但不要怕难。因为通过这种方式可以扫除你的知识漏洞，也因为这是提高英语能力包括应试能力的一个非常有效的手段。

当然，语感好、词汇量大并不意味着英语考试一定能考好，但一定可以为我们学习这门语言打下很好的基础。不过要想在考试中取得好成绩，还需要些其他技巧。下面我就根据我的高考试卷结构来跟大家分享一下我的应试技巧。

首先是考试的时间安排。英语考试试题很规范，每一部分题的数量、分值都是固定的，所以每一部分在考试中应用多少时间也是有规律可循的。盲目做题而不注意时间分配就好像只砍树而不磨刀，效率肯定不高。我的经验是，单项选择 15 道题用 8 分钟，完形填空 20 道题用 14 分钟，阅读理解 4 篇加上七选五共 20 道题用 35 分钟，情景作文跟开放性作文合起来用 35 分钟，最后用 5 分钟检查答案填涂正误。若是在答题过程中遇到难题，有时放弃一两道难题能为你争取更多做对其他题目的时间。

我认为，单项选择题考的就是语法和情境，这些是比较死板的东西，却是有规律可循的。如单项选择中常用的介词 across 和 through，它们都是通过的意思，但 across 多指横着通过或横跨，而 through 指直着通过或穿过其中，所以船通过桥就用 across，而火车通过桥则用 through。练习单项选择时，可找出以前做过的试卷或练习，看看以前在单选上犯过的错误，以免重犯。做题时我经常采用排除法、还原法、简化句子结构法等方法。还有就是做题时要相信直觉，不要改来改去，因为在语言方面，有时第一感觉更准确。

然后就是完形和阅读，许多人采取题海战术，我觉得没有必要。与其单纯扩大做题量，不如提高每次做题的效率和质量。每次做完都要仔细分析总结才行，不仅看自己做错的，也要看自己做对的，并分析原因。对于在完形填空和阅读理解中所犯的错误，我总是要反复推敲，为下一次做题积累经验和教训。这样每做一道题都有收获，下一次便能举一反三，取得事半功倍的效果。

完形填空考查的是在特定语境下综合运用语言的能力。我认为应首先看懂文章的第一句，接下来快速浏览全文，然后边研读边根据上下文、逻辑、常识、语法知识等对选项进行初步推测，最后通读全文，再从阅读的角度看所选选项是否能使文章通顺、符合逻辑。在训练中要牢记应试原则：瞻前顾后、上下求索、左顾右盼、首尾一贯。在日常学习中要做到：注意重点词组、习惯用语和常用句型的积累与应用；注意词汇的使用范围和同一词汇在不同语境中的不同含义；常读、常思、常悟、常总结，以阅读带动完形填空能力的提升。在高三复习时，最好每天做 2 篇，两个月下来，一定会有所提高。还有考前高强度训练法，即在考前 3 天每天连做 10 篇完形，我相信，你在考试时一定会惊喜地发现自己的完形答题能力有了显著提高。

阅读理解其实只有两大类题目：细节题和主旨题。前者要求必须读懂文章，然后仔细地寻找文章中的信息，没有捷径可走；后者以考查深层次理解为主，如归纳主旨大意、猜测词义或句意、判断推理、理解作者的写作意图和基本态度、文章题目理解等。

高考中该题型的题材丰富，体裁多样，所以在平时备考时就要养成好的习惯，如精泛结合、扩大视幅、不点读、不出声读、不过多回读；能根据上下文猜词、乐于分析长难句、坚持做好读书笔记、不断扩大词汇量等。高三时应保持每天不少于 2 篇短文的阅读量，训练中要以限时阅读为主，自己要把握好速度和准确度的关系。在做题过程中要逐渐做到：快读文章笼统抓大意；回读文章对应答好题。快读文章不仅容易获得文章的主题思想，而且可以减少生词多对阅读的影响。所谓"找对应"就是在明确文章表达的中心后，带着问题回读文章，找到相关信息，把 A、B、C、D 4 个选项逐个与原文对照，认真分析，通过排除或对比来获得答案。这样既能减少阅读量，又能减轻阅读压力，从而提高阅读的信心和效率。

我建议大家在平时多读一些原版的英文材料。广泛地阅读不仅

可以提高自己的理解能力，对写作也有很大的帮助。而且，读书还会给人以思想上、精神上的快乐，可以提高人的修养，陶冶人的情操，是一件受益终身的事情。

在英语 150 分的满分中，阅读占了 40 分，故有"得阅读者得天下"的说法。因此，我建议广大考生在复习迎考时，一定要把阅读放在第一位。不要由于见效慢就心灰意冷而轻言放弃，要有学好的自信。要多做些阅读题，尽量对每一句话都读懂读透，读懂其中很微妙的深藏的东西；碰到生僻的单词也不要立刻查字典，而是应先根据上下文揣摩，以免养成懒惰的习惯。

剩下的就是英语作文了，英语作文在试卷中共占 35 分，是比较容易得分的题型。要想提高英语作文水平，一方面要背课文，另一方面可以从造句开始，逐步构造复杂的句子，再发展到写段落、篇章。千万不要因为不自信而用"翻译法"来写作文，即先写中文底稿，再译为英文，因为这样十分费时，而在平时对英文水平的提高也没有好处。

在日常训练中，你需要熟悉各种题材、题型（如书信、日记、发言稿等）的特点和要求，背诵常用的词汇、句型、文章的开头、结尾和优美的段落，多进行仿写、改写，并养成良好的书写习惯，做到卷面整洁优美，大小写和标点符号运用正确。一般来说，我的写作便是按照七步写作法来创作的：一审（审定人称、主体时态、格式）、二定（确定主题和结构）、三列（列出简明要点）、四连（连词成句，连句成文）、五美（综合运用过渡语的使用、长短句的搭配、倒装、非谓语动词、强调句型、独立主格、复合句的使用、高级词汇等手段进行美化，以达到地道、流畅、一气呵成的效果）、六查（检查大小写、标点、时态、语态、主谓一致）、七抄（将草稿快速、工整地誊写到试卷上）。

以上就是我复习英语的经验及应试技巧，希望能对你们有所帮助，最后祝高考顺利！

Part 1 /
学霸档案

姓　　名：蒋思越

毕业学校：中央民族大学附属中学

高考成绩：总分668　语文126　数学137　英语132
　　　　　理综273

院　　系：清华大学电机工程与应用电子技术系

Part 2 /
学霸格言

　　我觉得，你需要有一个目标作为依靠，作为支撑你继续下去的信念。这个目标可以是，我想考清华、北大，只是单纯地想考清华、北大（当然这是对于那些"学霸"而言的）；也可以是为了一个重要的人，我想要变得更加优秀，让他（她）认可。

用心去热爱，用心去感悟
——语文篇

转眼间，来到清华园已经一个学期了，再回首高三那段忙碌且充实的日子，简直如梦幻一般，在我心中竟然如此美好。

自己再也不可能重新经历一次那样的高三了。不过，那段过程中，自己的一些学习方法、心得体会，我觉得拿出来和更多的莘莘学子分享，一定是一件于人于己都有利的事情。

我是一个理科生，高考有四科：语文、数学、理综、英语，这个顺序就是高考的科目顺序。我想着重跟大家分享一下语文的学习方法，相信这也是最让大多数理科生头疼的一门学科。

学|霸|秘|籍

我为什么要谈这一科呢？是因为我语文学得特别好吗？其实不然，这一科是我刚进入高三时，高考四门科目中最没有把握的一科。相信很多理科生都有着做题的天赋，一看到数学、物理题就能激发自己极大的兴趣，全身心地投入去解决，结果当然不会遇到太多阻碍。也就是说，经过高三一年的磨炼，大多数的理科题目都能掌握得很好。而这时候烦恼来了，语文、英语，就像两个拖油瓶，使劲地扯着自己的后腿，让自己的总成绩不够理想。而语文，作为自己的母语，对自己的影响显然更为巨大，特别是作为高考的第一科，这一科的发挥直接关乎自己的心态调整以及后面考试的发挥，所以极其重要。

相信大多数考生也明白语文的重要性，也非常想提高自己的语文成绩。可是，语文，究竟怎么学？它不像那些理科，有固定的题型，固定的方法；它没有固定的答案，却有一个讨厌的"酌情给分"；它没有固定的解题套路，却一定要你答得像模像样。你迷茫吗？是的，我也曾经迷茫过。对比数学，我的圆锥曲线方面的内容掌握较差，我可以翻出习题册，做很多这一章内容的习题，并把不同的方法记录下来，久而久之，考试时遇到一道圆锥曲线的题目，你的脑海中立马有了几个不同的解题思路，一个个去尝试，总会解决它。反观语文，我说我阅读不好，于是我做了一整本阅读题，结果自己的答案和标准答案总是有着天上地下般的差异。于是自己坐不住了，想着与其浪费时间在这上面，不如多做几道数学题来得靠谱。就是抱着这种"破罐子破摔"的心态，放弃了语文，语文自然也放弃了你。

如何避免这种情况呢？从根本上说，你要对这门学科足够重视。按理说，这种重视应该从高中一入学就开始，但我相信有很多人都忽略了。我相信，任何有志于考清华、北大的学生，其学习成绩应该都是不错的，而且其语文学习应该在之前的小学、初中学习过程中有较好的基础。到了高中，其他科目的变化很大，唯独语文似乎还和之前保持一个轨迹（其实语文就是这样，在不知不觉中变得高深）。于是，自然而然地，你把心思花在了其他科目上，却忽略了对这门学科的深入学习和提高。

虽然你没有怎么学，但每次考试你的成绩好像都还不错，于是你更不会在意了（注意，这都是因为你以前有着较好的基础。换句话说，你有吃老本的嫌疑）。不过，这种情况久了，最终差距总会被察觉，而且到了高三，很多学校的老师都有压语文分的传统，于是，你的语文短板似乎就在一夜之间暴露无遗。

　　那么，这时候重视它还来得及吗？我要说，这是当然的，不然我写这篇文章做什么呢？

　　前面说了这么多，语文的重要性在你们心中一定也有了概念。其实这真的是一门需要引起足够重视却被很多人忽略，但最后高考所占比重又极其大的学科。前面那么多的铺垫，我只想说明这么一个道理。我希望你们从这一刻开始，能将语文当作一门全新的学科，用心去热爱，用心去感悟，因为，重新审视这门学科，你能收获不少东西。

那么，第一点，和任何一门学科一样，你需要做的第一件事情，就是重视基础。

　　语文要想得高分，基础题一定要保证满分。对于高考北京卷的语文题，基础部分是指前面的选择题部分，一共9道，还有后面的文言文断句以及古诗词默写，这都是要保证拿满分的。这一部分的题目简单，但是容易出错，就好像数学前面的选择题一样，丢分觉得十分可惜。而且，3分一道的选择题，对于语文而言，分值算大的，有时候后面一道阅读题的分也就那么三四分。如果你比别人多错一道选择题，后面就需要多比别人答对一道阅读题才能保证你们分数相当，这个难度可想而知。所以，选择题就应该重视，做到拿全分。基础部分，像字音字形、病句、文学常识等，在高三第一轮复习的时候，老师一定会让同学们做一定量的练习。但之后，由于其他部分复习的需要，而且这一部分占的比重比较小，老师可能很少会带领同学们回顾复习。这时候，就需要你们自己去不断巩固了。我建议同学们自己买一套语文基础题手册，每天或者每隔两三天就做一套选择题。说实话，这真的不耗时间，早上上课前，晚饭后上晚自习前，或者抽出一两个课间，你就可以解决，而且错题一定要记录下来，做上标记。不过切忌一次性做很多同类型的题目，这样会由于题型单调而增加自己的厌烦感，也不利于记忆。从现在开始，坚持去做，就算时间是高三下学期了，你也来得及，因为，你毕竟是有一定基础的。文言文也是一样的思路，每隔几天一定要做一篇文言文阅读，而且，做题时一定要留心看看这几道题考的什么内容，是实词还是虚词，是用法考查还是解释词义？做得多了，你就会发现，有些词出现的频率很高，那么，记住它，记住它的几种用法，下次遇见它，一定可以很快地得到正确答案。其实我建议大家在平时做练习时搞明白每一篇文言文的每一句话，也就是翻译全文。就算不写出来，也要在心中翻译一遍（当然考试时不需要），这样你对文言文的掌握一定会再提高一个档次。

第二点，认真听老师讲课，认真对待老师发的每一套语文卷子。

不知道大家有没有这种感觉，早上的连堂语文课，困；下午的连堂语文课，还是困；晚上的语文自习，直接睡着了。好像一到了语文课，整个人就松懈了，也许这是大家对语文一贯的慵懒态度吧。可是，到了高三这个节骨眼儿，这个坏毛病得改一改了。不要高看自己，你的高三语文老师，对高考语文的了解一定比你多，他们一定有一套自己的解题方法，能够高效快速地解决问题。认真听，就算听后尝试了，发现不适合自己再放弃，也比直接睡觉强得多。还有，自己一定要认真独立地思考和完成语文试卷。我相信，作为一个理科生，每当有数学卷子或者物理卷子发下来时，你们会立马动笔演算，但是当语文卷子发下来时，特别是上面还有阅读题时，你只会瞪着卷子发呆。要么草草写两句，要么拿过来同学的卷子借鉴一下，要么干脆一笔不动，等老师第二天讲。对语文，如果你没有像对其他科一样的热情，你又有什么资格要求它以优异的成绩回报你呢？

第三点，学会揣摩出题人思路，做最正确的作答。

　　这一点主要是教你如何答阅读题，诗歌鉴赏、说明文阅读、散文阅读都适用。其实老师在讲阅读题时，往往不会直接说答案，而是先分析文章内容，总结中心思想、作者情感之类，然后由这些入手，分析阅读题目，引导学生得出一个合理的答案。把这个过程简化一下，就是由已知（文章）得出中间条件（中心思想、作者感情），再由中间条件推导最后结论（题目答案），这其实和解理科题的方法很类似。不过，不同的题目需要不同的分析方法，如果你不听老师的讲授，能自己领悟定然是好的，但是我觉得大多数人没有这个天赋，上课听讲就极其重要了，所以再次强调第二点务必要做好。如果你直接记答案，很显然下次你还是答不对阅读题。做一个简单的类比，你遇到一道圆锥曲线题目，求交点，答案出来，你记住交点是什么了。若下次再来一道，肯定不会再让你求这个交点。一样的，语文也需要一个分析的过程才能得出答案，而这个过程就是揣摩出题人思路的过程，出题老师想让你答什么，你一定要明确，不要偏离方向。我觉得有些同学会问，这应该是揣摩文章作者的思路，怎么会是出题人的思路呢？我不得不说，语文有些地方确实很不厚道，不知道大家有没有在网上看到过网友制作的小沈阳吐槽语文阅读题的一幅组图，确实尖酸刻薄。那些所谓的文章深意也许文章作者当时根本就没想表达，是我们生搬硬套一定要扣在作者脑袋上的。而为什么会这样？因为出题人设计的答案就是如此。所以，与其去想作者当时怎么想，不如换位思考一下，假想自己是出题人，会如何给考生出题。这样，你的思路往往会更加清晰。

第四点，也是最重要的一点，多跟老师、同学交流方法。

　　这一点尤其适用于作文。对于语文考试，如果你能写出一篇优秀的作文，那么你的语文分数一定不会低。但是，很多时候，你觉得自己精心打磨的一篇文章，在老师那里只能得到一个很低的分数。这时你也不要灰心，应积极找老师交流，找出问题。不论哪一次考试，只要有作文，就一定要找老师不停地修改，除非你的作文已经很好。高考作文一般是以议论文为主，这也是老师们的一致推荐。很多理科考生抱怨写作文这种东西不适合他们，和文科生相比会吃很大的亏。其实不然，议论文说理性强，正适合理科生，而高考是以议论文为主的，这样看来，是理科生占了巨大的优势。关键是如何写好一篇作文。平时老师肯定会发一些同学的高分范文下来，多去琢磨，为什么这些文章能够得到很高的分数？亮点在哪儿？有什么值得学习借鉴的地方？千万不要随手丢弃，那都是宝贵的财富。有的写一个历史人物，十分出彩；有的诗句运用十分娴熟，给人耳目一新之感；有的通篇文言语句，技压群雄。这都是藏在你身边的高手，与其抱着作文素材看，不如看看他们的文章，我想对你的帮助或许更大。另外，千万注意，不要跑题。如何不跑题？揣摩出题人的意图，在这儿就又用上了。多和老师讨论讨论作文题，特别是改作文时，你可以请教你们年级不同的老师，他们的思路不可能完全一样，或许某个老师的看法对你就有帮助。总之，不能一个人闷头学习，身边的资源要学会利用，而且是最大限度地利用。

最后一点，保持一个好的心态。

　　我想这不只适用于语文，也适用于其他学科。成绩一开始没有提高不要紧，只要你一直在坚持认真做题，不断和老师同学交流方法，你一定会有提升的，着急只会自乱方寸。举个我自己的例子吧，一模、二模我的语文成绩只有一百零几分，当时虽然有些担心，但我仍旧相信我的方法是对的（其实到了当时那个阶段，你也只有这样想才能让自己有信心），并且毫不松懈地对待每一次的语文小测试，作文也不知道找老师修改了多少次。正是这种虚心的态度和不懈的坚持，让我在最后高考时以 126 分的语文成绩拔得头筹。那么，如何保持一个好的心态，一个坚持不懈的心态，一个上进的心态呢？我觉得，你需要有一个目标作为依靠，作为支撑你继续下去的信念。这个目标可以是，我想考清华、北大，只是单纯地想考清华、北大（当然这是对于那些"学霸"而言的）；也可以是为了一个重要的人，我想要变得更加优秀，让他（她）认可。这个目标一定要对自己极其重要，才能激发出自己的潜能。即使到了后来你发现一切都变了，你曾经努力追求的目标，其实根本不属于你，但你仍然不会后悔，因为当时你所经历的点点滴滴，会让你在今后的人生路上越发成熟。

　　说了这么多，我希望我的方法能带给大家一些帮助。大家可以尝试我的方法，但更重要的是要在模仿中去吸纳，这才是一个真正会学习的人做的事情。还有一点，时刻保持自信，高考不可怕，我们复习了一年，已经做好了充足的准备。征服高考，相信，你也可以做到。

Part 1 /
学霸档案

姓　名：何　芃

毕业学校：中央民族大学附属中学
高考成绩：总分690
院　　系：清华大学自动化系

Part 2 /
学霸格言

　　背单词也是同样的道理，倒不是说让你对着那么几十个单词狠背几年，课间时看一看、做操之前看一看、午休之前看一看、晚饭之前看一看，都不用刻意去记，知道其大致意思就不会成为考试的阻碍了。

高中英语的学习技巧

英语，对于大多数理科生来说，是杀伤性可以同语文匹敌的洪水猛兽。英语不同于我们的母语，它是第二语言，语言环境的缺乏就成了我们学习英语的最大阻碍。比如广东的英语水平明显要高于山西的英语水平（这里只是泛泛地举例，并没有刻意将各省进行对比，如有冒犯，在此道歉），这无疑是教育氛围与语言氛围的问题。笔者认为，自我创建一个类似的语言环境可能是最优的方案。

外教、英语视听课之类的"高档"做法毕竟只能出现在屈指可数的几个"高等学校"，所以只能"自己动手，丰衣足食"。

学 霸 秘 籍

第一步，多听英语广播

记得高中老师推荐过几个电台，名字我记不大清了，大家可以根据自身需要上网查找。如果入门较慢，可以下载网络上的简化 BBC、VOA 作为每日的补充，逐渐实现从听懂单词到句义、段落中心、文章大意的"进化"。可能有人会问，高考的听力是十分简单的，甚至有一部分省份不考听力，这么执着于听，是不是有些小题大做？说到这个问题我就不得不提起一个现象：很多英语高手被问及成绩优异的原因时，很大概率会告之"语感"的答案。相信很多同学也有过类似的经历，面对一道选择题，不用分析语法、拆解句子结构就能得出正确答案，告诉你"这就是正确选项"的直觉，就是语感。从这个层面讲，在神经紧绷的高考考场上，语感的价值便不言而喻了。所以，推荐读者去读语法结构比较严谨的新闻播报，比如 BBC、VOA，以避免形成太口语化的语言体系。

第二步，重视单词的积累

如果说英语作为第一外语是一座城堡，那单词就是搭建城堡的砖瓦。回想我们母语的学习过程，一个个单词的习得与掌握都是靠不厌其烦的重复得来的。所以，我并不推荐那种拿来什么《高中必背三千词》看了一遍便弃之不用的愚蠢做法。当时我用的是比较传统的单词本，把不认识的单词写在上面，抽空看一看。打一个并不十分恰当的比方：背单词就好比记人名，并不是所有的人都可以长得那么让你印象深刻，但是你的每一位任课老师、同班同学，你跟他们的交流再少，通过几年的朝夕相处，也能保证你在几年之内对他们是难以忘怀的。背单词也是同样的道理，倒不是说让你对着那么几十个单词狠背几年，课间时看一看、做操之前看一看、午休之前看一看、晚饭之前看一看，都不用刻意去记，知道其大致意思就不会成为考试的阻碍了。从理论上讲，如果参考记忆曲线，按照我们大学老师的说法，15 天记下 300 个单词是没有问题的。至于可行与否，本人在挑战过程中没能坚持下来，你们不妨一试。当然，"星火"等品牌的参考书上也提供了一些记忆单词的方法，可以作为参考。

第三步，注意语法的掌握

不得不说，老师在这一部分的作用是无可比拟的。我们老师的做法，是把一部分语法必须掌握的知识编成了较为易懂的顺口溜，比如说对以 f 或 fe 结尾变复数的单词的记忆，就是什么"小偷的妻子在树叶做的架子上用匕首杀了一只狼"之类的做法。当然，不同的老师有不同的方法，首先要学会的是从老师那里学得精华，集思广益。而且，语法不能只停留在简单的背诵上，最好以句子、语段为载体，通过类似于语感的了解，掌握语法。我当时用的是《语法表解》（这里不是打广告，实话实说），大家可以作为参考。

第四步，形成文章的能力

不同省份对于作文的要求差异较大。相比较而言，北京市的要求算是很高的，由于我对北京考试状况更为了解，所以仅以北京考试为例。

首先，我作为反例，以自身的惨痛教训告诉你们，绝不能使用过于生僻的词汇来凸显自己的英语水平，这样只能适得其反。从老师的角度讲，姑且不说有"装大"的嫌疑，老师也不是电子词典，过于生涩的词汇只能降低他们阅读的流畅度，适得其反。

北京卷的作文分为两部分，第一部分应该叫规范性文章，其分类无非是以下三种：①看图叙事。题目要求根据已知背景状况的交代与图中内容完成一次记事。需要说明的是，图中内容必须尽量交代完整，记得有一年的模拟卷中就出现了交代房中事物完整的得分点。由于是记事，需要在必要时添加一些细节来使过程流畅，注意不可本末倒置、喧宾夺主。交代过程中，推荐加入一些必要的心理描写，力求展现活动前后人物的心理变化，从而突出活动的意义。争取在文章结尾对于活动意义进行理论性的升华，最好运用排比、比喻、对比的做法，使文章提高一个档次。②人物介绍。人物介绍大致可分为荐他与自荐，多数状况下是求职或竞选，所以文章的侧重点理应倾向于个人优点的突出，并解释为什么自己的优点可以胜任这样的职位。在将材料完全应用的前提下，可自行杜撰个人经历，以增加文章色彩，同样注意不可喧宾夺主。文章结尾多用祈使句表明决心、应用名人名言表现个人观点或与成功人士的对比表现个人的自谦与自信。③表格数据分析。这类文章，首先要掌握同种含义的不同表达方式，注意前后衔接，如 Ranking first is…Next comes…之类的语句，以防止表述的单一化、枯燥化。数据分析必须有所侧重，并融入个人褒贬，为后文数据分析与感想做铺垫。文章后半段对于数据的分析与感想，特别要注意审题：题目可能要求考生根据其中一幅图或其中一项数据进行分析，如果没能认真读题，势必会损失大量分数。第二部分是开放性作文，即根据所给画面自由发挥。虽然判卷组给出的要求是不设最佳立意，但仍建议大家不要过于标新立异，英语作文判卷不同于语文，即使逻辑推导充分合理，老师也很难接受太过艰深的理论过程，毕竟英语考试的目的在于检测考生的语言表达能力而非个人思想。所以不妨采用平时练习经常出现而又较为相似的主题。关于文章写作，对于图画内容的描述原则在于择优而言，这就需要在动笔之前先明确自己的写作方向，切忌东一言西一语，零零散散，不成体系。在描述过程中，可在词语的选用中融入个人情感，为后文的推理造势，对于图画细节的突出刻画也可以起到相同的效果（如认为图中人物采取的方法不恰当，想要表现出他的疲惫，如果不直接描述，就可以刻画其汗流浃背、气喘吁吁、眉头紧锁的细节，用类似间接描写的做法，增强文章的生动性）。从描图到分析的承转也是十分重要的，这一部分是衔接文章主题的桥梁，很大程度上决定了文章的流畅度。一般采用的方式是"这不禁使我想起"或"作者借什么样的图像揭露了怎样的社会现象"。接下来是体现考生个人思想与语言表达能力的主体，也是整张试卷中考生唯一可以自由表达的区域。我推荐用类比或比喻的手法吸引阅卷老师的眼球。北京各区的模拟题多次出现"溺爱"的话题，我们完全可以引用文中最简单的比喻：温室中的花朵（flowers in the greenhouse），说明他们经不起毒辣的太阳、呼啸的狂风、无情的暴雨，就像孩子们经受不住人生的失利、交际的辛劳、挫败的痛苦。既有比喻、又有排比，哪个老师不会为这么精彩的句子拍手叫绝？如果文章影射的是社会问题，我们更可以联系现实实例，通过事实论据增加文章的时代感与说服力。如献爱心就可以提陈光标，语文作文所积累的素材也可以表达，并非不能使用。另外的得分亮点就在于呼应原图。文章由图而起，就由图而止。你可以在分析结束后对图像内容进行适当展望，从而表明自己的期待与立场。最后收尾力求达到高潮，最好可以使用类似名人名言的句式，即精妙的比喻或排比。实在无法完成，也要有气势磅礴的祈使句作结。当然，一些必备句式也是必不可少的，诸如 as far as I'm concerned, in the light of this statement 等，需要在平时坚持积累。这类句式在《新概念英语》第三册中出现不少，大家可自行研读，或通过其他辅助阅读材料，逐步实现从单词到句式的全面替换。

　　祝各位在高考中取得优异成绩！

Part 1 /
学霸档案

姓　　名：刘　学

· ·

毕业学校：中央民族大学附属中学

高考成绩：总分620（通过自主招生选拔考试）

　　　　　语文119　数学138　英语119　文综234

　　　　　少数民族加分10

院　　系：清华大学心理学系

Part 2 /
学霸格言

　　任何理论性的指导都只能在实践中展现效能，期待学弟学妹们能在高中学习中不断领悟并找到适合自己的学习方法，在实践中找到自己的方法，找到属于自己的一条通向清华、北大等名校的道路！

兴趣出发，赢在策略
——高中文综的学习备考策略

　　高考文综救了我。回顾文综的成功，我想首先来源于我对文综持续的兴趣，甚至是对人文社会科学的信仰；其次也来源于我备考中的正确策略。这两者成就了我的文综成绩，将我送入了我热爱的清华大学。

　　其实在平常的学习或练习中，文综并不是我的强项，甚至常常拖我的后腿。即使这样我也并未气馁，而是平日在文综上花了更多的工夫。终于，在高考语文、数学、外语接连发挥欠佳的状况下，异军突起的文综帮我实现了从小到大的清华梦。下面我从四个方面谈谈我的清华路。

学 霸 秘 籍

关键词一——兴趣

　　对于想考清华、北大两所国内顶尖名校的同学来说，每一科都需要优异的分数，而没有兴趣我们是无法坚持在某一科目上努力耕耘并最终取得较好分数的。

　　当然，作为文科生，我们都对政治、历史、地理中的至少两科有

着浓厚的兴趣，但当我们面对政治繁重的背记任务，面对历史单调的事件年表，面对地理中一条条铁路线时，我们的兴趣真的会打折扣。再说三科中我们还极有可能遇到自己不喜欢的科目。那么如何来解决这两个问题呢？找到学习的意义。

在政治的学习中，我很难接受成篇大段的背记，更严重的问题是我怀疑背记的意义，但是政治的背记却是我们想获得高分不得不面对的问题。怎么办呢？我开始思考背记政治学知识能带给我的能力或者素质上的提高。比如我想到了在背记政治学知识时锻炼自己的归纳整合能力，逐渐提高自己看新闻的速度，提高自己的政治敏感度，毕竟这些知识、能力对于以后的深造也是很有裨益的。而历史呢，刚开始我真的很讨厌无聊的历史事件时间，但慢慢我发现自己开始喜欢背那些所谓单调的时间，原本单调的数字在我的心里可以被赋予那么多有趣的历史故事。地理同样如此，鲁尔区、苏北工业区等起初也很难引起我的兴趣，但当你硬着头皮去爱它们，你会发现你像是游走在世界的不同地方，感受不同的区位，最后做出你的决策，且日后当你走上工作岗位也同样需要这些知识。现在谈第二个问题，如何提高对文综中你不太喜欢的科目的兴趣。首先，去找自己的任课老师谈一谈。我发现很多时候我们不喜欢某科都来自对任课老师的不认同，当然找任课老师谈也能更好地了解你这科出现的问题。其次，找到你不太喜欢的具体位置。比如你讨厌地理，是讨厌自然地理还是人文地理，搞清楚了这个问题，你才能各个击破，夺取最终胜利。再次，找来一些该科目的相关书籍，闲暇时间看一看，培养自己的兴趣。一定要相信，兴趣是可以培养的而不是天生的。

关键词二——积累

再来谈谈文综的知识积累问题，我着重谈高三阶段的积累问题。高三需要积累的东西绝不是用没做过的试题、没学会的知识来衡量的。

因为题目是不断更新的，知识是相互联系的，你不可能通过积累来实现对题目和知识的全覆盖。所以，首先我们要知道积累什么，而这需要我们知道试题、知识最本质的东西是什么。

可能我讲真理这个词会比较抽象，但学习一个科目确实需要不断地去接触这个科目的真理，了解这个科目最本质的东西是什么。比如历史学习的真理其实就是生产力的发展不断革新了生产关系，并引发了一些历史事件，这些事件又反过来促进了生产力的发展，循环往复。我们要怎样去积累这样的真理呢？这就需要我们学会一个重要的学习方法——"比较学习"。真理是本质的、深刻的、简洁的、普适的，因此它来源于不同知识的不断比较中。例如，我们通过明治维新和百日维新的对比就能得到很多让我们惊喜的东西，这些东西又可以更好地帮助我们学习沙俄的一系列改革过程。甚至，我们要打破学科的界限，把政治、历史、地理进行比较学习，找到文综的真理。想想看，历史上的一个个实例是不是都在帮助你理解政治上的各种原理；地理区位因素的分析又是不是在帮助你更好地理解经济生活中各生产要素发挥的作用；历史中计划经济条件下和市场经济条件下不同的经济效益帮助我们深刻理解了地理区位中政策条件对工农业生产的巨大影响。所以，我强调各位同学要在平常学习中通过比较学习积累到学科的"真理"。我再强调一个方法的积累，这一方法更侧重于答题、考试的方法。通过一系列训练考试，我们常常会感叹为什么会的题自己做错了或是答得不全。出现这一问题是因为我们缺乏"桥梁"将知识和答案结合起来。这就需要我们注重方法的积累。所以还是那个老生常谈的话题——错题本，但错题本要更加重视对类型题进行归类和整合，对基本方法要有深入和强化，对复杂方法要有自己的认识和体会，最终能形成一套适合自己的方法体系。当然，如果你的接受能力很强，我并不建议建立错题本，因为对错题的抄写毕竟是需要时间的，所以你可以在辅导书上进行批注，将总结的知识记在本子上。

关键词三——冲刺

　　接着我们来谈谈考前冲刺 100 天的一些体会、感悟吧。冲刺 100 天，该学的都已经学很久了，该复习的已经复习很多次了，该考的也就剩下每天接连不断的模拟和最终的高考了。这个时候面对文综，可以说是面对一个宏伟的大工程，我们还能做些什么呢？首先，绝对不能有烦躁、厌倦情绪。如果有这样的情绪，都不如请假出去玩 100 天回来考的结果好。那么这 100 天到底怎么用才最有效率呢？最重要的是，要明白自己该做什么。这就是说要找到我们还能提升的地方，找到我们还薄弱的地方。这一阶段有大量的模拟考试，很多老师都会说这些模拟考试是让我们熟悉考场气氛。其实不然，真正紧张的人是不能通过这些让人麻木的考试来获得宽慰的。作为志在清华、北大的同学，要学会充分利用任何消耗你时间的事件，也包括考试。通过一系列的考试，能够不断提高你对考试形式的认识，也能够不断提高你对命题思路的认识，帮助你找到一些知识漏洞和方法漏洞更是不在话下。这一阶段还需要勤查课本，找到出题人出题时对书本的偏好，以出题人的高度来思考一套题。只有这样，你的考试能力才能实现一个飞跃，最终能够面对考试如游戏，成为文综之林的高手。

关键词四——迎战

最后，我来谈谈文综考场上需要注意的一些问题。老师们常说考场如战场，面对这样一场没有硝烟的战争，我们要学会笑脸相迎，以最大的热情、最坚定的信念和最强大的战斗力获得战争的胜利。**首先，要树立信心。** 文综教材多、需要背记的内容多，虽然我们可以都记住，但保持不遗忘是很难的。这就需要我们相信自己的能力，相信自己能通过有限的知识获得足够的分数，进入自己理想的大学。**其次，把握时间、分配好时间。** 文综的特点在于它是三科合卷考，而且是混在一起考。有人建议按科目答题，有人建议按难易答题，有人建议按题型答题。而我的看法是，在长期的模拟考试中你肯定已经有了自己独特且实用的方法，高考时你也应当以平常心面对，坚持自己的方法，按照已经形成的套路，得到自己真实的分数。再次，考试中要保持良好的心态，切勿有侥幸心理。既不要对自己的发挥有太多的不满，也不应期待自己的超常发挥，考试就是用来检测自己的知识和能力水平的，只要我们有这样的知识和能力水平，相信肯定能在任何考场上得到展现。**最后，谈谈应对考试中可能出现的问题。** 我们在考前就要做好准备，想到可能会出现的问题（比如时间不够、试题不会做等），提出自己的解决方案。考试中也不应该慌张，这些小问题谁都会面对，你能够更好地应对，能够从普通考生中跳出来，最终进入你期待的名校！

兴趣、积累、冲刺、迎战这四个关键词是我关于文科综合学习的点滴心得体会。最后我想强调的一点是，实践是检验真理的唯一途径。任何理论性的指导都只能在实践中展现效能，期待学弟学妹们能在高中学习中不断领悟并找到适合自己的学习方法，在实践中找到自己的方法，找到属于自己的一条通向清华、北大等名校的道路！请你一定要相信自己，相信你能用自己的勤劳与智慧得到优异的成绩，收获最大的礼物！

Part 1 /

学霸档案

姓　名：伍　洁

毕业学校：中央民族大学附属中学

高考成绩：总分658　语文115　数学133　英语130

　　　　　理综270　加分10

院　系：清华大学协和医学院

Part 2 /

学霸格言

　　高中这三年艰辛的高考之路，不仅洒满了我的眼泪和汗水，也在最后的时刻开满了胜利的花朵！我只是一名普通学生，却因高考而不普通。

完虐理综，清华不是梦

高中这三年艰辛的高考之路，不仅洒满了我的眼泪和汗水，也在最后的时刻开满了胜利的花朵！我只是一名普通学生，却因高考而不普通，在此，我想跟学弟学妹们分享我的成长历程以及一些学习经验，希望能对你们有所帮助，使更多的人实现自己的清华梦！

初中时，我的理科天赋就渐渐显露出来，我喜欢物理、数学、化学，却对历史、政治、地理不甚感冒。到了高中，我在文理科上的成绩差距越来越大，文理科排名竟能相差两百多名（整个年级共六百多人）。也是由于这显著的成绩差异，文理分科时我毅然决然地选择了理科，而事实也证明了我的选择是正确的。

关于理科综合的学习方法，我觉得应该分开来讲。

学霸秘籍

物理篇——重在平时，重在心态

物理是理综中所占分值最高的科目。在理综合卷考试前，物理的选择题都是不定项多选题，难度比合卷后大，考试占分却比合卷后少。这是因为合卷前的选择题数量多，要考的考点多，而合卷后的选择题数量少，要考的考点也相对较少，经常是几个考点会合在一道选择题中。

我认为，高考时备考考点很重要，因为考点就相当于出题人给你透露的信息，能看懂考点是对学生最基础的要求；其次就是能从题中看出考点，知道这道题想考你什么，考的是哪个知识点，然后更高一级的要求就是熟背考点，不仅要熟记考点是什么，甚至考点是第几条，考试要求是第几级都要记住。

也许你会觉得这样的要求过于苛刻，但是我想说的是，如果连区区几十或者一百多条考点你都没有勇气或者毅力去征服，你怎么能配得上去做清华、北大的名校梦呢？

开始的时候，我也感觉记考点、背考点麻烦，很耗精力，而死记硬背又不能让我记得快、记得牢。于是，我睿智地将考点与考题结合在一起，不管大考小考还是模拟考，考完后试卷发下来，我并不急于看分数和排名，而是先将考卷与考试说明上的考点相对应，在每道考题前标出所考的知识点，并根据自己的答题情况检查自己对这些知识点的掌握情况。利用这种方法，每次考完后，我都能找出并改进自己的不足。同时，由于脑海中每个考点都有生动的考题对应，我背考点的速度越来越快，记得也越来越牢固。我认为这确实是一个一举多得的好方法，在此向大家推荐。

高三备考时，心态是十分重要的，考试所得的分数和排名反而并没有那么重要。考得好就欣喜若狂，沾沾自喜，而错失了使自己进步的机会；考得差也无心于自己所犯的错误，不愿再去面对凄惨的试卷，若一味地悲痛欲绝，哭天抢地，反而会使自己越考越差。对于做对了的题，你不需要沾沾自喜，因为别人也能做对，甚至能做得比你更好；而对于做错了的题，才更需要引起你的高度注意，因为你这次做错了，下一次，甚至下下一次，很有可能还会做错。人不能在同一个地方摔倒两次，同样的，你也不应该在同一道题或同一个考点上出两次甚至更多次的错！

至于物理大题，我觉得需要先从简单的、经典的模型题做起。在脑海中建立起各种简单的物理模型，并能灵活地运用物理模型来解复杂的题。经典的物理模型有很多，比如小滑块验证动能定理的模型、弹簧验证动量定理的模型等，而这些经典的物理模型有很多都被用于设计实验或者验证定理，所以牢记这些物理模型也能帮助你提高做物理实验题的能力，所以这也是个一劳多得的好方法。

对于看起来比较难、题目比较长的物理大题，首先要做的就是告诉自己不要心慌，这些只不过是障眼法，其实跟普通的题没什么两样，并告诉自己一定能做出来。这就是所谓的正面鼓励法。你可不要小瞧这种心理暗示，它不仅能让你保持冷静，正常发挥，甚至在高度紧张的考试状态下，你很有可能超常发挥，做出平时你做不出的题！有了良好的心态，接下来要做的就是将题目肢解：舍弃无用的部分，如背景介绍等；找出有用的部分，在我看来，也就是各个不同的运动阶段以及题中所给的物理量，并迅速在脑海中形成动态画面。我认为，最好的读题方式就是边读题边将题中所描绘的场景画出来，并顺手在旁边标出各种已知量。这样不仅能简化题目、节省时间，还能将条件要求看得更清楚，更易于找出题中的物理模型。对于复杂的题，我认为，它复杂的原因就在于题中的物理模型数量多、种类杂。如果能用图将题目完整清晰地表达出来，找出不同运动阶段所对应的物理模型，那么这道题也就被成功地肢解了，同时难度也降低了，你便能轻松地解出来。

对于剩下的一些物理创新题，如问你在现实生活中应如何应用某个原理，我认为，要想解决这种题确实需要敢想、敢写。因为这种创新题一般是没有标准答案的，只要你开动脑筋，联系实际即可。然而很多同学却因为在考场中过于紧张，反而答不上来，这时就需要调整好心态，多读几遍题目，对原理多做深刻理解。这样一般就能增加答对题的概率。总而言之，对于物理的学习，重在平时的积累，重在考试时的心态，我相信，只要努力就能取得满意的成绩。

化学篇——知识就是一张网

我个人认为化学是一门十分注重细节的科目，"细节决定成败"的道理在这一学科上体现得较多。对于北京的理科生来说，一般在高二结束时化学就已经结课了，所有的新知识也就学完了。步入高三后，大部分人在一轮复习时就开始使用题海战术，甚至在高考结束前都一直是这样复习。我承认，对化学采取题海战术确实有一定的作用，但却不是最好的复习方法。我高三时，由于自恃化学基础还不错，于是剑走偏锋，开始脱离老师的复习节奏，每天都扎在题海中。可是后来，由于我自己不愿意总结，也不愿意翻书求证，仅仅凭借自己高中前两年对化学知识的掌握来做题，这才发现自己越来越不会做题了，经常连最简单的题都做错。

后来经过我的反思，我发现是因为自己对知识掌握不扎实的缘故，同时我也意识到了化学课本的重要性。因为很多我有疑惑甚至完全记错、理解错的考点都能在课本上找到，而且课本上还有我曾做过的笔记，这可是一笔宝藏啊！

从此之后，我开始对化学进行全面系统的复习，甚至自己琢磨出了一幅化学知识框架图，也就是化学思维导图，借此我对化学知识的掌握更扎实了，并扫除了自己知识上的盲点。知识就是一张网，而考题就是猎物，你编的网越牢固，漏洞越少，你能捕到的猎物也就越多，得分自然也就越高。

在化学中，也有难题存在。我认为，化学的难点跟物理难点不一样。化学的难点在于题与知识的衔接，在于对题中情境的分析。当你对知识的掌握达到了一定的水平，你也一定记得许多化学常识，比如浓硫酸不易挥发，但是在2011年北京理综中的第27题中浓硫酸却能产生白雾。读题到此，一般人都会觉得十分疑惑而且感到陌生，而不自主地对此题心生畏惧，从而导致做不出此题。其实就因为这也是一道实验探究题，实验中所得的结果并不一定与你的预测是一致的，很多人就因为与自己的平时所记不一致便心生怀疑，而不是去仔细审题。做实验题就应该将自己置于题目的情境中，不论猜想与结果是否一致，都要理性地做出结论才行。

生物篇——方法可通用，"陷阱" 要记牢

我想对于北京的考生来说，生物教材应该是个比较大的问题。全国大部分地区使用的生物教材都是人教版，而海淀区的教材是浙科版。对于这两个版本的教材，我个人认为人教版更适合于高中学习及高考复习，所以建议考生自备人教版的教材（如果本来就使用人教版教材，就不用再做准备了）。

对生物来说，首先我想强调的仍旧是考点，不管你用的教材是哪个版本，考点是不变的。所以同样的，你要做到熟记考点并灵活运用考点来解题。其次要强调的也是课本，对生物来说课本也同样重要，它是将题目答好的基础。最后也是要注重一些经典题，不管是选择题还是大题，你都需要记住一些经典题，以及一些经典的 "陷阱"。例如2011年北京卷理综的生物题第29题第5小问中的 "实验组"，记得我们第一次做这道题时，由于没有仔细审题，而将 "实验组" 看成了 "对照组"，或者根本没有注意到 "实验组" 这一前提。全班只有一小部分人做对，而后来再次做这道题时，由于很多人没有记住这个 "陷阱"，于是又做错了。经典的 "陷阱" 并不只是局限于某一小问、某一道题，它很有可能被应用于不同的考点以及不同的题型。你要做的，就是擦亮自己的眼

睛，识破出题人的小把戏，成功得到分数。

　　这些方法在前面的物理篇以及化学篇都已经提到过，所以即使科目不同，学习方法的精髓也是差不多的。因此，学习方法不在于多，而在于精，能掌握好一种或者多种方法并灵活运用就能取得好成绩。

理综篇——各科顺序是关键，时间合理助成功

对于理科综合，我主要想强调一下做题的顺序以及各科的时间安排。

　　一般情况下，我认为选择题还是不要分科来做，因为会浪费时间而且正确率不见得高。对于大题来说，我的做题顺序是先做物理，再做生物，最后做化学，这跟试卷中的题目顺序有点不太一样。因为我的化学还不错，所以就算剩给化学的时间不太够，我也不至于太过慌乱。不同的人自有不同的做题习惯，一定要认准一种做题顺序，并持之以恒地练习，千万不要随意而为。

　　至于时间安排，选择题建议用时 20 ～ 35 分钟，而大题建议每道题用时 10 ～ 12 分钟，如果超过 17 分钟还没能做出来，建议先放弃，做完后面简单一些的题再来攻克此题。答完试卷后，最好还能剩下 5 ～ 10 分钟来检查，主要检查选择题，可以将选项代入原题来检查，不需要再做一遍。对于物理大题，主要检查公式是否正确，一般能做出整道大题的话，思路一般不会错；对于化学大题，主要检查化学式以及计算题，计算题很容易算错，所以要多检查几遍；对于生物大题，也可以用代入的方法来检查，将答案填回去，甚至可以默念几遍，错误很容易被找出来。

　　以上就是我学习理综各科的经验及应试技巧，希望能对学弟学妹们有所帮助。祝高考顺利，清华等你来！

疑难突破阅读笔记

独学而无友，则孤陋而寡闻。

关键词	笔记内容
学科特点	
备考方案	
重点难点	

总结: _____

_____

_____

Part 1 /
学霸档案

姓　　名：袁 双

毕业学校：广西师范大学附属外国语学校

高考成绩：总分660

院　　系：北京大学经济学院

Part 2 /
学霸格言

英语这门学科是简单的且易攻破的，正所谓"世上无难事，只怕有心人"。语言是一种基本的能力，而不是一种精妙的技巧，所以，只要你肯下功夫，就一定能学好。

世上无难事，只怕有心人
——英语学习经验

在高中学习中，英语这门科目算是比较容易攻破的。因为它没有公式，也不需要推理，只是需要投入时间和记忆力，且投入越多，见效也越明显。下面，我与大家分享一些我的学习经验和方法。

经历中考，进入高中，有人认为这是一种单调循环，也有人认为这是一个新的开始，而我认为从初中到高中的过渡就像是DNA分子双螺旋结构一样，是一个旋转上升的过程：既有量的重复，又有质的提高。也就是说，就算你初中时基础并没有打得很好，到了高中也有再提高的机会；另一方面，即便你之前的课程都学得很好，如果骄傲自满，也很容易被别人拉开差距。英语学习也正体现了这个道理。

现在的我回首高中学习英语的经历，也有了很多新的理解。我发现，不仅仅是英语，其实各个学科，要学好它最关键和最简单的步骤就是跟着老师走。这一步看似简单，却蕴藏玄机。老师上课时讲什么，你就听什么记什么；老师课后要求你做什么，你就认认真真完成每一项要求，这样你的英语成绩不好都不行。诚然，有时我们可能会遇到一些我们不喜欢或是不信任的老师，但是我认为，面对每一位老师，我们都应该怀着一颗尊敬的心，千万不要轻易怀疑或不信任，那样的话吃亏的只能是自己，毕竟不是每一个人都有自学的天才，能够无师自通。《师说》有云："古之学者必有师。师者，所以传道授业解惑也。

人非生而知之者，孰能无惑？惑而不从师，其为惑也，终不解矣。"

学｜霸｜秘｜籍

回想一下，当老师要求大家背单词时，你是不是从来没有按时背下那些单词？当老师布置作业让大家认真完成时，你会不会觉得厌烦，只是 ABCD 胡乱填上去应付老师？当老师让大家熟读课文、背诵课文时，你有没有认真执行，还是当下记住随后就抛到了九霄云外？认真想一下，大多数人都是初中开始接触英语，接受着水平差不多的教育，为什么有的人可以学得很好，而有些人却学得不好？我发现，大多数英语成绩不好的同学其实找不到一个可以解释的原因，只是做题时感觉选择题好像每个答案都像是对的，阅读题读一遍不知道文章在讲什么，写作题咬断笔杆也不知道如何下笔。

我想，也许就是因为这些同学在平时根本没有按照老师的要求完成课上和课下的任务。

所以，我想只要在平常稍微多下一点功夫，背背单词，记记短语，做做阅读，写写作文，这样在考试的时候一定会有相当显著的提高和进步。

在构建了学习的大框架之后，我们还有很多细节需要完善。语言的基础就是词汇，记单词是学习一门外语相当重要的环节，也是让不少人感到头疼的地方。其实在记单词方面也有不少的窍门，现在也有很多相关的辅导资料和理论方法，其中让我感觉最受益的就是"联想记忆法"。所谓联想记忆，就是通过联想的方式来记住一个单词，它的好处不仅在于可以通过联想加深单词的印象，还可以缓解记单词过程的枯燥。那么如何通过联想来记单词呢？

比如说"seven"这个单词，立刻让人联想到动画片奥特曼中的赛文，而赛文正是奥特警备队的第七名成员，于是我们一下子就记住了这个单词。再比如"smother"这个单词，我们可以把"s"和"mother"拆开，把"s"想象成一条绳子，绳子缠住了"mother"，就会有一种窒息的感觉，"窒息"便是这个单词的意思。

虽然联想记忆给我们留下了很深的印象，但是按照人的遗忘曲线规律来看，只能通过反复记忆才能将一个事物牢牢地记在脑海中。我建议每隔3天左右，就要把以前背下的单词再复习记忆一次，加深和巩固印象。并且一次反复是不够的，必须坚持多次反复，坚持下去，直到能熟练运用这个单词为止。这样，记住的单词就很难忘记了。

毕竟不是每一个单词都可以用联想记忆来记住，对于一些难以联想的单词，还有另一种记忆方法——读写记忆。首先，把单词表朗读一遍，朗读时既要用口发声，也要用眼仔细看，同时还要用耳听；不仅要读单词的发音，要读单词的拼写，还要读单词的词性和中文意思。这样完整地读完一遍之后，再背一次这些单词，背的方法就是看着单词表读出单词，再抬头背出单词的拼写、词性和意思。背过一遍之后再默写或听写一遍单词，这时把没有写正确的单词找出来，针对这些单词再进行一遍"读、背、写"，直到消灭了所有生词为止。这个方法之所以有效，我想正是利用了人的瞬时记忆，每个人都有很强的瞬时记忆能力，但也很容易忘记，所以需要及时巩固。在认真读过一遍单词之后，我们对每个单词都产生了瞬时记忆，这样再通过一遍背诵和一遍书写，单词就被我们轻松拿下了。

一切的努力学习都是为了迎接考试的挑战，俗话说得好，知彼知己方能百战百胜，接下来，我就从试题的角度来解读一下不同题型的答题技巧。

首先是听力部分。在听力正式开始之前要尽量抽出时间看一遍题目。如果时间不是很充分，至少要看一遍选项，而且要学会从选项中推测听力材料的大意，这样在听之前，心里有底，听起来也更容易理解。其次要小心陷阱题，一些看起来特别像是正确答案的，或是和听到的某个句子很像的选项，往往是出题者设下的陷阱，来考验你是否真正听懂了材料和问题。最后不要对已经过去的题流连忘返，因为听力部分的做题时间有限且不受自己控制，所以，就算你对某个题拿捏不定，当听力材料播放到下一题时，一定要及时跟上材料，不然断掉一环的话，后面很容易接不上，影响整个听力部分的得分。

然后是单选题。单选题一般分为三种考法：词汇题、语法题、情景对话题。词汇题就是对词汇的考核，选项或者为不相关的词汇，考查你对词汇意思的理解，或者为四个意思相近的词，考查你对近义词的具体用法的辨析能力。语法题一般比较难，不仅包括了短语、单词的用法、搭配，还包括了语态和时态的变化，这就要求我们平常要好好学习、记忆语法，尽管枯燥，也要坚持。情景对话题一般考查的是关联词的运用和一些对话常用的固定搭配，做这种题不仅可以依靠记忆，还可以依靠在平常与英文的接触中形成的语感，一般比较简单。

完形填空是一种拿分很容易的题型。因为它是在一篇有逻辑性的文章中挖出几个空缺，同时给你四个备选项，让你补充出正确的内容。同时它又是一种失分也很容易的题型，恰是因为每个空之间存在逻辑关联性，很容易"一步走错，满盘皆输"。做完形填空题也有几种方法技巧可供参考。一是直译法，直接翻译出四个选项的意思，带回原文，找出最合适的一个。这也是最常用的一种方法。二是通过语法来判断，将出现语法错误的选项直接排除，这种方法对于考查与介词相关的内容比较实用。三是联系上下文的方法，有时对着一个答题空会"丈二和尚——摸不着头脑"，不妨暂时略过它，很有可能在后文中就会出现答案，这正是利用文章内容的逻辑联系性寻找答案。所以，我做完形填空题养成了一个习惯，就是在做题之前先通读一遍文章，了解大意之后，再从第一个空开始寻找答案。这样既可以避免走弯路，又能在一定程度上提高答题的准确率。

阅读理解不仅占的分数多，而且每个题的分量也大。阅读理解题给大家造成的困扰大体来说不外乎：读不懂，读不完，读不透。那么我们只好对症下药、各个击破。阅读文章中最大的障碍就是生词，也正是生词让我们读不懂文章。解决方法也只能是提高词汇量，而且是课外的词汇量。提高词汇量不能靠别人帮忙，只能靠自己努力，其具体方法要么是靠兴趣，比如读英文小说、看英文电影；要么是靠做题，最有效率的方法就是从做过的阅读题中扩展词汇量。有很多人做题的速度很慢，导致在考试中的时间完全不够用，阅读文章更是难以阅读全文。我想，这只能通过多做题来提高做题速度，在平常的练习中，就应当养成定时做题的习惯，一篇阅读文章应当控制在 6 ~ 8 分钟，只有通过强迫自己在固定时间内完成，才能逐步提高做题的速度。有时生词太多、时间又不够，要怎么掌握文章的主要内容呢？这时就只能依靠段首句和文章的首末两段，这些都属于文章的中心句、段，对于理解文章内容有很大的帮助。

至于写作部分，技巧方面无外乎是合理分段、上下文的衔接、亮点词汇和短语的合理运用，没有什么特别要说的地方。关于作文，我想介绍给大家的是一个让我受益匪浅的小习惯——打草稿。我打草稿的初衷是为了保持卷面整洁；后来发现打草稿的好处不仅于此，通过对草稿的修改，可以使最后的成文更加条理分明有逻辑性，在用词上也能做到更准确生动。所以，我建议考试时时间比较充裕的同学都可以尝试一下先打草稿再写作文，绝对是有益无害的。

正如我开头所说，英语这门学科是简单的且易攻破的，正所谓"世上无难事，只怕有心人"。语言是一种基本的能力，而不是一种精妙的技巧，所以，只要你肯下功夫，就一定能学好。

Part 1

学霸档案

姓　名：万　昆

....

毕业学校：重庆市第一中学

院　　系：北京大学哲学系

Part 2

学霸格言

自信无论遇上何等的数学难题，自己都是可以解决的，不过这种夸大的自信并非没有任何好处，它在我的学习生活中支撑着我，使我没有在任何难题面前放弃过。

高中数学学习之我见

虽然我一向认为自己的数学成绩不算特别好，尤其是相比于我人生中遇到过的某些"大神"一般的人来说，但是在普通人眼中，我想我的数学成绩还是过得去的。

在初入高中的时候，我大概和很多人一样，初闻了某种名为"数学竞赛"的东西，出于某种近乎无知的自信，我决定加入数学竞赛的学习中。之所以说我会有那种近乎无知的自信，想来是因为我自小数学成绩都还不错，初中的数学一般都还是拿满分的。在后来的学习生活中，我逐渐认识到了自己当初是多么狂妄。自信无论遇上何等的数学难题，自己都是可以解决的，不过这种夸大的自信并非没有任何好处，它在我的学习生活中支撑着我，使我没有在任何难题面前放弃过。

我的高中，在高一的时候是不分文理科的，甚至说高一的教学更加偏向于理科。不过托学校教育特色的福，虽然后来我选择了文科，但却有不错的理科基础。一般来说，全面扎实的基础知识对于深入学习数学是有帮助的，可以扩大思维的广度，遇到问题时可以从更多的角度来思考。就我本人而言，对于物理等理科学科我也是很喜欢的，高一的时候理科成绩也不错，之所以最后选择了文科，是因为我更喜欢文科。在人生中我们会遇到诸多的选择，无论最终走向哪条路，都不要让自己后悔就好。有些偏题了，总之我想说的是，有较高的综合素质对你的数学学习绝对是有益的。

学 | 霸 | 秘 | 籍

一直以来我都不认为自己是"学霸"，因为我这个人比较懒，甚至很多时候连作业也懒得做。关于这点，我真的很感谢我的数学老师，他很少强迫我做作业，在他看来，能学会才是最重要的，不能让方法来代替结果。

或许对于别人来说，题海战术有利于学习的进步，但对于我来说不是的。不仅因为我是一个比较懒的人，而且因为我认为题海战术会让自己的思维变得麻木，变得愚钝。经验主义对于数学学习来说，也是有一定意义的，尤其是在我国目前的教育背景下。为了应试而采取刷题的办法，在短期来看是行而有效的，但是从长期来看，这样做会扼杀人的创造性，当从未遇见的题型出现的时候会变得不知所措。所以我不爱刷题，甚至会刻意少做，只是为了遇到各种题目的时候有一种新鲜感，这样可以充分调动自己的思维，真正起到锻炼自己的作用。

说完刷题的事，顺便再说说怎么避免进入刷题的误区吧。其实很多同学刷题并非他们资质愚钝不会做，而是没有掌握方法，没有弄清楚很多题之间的共性。简单来说，有一种名为"题型"的东西其实是存在的，或许你不能明显地感到它的存在，但它的确是存在的，尤其是在高中这样的教育环境下。你要明白，出题人每年能出的不过那么几种题型，反反复复基本不会有太大的变化。这种感觉或许在高一高二的时候还不是太明显，但是当你进入高三开始做高考模拟题或者往年真题时，你会慢慢地发现每年的题型其实都差不多。因此，首先你要有信心，要相信自己。不过就那么几种题型，就算你笨一些，掌握得慢一点，但最后一定会全部弄明白。为了避免精力的浪费，你可以把题型归纳出来，因为每个人的知识系统之间可能有细微的差别，所以我建议你自己来归纳。归纳出题型后，你要明白哪些题型是你会的哪些是你不会的，很多人都做不好这一步，他们不明白自己为什么总是做不好一类题。其实这不算难，首先你要把每一种题型划分成几步，就是该题型你觉得用几步可以做出来，这个可以笼统一些。当你遇到具体的题的时候，先看是哪种题型，写出题型的步骤，然后写好具体的每一步。当然，写好具体的每一步或许对部分同学来说会有些难度，因为这取决于个人的智力和经验。

说到智力，一直以来我都认为学好数学是需要较高的智商的，但是对于那些学不好数学就推说自己智商不够的人我一向是不屑的。我认识的很多同学，他们的智商其实都不低，只是自己的学习方法不够好或者自己不够努力，所以数学才不好。因为很多人总是会因为种种原因停下自己的脚步，就算他们知道该如何让自己变得更好，他们也很少去尝试。我还是相信大部分人都是可以学好数学的，至少从我认识的人来看，他们找到诀窍的时候成绩就会变好，只是很少坚持。所以当你学不好数学的时候，请不要放弃，你首先应该看一下是否掌握了好的学习方法，是否把精力浪费在了重复的地方。如果出现那样的情况，请一定要改正。虽然人是一种惯性的动物，但是只有那些善于适应的人才能更容易走向成功。

其实我是不擅长教别人学习方法的，比如我前面讲了许多，但其实都不是最重要的，最重要的是态度。已有的科学研究表明，大多数现代人对于学习的努力程度根本就谈不上到比拼天赋的地步。可以这么说，当你在玩英雄联盟时，别人却在看数学相关的书，你难道不会觉得你们的差距就这么拉开了吗？当然我并不是要大家去做一个书呆子，就我本人而言，我也玩英雄联盟，而且它确实让我感觉到了许多的乐趣。学习之余的娱乐对于学习是有好处的，但不要沉迷，不要过于放纵自己。凡事都有个度，你需要把握好学习和娱乐之间的平衡。一般来说，多数人都是那种玩得不好也学得不好的人。当你看到有些人玩得很好学得也很好的时候，请不要过于羡慕，或许你也可以，只是一直以来没有掌握好方法而已。

　　我想说的态度，不仅是你要安排好自己的学习时间那么简单，更多的是你要有一种主动的、带有进攻性的态度。也就是说，你要爱数学，要有一种主动学习的欲望，不要把数学想得那么枯燥乏味。

**　　世间的一切理论都可以构造相应的数学模型，换而言之，你学好了数学，可以更好地认识这个世界，这不是很有意思吗？另一方面，对于世界的认识愈加深刻，你越有学好数学的可能性。**

　　正如我开始所说，良好的多学科基础对于你学好数学是有益的。我爱数学，因为它是我认识这个世界的一种方式。你们也应当爱数学，它并不仅仅是你需要学习的，也是你应当主动去学习、去探索的。很多同学或许只是把数学当成高考必考的一科才去学习。首先这种态度就很难让你学好数学，就算能学好，也需要付出更多的努力；其次当你爱上数学的时候，你不仅可以更加容易地通过高考，而且对你整个人格的塑造以及世界观的形成都有很大的帮助。

　　当你有了积极的态度，良好的素质，合理的方法，学好数学对你来说只是一件理所当然的事情。或许你看了我的这篇文章会有这么一种感觉：这个作者在讲什么，完全无法明白。我可以理解，因为我一向认为自己的表达能力不太好，但是你不用太认真，请按照你自己的方法去做。如果你认为正确的话，便坚持下去，就算不能成功，也会从中受益。如果你能够看懂我这个文笔拙劣的学长想要表达的意思，却觉得我说得一塌糊涂，那么也不要紧，按照你自己的喜好去做，只要觉得开心就好。学习对于我们来说，更多的应当是获得满足感和快乐的过程。不要过于拘泥于自己的学习方法好坏，就算别人觉得你做得不好，但你觉得快乐就好，这才是学习的真谛。

　　诚然，有时候我们会觉得数学很难，学起来很痛苦。人类的本能告诉我们要放弃，但是请不要放弃。无论是为了高考这个简单的目的，还是为了自己获得更多学习的成就感，甚至对于灵魂的塑造，请坚持。当你走出困境的时候，当你走过高中三年的时候，你真的会获得很多，有成就感，有快乐，甚至有难以忘记的回忆。那些年你努力学习数学的时光，为了追求简单的真理的日子，在你遥远的未来中，一定会成为一生中最美好的回忆之一。

关于学习数学，我觉得重要的是学习态度。下面我简单说说我的方法吧。

先从最简单的函数说起。初等函数一共分六种，性质也比较单一，可以通过多画图来记忆不同函数的性质。函数的其他性质也就是对称和周期。对称分点对称和轴对称，如果再特殊一点就是奇函数和偶函数。不过这些性质都可以通过坐标变换的公式来进行相应的函数转化。有时候不要太过于死板，如果你无法理解图形变换就通过几个点的变换来找那个图形，因为图形的形状大多是不会发生太大变化，最多不过伸缩一下。

说到函数，就说一下三角函数吧。其实三角函数挺简单的，很多公式到现在我也不怎么记得，但我知道最基本的公式是怎么来的，可以一步一步地把接下来的公式推演出来。不过建议不要像我一样懒，因为比较耗时间。记忆公式的时候，也不要死记硬背，要明白公式的每一步是如何推演的，要做到自己可以独自推演。

说到三角函数，复数也有它的三角形式，在描述向量旋转和伸缩的时候很方便。复数比三角函数简单得多，性质也比较少，要活用它的几种形式。一般来说，几何的时候用向量形式，旋转伸缩用三角形式，坐标计算用基本形式。在用复数求根的时候，可以多用三角形式，方便次方的转化，减少计算量。

复数有时候可以表示平面向量，空间向量是构成立体几何的基础。看待立体几何可以从两个方向：思维比较好的人可以从平面的性质推出立体的性质，诸如求面积体积之类的题目；但是最简单的方法无过于用坐标表示每一个线段，然后通过计算得出你需要的东西，一般来说计算比思维要简单。不过偶尔还是会有超出你计算能力的，那样的话，要么是你建立的坐标系不够巧妙，要么就是凭高中的计算水平无法得出答案。所以为了保险，还是多思考一下立体几何的相应性质，看看立体体系如何在平面体系的基础上构建起来。对于求面积体积一类的题，有时候还需要你有丰富的空间想象力，如何划分或者补充来求，把复杂的问题简单化。

立体几何还是比较简单的，稍难一点的是平面几何。不过高中阶段对平面几何要求不多，而重点是平面解析几何。说到高中的平面解析几何，也就是二次曲线，大概是所有题中变化最少的。它主要考查的不是学生的思维能力，而是计算能力。当然有时候你根本就算不出来，那么只有两种可能：一是你没有找到巧妙的计算方法，诸如建立的坐标系不方便计算、没有想到便于计算的形式、忽略了某个关键点的运用等；二是题目出错了。平面解析几何总体来说还是比较简单的，你只需要掌握好计算方法，并合理运用各种形式，总不会做不出来的。当然如果你的计算能力确实不好的话，就请刷题吧。只有题海战术能够拯救一个人的计算能力，当然不要忘了刷题要有技巧，更重要的是找到规律并且把握技巧。不要沉迷于刷题的快感当中，这样是本末倒置的。

说完几何，说说数列吧。数列还是比较简单的，等差等比这种小学生做过几次都能懂的东西我就不多说了。稍难一点的是裂项相消，其实也就是一个简单的技巧，做过几次就明白了。比较难的是数学归纳，但其实只要合理运用递推关系，用好完全归纳和不完全归纳，也挺简单的。数列的技巧很少，但可能有的同学不容易理解。列项相消的话，记住万能公式，遇到题目套用就好。数学归纳也就是说前面的都成立了，由递推公式看下一项是否成立，如果成立那么可以无限下一项成立，以至于全部成立。

数列的递推公式有时候会以不等式的形式出现，尤其是运用到数学归纳的时候。简单说下不等式，如果从正面不好证明就从反面证明，都不好证明就用数学归纳，实在不行就化简，无理化有理、高次化低次、复杂化一般。总之，你要善于尝试用多种方法解决不等式。甚至你可以自己构造中间项，考虑特殊情况后推广。不等式才是考验技巧的地方，你要先理解学过的不等式以及它们的推广，掌握不等式简化的方法，甚至有时候需要一闪而过的灵光。貌似高中数学也没那么难，竞赛数学太深奥了，不过技巧上还是共通的。只有排列组合没有说了，但是我也很少做一般水平的排列组合的题，我就讲讲竞赛难度的排列组合题吧。排列组合在我们那儿一般只在竞赛二试出现，而且是最难的一道。所以做了那么多张卷子，每次排列组合那道题都能做出来的只有三种可能：一是人品爆了；二是遇到过类似的题；三是难度不够。最后一种情况经常出现在做其他省题的时候。排列组合需要的是强大的想象力和逻辑能力。你不能弄错排列和组合，你要知道什么时候排列什么时候组合，还有一些特殊情况，比如项圈排列、圆圈排列等。如果从题型来看，也就这么几种。但是它每次都可能加上奇怪的规则，不要太在意题型的变化，在意你就输了，勇往直前地尝试吧，哪怕大脑运转过量。其实每次做排列组合都很有意思，哪怕做不出来或者做错了，这也算是最容易做的题，因为它基本很难自我检查对错。学数学，你一定要享受做难题的快乐，这样才会进步得更快。

Part 1 /

学霸档案

姓　　名：王公博

. . . .

毕业学校：山东省胶州市实验中学

高考成绩：总分653　语文132　数学135　英语139

　　　　　文综193　基本能力54

院　　系：北京大学政府管理学院

Part 2 /

学霸格言

　　语文这门课不存在难易，你会就是会，不会就是积累不够。只要积累的功夫足，在语文科目上发挥失常是一个小概率事件。

柳暗花明又一村

　　语文在很多人看来是最难提高分数的一门科目，在我看来也是如此。但是，在高考中我的语文发挥得很出色。总结其中的奥秘，我只能说语文需要持续不断的努力。只要你在语文上付出了足够的努力，并且以适当的方法去努力，它就会持续不断地给你正能量，为你的成绩贡献新鲜的血液。

　　你肯定不止听一个语文老师说过，语文需要日积月累。你肯定也自己实践过，也许你会感觉语文成绩与你的付出不成正比，每次在语文试卷上你都能发现自己不会的内容。我也有同样的经历。在高一高二的时候，由于语文是阶段性考试，我的考试成绩都还不错，但是到了高三进入综合复习阶段，语文成了我的短板，成绩总在110分左右徘徊，最低的时候甚至考过108分。我对自己这样的状态十分着急，语文老师也不断帮我分析语文学习中存在的问题，不断调整我在语文学习上的状态。不可否认，语文这门课的确是付出就有回报的，终于在高考二模时我考出了135分的成绩，从此语文成绩便在130分左右徘徊。"山重水复疑无路，柳暗花明又一村"，我终于找到了语文学习和做题的好方法。带着这样一种状态考试，语文成了我发挥最稳定的科目之一。高考考出132分的高分，也完全在情理之中。

　　语文这门课不存在难易，你会就是会，不会就是积累不够。只要积累的功夫足，在语文科目上发挥失常是一个小概率事件。下面我就语文各个题型的学习给大家支几招儿，希望大家在今后的语文学习和考试上能够上一个新台阶。

学｜霸｜秘｜籍

首先说一下字音字形。字音字形无疑是语文考试里最简单的部分，但是很多同学往往出师不利，在前两个题上丢分。究其原因，就是积累不够，这一点我是在高三时才发觉。我准备了一个厚厚的本子，按照音序把本子分成了二十几个部分，在考试和平常的练习中发现了新的生字词就将其统计在册，作为自己的学习资源，每次考试之前浏览一遍。当然，整理生字词是一个慢功夫。看到一个字，如果是多音字，就要把它不同的读音和意思都写出来。查字典时也可以留意一下该字上下的字。如果觉得周围的字你经常读错或者有你平常没有注意到的用法，也可以将它们顺便整理下来，放入你的资源库当中。这个过程可能有一些复杂和烦琐，整理的过程也许有些费时间，但是当你的字音字形本充实起来后，你会发现，每当考试到来的时候你只要翻上几遍笔记就会心里有底。

随着你整理的东西的增多，你会发现试卷上的盲点越来越少，即使有不认识的字词，你也可以通过排除法轻松地排除错误的选项。

但是，这个过程也是长时间的，只有达到一定的积累量才会显示出其强大的功效。所以，你平常需要做的并不是抱怨和害怕，而是持续不断的努力。

成语、病句也是同样的道理。对成语来说，你所要做的并不是要熟悉一个成语在句子中的使用是犯了什么样的错误，而是要准确全面地了解一个成语的意思。万变不离其宗，只要了解了每一个成语的准确含义，你就能判断每个成语使用的正误。我在高中的时候对成语的学习和字音字形是一样的，也是根据音序对成语做详细的梳理。在整理每一个成语的时候，将它的读音、意思和例句都详细地整理下来，有时候还根据课上老师的讲解将它的易混词写在旁边。

这样的功课比整理字音字形做起来更加烦琐，但是对成语的掌握更加牢固。这样一轮整理过后，你基本上能够熟悉一个成语的意思。尽管看到选项时你不能背出它的具体含义，但你至少能根据例句判断其正误。病句的整理相对容易。高中阶段考查的病句错因主要有句式杂糅、搭配不当、歧义等六种，老师上课的讲解和答案上的解答往往会指出详细的错因。将你不容易判断的、错因相同的句子放在一个板块中整理出来，把错误的地方用红笔画出来，在考试前重点复习一下，考试的时候基本上就没有什么太大的问题。

接下来再说阅读。阅读是占语文试卷很大分值的一块，包括科技文阅读、文言文阅读和现代文阅读三个部分。对于这三个部分的学习，持续不断的阅读和反思总结是最有效的方法。

科技文阅读相对简单，最重要的是考查你"找"和"比"的能力。"找"就是找到题目中题干和选项中句子在原文中所对应的区间，"比"就是比较原文和题目的不同之处。"找"较为简单，关键是速度；"比"是一个慢功夫，需要有一定的语言感知能力。这种能力是我在高三上学期不断训练中锻炼出来的。高三上学期，我大概用了一个月的时间做了五十篇左右的科技文阅读，水平稳定在较高的层次上。在什么地方容易出题、原文与题目的表述到底有什么差别，你在不断训练中、在看答案解析的过程中会越来越明确，在考试中也会越来越从容。

文言文则需要实实在在的积累。这些工作可以提前做，对十八个虚词和课本中的重点实词的所有意思有一个大体的把握，这样在做题的时候就可以直接调动大脑中的储存。文言文和英语有些相似，英语考试中你的词汇量大不一定能考好，因为读懂文章需要思考和筛选。文言文阅读也一样，你懂得意思之后，还需要揣摩整体和细节，还要熟练翻译某些句子的意思，这就需要在大量的文言文阅读训练中得到提升。很多老师推荐同学读史书，如果有时间的话这当然是最好的办法。我高三没那么多时间，就根据自己做过的文言文练习来扩充阅读量，对于每一篇文章我都精读，根据译文来解决自己不会的问题。有些常用的字词根据古汉语字典上的解释做一个全面的掌握，有必要的时候把相关的例句也记录下来。如果是在一篇文章中的特殊意思就略过，只要不影响大意的理解就好。

最后再说一下现代文阅读。现代文阅读是语文试卷上所占分值最高的阅读题，这一篇文章难度不会太大，在我看来关键是总结套路，揣摩思路。如让你理解某个题目的好处，如果平时做题够多就会总结出来：先回答这个题目中关键字词的好处在什么地方；对这个题目做一番解释，看看在语义上有什么妙处，是否双关；点出有没有用修辞手法；在文章结构上是否是画龙点睛。有时候你也许会发现现代文阅读的答案变化多端，但是实际上每一种题型都有相对固定的答题套路，只要你掌握了其中的奥秘，就会发现其实每道题目都是对这些套路的筛选和提取。究竟要怎么提取，要看你对文章的把握和理解。现代文阅读中最后一道题是题目的一个分水岭，是文章和发挥相结合的题目。对于这道题，千万不要以为是畅所欲言，一定要掌握好它的套路。它是对文章内容、语言、技巧、结构、内涵和外延的一个全面考查。当你答这道题目时，不要忽视这个大的答题框架。有些同学洋洋洒洒觉得自己答得很好，但是得分并不理想，其实就是针对一点说得太多，没有得到其他要点的分数。总的来说，对于现代文阅读，你需要做的就是在阅读和比较中找出答案筛选的技巧和方法，以及在你广泛地阅读和吸收答案的过程中总结答题的套路和规律。

诗歌鉴赏是语文考试中难度相当大的一部分，得分相对较难，但并不是没有提分的余地。对于这道题目，不是你做不好，而是你知道得太少。这就需要你什么类型的诗歌都要接触一点，甚至要做一些研究。如果作文中恰当地使用诗歌内容，也能够提升作文的档次和水准。在这里，推荐大家准备一本分类的《诗歌鉴赏辞典》。在阅读辞典的过程中，先从诗歌的题材、技巧、结构、修辞、语言等几个方面试着去分析，再与辞典上的分析做一个对照。坚持两个月的时间，你在这个题型上就会有很大进步。这个过程与你自己改诗歌鉴赏的满分卷效果是相同的。经过一段时间，你将会发现诗歌解读的能力有了质的提高。

最后说一下作文。我在这篇文章里强调的是积累，对于作文多写多练我就不加以赘述了，我从一个新的角度来解读一下作文。你阅读了上面的经验会发现，我十分强调语文答题的套路，作文我也会强调套路这个问题。作文，说到底，就是语文试卷上最大的一道主观题，你不能天马行空地写文章，写作文的过程是你规规矩矩地答题的过程。尽管你看到一些满分作文的语言很出彩，但那些只不过是在一个部分较为华丽的表达。也就是说，你在背满分作文或是写作文时一定不要过分地纠结于事例或是语言、情节而忘了结构。开头怎么开、结尾怎么结、起承转合怎么办，都要根据自己的理解对每篇文章做一个深入的分析，不要忽略了其中任何一个结构和部分，否则会让经验丰富的语文老师看着很不舒服。

对于语文的学习，我就强调这么多。总之，好记性不如烂笔头，语文学习一定要注重积累，注重总结和提高。柳暗花明又一村，虽然学语文是一个十分漫长的过程，但是在经历了一段时间之后这句诗一定会成为你最为直接、最难以忘怀的感受。

Part 1 /
学霸档案

姓　　名：杨春雪

毕业学校：中央民族大学附属中学

高考成绩：总分653　语文120　数学150　英语134

　　　　　文综239　少数民族加分10

院　　系：北京大学经济学院

Part 2 /
学霸格言

　　感觉就像登山一般，当我们在山下时往往歆羡山上的风景，并且为之前进。在登山的过程中，我们渐渐明白只有专注于脚下的每一步，才能到达山顶。因而到达山顶之后，我们知道这些美景都是由汗水带来的，反而更多的是沉稳和淡然。

那些年，与数学相伴的日子

学霸经验谈

在今年北京市高考数学中，我取得了满分 150 的成绩。这是我曾经幻想过的结果，但是当我真正达到它的时候，反而没有想象中的狂喜，甚至有些难以置信。短暂的欢喜过后，看着成绩单，我更多的是感慨与欣慰。感觉就像登山一般，当我们在山下时往往歆羡山上的风景，并且为之前进。在登山的过程中，我们渐渐明白只有专注于脚下的每一步，才能到达山顶。因而到达山顶之后，我们知道这些美景都是由汗水带来的，反而更多的是沉稳和淡然。

学霸秘籍

一、初识数学

我并不是一个成绩一直很优异的学生。高一的时候，因为贪玩和懒惰，各科成绩都不太好，最差的时候考过年级 198 名，总体成绩基本上都是在 100 名左右徘徊。而由于初三的时候，我的数学成绩基本上都是满分，所以上高中后，有点沾沾自喜，不那么努力地去学数学了。因而，初识数学，我并没有完全学进去。

没有人在不付出努力的情况下就可以收获成绩。我犹记得当时的学习状态是上课认真听讲并且做老师布置的习题，但是下课后，我便抛下了数学，几乎没有认真做过习题册。刚开始的时候，数学还能拿到135分左右，但是随着课程难度的加大，之后的一年，我越来越跟不上节奏，有时候上课也听不太懂，慢慢地得不了平均分了，到最后的期末考试，120的满分仅考了80分。

高一一年，与数学的接触就这么草草而过。这一年的不努力也给我之后的学习造成了比较大的障碍。

在这里写出来，我既是想让学弟学妹们以此为戒，同时也希望能为基础不好的同学加油打气。

二、欢娱而行

就这样，来到了高二，我进了文科重点班。达延俊老师来教我们数学。当时，班主任朱老师说，达老师有丰富的教学经验，我们班一定会有许多同学上140分的。我当时就发出了惊叹声"140……"。现在想想，我要特别感谢达老师对我在学习和考试状态上的帮助，没有达老师的帮助，我肯定也不会爱上数学，不会最终超越自己得到这个分数。

我开始下定决心学好数学是在高二上学期第一次月考后。那次月考，满分100分的试卷我仅考了47分（最高分在70分左右），当时我想照这样下去，肯定会因为数学成绩而退出文科重点班。但是当时我并没有什么经验，于是便开始了"伟大"的刷题工程，但效果并不是很好。我拿着一本高考总复习的书在做，但是选择题一错就是一堆。

因此，尽管我花了很多时间，做了许多题，但是成绩并没有得到实质性的提高。

在这样刷了一周多的题后，转折点来了。达老师叫我拿着月考试卷去办公室找他。当时的我，既兴奋又紧张。我一直想向达老师表达我的困惑，比如怎么去学数学，但是由于上次的数学成绩太差，一直不好意思。那次谈话，达老师告诉我题不在于多，而在于整理和用心。做题时不仅仅要做题本身，还要考虑题后面隐藏的数学思想，比如数形结合思想等。

后来上课的时候，我发现达老师可能会花 1 个多小时的时间来计算一道很复杂的题目。当时我就想无论多么难的题目，既然老师能算出来，那么一定是有方法的。后来，看着达老师做出每一道题后发自内心的愉悦表情，我渐渐地也感受到了做数学题的快乐。同时，达老师还会与我们平等交流。只要一位学生有新颖的想法，达老师都会认真去整理，之后给每一个同学讲解并且鼓励学生之间进行交流。

我想正是在达老师的引导下，我慢慢地喜欢上了数学。再加上同学之间的帮助，我们班的数学成绩也有了很大的提高。到了这个时候，我再也不是仅仅因为分数而去学习数学，而是出于对知识的渴求。

三、他山之石

与数学结缘后，我便开始思考怎样提高我的数学成绩。因为当时数学成绩一直在 120 分左右徘徊，得不了高分。特别是上了高三之后，高一知识点薄弱的问题就完全显现了出来。

因而，无论是在高二上新课还是高三总复习时，我都比较注重书本。

老师讲授新课的时候，我跟着老师的思路，并且思考如果是我来上这节课，我要怎么去讲，怎么去连接逻辑。之后，便是自己看课本。由于高中时间比较紧张，我一般不会在上数学课的时候看课本，如果我做完习题的时间早于老师规定的时间，我便会拿出课本看。在看课本的时候，我不只是看知识点，还会想知识点为什么这么安排，各章之间的联系（这个方法是从文综中借鉴过来的），如果要我安排，我会怎么去安排等。

到高三总复习的时候，时间越来越少，老师也建议我们可以不看数学课本了。但是由于在考试中我常常在简单知识点上犯错，因而，我把七本数学书都放在课桌旁。我是从自己不太熟的知识点开始，主要把书上的概念、定义的引入和推导看了一遍，重视逻辑的连贯性，形成一个树状思维图，能够大体上知道这本书讲的是什么。之后便对症下药，对于在总复习中我做错了的题，我就拿出书本，把这个知识点的例题和课后重要习题再做一遍。

不要把书本看成很大的负担，有时间的时候便打开书本梳理一下整体结构，具体的定义、定理只要会运用就行了，主要是宏观地掌握书本。书本的作用在于使我们的思维能够系统化，开拓做题时的思路和形成一个严谨的思维。

高一的同学，每日都应合理安排学习时间，以防课本看多了产生排斥心理。因此，我建议高一的同学平时可以分为日复习、周复习两个阶段。平时需要上课前大致看看知识点和例题，课后做好单课的练习，之后，再背一些零散的知识点，比如定义、定理。每过一周，可以梳理一下章节的逻辑，整理错题本。

"题海"战术的确有效果，因为这可以带来分数的提高。但是换个思维来想，数学除能让我们得到高分外，更重要的是培养我们严谨的思维和探求知识的方法。因而，我也不太赞成"题海"战术。

达老师曾经说过："题不在做多，而在于做精。"我平时只做达老师发的教案和练习题，但是我要尽可能记住我做的每一道题、错的每一道题。于是，我把用来做新题的时间放在了整理旧题和复习其他科目上。尽管刚开始我的成绩并没有做题多的同学好，但是随着知识点的增多，这种"精做题、少做题"的学习方法的好处凸显了出来。我的成绩也渐渐提高了。但是，没有一定的练习量也很难有成绩的提高。因而，我在寒暑假的时候，会买一本题册，一道题一道题地做，不挑题，用假期时间来扩充题量。

之后，我觉得最重要的是错题本的整理。

首先，你要明确你现在处于哪个阶段。如果你正处于新课学习阶段，那么你就需要把你做错的题目都整理到错题本上面，因为这个阶段知识点相对较少，需要深入理解该块知识点。但是如果这时你处于高三复习阶段，那么你就需要有一个宏观的把握，错题本要尽可能薄。在高三上学期，你需要把之前的错题本都浓缩到另外一个新本子上（因此，推荐买活页本）。而到了高三下学期，你的错题本上的内容分为三块。第一，你需要从你做错的题中找到现在还存在的薄弱点。因为这个时候，大部分高三学生都已经完成了第一轮复习，这个时候容易犯的错误往往不是大块知识点和章节的错误，而是粗心。这就需要你把这个知识点写在错题本上，然后再把一个典型的题目写在旁边，比如均值不等式要检验等号成立的条件。第二，你需要把一些创新题写在上面。因为这些题目的思路往往很新颖，需要你多次反复研究才能完全理解。第三，如果想尝试做出试卷中的最后一题，我建议你把老师给的试卷及平时大考的试卷的最后一题都放在错题本上。最后你可以总结一下，哪些思路是你擅长的，哪些是你难以下手的。

其实，我常常把一个问题分解得比较简单，以结果为导向来问问题。

比如我把所有考试的考查重点都分为三个部分：第一，知识点；第二，读题能力；第三，知识点和题的结合，即一些做题方法。因此，每做错一道题，我一定要去反思到底是哪个环节出了问题。如果想扎实掌握知识点，就得把重点放在书上。如果看到题之后不知道怎么下手，那就是做题太少，比如一些题型用数形结合思想来解比较简单，但是你却看不出来。高一高二的时候就得多做一些题了。但是如果你正处于高三，可以首先把现有的题整理一下，看看哪些题用到了数形结合思想等。然后还可以一手拿着练习册，读完题有一个大致思路后，再一手拿着答案看看解析，多见识一些题型，总结一些规律性的东西。如果你的问题出在知识点和题的对接上，那么你可以咨询老师或者与同学讨论，说明一下你当时的思路，找出其中不正确的地方。然后在放假的时候集中训练那些不熟的章节里的题目。

以上是从书本、平时练习与错题本三个方面介绍了一些具体的学习数学的方法。具体的方法只能作为借鉴，我觉得最重要的是对数学的热爱以及对自己的信心。用心去钻研、借鉴他人经验，最终形成自己的心得，我相信这才是学好数学的不二法门。

四、梦的起航

高考前，我学数学有两个工具：一个是错题本，一个是我的小日记本。

心态是数学考试中的一个重要因素。每次考数学的时候，我往往会因为紧张而丢掉很多本不应该丢掉的分数。于是，在同学的建议下，我做了一个小日记本。每次考试前，我都写下当时的心态，考完之后再记下我的考试成绩和在心态调整上的感悟。之后，每次考试前，我都会翻看这个小日记本，看看在怎样的心态下考试分数才会比较高，之后再写下这次考试时的心态。

而这个时候，我的错题本也精简到了不到 10 页，上面都记载着我容易错的知识点还有一些式子，比如我经常口算算错"16×16"。

考数学的头天晚上我在教室上自习。首先翻看了小日记本，缓和了紧张了一天的情绪。之后，我便拿出了错题本，首先开始看对每一道最后大题的总结，之后又看了看易错的知识点。

6 月 8 日下午在车上的时候，由于之前我数学经历了一个瓶颈期，比如零模只考了 118 分，我便把自己置身于考试失利后的情境中。我开始冷静分析，如果这次数学失利，可能的因素是什么，是粗心还是时间分配不合理，等等。之后，我便想既然数学考试还没有开始，那么一切都是可以避免的。于是，我的心平静了下来，比较心平气和地完成了整套卷子。

在高考答题的过程中，我前面做得十分顺利，当做到最后一题的时候，时间还比较充裕。但是在做完倒数第二问后，我便没有继续做下去，而是检查前面的选择和填空，之后检查出了 10 分的错误。这时候，距离考试结束还有 40 分钟，于是我决定解答最后一问，当时的思路是这样开展的：首先我想了一些选修二学习的证明方法，确定了这道题要用反证法；之后选定了用不等式来解决；然后再想知识点和题的对接，这时候，我想起我错题本上的一道题目的解答步骤以及老师强调的最后一题知识点的连贯性。因此，综合利用了书本、错题本以及回忆老师上课时的讲解之后，我便成功解决了最后一题。

之前一直觉得最后一题很魔幻，它总是以不同的面目出现在我们面前。后来通过目的性导向的思维思考过之后，我发现最后一题也不过是知识点、题目还有知识点和题目对接的问题。既然知识点掌握了，题目读懂了，剩下的便是对接的问题了。

于是，我便总结了所有高三大考出过的最后一题所隐藏的思想，

从而成功解决了最后一题。

那些年，与数学相伴的日子，得到高分，固然欣喜。但是我还是最感谢数学教会我如何思考、如何去挑战自己。我最感谢我的数学老师给予我学习数学的乐趣和信心。

"授人以鱼不如授人以渔"，现在看来，的确如此。数学带给我们的不是苍白的分数和题目。良好的心态，热爱、执着的精神以及钻研的品质，才是数学这门学科要给予我们的。我相信，只要我们具备了这些精神，那么我们就达到了想要的高度。

前途是光明的，道路是艰难的。愿乐然前进，与君共勉！

疑难突破阅读笔记

独学而无友，则孤陋而寡闻。

关键词	笔记内容
学科特点	
备考方案	
重点难点	

总结: _____

_____

_____

_____

阅读笔记